国家出版基金项目
NATIONAL PUBLICATION FOUNDATION

当代中国教育学人文库

回归本真

冯建军 著

"教育与人"的哲学探索

中国人民大学出版社
·北京·

图书在版编目（CIP）数据

回归本真："教育与人"的哲学探索/冯建军著 . —北京：中国人民大学出版社，2019.5
ISBN 978-7-300-26417-2
（当代中国教育学人文库）

Ⅰ.①回… Ⅱ.①冯… Ⅲ.①教育哲学-研究 Ⅳ.①G40-02

中国版本图书馆 CIP 数据核字（2018）第 258303 号

国家出版基金项目
当代中国教育学人文库
回归本真："教育与人"的哲学探索
冯建军　著
Huigui Benzhen："Jiaoyu yu Ren" de Zhexue Tansuo

出版发行	中国人民大学出版社		
社　　址	北京中关村大街 31 号	邮政编码	100080
电　　话	010 - 62511242（总编室）		010 - 62511770（质管部）
	010 - 82501766（邮购部）		010 - 62514148（门市部）
	010 - 62515195（发行公司）		010 - 62515275（盗版举报）
网　　址	http://www.crup.com.cn		
经　　销	新华书店		
印　　刷	北京鑫丰华彩印有限公司		
规　　格	170 mm×240 mm　16 开本	版　　次	2019 年 5 月第 1 版
印　　张	19.5 插页 1	印　　次	2019 年 5 月第 1 次印刷
字　　数	339 000	定　　价	68.00 元

前　言

　　20 世纪 80 年代以来，我国教育学科迎来了一个大的发展，众多交叉学科出现，诸如教育社会学、教育政治学、教育经济学、教育法学、教育文化学等，这些学科经过近四十年的建设，取得了长足的进展。遗憾的是鲜有教育人学的出现，更谈不上教育人学的学科建设。

　　这不能不令人生疑：人是教育的对象，教育是育人的活动，成就"人"是教育的目标。按理说，教育与人的关系最密切，教育人学应该最先出现，却为什么没有出现呢？教育社会学、教育政治学、教育经济学、教育法学等，尽管研究对象不同，但它们都是把教育当作社会现象来研究，是把教育当作社会系统来看待，而不是将其当作育"人"、成"人"的活动来对待。为什么我们把教育首先当作社会现象而不是育"人"、成"人"的活动呢？可能的原因如下：

　　第一，传统社会没有个人的存在。从人类社会的发展看，人类社会发展分为三个阶段：第一个阶段是人的依附状态，从依附于自然到依附于社会。在依附阶段，只有群体，没有个人，群体作为实体支配着个人，个人是群体的化身。第一个阶段出现在原始社会和古代阶级社会。第二个阶段是"以物的依赖性为基础的人的独立性"。这一阶段出现在近代社会。资本主义大工业和市场经济，解放了人，但资本主义的私有制，又把人置于物的奴役之下，人为物役，导致人的异化。第三个阶段是"自由个性"阶段，这是人类社会可以预见的最高阶段。

　　第二，传统的社会观是一种机械的、无"人"的社会观。尽管现代社会为个体的发展提供了条件，但我们对社会的理解却是一种机械的、无"人"的社会观。我们把社会看作生产力和生产关系的矛盾运动，看作一个由机械因果关系支配和决定的自然过程，是不以人的意志为转移的，人在其中是起不到任何作用的，只能听任社会的摆布，只能依赖于社会而获得他的在场权。在这种社会观中，社会是和人、人的生活存在完全无关的实体，是一种与人相隔绝的超验结构，具有压倒优势和绝对支配地位。我们关注的是社会对人的塑造，把人视为社会中被动的客体，忽视了人对社会的创造，忘记了人是创造社会的主体。

　　第三，教育成为社会的工具，失身为经济、政治的奴仆。在传统社会观下，只有社会才具有至上的价值，个人服从于社会的要求，个人是无足轻重、微不足道的。教育的根本价值就是满足社会需要，因此，教育就是社会的工具，教育成为了社会子系统，按照社会的要求运行，为社会服务，成为培养追逐社会目的的工具之工具，忘记了人的存在，忘记了成"人"的教育初心。因此，教育学也把教育当作一种社会现象研究，把教育学当作社会科学，而不是把教育看作成"人"的活动，没有去研究教育中的人及其存在、发展的规律。

历史地看，我们缺少教育人学的研究，既有社会发展阶段落后的客观原因，也有社会观片面认识的主观原因。受制于社会历史发展的阶段，在人类发展的依附性阶段，教育缺少对人的关注，有其客观必然性。但随着人类社会进入个人独立性阶段，教育就必须关注"人"，教育学就必须研究"人"，朝着人学的方向迈进。其原因同样可以从三个方面分析：

第一，从人类社会发展的阶段看，我们已经处在人类社会发展的第二个阶段，并正在向第三个阶段迈进。尽管世界各国发展进程不同，但人类社会作为整体，第一个发展阶段早已成为历史，近代以来的工业革命和市场经济，使人类进入了第二个阶段，个人主体开始出现。但这个阶段的个人主体是以占有物为特征的，是一种占有式的个人主体，人与人之间相互占有，形成"豺狼"式的对立关系。当代社会开始对个人主体性进行反思和批判，因为个人主体性在强调个人时，把他人当客体，这种个人主体性的思维方式造成了个人中心主义，狭隘的国家主义、民族主义，人类中心主义，等等。康德讲，人是目的，但不是指某个人是目的，而是所有人都是目的，是把每个人都当成一个独立的自我，一个平等的自我。因此，人与人之间的关系，就不是一种主客体间的关系，而是一种主体间关系。人类社会发展的第三阶段是生产力充分发展、私有制被消灭的"自由人的联合体"。《共产党宣言》指出："代替那存在着阶级和阶级对立的资产阶级旧社会的，将是这样一个联合体，在那里，每个人的自由发展是一切人的自由发展的条件。""自由人的联合体"是理想的共产主义社会。从单子式个人主体性到主体间性，进而到类主体性，人与人之间的社会关系实现了变革，人与人之间、国家与国家之间的平等与关怀受到重视，使每一个主体都能够成为一个平等的存在，成为全球化时代"人类命运共同体"中的一员成为了价值追求。

第二，社会观的转型：转向建构以人为本的社会观。马克思在《关于费尔巴哈的提纲》中指出："有一种唯物主义学说，认为人是环境和教育的产物，因而认为改变了的人是另一种环境和改变了的教育的产物，——这种学说忘记了：环境正是由人来改变的，而教育者本人一定是受教育的。……环境的改变和人的活动的一致，只能被看作是并合理地理解为**革命的实践**。"马克思所批判的这种唯物主义就是近代的机械唯物主义，它只看到环境（社会）对人的塑造，看不到人创造了环境（社会）。马克思实践唯物主义把环境的改变和人的活动联系起来，主张人不仅是社会的产物，也是社会的建构者，是历史发展的推动者。社会发展不是一个自然的因果关系，而是人建构的，是人创造的，人是创造社会的主体。从机械唯物主义到实践唯物主义，有"人"的社会观被建构起来。在这种新型的社会观看来，社会的发展最终取决于个人的发展，社会发展首要的、最终的目的，是实现人的自由发展。

新中国成立后，我们确立了人民民主制度，保障了人民权利。尽管一段时间内，我们追求 GDP 的增长，但 21 世纪以来，我们反思这种单纯的经济增长模式，逐步转向科学发展观。科学发展观的核心是以人为本。以人为本，把依靠人民当作发展的根本前提，把提高人当作发展的根本途径，把尊重人当作发展的根本准则，把为了人当作发展的根本目的。我们发展生产力，发展教育、科学、文化，进行物质文明和精神文明的建设，都是为了不断满足社会成员日益增长的物质文化生活需求，不断提高人的素质，不断促进人的解放和人的发展，不断扩大人的自由，进而实现人的自由而全面发展的理想。党的十九大报告明确了新时代我国社会的主要矛盾是人民日益增长的美好生活需要和不平衡不充分的发展之间的矛盾。人民对美好生活的需求是社会发展的目标，这其中不仅蕴含着人的物质需求，更蕴含着对人的尊重和人的发展的要求。面对这一矛盾，必须坚持以人民为中心的发展指导思想，不断促进人的全面发展、全体人民的共同富裕。人的全面发展、人民的幸福生活成为社会发展的目标和追求。

第三，教育立场转向"人"，确立了"立德树人"的教育根本任务。由于受机械唯物主义无"人"社会观的影响，长期以来，我们的教育和教育研究不关注"人"，或者关注的是培养"工具人"。20 世纪 80 年代以来，不断地有对工具性教育的反思和批评，"人是教育的出发点"，"育人是教育的原点"等观念开始出现，并且越来越得到理论界和实践界的认同，并转化为教育政策和行动。党的十七大报告提出，"坚持育人为本、德育为先"。党的十八大报告又提出"把立德树人作为教育的根本任务"，党的十九大提出要"落实立德树人根本任务，发展素质教育，推进教育公平，培养德智体美全面发展的社会主义建设者和接班人"。从"育人为本"到"立德树人"，都把育人作为根本，将人的发展作为衡量的根本尺度，用人自我生成的逻辑去理解和运作教育，使教育真正回到人。正因为教育的立场转向了人，所以诸多学者提出了教育学是人学，是成"人"之学，试图从人学的角度认识教育和建构教育学。

我国对教育人学的研究刚刚开始。20 世纪 80 年代末以来，我们主要是把教育人学作为一种人文思想或教育理念，强调"人"是教育的出发点，教育必须回归“人”，教育的本质是人的自我建构的实践活动，教育就在于引导人过一种有意义有价值的生活，等等。这些观点批判工具性教育，使教育回归到“人”的原点，通过培养主体的人，引领社会发展，创造一个新的社会。

在我国现阶段，教育人学研究正在从一种思想向一门学科发展。作为一门学科，教育人学是运用人学的原理和方法，探讨教育与整体人之间关系及一般规律的一门综合性学科。教育人学尽管要运用关于人的研究多学科知识，具有综合性，但从性质上说，它研究整体人，而不是人的某一方面、某一特性，因此，总体上属于哲学。

哲学与人学的关系，在学界有不同的认识，主要有三种观点：第一，哲学就是人学。这种观点认为，“人”的奥秘在于哲学，哲学的奥秘在于“人”。“人”必须过一种哲学的生活，哲学也唯一地属于“人”。哲学与“人”具有同一性。第二，人学是哲学的分支或部门学科。这种观点认为，哲学的分支或应用学科很多，诸如政治哲学、法哲学、道德哲学、文化哲学等。人学与它们一样是哲学的分支或应用学科。人学与哲学之间是部分与整体、特殊与一般的关系。第三，人学是哲学的当代形态。这种观点认为，哲学是时代的哲学，“人”是当代哲学的主题，当代哲学也因此才成为人学。

学界对教育人学和教育哲学的认识也同样有这样三种观点。第一，教育人学就是教育哲学。因为教育是以“人”为对象，以“人”为出发点，致力于成“人”的活动，说“教育”就是说“人”，教育学就是人学。第二，教育人学是教育哲学的一部分，未来的发展成为教育哲学的分支学科。在教育哲学没有分化的情况下，“人（人性）与教育”是教育哲学的基本主题。随着教育哲学的分化，教育人学成为教育哲学的重要分支学科，或者说是基础性的学科。第三，教育人学是当代的教育哲学。不同时代教育哲学有不同的核心主题，当今时代，无论是从人类发展阶段看，还是从中国社会发展和教育发展的现实看，“人”都是这个时代关注的核心。一个人之自觉的时代，一个“以人为本”的社会，一个“育人为本”的当代中国，为教育人学的出现提出了要求，也提供了可能。

这本《回归本真：“教育与人”的哲学探索》是我主持的国家社科基金（教育学）一般项目“我国教育哲学学科发展的世纪反思与人学建构（BAA120010）”的成果之一。从这个课题本身来看，它包括两个部分：一是对我国教育哲学学科发展的世纪反思，主要是对我国教育哲学恢复重建以来研究成果的梳理、反思及其发展趋势的预测。二是教育人学的建构。之所以教育人学的建构跟在对教育哲学的学科反思之后，是因为我预测教育人学是教育哲学的发展趋势，或者说是当代形态。尽管人学和教育学具有天然的、内在的关系，教育学就应该是人学，但只有在当代，教育人学才有实现的可能。

　　课题开始研究时，本打算把教育人学作为一个学科探讨，尝试建立教育人学的学科体系，但遗憾的是，鉴于时间和精力，没有很好完成这一任务。虽然勾画出了学科体系的基本内容和主题，但没有能够逐一进行探讨，这是本课题研究的遗憾，也是以后要努力弥补的方面。感谢课题评审专家对本课题的支持，感谢课题结题专家对本课题的肯定，使本课题结题获得良好的成绩。虽然是匿名评审，我无法得知评审专家的名字，他们也可能无法得知我的名字，但我知道，他们对课题的支持和肯定，是对教育人学研究的肯定和支持。相比其他学科，教育人学研究才刚刚开始，衷心希望更多的理论界同人能够加入这一有意义的研究，更希望有众多的教育实践工作者能够了解和认同教育人学的理念，在教育中践行之，使教育真正成为"人"的教育，使立德树人的根本任务能够真正地得到落实。

冯建军

目　录

第一章
教育人学导论

一、教育哲学的"人"与人的"教育哲学"

毫无疑问，教育哲学是哲学与教育的交叉学科，但如何将二者进行交叉，则有不同的做法。最常见的做法是把哲学作为大前提，把教育实践或教育问题作为小前提，进行理论演绎，得出教育哲学的结论。如此的教育哲学是一般哲学的教育应用，即将哲学的主题、理论、思维"原汁原味"地运用于教育，如哲学有政治哲学、文化哲学、社会哲学，相应地就有政治哲学与教育、文化哲学与教育、社会哲学与教育等等。但这样只能使教育哲学附属于哲学，失去了教育自身的特殊性，成为教育的政治哲学、教育的文化哲学、教育的社会哲学。这种教育哲学把教育作为政治活动、文化活动和社会活动，而不是育人的活动、使人成"人"的活动，因此，不是真正地指向成"人"的。

教育哲学，既是哲学的，又是教育学的。哲学关乎人生的意义，关乎人之为人的本性；教育学则是引导人成长的实践之学。哲学和教育学的交点就是"人"。教育哲学不是哲学与教育学简单加和出来的，而是哲学与教育学共同孕育、生长出来的，即教育人学。教育人学是探讨人生意义、引导人成"人"的实践哲学。把教育哲学归结为人学，有两个方面的意思：其一，教育哲学的根本是人学，是关切人生意义、引导人成"人"的学问；其二，说教育哲学是人学，并不否认教育哲学对其他问题的研究，但无论研究什么，都不能忘记教育哲学的根本——"导人成人"。教育哲学只有通过"导人成人"，才能找到自身的意义。正是在这个意义上，教育哲学是人的教育哲学，也就是教育人学。

（一）哲学：本质意义上的人学

哲学是爱智慧，既包括爱也包括智慧。虽然哲学是爱智慧，表现为对智慧的探讨，但爱的结果，必然收获智慧。前者构成了哲学的动词态：哲学是一种思维方式、一种人生态度。后者构成了哲学的名词态：哲学是关于某一主题的系统学问，是某一思想的结果。当然，二者有着统一的一面，但又不完全一致。哲学作为一种人生态度、一种思维方式，是人与动物的根本区别，是人之为人的本性。但作为学问、思想的哲学，则始于古希腊对世界本原的探讨，这构成了古代本体论哲学。

1. 哲学是人的本性的要求，是人生活的必然要求

就哲学作为一种人生态度、意义和生活方式而言，哲学是人的本性的要求，是人对自我的一种意识，是一种生活方式，因此，哲学成为人之为人的本性。马克思在讲到人与动物的区别时说道："动物和自己的生命活动是直接同一的。

动物不把自己同自己的生命活动区别开来。它就是**自己的生命活动**。人则使自己的生命活动本身变成自己意志和意识的对象。他具有有意识的生命活动。这不是人与之融为一体的那种规定性。有意识的生命活动把人与动物的生命活动直接区别开来。正是由于这一点，人才是类存在物。"①马克思这段区别人与动物的论述有着丰富的含义：第一，动物的生命与人的生命不同。动物的生命是一种本能，动物无法意识到自己的生命活动。人不仅有生命的本能，还能意识到自己的生命活动。人是有意识的存在物，意识构成了人独特的类生命。第二，对于动物来说，生命是自发的、自然的，因此，它们没有理想，没有未来，也不需要对生活进行筹划。动物的生命是预成的，只能跟着本能走。但人的生命是自觉的、自为的，人能够有意识地支配和调节自己的生命。人不是靠本能生存，而是靠意识生活。人有理想、有追求，需要筹划明天和未来。人不满足于自我，需要不断反思自我、超越自我。人不断反思自我、超越自我的生活方式，就是哲学的生活方式。哲学是人对自身存在的意识，是人的自我意识的最高形式。人的自然生命是有限的，人不能仅凭自然生命而生存，而是要作为类存在物、类生命，使自身可以超越自然生命的有限性，追求超自然生命的无限性。人的生命不是一种"定在"，而是一种有限中的"无限"，要实现这种无限，就需要一种哲学精神——一种超生命的类本性。所以，动物不需要哲学，哲学只属于人，是人生命特有的存在方式。没有哲学，人就失去了对无限的向往和追求，只剩下动物本能，人的生活就沦为动物的生存。正是在这个意义上，苏格拉底说：未经反思的生活，是不值得过的生活。也就是说，人必须过一种反思的、超越的生活。这就是说，哲学是人的本性的要求，是人生活的必然要求。

2. 哲学的发展是对人认识的不断深化和对人解放的不断追求

西方哲学始于米利都的泰勒斯，他提出了"水是万物之源"的命题。泰勒斯以及之后的毕达哥拉斯、巴门尼德、赫拉克利特等，大多是自然哲学家，他们探讨世界的本原和宇宙的起源，提出了"水""气""火""原子"等概念。西方哲学在苏格拉底那里开始转向。苏格拉底之前的哲学家，关注的是宇宙和自然，苏格拉底将哲学思考的重心由自然转向了人本身和人的社会。他引用德尔菲阿波罗神庙中所镌刻的那句名言——"认识你自己"，把哲学的任务规定为人对自己心灵的认识，还借此提出了认识心灵的方法——产婆术，通过诘问，引导人不断思考人生问题、道德问题。由此，苏格拉底把哲学"从天上带回了人间"。自苏格拉底之后，哲学家把认识人作为哲学的追求。卡西尔在《人论》中开宗明义地说："认识自我乃是哲学探究的最高目标——这看来是公认的。在各

---

① 马克思，恩格斯．马克思恩格斯文集：第1卷．北京：人民出版社，2009：162．

种不同哲学流派之间的一切争论中，这个目标始终未被改变和动摇过：已被证明是阿基米德点，是一切思潮的牢固而不动摇的中心。"① 哲学以"认识你自己"为使命，研究人自身的心灵、美德以及人与人、人与社会之间的伦理、正义等问题，确立了西方哲学人本学的传统。

尽管有苏格拉底哲学人本学的传统，但近代西方哲学还是让位于笛卡儿的"我思故我在"。笛卡儿的"我思故我在"反映了现代哲学的两个重要观念："我"和"思"。前者代表"个人"，后者代表"理性"，二者构成了现代性的重要理念：个人主义和理性主义。西方哲学由此从人本学转向认识论。近代认识论虽然也把物质世界作为哲学的对象，但它已经不同于泰勒斯时代的哲学本体论。认识论关注的是人怎样认识世界、怎样获取真理。对世界的认识视角，有经验论和理性论：前者诉诸感性经验，后者诉诸理性抽象。近代西方哲学就是奠定在理性基础上的认识论、知识论和逻辑论的体系，发展到当代，出现了理性有余、人性不足的问题。

若以认识论的观点看，中国没有类似西方认识论的哲学。中国哲学以"生命"为核心，是探讨人生意义、伦理道德的学问。它关注的是"人之为人之道""怎样才算一个人""人与人之间的伦理关系"等。牟宗三把中国哲学的特征概括为"主体性"（subjectivity）与"内在道德性"（inner-morality）。"中国思想的三大主流，即儒释道三教，都重主体性。然而只有儒家思想这主流中的主流，把主体性复加以特殊的规定，而成为'内在道德性'，即成为道德的主体性。西方哲学刚刚相反，不重主体性，而重客体性。它大体是以'知识'为中心而展开的。它有很好的逻辑，有反省知识论，有客观的、分解的本体论与宇宙论，但是它没有好的人生哲学。"② 中国哲学"没有西方式的以知识为中心，以理智游戏为特征的独立哲学，也没有西方式的以神为中心的启示宗教。它以'生命'为中心"③。冯友兰也指出，"中国的儒家，并不注重为知识而求知识，主要在于求理想的生活。求理想的生活，是中国哲学的主流，也是儒家哲学的精神所在"④。

在西方哲学发展史上，马克思主义哲学不仅使认识论转变为实践论，而且主张以实践的观点看待人，使人从普遍的、抽象的人回到了现实的、具体的人。马克思通过对旧唯物主义——包括费尔巴哈的唯物主义——的批判阐明了自己的实践观点。他指出："从前的一切唯物主义（包括费尔巴哈的唯物主义）的主

① 卡西尔. 人论. 上海：上海译文出版社，1985：3.
② 牟宗三. 中国哲学的特质. 上海：上海古籍出版社，2007：4.
③ 同②5.
④ 李兵. 哲学：作为本质意义的人学. 学术探索，2014（1）：13-17.

要缺点是：对对象、现实、感性，只是从**客体**的或者直观的形式去理解，而不是把它们当做**感性的人的活动**，当做**实践**去理解，不是从主体方面去理解。……和唯物主义相反，唯心主义却把**能动的**方面抽象地发展了，当然，唯心主义是不知道现实的、感性的活动本身的。"① 旧唯物主义把认识作为一种客观的反映，如同照镜子，而不关注人的主观能动性，结果，主观能动性被唯心主义发展了，但唯心主义只是抽象地发展了人的能动性，使人脱离了客观世界，被某种理念、某种精神支配。黑格尔是主观唯心主义的集大成者，他把绝对精神看作世界的本原。事物的发展、更替、永恒的生命过程，就是绝对精神本身。马克思主义提出人是实践的存在物。人在实践中认识世界、改造世界。世界，无论是自然界，还是社会，都是人的实践的产物。人改造实践，实践也改造了人。马克思所说的实践，不仅指向现实的物质生产和创造、人类的交往实践，而且指向历史的人类社会实践活动。因此，在马克思看来，人不是某种抽象的规定，而是具体的、现实的、社会的、历史的。

通过以上对哲学发展史的简要回顾，我们可以看到西方哲学从本体论到认识论，再到实践论的演进历程，是对人的认识的不断深化和对人的解放的不断追求。中国哲学本身就是人生意义的哲学，是一种道德哲学，也是以成"人"为核心的。在这个意义上，有学者提出"哲学是本质意义上的人学"②"哲学就是人学"等观点。

（二）人性观：教育哲学的核心

有学者说，问"教育是什么"，就等于在问"人是什么"。因为教育的对象是人，教育是使人成"人"的活动。前一个人是现实的人，是人的实然状态；后一个"人"是将完成的人，是人的应然状态。教育就是将人的实然状态提升到应然状态，将应然转化为新的实然，再产生新的应然的过程。人的发展过程就是人的实然向应然不断转化、不断超越的过程，也是生命自觉成长的过程。人的生命的自觉成长，不同于动物的自然自发成长，而是一种有意识的活动。因此，人成长为什么样的人，取决于人对自我的意识和期望，即"所应是"。教育中的人，不是一个自然生物体，而是自觉的生命体，要完成对自我的反思和超越。因此，回答"教育是什么"，取决于对人的认识。这种认识，不只是对人之自然性、人之"所是"的认识，更是对人之自觉性、人之"所应是"的认识。不仅要认识人的实然状态（如其身心特征、发展水平、已有的知识经验），而且

---

① 马克思，恩格斯. 马克思恩格斯选集：第1卷. 3版. 北京：人民出版社，2012：133.
② 李兵. 哲学：作为本质意义的人学. 学术探索，2014（1）：13-17.

要认识人的自我意识、人的形象，前者是教育生理学、发展心理学的任务，后者则是教育哲学的任务。教育哲学确立教育中的人的形象和人性假设。一部教育哲学史，就是围绕人的形象、人性假设展开的教育观念史，也就是一部教育人学史。

哲学对人的追问，不是指向人的实然状态的，而是指向人的应然状态的。"人应该是什么？"，既是一个客观问题，也是一个主观问题。人作为社会实践的存在物，其发展状态，无论是实然状态还是应然状态都离不开特定的社会条件。不同的社会实践和社会发展状态，决定着人的发展状况和发展的可能要求。对此，马克思提出了著名的人类社会发展的三个阶段、人的三种形态，即古代社会人的依附性状态，近代社会建立在物的依赖性基础上的人的独立性，当代和未来社会建立在全面发展基础上的自由个性。人的发展不可能超越特定历史阶段，但在同一个发展阶段，哲学家对人的认识不同，人性假设不同，因此便有了不同的教育观念，形成了不同的教育思想，出现了各类教育哲学流派。

1. 古代社会，群体本位的"大我"

古代社会，生产力低下，人改造自然的能力低下，人与人之间的交往也不充分，人的生产能力只能在狭隘的范围得以发挥，这就是人类最初的依附性社会形态。在这种社会形态下，个体没有生存的空间，也就不可能有独立的自我，个体必须纳入"大我"之中，具有"大我"的特性。"大我"，可能是实体性的部落、城邦，也可能是观念、理念——理性、灵魂，到了中世纪，"大我"又异化为上帝。

我们说，苏格拉底使哲学由自然转向了人，他把"认识自我"作为哲学的任务，开启了"人是什么"的哲学之旅。"人是什么？"苏格拉底的回答是"智慧"，柏拉图的回答是"灵魂""理念"。亚里士多德不仅继承了苏格拉底和柏拉图的理性传统，把理性作为人的特性，还明确提出，"人是天生的政治动物"，他认为，过一种有理性的政治生活也是人的天性。在亚里士多德那里，人作为城邦的公民，服从城邦的要求，"我不属于我自己，我属于城邦"。教育就是培养城邦公民，使公民积极参与城邦公共生活，谋求公共福祉。亚里士多德时代的公民身份，不是任何人都可以获得的，公民是具有理性参与能力的自由人。

2. 近代社会，以物的依赖关系为基础的"小我"

古代社会只有整体，没有个体，个体被纳入整体，以整体人为名。近代社会生产力的发展，尤其是商品和市场经济的出现，使人获得了以物的依赖性为基础的独立性，物的依赖关系代替了人的依赖关系，使人从抽象的观念中回归人自身，人成为一个依赖物的世俗性存在。费尔巴哈所说的"近代哲学的任务，是将上帝现实化和人化，就是说，将神学转变为人本学，将神学溶解为人本学"①，反映的就是古代社会到近代社会对人的认识的变化。

古希腊哲学家把人抽象为理性，中世纪又把人的理性异化为上帝，宣扬上帝掌握了人的一切，"人生为上帝生，死为上帝死"。文艺复兴运动以科学反对愚昧，以人性反对神性，以世俗反对宗教，把理性异化为上帝的人拉回尘世，追求释放人的自然本性和本能的欲望。这是一条"上帝自然化"之路，目的是使人成为自然的存在物。教育哲学中的"自然人"，起源于 12 世纪文艺复兴时期的人文教育，蒙田、拉伯雷、维多利诺等人文主义教育家都强调教育要顺应儿童的自然本性。蒙田讲，"我们承认我们必须跟随儿童的自然本性前进"②，"决不要揽起你的孩子天性的责任，让他们凭运气按自然和人类的规律发展吧"③！在人文主义教育家看来，教育要尊重和顺从人的自然性，这一思想被夸美纽斯和卢梭提升为"自然教育"。夸美纽斯认为，人是自然的一部分，人的发展遵循自然的规律，教育也应该遵循自然的法则，遵循儿童的发展本性。这与中国道家"无为而治"的思想是相通的。卢梭鲜明地提出了教育的目标是培养"自然人"。卢梭所说的自然是心灵的自然、素朴状态。他说，出自造物主的都是好的，可是一到人的手里就变坏。因为他相信，"本性的最初的冲动始终是正确的，因为在人的心灵中根本没有什么生来就有的邪恶，任何的邪恶我们都能说出它是怎样和从什么地方进入人心的"④。所以，卢梭提出要以天性为师，而不以人为师，要使人成为天性所造就的人，而不是人造就的人。在他提出的三种教育中，事物的教育和人的教育必须服从自然的教育。

上帝的自然化，是对人自然生命的解放，使人回归肉身、回归世俗。但人不只有肉身，不只是世俗的存在，还是超自然的存在，具有精神和价值的追求。因此，对人的解放，仅仅停留在自然层面还不够，必须进一步把超自然的一面，从上帝那里解放出来，"把蕴含在上帝观念中的创造精神，转移到人身上，使人具有了创造性的人的本质"⑤。这就是费尔巴哈所说的"上帝是人的本质的异化"。

笛卡儿的"我思故我在"，使近代哲学形成两个基本信念：一是以个人为核心的人本主义，二是以理性为核心的科学主义。康德提出了"人是目的"，是一

---

① 费尔巴哈. 费尔巴哈哲学著作选集（上）. 北京：商务印书馆，1984：122.
② 滕大春，姜文闵. 外国教育通史：第 2 卷. 济南：山东教育出版社，1989：173.
③ 蒙田. 我知道什么呢：蒙田随笔集. 上海：上海三联书店，1988：142.
④ 卢梭. 爱弥儿. 北京：人民教育出版社，1985：88.
⑤ 高清海，胡海波，贺来. 人的"类生命"与"类哲学"：走向未来的当代哲学精神. 长春：吉林人民出版社，1998：162.

个彻底的人本主义者，他也是 18 世纪西欧理性主义伦理思想的集大成者。他把理性分为理论理性和实践理性，理论理性是对自然界的认知和把握，实践理性是对人和人的社会的认知和理解。理论理性遵循自然的规律，是有限的；实践理性能使人按"善良意志"行动，是为"自然立法"。但伴随着科学技术的迅猛发展，人们征服自然、改造自然的欲望和能力不断增强，张扬的理论理性，逐渐陷入了技术的桎梏，全面的理性最终异化为技术理性，人为技术理性所支配，最终为技术所奴役。所以，胡塞尔说，近代科学危机的实质是人性的危机，是人性失去价值之后的技术理性、工具理性的危机。

理性人、理性的个人主体是近代教育哲学最显性的人性观。斯宾塞批判英国工业时代教育中存在的"装饰大于实用"的知识价值观，批判了人文学科的装饰性，认为只有科学才最有实用价值。教育就是要通过科学知识和技术的学习，使人拥有征服和占有世界的本领，使人成为具有占有性的理性的个体。近代教育沿着斯宾塞的路线，在科学主义的道路上一路狂飙，人文主义不断被边缘化。最后教育成为唯科学、唯理性的教育，教育培养的人成为"有理性而无人性"的"单向度人"。

理性，作为近代对人的启蒙，把人从上帝的桎梏中解放出来，但近代科学理性的肆虐与张狂、理性至上，最终使理性成为新的"上帝"，"理性从解放人开始，却通过对感性的遮蔽，给人性重新戴上了枷锁，它自己也随之走向了理性的非理性存在"[①]。因此，不得不对人进行再启蒙。

教育关注人的非理性：一方面是要发展人的非理性因素，使之与理性协调发展；另一方面是要用非理性打破理性的普遍性、抽象性，使每个人成为鲜活的生命个体，成为他自己。如存在主义主张"教育为个人而存在，教会人像他自己的本性要求那样的自发而真诚地生活"[②]，把个人还给教育，使教育真正为个人而存在。在自由主义教育哲学看来，自由是人的最高追求，自由是人的自我选择，而不是被给予的。因此，教育不应该灌输和强制，而应该给予每个受教育者更多选择的机会，让受教育者在自我选择中学会理性地选择。

通过以上对教育思想史和教育哲学史的简要回顾，可以看出，对人的认识，确立什么样的人性观、人性假设，是教育理论的核心。由于发展阶段不同、同一阶段的不同思想家对人性的认识不同，思想家建构了不同的教育哲学思想。

（三）教育哲学中"人"的失落

说哲学、教育哲学中存在着"人"的失落，并不是说哲学、教育哲学缺乏

---

① 泰勒．现代性之隐忧．北京：中央编译出版社，2001：5.
② 陈友松．当代西方教育哲学．北京：教育科学出版社，1982：119.

对人的关注和理解。因为通过前面的历史考察可以看出，哲学、教育哲学都内含了深刻的人性关怀。从苏格拉底之后，哲学就把"认识自我"作为最高目标。无论是哲学本体论，还是哲学认识论、实践论，都跳出了早期希腊哲学探讨宇宙、世界本原的朴素实在论，都以反思、理性和批判的眼光探索人，探索人与社会、人与世界的关系，提供一种对人、人的存在、人类社会的新理解。教育是以人为对象的活动，因此，教育理论和人有着天然的关系。教育哲学对人的认识，不同于心理学、生物学对人的研究，它着眼于人的应然状态，因此，教育哲学中的人是以人性观和人性假设的形式出现的，如古希腊的"智慧人"、中世纪的"宗教人"、启蒙时期的"自然人"、近代以来占主导地位的"理性人"以及当代的"非理性人"。人性观和人性假设是教育家建构教育哲学的基点，有什么样的人性观和人性假设就会有什么样的教育哲学。

应该说，哲学、教育哲学都以人为核心，都在不懈地认识人、理解人，致力于提升对人的关怀，提升人的精神世界。虽然如此，但其未必真正地认识了人、理解了人。因为这既与人本身的定位问题有关，也与人认识的思维方式问题有关。

1. 哲学、教育哲学中人的呈现方式

（1）人的"神圣化"。

每一个人都应该作为独立的个体而存在，但在人类的前现代阶段，即古代社会和中世纪，人不作为自己而存在，而是存在于一个族群共同体中，共同体凌驾于个体之上，成为个体的化身，"共同体作为人的化身而具有的那种超个人性和非生命性对于每一个生命个体而言，仿佛是都来自天外的一种神圣力量的超人性，个体必须依赖它而存在，必须从它出发去发挥'人性'，必须靠'分有'这一大写的'人'的资格来获得存在的合法性和正当性，于是，它对于有生命的个体而言，便成了高高在上的神化存在"①。古代人把城邦作为共同体，中世纪把这一共同体转换为上帝，人从属于上帝而存在。中国没有西方的城邦共同体，也没有西方的上帝，但有着等级制的封建宗法共同体。在这样的宗法共同体面前，个体只能靠供奉一个虚假的共同体来生活。虚假的"集体主义"就是以淹没个体为代价的。总之，人类社会的前现代阶段，个人淹没于神圣化的共同体的"大我"之中，并没有个体的存在。

（2）人的"自然化"。

相对于前现代阶段人的"神圣化"，"自然化"开启了近代思想家对人的认

---

① 高清海，胡海波，贺来. 人的"类生命"与"类哲学"：走向未来的当代哲学精神. 长春：吉林人民出版社，1998：133.

识的探索，把人从"天上"拉回了"人间"。不过，这个"人间"，首先讲是人的自然性、生物本能和天性。这种认识产生于文艺复兴时期的人文主义，成熟于18世纪法国唯物主义。在教育哲学上，最能体现人的"自然化"的是夸美纽斯提出的"自然适应性"教育原则。他认为，人是自然界的一部分，自然界的发展有自己的顺序，因此，教育必须适应自然的顺序，按照人自身发展的规律进行，不应该违背儿童自然发展的天性。18世纪法国唯物主义思想家拉美特利提出了"人是机器"的思想，认为人的身体状况决定人的心灵状况，人的机体组织是类似钟表那样纯粹由物质的机械规律支配的自动机。这一思想在当代教育哲学中依然存在，比如美国行为主义心理学及其相应的程序教学、机器教学等都是以人的机械的生物性为依据的。人的自然性、生物性固然是一个重要的方面，但仅有此还不足以构成完整的生命，因为生命还具有超自然的一面。然而，生命超自然的一面，往往被哲学"抽象化"。

（3）人的"抽象化"。

虽然前现代阶段哲学对人的认识也是抽象的，但它认识的不是个体的"小我"，而是作为共同体的"大我"。近代哲学从"我思故我在"转入对个体的认识。"思"是人的存在状态，它代表着"理性"。从苏格拉底提出"人是理性的动物"，到近代康德对理性的全面论述，"理性"成为近代哲学对人的认识的典型表征。伴随着近代科学技术的发展，理性异化为技术理性，人异化为"没有思想，没有情感的机器"。正如胡塞尔所批判的，现代人迷恋于实证科学的时候，"漫不经心地抹去了那些对于真正的人来说至关重要的问题"[1]，即人生意义。所以，20世纪后期，存在主义、现象学、解释学、生命哲学等批评理性主义，并以非理性的情感、意识等来界定人，如叔本华的"生命意志"、尼采的"强力意志"、狄尔泰的"生命体验"、伯格森的"生命冲动"等，非理性因素也将个体生命抽象化，认为"生命不能借助于感觉和逻辑思维来认识，只能靠直觉和体验来把握"[2]。总之，不管是把人视为理性人还是非理性人，其关注的都是人的精神的一面，这是必要的，但如果仅关注精神方面，人就会成为无人身的"幽灵"。

（4）人的"社会化"。

理性人和非理性人，把人的精神抽象化。马克思批判抽象的人性观，指出："人的本质不是单个人所固有的抽象物，在其现实性上，它是一切社会关系的总

---

① 胡塞尔. 欧洲科学危机和超验现象学. 上海：上海译文出版社，1988：5.
② 葛力. 现代西方哲学辞典. 北京：求实出版社，1990：124.

和。"① 人作为群体或社会的成员，必须适应社会的要求，成为社会人。社会人有两种表现：一是"政治人"，二是"经济人"。"政治人"最早由亚里士多德提出，"政治人"参与城邦政治生活，成为城邦的公民，有公民的身份，而当时大多数人并不具备公民身份，因此也不具备政治的本性。近代社会，随着民主制度的建设，政治身份为每个人平等地具有，突出地表现了公民所具有的权利和公民的阶级性。公民都是特定国家的公民，因此，他们必须认同国家的政治制度，甚至可以为了国家的政治利益牺牲。社会人的另一种形象是"经济人"。"经济人"由亚当·斯密提出，在边沁、约翰·穆勒那里得到发展。在他们看来，人天生就有趋利性，每个人都想最大限度地满足自己的私利，追求自身利益和效用的最大化。"经济人"是"以物的依赖关系为基础的人的独立性"阶段的人的形象，每个人以对物的占有显示自己的主体性。无论是"政治人"还是"经济人"，都假定，人之所以为人，不是由于上帝，也不是由于人的自然性或理性，而是由于社会的规定。人生活在社会中，为社会所塑造，离开了社会，人无法存在。重视人的社会性，本身没有错，但社会制度与个人发展并非完全一致，当社会要求与个性发展产生矛盾冲突时，若以社会性压制个性，就会把人变成社会的"工具"和"附庸"。

2. 本体论思维方式下人的"失落"

除了人的"自然化"，人的"神圣化"、"抽象化"和"社会化"都导致了人的"失落"。我们需要进一步追问：它们为什么会导致人的"失落"？一般认为，这与它们背后所持的认识人的思维方式有关，这就是本体论的思维方式。

哲学是从本体论思维开始的。哲学最早认识的是世界的本原、物质的构成，把本体认定为"水""气""火"等物质实体。苏格拉底虽然改变了这一观念，把哲学对世界认识的重心转向人，但不过是"本体被某种纯粹理性的'原则'所取代，由这个'原则'衍生出万物"②，本体由物质实体转化为抽象的理念，中世纪又为上帝所取代，近代认识论又以科学理性取代上帝。但无论怎么变化，变化的都只是具体的理念，不变的是本体论的思维方式。在本体论的思维方式下，哲学试图寻求一种绝对的、终极的理念，使之主宰人的一切，使"人"成为一个抽象的理念，脱离了人现实的、活生生的存在。

本体论的思维方式，概括起来主要有以下特征：

第一，绝对性。本体是现象背后所存在的那种终极不变的东西，是本质的本质，是事物最根本的决定性因素。事物表象可以变化，但本体不会变化。"本

---

① 马克思，恩格斯. 马克思恩格斯选集：第1卷. 3版. 北京：人民出版社，2012：135.
② 卡西尔. 语言与神话. 北京：生活·读书·新知三联书店，1988：203.

体论思维是只能承认一种绝对存在的绝对化的哲学思维方式。"① 按照本体论思维来理解，人之所以为人，就是由本体所决定的，而本体是绝对的、唯一的，不随个体的变化而变化。

第二，终极性。本体超越现象，甚至超越本质，是一种终极性存在。它永恒在场，提供永恒的真理、永恒的正义，它是一元的、普遍的、绝对的。人为某种本体所支配，就失去了发展的可能性，成为非时间的、非语境的、非历史的、永恒在场的本真，因而失去了人性多样、丰富的内涵。

第三，抽象性。本体是现象之后本质的本质，因此，对于本体而言，本体论思维要透过现象，剥离感性认识，运用抽象的方式，获得关于事物整体的认识。这种整体认识，是对事物存在的高度概括和抽象，是对事物最根本的存在的表征。本体是高度抽象的，正因为高度抽象，所以覆盖了所有个体的差异性，也就泯灭了个体的多样性。

第四，物性思维。本体论哲学是由对世界和宇宙本原的认识演化来的，它认为世界和宇宙是客观存在的，其物性是单一的、永恒的。这是一种认识物的思维。本体论哲学以这种物性思维认识人，把人的本质规定为某种理念、精神。所以，本体论哲学对人的认识，是在把人定义为"动物"后，寻找人与动物间的种差，这种种差或是灵魂，或是理性，或是符号，或是政治……不论把人定义为"什么样"的动物，人毕竟不是"人"。因此，以物性思维认识人，不管把人的本性归结为什么，它"用把握物的方式来把握人，其结果必然是离人越来越远，最终导致了人的物化与人的失落"②。

（四）人的自觉与教育哲学的人学使命

传统哲学、教育哲学以物的本体论方式认识"人"，最终导致了"人"的失落。因此，哲学对人的认识，必须实现根本性的转换，这就是以"人"的方式认识"人"。

1. 以"人"的方式认识"人"

（1）人是一种实践生成的存在。

在物的本体论看来，人是具有不变的本性的，因此，物的本体论导致人成为无历史、无发展的抽象存在。马克思用实践取代了传统本体论中抽象的人性，使人的存在成为实践的生成，实现了从传统本体论到实践生成论的转换。实践

---

① 高清海，胡海波，贺来 . 人的"类生命"与"类哲学"：走向未来的当代哲学精神 . 长春：吉林人民出版社，1998：103.

② 同①115.

生成论认为，人没有不变的本性，变化是人的本性。人的变化，不是先验的、自动的，而是通过实践生成的，人是实践的产物，实践是人的存在方式。实践有生产实践和社会实践。生产实践中，人面对的是与自然的关系，人改造自然，使自然成为人的世界；社会实践中，人面对的是与他人的关系，人与人之间的交往实践生成了社会，也生成了人的社会性。因此，人是通过实践而实现自然、人、社会的有机统一的。在实践生成论看来，人没有固定永恒的本质，这不等于人没有本质，人的本质就是人的实践，在实践中生成人。马克思提到人的本质是社会关系的总和，社会关系就是人社会实践的产物。人通过实践，改造了自然，创造了社会，也孕育了自身。所以，物的本体论把人的本质固定化是不合适的，同样，反本质主义把人虚无化也是不合适的。实践生成论把人看作实践的产物，认为以此为基础才能实现人与自然、社会之间的互动平衡。

（2）人是自觉的、开放的、生成的、超越的存在。

正因为人的本质不是固定的，是实践生成的，因此，人的发展就具有了自觉性、开放性、生成性、超越性。

自觉性。动物是一种自然的存在，因为动物只有本能的自然生命。人除了自然生命，还有超自然生命，人的发展是自然与超自然、物性与超物性的矛盾统一。自然、物性为人的发展提供了物质基础，但人的发展是超自然、超物性对自然、物性的超越，是一个自觉、自为的发展过程。

开放性。动物是特定化的封闭性存在，但人是非特定化的开放性存在。因为人的自然生命无法支持人的生存，人必须依靠超自然生命与自然、社会形成互动平衡，在与自然、社会的交往互动中生成人。

生成性。人的开放性，决定了人必然是生成的，具有生成性。人没有固定的本质，人的本质只能为人自己所创造。这种生成不仅对个人而言如此，对人类整体也是如此。马克思提出的社会发展的三个阶段就是人类历史的生成过程。因此，生成的过程也是一个历史的过程。人是历史的存在，历史会给人打上时代的烙印。

超越性。人的生命是双重的，生命的实然层面是有限的，人总是不满足于实然状态，总是要超越实然，追求应然，不断超越，不断发展，在超越中实然与应然实现矛盾的统一。人的发展过程就是一个不断超越的过程。超越性是人的本性，没有超越，就没有发展。

（3）类主体是人类可以预见的最高发展目标。

在实践生成论看来，人没有固定的本质，人的本质是不断生成的。这并不等于说：人的生成没有目标，人性是虚无的。人的生成与发展就是一个不断成"人"的过程。按照马克思对人类社会发展的认识，人类可以预见的最高发展阶段，是"建立在个人全面发展和他们共同的社会生产能力成为他们的社会财富这一基础上的自由个性"，人成为类本位上的类主体。

人类发展经历了从群体主体，到个人主体，再到类主体的过程。类主体不是对个人主体的否定，它从人的类特性、类本位的应然生活出发，扬弃个人单子式的主体性，把个体的发展置于类意识、类存在中，解决了人与自然、人与人、人与社会之间的矛盾，这就是马克思所描绘的共产主义理想，"它是人和自然界之间、人和人之间的矛盾的真正解决，是存在和本质、对象化和自我确证、自由与必然、个体和类之间斗争的真正解决"[1]。从个体的角度而言，类主体具有建立在全面发展基础上的自由个性，是共同体"大我"与个体"小我"的统一。

2. 当代社会："人的自觉"时代

人是自觉的存在。人之发展的过程就是一个自觉为"人"的过程。历史地看，人类社会发展的历史，就是一部人追求自觉为"人"的历史。

马克思所揭示的人类社会发展的三个阶段，反映了人之为人生存本性的内在逻辑，是人的发展必须经历的阶段和环节。按照马克思的三个阶段理论，我们可以说，第一种"人的依附性社会形态"已经成为历史，第二种"以物的依赖性为基础的人的独立性"形态在发达国家已经完成，在发展中国家也是进行时。但第二种形态中占有性的个人独立性，无论是发达国家的完成时，还是发展中国家的进行时，都暴露出了巨大的问题。当代人类社会的危机，无一不是占有性的个人主体性张扬、肆虐的结果。其表现在人与人的关系中，是严重的个人主义；表现在人与社会的关系中，是缺乏社会责任感；表现在人与自然的关系中，是人类中心主义；表现在国家与国家的关系中，是大国沙文主义和霸权主义；表现在宗教与宗教的关系上，是宗教极端主义。可以说，当代社会，人类生存与发展中的问题，都是对类意识的自觉程度不够，以及由此带来的对于类本位的实现程度不够造成的[2]。只有把个人的主体意识提升为类意识，把个人主体提升为类主体，才能真正解决当代人类发展面临的问题。从群体本位、个人本位到类本位，是人类社会自觉发展的趋势，也是当代社会的基本状态。走向类本位，自觉为人，是当代社会发展的要求。这一要求伴随着全球化、信息化和人类可持续发展等趋势，正在逐步变为现实。这意味着，人类正在走向自觉为人的时代。

从总体上看，当代中国社会也处于从第二种社会形态向第三种社会形态的

---

① 马克思，恩格斯．马克思恩格斯文集：第 1 卷．北京：人民出版社，2009：185.

② 韩庆祥，邹诗鹏．人学：人的问题的当代阐释．昆明：云南人民出版社，2001：224.

过渡时期，与西方语境下人类社会发展的形态演进具有一致性，但还要看到中国的特殊性。近代以来，西方以个人主体性为核心，以致当代西方个人主体性泛滥成灾，因此，当代西方反思和批判个人主体性，走向后个人主体性或主体间性。在中国，长期的封建宗法制对个体进行压制，中华人民共和国成立后特别是改革开放后，我国开启了对宗法社会"权力至上性"的批判与超越，致力于使人成为具有权利、理性和自主性的个人主体。基于"物的依赖性"的个人主体性造成了一系列问题，如"物的生存大于个人自由发展""权利大于义务""能力大于道德""感性大于理性""依附大于自立""工具理性大于价值理性""资本大于劳动"等①。所以，中国社会需要在高扬个人主体性的同时，以类的意识、自觉为人的意识约束个人主体性带来的问题，避免走西方社会的老路。

3. 当代教育哲学的人学使命

正因为"人"已成为时代的主题，哲学也开始自觉地转向人学。对哲学与人学的关系，存在着几种不同的认识：第一种认识，哲学就是人学；第二种认识，人学是哲学的分支学科或部门学科；第三种认识，人学是哲学的当代形态。虽然这些观点在具体细节上存在着分歧，但对人的高度关注，是这个时代哲学的共同特征。

从逻辑上讲，教育应是以人为对象，使人成"人"的活动。但实际上，当今的教育却从根本上偏离了它本真的意义，成了一种在工具理性作用下的功利主义教育，成为政治和经济的附庸和工具。改革开放后，尤其是 21 世纪以来，"以人为本"成为社会的主旋律，"育人为本"也成为教育的根本使命。教育回到"人"，真正成为成"人"的教育，成为时代的要求。这为教育哲学走向人学提供了可能，提供了方向。

何谓人学？有学者把人学与动物学相提并论，动物学是研究动物的所有学科，人学则是研究人的所有学科。这种类比是以物的方式认识人，本身是错误的。我们应以人的方式认识人。人具有超自然的性质，这是人哲学性的一面。因此，人学不是研究人的所有学科，而是关于人的哲学，是关于作为整体的人及其本质的形而上学的思考。因此，人学属于哲学，我们应从哲学的高度认识人。

中国的人学是改革开放后发展起来的，是对人的解放和促进。它始于中国哲学界对人道主义与异化问题的争论。因此，改革开放后，人学作为一种关注人、解放人的思潮开始兴起。20 世纪 80 年代中期以来，哲学界致力于建立一门人学学科。当然，人学是一种观念，还是一个学科，至今还存在争论。

---

① 韩庆祥. 现代性的本质、矛盾及其时空分析. 中国社会科学，2016（2）：9-14.

教育学对人的认识，与哲学对人的认识基本是一致的。教育学对人的关注也源于改革开放后学界对马克思"人的全面发展"的思想，以及人的异化产生的教育问题的讨论。20 世纪 80 年代以来，有学者不断突破教育的"工具论""适应论"，提出"人是教育的出发点""育人是教育的原点"。进入 21 世纪后，有学者提出"教育学的人学立场""教育学是人学"等观点。这些观点更多的是以人学的观点重新理解教育。后来虽然也有学者出版了教育人学的相关著作，但他们也是把教育人学当作一种以人为本的教育理念。

人学是哲学的表现形态，尤其是当代哲学的主题形态。哲学界对人学的认识，经历了从自发的人学思潮到自觉的人学学科这一过程。有人反对把人学学科化，因为其他学科也涉及人学。其实，人学作为一个学科，并不排斥其他学科同样具有人学思想，其他学科都是在观念意义上使用"人学"的概念。我们提出"教育哲学的人学使命"，也使用了人学的两个内涵：作为一种人本思想，作为一个专门的学科。一方面，教育哲学应该全面体现人学的思想、人本的教育观念，成为思想意义上的教育人学。教育哲学有很多研究主题，例如，人性与教育、知识与教育、伦理与教育、美学与教育、政治与教育等。无论是研究知识与教育也好，还是研究政治与教育也好，所有的教育哲学主题，都必须体现人本思想，使教育哲学真正成为引导"人"成"人"的学科。对这一方面，石中英的《教育哲学》[1] 已经做出了很好的探讨。这本书共有八章，除了第一、二章是关于教育哲学本身的研究外，其他六章，即人生与教育、知识与课程、理性与教学、自由与教育、民主与教育、公正与教育，都是以人生为主线，围绕教育与人生而谈，体现了教育的人学思想。另一方面，还应当把教育哲学中的教育人学思想提升为学科，建立专门的教育人学。现阶段的教育哲学不够发达，还处在学科概论阶段。随着专题研究的不断深入，教育哲学会出现许多分支学科，如教育政治哲学、教育文化哲学、教育人学，教育人学作为研究"教育与人性"的分支学科，也会成为其他教育哲学分支的基础学科。当代教育正在走向人本的时代，它呼唤当代的教育哲学必须体现人学的思想，建构具有时代特色的教育人学。教育人学是教育本真的回归，能使教育哲学更好地反映"教育"的特性。

二、作为学科的教育人学

"任何真正的哲学都是自己时代精神的精华"[2]，都是时代的产物。教育人

---

[1] 石中英. 教育哲学. 北京：北京师范大学出版社，2007.
[2] 马克思，恩格斯. 马克思恩格斯全集：第 1 卷. 北京：人民出版社，1956：121.

学也是如此。教育人学在当代中国的出现，不是学者的臆想，而是反映了当代中国教育发展的要求。它标志着中国教育从"无人"的教育到"人的发现"，进而进入"育人为本"的新时代[①]。教育人学也因此成为"育人为本"的新时代教育哲学。但我国在教育人学的建设方面较为滞后，难以适应新时代的要求。因此，建设教育人学就尤为必要和紧迫。

（一）何谓教育人学

教育人学是教育学和人学的交叉学科，是对教育的人学思考。因此，认识教育人学，首先从认识人学开始。

1. 何谓人学

人学作为教育人学的母体，其建设自然要先于教育人学。从 1988 年起，国内哲学界就有学者提出了人学的概念，高清海、孟宪忠发表了《从人的研究到人学》《人学论纲》，提出人学的概念[②]；黄枬森（又名黄楠森）、韩庆祥发表了《关于建构人学的几点设想》，谈到人学学科的建设问题[③]。1990 年，黄楠森等主编的《人学词典》的出版，成为我国人学学科确立的标志。此后，国内哲学界在马克思主义人学思想、人学的基本理论、西方人学思想、中国传统人学思想等方面开展了系统深入的研究，出版了大量的研究成果。1996 年又开始筹备建设中国人学学会，2002 年中国人学学会正式成立。中国人学学会凝聚了人学研究队伍，大学的哲学系也开始招收人学方向的研究生，培养人学的专门研究人才。

尽管对人学的研究已经开始了近 30 年，但对人学的认识，有共识也有分歧。顾名思义，人学是关于人的学问，但并不是所有关于人的学问都是人学，还要看以什么样的方式认识人，认识人的哪些方面。比如说解剖学、生理学、心理学、医学和遗传学等都是关于人的学问，但不会有人认为这些学科是人学，只能说是研究人的科学。因为它们只研究人的某个方面，或者生理，或者心理，而不是人的全部。更重要的，这些学科都是以科学的方式研究人，确切地说，是以科学的方式研究人的生理或心理的某一个方面。人学不是以科学的方式研究人，而是以哲学的方式思考人，所思考的不是人的生理或心理的某个方面，而是人的整体和人的本性。对人的整体的认识，不能以科学的方式来把握，科

---

① 冯建军. 向着人的解放迈进：改革开放 30 年我国教育价值取向的回顾. 高等教育研究，2009 (1)：17-25.

② 高清海，孟宪忠. 从人的研究到人学. 人民日报，1988-06-06；高清海，孟宪忠. 人学论纲. 哲学动态，1988（6）：49-50.

③ 黄枬森，韩庆祥. 关于建构人学的几点设想. 社会科学战线，1989（3）：62-69.

学只能把人当作物来解剖，认识人的某些方面，认识的是零碎的人；人不是物，人是人，对人只能用人的方式来把握，认识人的整体、人的本性、人的生活和意义，这种方式就是哲学的方式。所以，人学是与哲学紧密相连的。这一点在所有的人学研究者中都没有异议。

至于说，人学和哲学是什么关系，则存在争议。主要观点有三种：第一，哲学就是人学，这一观点以高清海为代表。这一观点认为，人的奥秘在于哲学，哲学的奥秘在于人。哲学是人的自我意识和反思。按照苏格拉底的说法，未经反思的生活是不值得过的。人的生活要值得过，要有意义，就必须经过反思。所以，人的生活必然是一种哲学的生活，人的世界必然是哲学的世界。因此，哲学就是人学。显然，这一观点是就哲学的理想形态而言的，而且它把哲学定位为人学，定位的是哲学的性质，而不是人学的性质。第二，人学是哲学的分支学科或部门学科，这一观点以黄枬森为代表。这一观点认为，人学不能成为哲学的全部，哲学有自然哲学、社会哲学、道德哲学、法哲学、政治哲学等，人学就像这些学科一样，是哲学的一个分支学科或者部门学科，它是以人为研究对象，关于人的哲学思考。它与哲学是部分与整体、特殊与一般的关系。第三，人学是哲学的当代形态，这一观点以韩庆祥等为代表。这一观点认为，哲学不一定都是人学，西方哲学的发展是从本体论转向认识论，再到当代的实践论、生存论的。本体论无视人的存在，认识论是对人的认识过程和能力的研究，只有到了实践论、生存论，才开始研究人的实践活动和人的生存状态。人逐渐成为当代哲学的主题，当代哲学也因此成为人学。当然，人学在当代的出现，更多的是社会发展的要求。以上三种关于人学与哲学关系的认识虽然不同，但都不否定人学属于哲学的范畴，不否定人学是作为哲学的形态存在的。学者们在人学是对人的哲学思考上，应该是有共识的。但也有学者指出，人的哲学不等于人学。人学更强调多学科的综合，注重和具体科学的结合，但人的哲学只是从哲学的视角研究人的本质、人的意义、人在宇宙中的位置等。就此而言，人的哲学不等于人学，但它是人学的核心部分，是人学的最主要的分支。

笔者认为，从逻辑上讲，或者是从应然来看，哲学是人的本性的要求，哲学应该以研究人学为本。这就是高清海所说的，哲学应该是人学。但这种应该只是一种对哲学主题的逻辑演绎。实际上，任何哲学思想都是时代的产物，必然反映时代的要求，烙有时代的印记。历史地看，古代社会忽视人的存在，在这样的条件下谈人学只能是妄想。近代以来，个人独立性出现，但"以物的依赖关系为基础的人的独立性"，是对人的社会性的异化。相比古代社会，近代社会的人性得以解放，这是历史的进步，但它局限于不完整的人、异化的人。近代社会关于人的思想，为人学提供了思想资源，但它不是真正的人学。当代社会开始对近代以来人的异化进行矫正，人的发展在不断地追求一种完满人格和真正的人的实现，这才可能诞生真正的人学。因此，我更愿意把人学视为当代哲学的主题形态。这既是对哲学性质的反映，也是对当代社会发展的回应。

科学与哲学不同，两者研究方法不同，研究方向也不同。科学研究事物的某个方面或某一现象，揭示事物存在、发展的特殊规律；哲学研究事物的整体，研究事物的根本问题，揭示事物的一般规律。人学作为哲学的形态，不同于生物学、心理学、医学等对人之生理、心理等某一方面的研究，它研究的是整体的人，研究的是人的根本问题，揭示的是人之存在的一般状态、人之发展的一般规律。基于对哲学的认识，学者们对人学的这一研究对象没有太多分歧。黄楠森把人学的研究对象规定为作为整体的人及其一般规律，认为人学是研究作为整体的人及其一般规律的科学①。陈志尚指出：人学是从整体上研究人的存在、人性和人的本质、人的活动与发展的一般规律，以及人生价值、目的、道路等基本原则的学问②。人学除了研究作为类的整体的人及其规律外，也纳入了面向个体的人生哲学。韩庆祥等把人学的对象确定为"完整的个人及其存在、本质和社会历史发展的过程与规律"③。可见，人学是研究整体的人及其本性、存在、发展的根本问题的哲学。因此，人学也被一些学者称为哲学人学，以显示它与科学人学的区别。

2. 教育人学的研究对象

教育人学是人学与教育学的交叉学科，是人学理论和方法在教育中的运用，也是应对教育问题的人学思路。对于人学而言，教育人学是人学的应用学科；对于教育学而言，教育人学是带有方法论性质的基础学科。教育人学是教育哲学的一个部分，但这个部分不是枝节，而是根基。因为教育的问题，最终还是要归结为"人的问题"。在很大程度上，可以说教育哲学就是教育人学，至少在当代，教育人学是教育哲学的主题形态。教育哲学可以有教育社会哲学、教育道德哲学、教育文化哲学等，但只有教育人学是教育哲学的根基性学科。

对于教育人学，虽然国内已有学者提出这一概念④，但他们对教育人学的认识多是指向人本的教育观念，而对作为学科的教育人学，尚没有见到学者的相关界定。这里尝试给出一个定义：教育人学是一门运用人学的原理和方法，探讨教育与整体的人之间的关系及其一般规律的相对独立的综合性学科。教育

---

① 黄楠森．人学：作为整体的人及其一般规律的科学．学术月刊，1996（4）：12-13.
② 陈志尚．人学原理．北京：北京出版社，2005：5.
③ 韩庆祥，邹诗鹏．人学：人的问题的当代阐释．昆明：云南人民出版社，2001：129.
④ 扈中平，蔡春．教育人学论纲．华东师范大学学报（教育科学版），2003（3）：1-9；王啸．教育人学内涵探析．华东师范大学学报（教育科学版），2006（1）：23-29.

与整体的人的关系，包括两个方面：一是教育中的整体的人，二是整体的人的教育。

人学的研究对象是作为整体的人，因而，教育人学的研究对象也指向教育中的整体的人。"整体的人"在人学中有不同的指向：一是指向以类的形式存在的人。作为类存在，人与动物相区别的本质特点和属性，即人之为人、人所特有的规定性。二是指向完整的个人。完整的个人，是不同于某些学科采用具体的、经验性的研究方法研究的具有某一方面属性或发展状态的人，是处在一定社会关系中的、具有丰富个性的人。完整的个人，首先是作为人而存在，具有人的本性；其次是作为个体而存在，具有个体的特殊性。教育的对象是活生生的个体，而不是人类，也不是抽象的人性。所以教育人学中的人指向教育中的一般个体，它不是对人的某个方面的专门研究，而是对人的整体的综合研究；它对教育中人的研究既是静态的，又是动态的，不仅要揭示教育中的人性和教育的本真，还要揭示人的历史的存在状态及教育样态。

教育人学不只研究教育中整体的人，还研究整体的人的教育。如同博尔诺夫在谈到教育人类学时所言，"为了避免误解，我宁可不称教育人类学，而称教育的人类学考察方式或简称为人类学的教育学"①。博尔诺夫的这一认识同样适用于教育人学。教育人学如果只研究教育中整体的人，那就只能成为人学的教育应用，难以成为教育学的基础学科。教育人学之所以能成为教育学的基础学科，是因为教育人学直面人的教育的根本问题，包括教育的人性假设、教育的本质、教育的目的、教育的价值等。在这个意义上，教育人学也是人学视野中的教育学，或简称为人学的教育学。

3. 教育人学与相关学科的关系

我们要真正确定教育人学的研究对象，还需要明确教育人学与相关学科的关系，明确教育人学的边界。

教育学与教育人学。教育学既可以指一个学科，也可以指一个学科群。作为一个以教育为研究领域的学科，教育学是教育学科群中的一员。但我们这里要着重分析的是作为一个学科的教育学与教育人学的关系。有学者认为，教育是培养人的活动，教育学即育人之学。育人之学，理当关注人生的培育，关注人生历程的建构，关注人生意义的实现，因此，教育学是人文之学②。也有学者认为，教育活动是生命创造的活动，教育的世界也因此构成人的世界、人文

---

① 博尔诺夫.教育人类学.上海：华东师范大学出版社，1999：24.
② 刘铁芳.教育学何以作为人文之学.天津市教科院学报，2003（1）：7-9.

的世界，教育学研究对象的特点决定了教育学是人文之学①。更有学者明确提出，"什么是教育"的问题又可归结为"什么是人"的问题。因而，在很大程度上，可以说"教育学是人文科学"②"教育学就是人学"③。当然，对于教育学的人文科学性质或者人学性质，也有学者提出质疑，他们认为教育学具有人文科学的性质，但教育学并不归属于人文科学，教育学还具有社会科学的性质，且其当前呈现出多元化的发展态势④。把教育学的性质归结为人学，是就人学的一种宽泛意义而言的，即把人学视为一切以人为研究对象的学问，而不是哲学意义上以整体的人为研究对象的专门学问。教育学固然具有人学特质，甚至人学是教育学的根本特质，但并不能因此就把教育学与教育人学等同。教育学除研究教育与人的问题外，还研究教育与社会的问题。从研究方法上看，教育人学具有哲学的性质，但教育学并不只有哲学的性质。按照德国教育学家布列钦卡的观点，教育学可以分为哲学的教育学、科学的教育学和实践的教育学⑤。教育人学是哲学性质的教育学，只是教育学的一类或一部分。除此之外，教育学还研究教育中的科学问题、实践问题。教育学作为培养师资的学科，更多地指向实践应用，是一门实践性很强的应用学科，旨在为教师的教育行为、教育实践提供具体的指导。

教育哲学与教育人学。我们把教育人学归为教育学的一员，是就其研究领域而言的。与教育学相比，教育人学与教育哲学的关系更为紧密。因为人学属于哲学的范畴。但对于教育人学与教育哲学的关系，则有不同的认识。一种观点认为，教育是对人的教育，教育哲学对教育的思考，归根结底是对教育中人的思考，因此，教育哲学就是教育人学。另一种观点认为，哲学的目的在于使人成"人"，教育也在探讨怎样使人成"人"，成"人"是哲学与教育的共同追求。因此，教育哲学本身就是教育人学。还有观点认为，教育人学是教育哲学的组成部分，因为"教育与人性"是教育哲学的核心内容，是教育哲学中不可缺少的部分。教育哲学的其他内容，包括知识论、道德论、宗教论与美学等所阐述的知识教育、道德教育、宗教教育、审美教育等都是为了育"人"。近年来，国内的教育哲学研究开始关注自由、民主、公正与教育，但教育哲学研究的自由、民主、公正不同于政治学领域的自由、民主、公正，它研究的是教育

---

① 冯建军.论教育学的生命立场.教育研究，2006（3）：29-34.

② 张楚廷.教育学属于人文科学.教育研究，2011（8）：3-8，12.

③ 庆年.教育学是人学.复旦教育论坛，2011（1）：1.

④ 王洪才.教育学：人文科学抑或社会科学?：兼与张楚廷先生商榷.教育研究，2012（4）：10-17.

⑤ 布列钦卡.教育知识的哲学.上海：华东师范大学出版社，2006.

自由、教育民主、教育公正，目的是为"实现人的发展"创造良好的教育条件，培养建设自由、民主、公正社会的公民。教育哲学关注的是教育中的人，目的是促进人成"人"，但不能把关注教育中的人的学科都认定为教育人学。我倾向于认为，教育人学是教育哲学的一部分，而且是根基部分。目前教育哲学是作为一个概论性的学科而存在，随着教育哲学未来的发展和分化，教育人学将会从教育哲学中分离出来，发展成为教育哲学的一个分支学科。

教育人类学与教育人学。人类学与人学都以人为研究对象。亚里士多德最初使用"anthropology"一词来表示"人类学"，主要用其说明人的精神特质，它具有今天人学的意思。但 19 世纪以后，人类学开始成为一门专门化的学问，专注于对人类的研究，诸如对人类的起源和进化、人种的形成和人体结构的正常变异等的研究[①]。人类学后来出现了体质人类学、文化人类学和哲学人类学等。与人学最接近的是哲学人类学，它是从哲学的角度研究类存在的"人"。哲学人类学所描绘的"完整的人"往往是从人和动物的区别上来谈"人"这个种类（族类或人类）的特征的；而人学更注重研究个人，关注一般意义上的个人。教育人类学是作为人类学的应用学科而出现的，是一门应用人类学的基本原理和方法来研究教育、阐明教育作用于人类发展的基本原理以及特点的科学[②]。教育人类学和教育人学虽然都研究教育中的人，但教育人类学更偏重于研究教育中人的类问题，包括类、民族、族群问题等，研究教育与人类进化、民族发展、文化演进之间的关系，它使用的是人类学的人种志研究、民族志研究、实地研究和文化分析等方法，这些都是一些实证的方法，因此，教育人类学的研究是实证研究，而教育人学所研究的主要是个体意义上的人，是以哲学的方式从整体上思考和研究教育中的个人，阐明作为整体存在的个人与教育的关系，其中，教育人学认为整体存在的个人具有类的特性，在这一点上与教育人类学有共同点，就研究方法而言，教育人学运用的是以哲学为指导，综合运用多学科研究的方法。此外，教育人类学关注人作为生物体的类特性，如人的未特定化、人的可塑性、人的生物适应性等实体特性，而教育人学面对的是教育中作为个体的完整的人，而不是人类，教育人学对类特性的关注是以关注作为个体的人的特性这一形式而出现的，因为共性寓于个性之中，一般寓于特殊之中。

人本主义教育思想与教育人学。西方教育思想从古希腊苏格拉底、柏拉图、亚里士多德起，就奠定了人本主义的传统。虽然有着中世纪神学对人的异化，但文艺复兴运动又复活了古希腊的人本主义。近代受科学主义的影响，工具理

---

① 陈志尚.人学原理：人学理论与历史.北京：北京出版社，2005：7.
② 冯增俊.教育人类学教程.北京：人民教育出版社，2005：24.

性盛行，人被科学化、工具化、碎片化，人生的意义、人的精神关怀被漠视。但20世纪中叶以来，不断出现反思和批评科学主义的思想和流派，如现象学、解释学、建构主义、存在主义、后现代主义、人格主义等，人本主义思想重新回归教育，并且逐渐占据中心位置。西方人本主义教育思想为教育人学的产生和发展提供了思想资源。但人本主义教育思想不等于教育人学，就和教育思想不等于教育学一样。教育思想是教育学的思想资源和理论前提，为教育学提供思想营养，但教育思想不是教育学。人类有教育，就有教育思想，但教育学成为一个学科，则是近代的事情。同样，人本主义教育思想是当今主流的教育思想或教育流派，而教育人学是一个以人为研究对象的相对独立的学科。人本主义教育思想源远流长，而教育人学尚在建设之中。二者虽然都以人为研究对象，但其对人的研究，出发点有所不同。人本主义教育思想由人出发，立足人、人性、人的本质、人的需要等根本问题来思考和演绎本真的教育问题。人本主义教育思想所思考的多是抽象的人，其所得出的结论多是理想的教育。教育人学虽然总体上属于哲学，但不是从抽象的人出发的，也不采用传统哲学的演绎方法思考教育问题，它是利用和吸收相关学科（如心理学、生理学、人类学、文化学等）对人的研究成果，对其进行整合，并将其运用到对教育中人的理解和对人的教育上。教育人学中的人，不是抽象的人，而是现实的、历史的人，是活生生的生命个体。人本主义教育思想是教育人学的思想资源，为教育人学的产生和发展提供了理论储备。反过来，教育人学也为人本主义教育思想奠定了坚实的理论基础，二者相互滋养，相得益彰。

总之，教育人学与教育学、教育哲学、教育人类学、人本主义教育思想，都以教育和教育中的人为研究对象，但由于研究范围、研究方法不同，它们之间又存在一定的差别。可以说，教育人学要综合利用各相关学科的知识，才能构建教育中完整的人的图景。

（二）教育人学的学科性质

教育人学的研究对象及其学科定位，决定了教育人学的学科性质：哲学本性、综合性、时代性和基础性。

1. 教育人学的哲学本性

教育人学的哲学本性，是由其母体——人学的哲学本性——决定的。有学者把研究人的所有学科都称为人学，这是不合适的。因为对人的研究，涉及三大领域：科学、宗教、哲学。科学以实证的、准确的方式研究人，目的在于对人的发展做出准确的定位，把握人发展的自然规律。科学把人当作"物"，把握的是人作为物的特性，排除了人发展的可能性、生成性和不确定性。以科学的方法认识人，认识的只是人作为物所具有的"是其所是"的实然性，失去了"是其所不是"的应然性，造成了人的本性的失落。这就是胡塞尔所说的，科学的危机表现为人性的危机。宗教不同于科学，它不把人实体化、物化，而是强调人的"超越性""无限性""自由性"，把人神化、虚无化，它理解的"人"是纯粹抽象的、片面的、无声的，忽视了人的活生生的社会现实性。因此，宗教中的"人"不是真实的、现实的个人。人虽然具有超生命性，但人的超生命性是以生命性为基础的，人首先"是其所是"，然后才可能"是其所不是"。马克思主义的哲学观，不是抽象地理解人，而是在社会实践的基础上理解人，将人看作社会现实中的"人"。

"人"是特殊的存在物，既是"物"，又是"神"，因此，用认识"物"的科学方式和认识"神"的宗教方式，都难以把握人的本性。哲学不同于科学，因为哲学具有超越性；哲学也不同于宗教，因为哲学是基于现实的。哲学是认识和把握"人"的最合适的方式。高清海等学者为此提出"哲学就是人学"，因为"人的奥秘在于哲学""哲学的奥秘在于人""哲学生命与人的生命内在统一""哲学的世界根本上是人的世界"[1]。"人"和哲学具有内在的关联。

哲学是认识人的合适方式，人需要过一种反思的哲学生活。人学是从哲学层次对人进行反思的一门学问，或者说，人学是从哲学角度对人本身的一种认识，即人学从人与世界、人与社会总体关系的角度来看待人，并对人本身进行反思和认识[2]。在这个意义上，人学就是哲学，具有哲学的根本性质。就内容而言，哲学与人学也有重合，但不完全一致。人学是哲学的核心，对哲学的认识，离不开人。哲学离开了人，就不是哲学。哲学作为"爱智慧"之学，本身就包含人反思的过程和结果。即便是自然哲学或者说是本体论哲学，也离不开对人的认识，因为没有纯粹的自然，只有人化的自然。哲学以"人"为中心，"人"是全部哲学的出发点和归宿。

教育人学作为人学原理和方法在教育领域的应用，自然具有人学的性质。在教育人学中，人学与教育的关系更加紧密。人学是研究人的本质及其发展的一般规律的理论，是对人的根本认识和把握，它告诉我们人性和人的本质是什么，什么是真正的人，真正的人应该追求什么。教育人学作为"成全人"之学，为成"人"提供方向和路径。人学提出成"人"的目标，教育人学探讨成"人"的路径，人学是教育人学的基础和前提。

---

① 高清海，胡海波，贺来. 人的"类生命"与"类哲学"：走向未来的当代哲学精神. 长春：吉林人民出版社，1998：15-74.

② 陶富源. 哲学、人学与人. 哲学研究，2003（11）：19-24.

2. 教育人学的综合性

教育人学的综合性，既由人学的研究对象决定，也由教育学研究人的特殊视角决定。

人学的研究对象是整体的人。整体的人是生活在现实社会中具体的、活生生的人，是一个有血有肉的整体性存在。人自身是一个整体的存在，因此人学不是片面化的、肢解化的对人的研究。研究人的某一方面，这不是人学的任务，而是研究人的具体科学的任务。"人学不同于人的科学，人的科学是以人的某一侧面为研究对象的诸学科的总称"，"人学则是对于关于人的科学的理性提升"，"是当代哲学对于这一时代人的科学发展状况的一种综合性的理解与总结"①。人学所研究的是人自身的一般本性，即人的一般属性、本质和发展规律。区分人学和研究人的具体科学并不是要把二者割裂。人学研究人的整体，一方面人学离不开对人的局部的、某方面的深入研究，另一方面人学研究的共性必须建立在个性的基础上，没有对人的分门别类的研究，就不可能有共性的人学的结论。所以，人学研究整体的人，是运用哲学的方法和各门学科的知识，对人的各个不同侧面进行综合研究，"在综合和提升各门人的科学知识的基础上，建立一门以完整的人及其本质、存在和历史发展规律为对象的新的科学"②。没有研究人的具体科学，人学就成为无源之水、无本之木，失去了其存在的科学基础。

综合性地研究人，尤其是研究如何教育和培养人，是教育学的特殊研究视角。其他学科也研究人，有的还研究教育中的人，如教育心理学、教育生理学、青少年社会学等，但它们研究的都是人的某个方面，或是生理，或是心理，或是社会性发展等，把人当作特殊类型来研究，或是生理人，或是心理人，或是社会人。教育学所面对的人，既有生理属性，又有社会属性和精神属性，是作为整体而存在的人，因此，教育学把人当作"一个复杂的整体"来研究，"研究人的内在各方面因素的相互作用以及由此形成的人的整体性特征"③，而不是采用"生理学＋心理学＋社会学"这样简单加和的方法。因此，教育学对其他学科的成果，不是简单地搬运和相加，而是加以整合，从整体的人的意义上来理解它们。没有各门学科对人的研究，整合就缺少基础；但只有各门学科的研究，而不从整体上认识和把握人，就无法研究教育人学。

教育人学的研究对象是教育中整体的人。对整体的人的研究，必须基于其他学科对教育中的人的研究，并对这些研究成果进行理性抽象、整合，将其提

---

① 韩庆祥，邹诗鹏. 人学：人的问题的当代阐释. 昆明：云南人民出版社，2001：98.

② 韩庆祥. 世纪之交的中国人学思潮：评当代中国的人学研究. 上海社会科学院学术季刊，2000（1）：145－152.

③ 叶澜. 教育概论. 北京：人民教育出版社，2006：175.

升到哲学高度。因此，教育人学是以教育哲学思维为主，横跨许多学科的综合性基础学科。

3. 教育人学的时代性

教育人学的时代性，源于人的社会性。人的社会性，意味着人不是抽象的人，人是社会的人，是具体的历史的人。正因为是社会的，人被打上了不同时代社会的烙印，成为时代的人。教育人学的时代性，一方面受制于时代对人的认识，另一方面受制于时代对人的发展的要求。

"认识自我"是古希腊时代之后哲学的追求，也是哲学探究的最高目标。但人是一个复杂的生命体，是宇宙中一个特殊的存在。对人的认识，受制于时代。古希腊哲学家柏拉图以理智、血气（激情）和欲望认识人，中世纪以神性认识人，文艺复兴时期的思想家以自然性认识人，近代思想家以社会性、理性认识人，当代思想家以精神性、自由性、开放性认识人，当今也有学者以复杂性认识人，如此等等，各不相同。哲学中的"人是什么"，没有科学标准的答案，而只是假设，这种假设取决于不同时代对人的认识。对人的认识，具有时代的烙印。这种烙印，一方面取决于科学对人的认识能力，另一方面取决于社会发展的要求。

马克思主义的人性观，是历史唯物主义的人性观。他在《德意志意识形态》中批判费尔巴哈的抽象人性观，指出："个人怎样表现自己的生活，他们自己就是怎样。因此，他们是什么样的，这同他们的生产是一致的——既和他们生产**什么**一致，又和他们**怎样**生产一致。因而，个人是什么样的，这取决于他们进行生产的物质条件。"[①] 依照不同社会的物质生产实践，马克思把人性的发展分为三个阶段或者三种状态：人的依赖关系状态、以物的依赖性为基础的人的独立性状态、建立在个人全面发展和他们共同的社会生产能力成为他们的社会财富这一基础上的自由个性状态。人学是时代的人学，时代需要什么样的人，可能建立什么样的人学，取决于时代提供的社会条件和提出的发展要求。

时代提供的是"人之所是"的实然状态，但哲学和人学则是建立在"人之所应是"的应然状态上，追求以应然改造实然、提升实然。康德就明确地指出："不是以人类的当前状况，而是以人类将来可能的更佳状况，即合乎人性的理念及其完整性规定为准进行教育。"[②]

中国的人学在改革开放后得以发展，这与社会主义市场经济的建立、社会主义现代化建设的推进有密切的关系。社会主义市场经济解放了人，社会主义

---

① 马克思，恩格斯. 马克思恩格斯选集：第 1 卷. 3 版. 北京：人民出版社，2012：147.
② 康德. 论教育学. 上海：上海人民出版社，2005：8.

现代化提出了人的现代化的核心诉求，使人的发展真正成为社会发展的自觉要求和核心目标。我国已具备建构教育人学的条件，因为改革开放以来教育不断解放人的本性，因为新时期我们确立了"育人为本"的教育观。因此，我国构建的教育人学不是抽象的教育人学，而是符合我国现实和当前时代特征的教育人学。

4. 教育人学的基础性

教育人学是教育学的分支学科，但这个分支学科，不是补充性的，而是基础性的。教育人学的基础性，源于人学在当代哲学中的主体性地位，也源于教育人学本身在教育哲学中的核心地位。

"人学在当代哲学中的主体性地位，一方面是由人学形态在当代诸多哲学形态中的主导地位所决定的，另一方面，也是由人学对当代科学技术、知识科学以及整个社会生活的整合功能所决定的。"① 古代哲学局限于本体论对物质世界的研究；近代虽然发现了"人"，但受现代性的驱使，近代哲学的认识论变成一种无"人"的"客观认识论"，"人"在现代性中失落；当代哲学开始解构现代性，关注人的生存和意义，呼唤"人"的哲学。虽然当代西方哲学有诸多流派，如解构主义、存在主义、现象学、解释学、后现代主义、生命哲学、意志哲学、西方马克思主义、批判理论等等，但对"人"的关注，是它们共同的出发点。对"人"的关注，不仅是当代哲学的主题，也是整个人文社会科学的主旋律。不仅哲学是人学，而且有学者提出"文学是人学""历史是人学""教育学是人学""政治学是人学"，这些提法不一定准确，但反映了人文社会科学对"人"的关注和"人"在社会科学中的主体性地位。就连自然科学、技术科学也在反思纯粹的科学主义和技术理性，以人文主义观照科学主义，以价值理性观照技术理性，包含着越来越丰富的人文关怀和人性内涵。

人学以"人"为主题，"人"不是抽象的人，而是实践中的人。人的实践，有物质生产实践，也有社会生产实践和精神生产实践，依靠三种不同的实践活动，人创造了物质世界、社会世界和精神世界。脱离人的纯粹自然世界、社会世界和人文世界是不存在的。以不同的研究方式研究这三种世界，也就有了自然科学、社会科学和人文科学。换言之，三种科学都与人有关，它们是从不同的角度和方法来研究人的实践活动和人的世界的。人学作为研究人的一般本性的学科，是对这些学科的整合、概括和抽象。所以，人学贯穿在所有科学之中，只不过人学在人文社会科学中是明线，在自然科学和技术科学中是暗线。

教育人学在性质上属于教育哲学。一般的教育哲学，大多研究教育的本质、

---

① 韩庆祥，邹诗鹏. 人学：人的问题的当代阐释. 昆明：云南人民出版社，2001：98.

人性论与教育、认识论与教育、价值论与教育、伦理学与教育、美学与教育、社会哲学与教育、文化哲学与教育等主题。无论研究哪种主题，都不应该忘记教育的初衷是"育人"，脱离了"育人"这一原点，那就不是教育哲学的研究，而是认识论的、社会哲学的、伦理学的研究。所以，对人性论与教育的研究，是教育哲学的核心，有什么样的人性认识、人性假设，就会有什么样的教育理论，就会有什么样的教育哲学。教育哲学对于其他教育学科来说，又具有概括性，因为教育哲学"是教育科学中一门具有方法论性质的基础学科"①。如此，教育人学是教育哲学的基础，又是教育科学的基础，因此，也成为教育学科的基础。教育人学对人性的认识，决定着我们对教育的认识。无论是什么教育学科，都要基于对教育的认识，更进一步说，是要基于对人性的认识。教育人学为教育哲学奠定理论基础，同时也为教育实践提供最基本的方向。

（三）教育人学的主题

对教育人学的研究，国内外都是刚刚开始，系统的理论建构尚没有出现，更谈不上成熟的理论体系。这里尝试明确教育人学的主题，向着建构教育人学的体系迈出第一步。

1. 教育人学的学科形态

教育人学不是一种教育思潮、教育理念，而是一个学科，我们需要探讨教育人学的研究对象、学科性质、研究方法等，探讨教育人学与教育学、教育哲学、教育人类学以及人本主义教育思想之间的关系，确定教育人学的合理边界与定位，找到教育人学独有的研究领域和研究主题。

2. 教育人学的历史形态

教育人学应采用历史与逻辑统一的研究方法论。就学科形态而言，教育人学虽然是当代社会的产物，但在教育发展史上，有大量的人学思想。各类人学思想是构建教育人学的思想源泉。马克思主义人学以历史唯物主义的观点来考察人的发展，是科学的人学思想。我们应当以马克思主义人学思想为指导，明确人的发展是一个历史的过程，不同时代的社会生产会塑造人的发展的不同形态，并产生相应的教育形态。

3. 教育人学的现实形态

教育人学直面现实的人，现实人的发展状态是教育人学研究的主题之一。当代社会发展对人的发展提出了挑战，当代中国的发展对中国人的发展提出了要求，这些都是教育人学研究的时代背景。我们要直面社会对人的发展提出的

---

① 顾明远. 教育大辞典. 上海：上海教育出版社，1998：794.

挑战，尤其要直面当代社会对人的异化问题，重点对教育中人的异化进行分析和批判。

4. 教育人学的本体论

教育人学不仅要揭示教育中人的本质、历史发展和现实形态，回答对教育中人的认识，而且要回答人学视野中的教育是什么。在这个意义上，教育人学又可称为人学教育学。人学教育学要面向教育的一般问题，探讨人的全面发展、人的自由发展、人的自我实现与教育的关系，以及合乎人性的教育法则等。

5. 教育人学的价值论

教育人学的价值论是从人学的角度透视教育的价值和教育价值观，它把教育价值建立在人的价值的基础上，教育价值是基于人和人的发展的价值。教育价值观是人们对教育价值的选择，人学的教育价值，要求我们确立"育人为本"的教育价值观，需要我们研究教育如何体现人的需要、人的权利、人的尊严、人的地位等人的价值问题。

6. 教育人学的实践论

教育以成"人"为根本追求，这里的"人"具有一般本性，但更具有时代的特征。成就时代所需要的人，成了教育人学的实践主题。改革开放后的中国，出现了素质教育、个性教育、主体教育、生命教育、公民教育等实践探索，这些是当代中国教育人学的实践主题。

（四）教育人学研究的方法论

教育人学要确立起来，除了应阐明它的研究对象和理论框架外，还应弄清楚它所应用的研究方法论。所谓方法论，也就是研究教育人学的总体原则，包含教育人学研究的性质、指导思想、思维特征和一般方法等。研究的方法论，取决于研究对象的本性。因此，我们应在对教育人学研究对象的分析中寻找教育人学研究的方法论。教育人学的研究对象是教育中完整的人，"人学的研究方法本身就是基于现代人自我理解的目的"[①]。作为教育人学研究对象的人，不是科学视野中的局部的、零碎的人，而是完整的、富有生命意义的人。教育人学的研究不是把人当作客体的"物"来研究，而是致力于对人的生活的理解，对人生意义的关怀。教育人学的研究方法论，就是要寻求理解教育中使人完整的方法，研究怎样在教育中认识人、理解人、关怀人。

1. 教育人学研究的性质：规范性研究

教育研究的范式，如果分为经验性研究和规范性研究的话，教育人学属于

---

① 韩庆祥，邹诗鹏．人学：人的问题的当代阐释．昆明：云南人民出版社，2001：171.

规范性研究。这是由教育人学本身的性质决定的。

研究人的教育学科很多，如教育心理学、教育生理学、青少年社会学等，这些学科把人当作客体，研究人的某一方面，使用的是实验、实证等经验科学的方法，属于研究教育中人的科学。对人的经验性研究，固然有价值，但其揭示的仅仅是人的某个方面，而且用经验科学的方法对人进行研究，无法解释人的本质意义，而这恰恰是人之为人的根本。对教育中人的经验性研究，揭示的是人的实然状态；而人之为人，更在于其应然状态。对人的经验性研究的局限性和人的应然性，决定了教育人学的研究必须是规范性研究。

教育人学的规范性研究，是与教育人学的哲学本性相通的。规范性研究不同于经验性研究，规范性研究不是诉诸实验、实证的方法，而是诉诸普遍的前提假设，为其正当性辩护，揭示教育的价值规则。教育中的价值规则，分析的是"应然教育"的理想、形式、原则，是对美好人性和教育的追求。教育人学不诉诸经验性研究，这并不意味它排斥研究教育中人的科学，恰恰相反，教育人学对人的整体认识，不是先验的，而是借助于对教育中人的科学认识。规范性研究，需要有前提假设，这个前提假设不是建立在个人的偏好和主观臆断之上的，而是建立在人类的普遍伦理和价值原则之上的。教育人学不是描述教育中人的实然状态，而是诉诸人类的普遍伦理与价值，批判现实对人性的异化，建构合乎人性本真的教育。

2. 教育人学研究的指导思想：实践唯物主义

不同的人学思想对人、对人性，包括对教育中的人和人性，会有不同的认识和理解。西方有人本主义的传统，但西方的人本主义属于抽象的人性论，它把人绝对化、抽象化，没有看到人的自然性、社会性，更没有看到人是实践的产物。马克思主义的人学思想，是唯物主义的，而且是实践的唯物主义。这是马克思主义人学区别于其他人学思想的根本所在。马克思主义的人学思想，从来不把人抽象化，而是把人看成不同历史阶段社会实践的产物。马克思主义人学视野中的人是现实的人，是社会实践中变化的人。因此，对于人学和教育人学来讲，确立马克思主义的实践唯物主义，就是确立人学和教育人学研究的指导思想。

实践唯物主义是历史唯物主义，因为实践是共时态的，也是历时态的。规范性研究虽然要从大前提出发进行逻辑推理，但大前提不可无中生有，不是纯粹的思辨，而一定是时代的产物、历史的产物。所以，倡导实践唯物主义也就是倡导历史唯物主义，要做到历史与逻辑的统一。马克思主义关于人类发展的三个阶段，就是历史与逻辑统一的典范，它既反映了人性发展的要求，也反映了时代的印记。人在不同阶段具有不同的状态，这种状态，是由人的实践所造成的。"'历史'并不是把人当做达到**自己**目的的工具来利用的某种特殊的人格。历史**不过是**追求着自己目的的人的活动而已。"① 教育人学研究的人，不是抽象的人，而是现实中的人，是历史中的人。因此，教育人学要研究人的历史发展形态，寻找人的发展的历史轨迹，要直面人的发展的现实，不断发现和解决现实问题。这才符合规范性研究的范式。

3. 教育人学研究的思维范式：辩证法

辩证法是看待事物的一种方式，也是一种思维方式。什么是辩证法？马克思指出，辩证法是"在对现存事物的肯定的理解中同时包含对现存事物的否定的理解，即对现存事物的必然灭亡的理解；辩证法对每一种既成的形式都是从不断的运动中，因而也是从它的暂时性方面去理解；辩证法不崇拜任何东西，按其本质来说，它是批判的和革命的"②。辩证法反映的是事物内在的矛盾变化，这种变化是事物的一种不断地否定、不断地超越自我的过程。

虽然任何学科都要运用辩证法，但对于人学和教育人学来说，辩证法尤为重要。因为人本身就是一个复杂的矛盾统一体，人的活动、人的世界、人的发展都产生于人与自然、人与社会之间的矛盾运动、对立统一。因此，要认识和理解矛盾存在的人，必须运用辩证法，不运用辩证法，就不可能理解人的存在本性。

人是一个生命体，这个生命体既有动物性的一面，也有神性的一面，所以，人并不直接是"动物"、是"神"，而是人本身。人要基于动物性，又要超越动物性，是物性和神性的辩证统一。物性是基础，没有物性，不是人，而是神；神性是灵魂，没有神性，不是人，而是物。对人的任何认识和理解，都必须从人的这一矛盾特性说起。就物性来说，人是有限的；就神性来说，人又是无限的。人的发展就是不断超越有限，追求无限；超越实然，追求应然；超越历史和现实，追求未来；等等。人的发展是一个充满自我否定和自我超越的辩证发展的过程，是一个自我否定与超越的过程。

人与自然、人与社会的关系也是辩证的关系。过去我们对马克思主义存在误解，认为马克思主义存在着"人学空场"，"见物不见人"。其实，马克思主义不仅不忽视人，还特别强调人的主体作用。人是自然的产物，被自然塑造，同时人也塑造和改变了自然。社会也是如此。社会塑造着人，但人又不断超越社会的局限，创造出新的社会。

上述人的辩证特性，要求对人的研究必须持一种辩证的思维。既要研究人

---

① 马克思，恩格斯. 马克思恩格斯全集：第 2 卷. 北京：人民出版社，1957：118-119.
② 马克思，恩格斯. 马克思恩格斯选集：第 2 卷. 3 版. 北京：人民出版社，2012：94.

的物性一面，也要研究人的神性一面；既要研究自然、社会对人的影响与制约，也要研究人对自然、社会的改造与创新。在上述复杂的辩证关系中，人的应然性、人对自然、社会的改造是矛盾的主要方面。因此，人学和教育人学应重在从人的应然性、人的主体性方面研究人。但这一研究与唯心主义不同，它没有抛弃客观的自然和社会对人的制约作用，它把人的应然性和主体性研究建立在自觉认识和运用自然和社会客观规律的基础上①。

4. 教育人学研究的基本方法：综合研究法

综合研究法是教育人学研究的基本方法，这是由教育人学的综合性所决定的。教育人学总体上属于哲学，哲学研究事物发展的一般规律，教育人学研究教育中整体的人及其发展的一般规律。教育人学不同于其他研究人的科学，就在于其他科学是对人进行"支离破碎"的解剖，研究的只是人的某一方面或某个角色。教育人学对人的研究，不排斥其他科学，但需要对其他科学进行综合。那综合什么呢？如果没有对人的某方面的研究，综合就没有了素材。所以，只有在对人的各种属性进行条分缕析并弄清楚它们之间的关系之后，我们才能将各种属性组成一个有机的整体。所以，教育人学研究应当从分析走向综合，把分解了的人重新"整合"为完整的人。

人的世界是复杂而丰富的，是一个系统性地统一起来的有机整体。就人本身而言，有学者提出种生命和类生命，有学者提出自然属性、社会属性和精神属性，还有学者提出类特性、群体性和个体性，无论哪种提法，其实都很难说概括了人的全部特征，但这并不妨碍我们在研究人的时候，把这些特性统一起来，把人当作一个有机的整体来研究。种生命离不开类生命，类生命也离不开种生命；自然性、社会性、精神性也是有机结合在一起的；人作为个体而存在，每个人都是特殊的，但每个特殊的个体都蕴含类的特性和群体性，没有了个体，也没有了群体和类。因此，教育人学对完整的人的研究需要一种综合的方法。

人作为一个生命体，不仅有自己内在的生命系统，而且处在外在的生态系统中。"一个生物系统愈是具有自主性，它愈是依赖于生态系统"②，人所处的生态系统，既有自然生态系统，也有社会生态系统。人作为自然的存在物，离不开自然生态系统，同时又在生产和交往中创造着社会生态系统。人被镶嵌在生态系统之中，是生态系统中的"明珠"，同时又不能离开生态系统而存在。对人的研究，要考虑自然环境对人自然性的影响，又要考虑不同历史阶段以及不同社会政治、经济、文化条件对人的社会性的影响。所以，教育人学不能孤立

---

① 陈志尚. 人学原理：人学理论与历史. 北京：北京出版社，2005：13.
② 莫兰. 迷失的范式：人性研究. 北京：北京大学出版社，1999：14.

地研究人，必须要研究人所生存和生活的生态系统。这种着眼于生态系统的研究方法，也是一种系统的、综合的方法。

总之，教育人学作为一门认识和把握教育中整体的人的综合性学科，必须在各门学科分析的基础上，运用综合研究的方法，构建教育中人的完整图景。

三、马克思主义实践-生成论教育人学范式

范式（paradigm）是美国著名科学哲学家托马斯·库恩在《科学革命的结构》中系统阐述的一个概念，指的是一个共同体成员所共享的信仰、价值、技术等的集合，是从事某一科学的研究者群体所共同遵从的世界观和行为方式。人学范式是对人进行认识和理解的范式，即人学如何认识人，如何认识人的世界和人的活动，它决定了对人的本质的理解和人性的生成。人学范式不仅是认识人的范式问题，还包括对人的认识的结论。认识人的范式发生变化，其对人性的认识结论也会发生变化。对于范式来说，核心是思维方式，即对某一事物如何认识、如何思考的问题。思维方式，既是范式变革的前提，也是范式变革的关键。

在西方教育理论发展过程中，无论是传统的"伦理人""宗教人""自然人"，还是现代的"理性人""非理性人""游戏人"等，它们在具体内容和思想倾向上可能各不相同，但在思维基本取向和方式上则是一致的，遵循的都是"本体论-本质主义"思维方式，给出的都是一个封闭、僵化和抽象的人的形象。如果不能改变这种思维方式，这些教育理论充其量只是用一个封闭的概念代替前一个封闭的概念，即使提出再多的人的形象，也无助于推进教育人性观的研究。因此，我们要彻底反思本体论-本质主义思维方式，确立新的实践-生成论思维方式。

（一）本体论-本质主义人学范式及对其的反思

通常认为，人性是人区别于一切动物而为人所特有的属性，也是古今中外一切人所普遍具有的各种属性的总和①。如果这样定义人性，人性就是固定的、唯一的、不变的，所以，哲学家一直在苦苦探索人性，寻找在他们看来"正确"的人性。他们在肯定人是动物的前提下，使用求异法，寻找人区别于动物、属于人自身的特殊性，把人和动物区别开来，这就有了"人是政治动物""人是理性的动物""人是文化的动物"等种种对人性的认识。其实，不管是哪种认识，

---

① 陈志尚.人学原理：人学理论与历史.北京：北京出版社，2005：92.

背后的思维方式都是要寻找一个属于人的本质，这个本质，不仅是存在的，而且是唯一的。正像有学者分析西方哲学史指出："从泰勒斯到黑格尔，哲学家一直在孜孜不倦地寻求一个阿基米德点……尽管不同的哲学家对阿基米德点的认识各不相同，但有一点他们是毫不怀疑的，即有一个阿基米德点的存在，哲学的任务就是去寻找它，追问'它是什么'……不管这些阿基米德点彼此多么不同，但从实质上看，它们是同一的，即它们都是已经完成的存在。从思维方式上讲，传统哲学无疑是现成论的"①。

教育理论中的人性观脱胎于哲学中的人性观，不同的哲学人性观体现在教育理论之中，就有了教育理论中的"伦理人""自然人""宗教人""理性人"等人性假设。历史地看，人性观是变化的，反映着不同时代的要求。但就某个时代而言，人性观是唯一的、不变的。认为人性观是一成不变的，将某种人性观视为教育理论中唯一正确的人性观，这种思维方式就是本体论-本质主义思维方式。

"所谓本体论，顾名思义就是试图从人的终极存在、始初本基中去理解和把握人的存在本性、行为依据以及前途命运的一种理论方式。"② 本体论要追求世界的本原，即世界是什么，它是怎么构成的？人学的本体论，也就是追问人作为终极存在的本质是什么，即人是什么，人性是什么，人的本质是什么。"是什么"的追问方式，是本体论的追问方式，它意味着人性是所有人都具有的，不随时代的改变而改变，不因每个人的不同而不同，是一个普遍、永恒的存在。本体论是哲学的重要组成部分，但传统哲学的本体论是指向物质的、寻找物质的本体论，而物质的本体是不变的、唯一的。物质本体的特性决定了寻找本体的思维是本质主义的思维。"所谓本质主义是一种先在设定对象的本质，然后用这种本质去解释对象的存在和发展的思维模式。"③ 本体论的探讨必然使用本质主义的思维，因此，二者是统一的。

本体论-本质主义思维方式的基本内容是：第一，任何事物都存在一个"本质"，本质是事物的根本性质。对于一个事物来说，本质是绝对的、唯一的、不变的。若本质发生变化，则该事物已经不是该事物了。第二，事物的本质是预设的、先验的、固定的。本质可以脱离事物本身、先于事物本身而存在，本质不随事物的变化而变化。任何一个事物不管是否存在，其本质都是一样的，也是存在的。第三，本质是事物的内核，是一个事物最根本之处。相关研究需要

① 邹广文，崔唯航. 如何理解马克思主义的哲学革命. 天津社会科学，2003（1）：19-23.
② 高清海. 哲学的憧憬：《形而上学》的沉思. 长春：吉林大学出版社，1995：24.
③ 李文阁. 回归现实生活世界：哲学视野的根本置换. 北京：中国社会科学出版社，2002：41.

透过纷繁的现象，剥离事物的表象，运用理性分析和形式逻辑的方法寻找事物的本质。第四，本质决定事物的发展，事物发展和变化的过程不过是本质的不断展开。因此，发展是可以预测的，是线性的，其结果是确定的。

对于物质来说，本质是预成的、固定的、不变的，因此，适用于本体论-本质主义思维方式。在这个意义上，本体论-本质主义的思维方式是物种思维方式，适合于物的不变的存在本性。使用这种方式认识人，获得的只能是关于人的物化形象，而忽视人本身的存在。西方教育理论中提出的人性观，无论哪一种，都是基于本体论-本质主义思维方式形成的。基于这种思维方式形成的人性观，以一个抽象、不变的本质把握生活中现实的、活生生的人，忽视了人生命的丰富性、多样性和生成性，不能实现对人的完整把握。这主要表现在：

第一，人性的抽象化。本体论-本质主义思维方式就是要寻求人的本质。人的本质是人的根本，只能通过对人的形态、人的世界和人的活动的抽象而获得，这必然导致人性的抽象化，忽视人类的历史、人丰富的活动和多姿多彩的生活，抹杀人性的丰富性。

第二，人性的模式化。本体论-本质主义思维方式决定了所有人的本质都是一样的，他们具有共同的特性、共同的发展规律、共同的发展轨迹。就好像大街上所有人，都穿同样灰色的衣服，没有男女，没有你我。一个人不论什么状态，需要什么，统统要被纳入统一性模式之中，采用统一的教材、统一的方法、统一的进度、统一的要求，被塑造成整齐划一的存在。这就是工业化时代的"教育工厂"模式。人性的模式化是"教育工厂"的人性依据。

第三，人性的绝对化。本体论哲学把人性看作终极的存在、终极的真理，并将这种终极性当作解释人的一切活动和行为的根本。终极性是绝对的、永恒的、不变的。因此，这种绝对化、固定化思维下，人性失去了发展的可能性、开放性，人的丰富性和矛盾性被忽视，"人"成为一个平面化、单向度的存在。

第四，人性的固定化。在本体论-本质主义思维方式下，"人"是一个本质先于存在的存在者。人在出生前，其本质规定性就已形成，人的发展和命运不随人的活动而改变，人没有能动性、创造性和生成性，成为一个被本质主宰的客体。本质既然是固定的，一定也是超时空和超历史的，人的历史性和发展的可能性则被无视。

第五，人性的外在化。人的本质是预成的，本质先验地存在于人的活动之外，与人的活动相分离。本质外在于人，使人异于自身而存在，变成了失去现实性的"空灵"，游离于人的活动、人的生活之外。

之所以会出现上述人性的失落，根本就在于本体论-本质主义思维方式是一种物种思维方式，它只能用来认识本性不变的物，而不能用来认识人。以物的方式看待人，必然导致人被物化，使人越来越远离人本身，"克服本体论思维方式的局限，就是要超越其内含的物种逻辑或物种思维方式，真正实现以人的方式来把握"①。

（二）实践-生成论人学范式的提出

1. 当代西方哲学对本体论-本质主义的消解

本体论-本质主义思维方式把人的本质抽象化，确立了一个具有绝对性的"大写人"的形象，并使其成为凌驾于具体人之上的"幽灵"，遮蔽了个体生命的真实性，使真实的个体生命消逝在虚空之中。当代的存在主义、后现代主义都意识到本体论-本质主义思维方式的问题，为此，它们消解本体论-本质主义思维方式，把人从绝对主义的统治中解放出来，使其回归真实生活，回到人的本原性状态和真实的生存状态中。这可以看作自文艺复兴之后，对人的第二次解放。

"存在先于本质"是存在主义的形而上学宣言。这种形而上学同本体论的形而上学有着根本的不同。本体论的形而上学笃信事物是有本质的，本质是绝对的、普遍的、抽象的、唯一的，而且本质先于存在，是一切既定的预成性存在。存在主义则认为，本体论-本质主义只适用于物，不适用于人。对于人，萨特提出了"存在先于本质"的论断，主张人的存在先于他的本质，即先有人的存在，然后才有对存在之人的认识，没有脱离"存在"的抽象"本质"。所以，在萨特看来，没有什么本质可以规定人的存在，"人性是没有的，因为没有上帝提供一个人的概念，人就是人。这不仅说他是自己认为的那样，而且也是他愿意成为的那样——是他（从无到有）从不存在到存在之后愿意成为的那样"②。因此，对人而言，没有什么先验的本质，是"存在"创造了自己。而人怎么"存在"呢？存在主义给出的答案是"自由选择"。萨特认为，作为"存在"的人，面对的是"虚无"，因此，存在是偶然的、荒诞的，人怎样存在，是人的自我选择。人有绝对的自由，选择自己的存在状态并为自己的选择负责。所以，萨特以人自由选择自己的存在状态，否定了人先验的、绝对的本质存在。存在主义的先驱雅斯贝尔斯也对人的本质的预成性与先在性提出质疑：要知道，人是一种随时在改变的存在。人无法保持现状，人在各种复杂的情况中不断地自我修正。人与动物不同，他并不是代代相传一成不变地保持原状的生命形式。他要突破

---

① 高清海，胡海波，贺来. 人的"类生命"与"类哲学"：走向未来的当代哲学精神. 长春：吉林人民出版社，1998：115.

② 萨特. 存在主义是一种人道主义. 上海：上海译文出版社，2005：5-6.

他在开始的情况。他不断在新情况中获得再生。每一个人的新生并不局限于某种预定的道路，而且也是一个崭新的开始①。总之，存在主义消解了本体论-本质主义确定的"大写人"，确立了具体的"小写人"的存在。

后现代主义是对现代性的反思和消解，而本体论-本质主义所秉持的本质、同一性、确定性等都是现代性的体现。后现代主义表现出强烈的反本质主义倾向，主张消解本质，强调异质性、多元性、差异性、个体性。在后现代主义看来，本质是"同一性"的代名词，同一性抹杀个体差异，不仅不能完全说明个体的存在状态，而且是对个体丰富性的一种压制和束缚。所以，利奥塔提出：让我们向同一整体开战；让我们成为那个不可表现之物的见证人；让我们持续开发各种差异并为维护'差异性'的声誉而努力②。德里达也认为，人是一个差异性、个性化的存在，把人统统纳入世界的同一性，把人单一化，这实际上是对多样的、丰富的人性的"压迫"，本体论哲学就是一种"压迫哲学"。总之，后现代主义反对本质、反对中心和宏大叙事，反对普遍性、整体性，强调多元、差异和不确定性。

存在主义和后现代主义在反对本体论-本质主义思维方式上做出了积极尝试，但我们也应当看到二者的局限性。存在主义从个人的体验和空虚开始，从人的内在性和本原性上探讨人的生成性，虽然关注了个体的人及其存在状态，但"由于它把人引向自己的内心生活，忽视了自己所经历的世界，从而使人无法在社会中有意义地塑造世界……人也不可能过着真实的生活"③。因此，存在主义走向了主观主义，使人失去了存在的真实。而后现代主义虽然摧毁了本体论-本质主义的绝对性、同一性和整体性，但又走向了反本质的"怎么都行"的相对主义思维。"人是什么"，"全看你在什么地点，全看你在什么时间，全看你感觉到什么，全看你感觉如何"。

所以，尽管存在主义和后现代哲学为消解本体论-本质主义思维方式做出了努力，但由于它们没有找到人的现实的生存根基，不了解人的真实本性，最终也无法把握真实的人的存在。

2. 马克思主义实践-生成论的双重超越

本体论-本质主义思维方式把人的本质看作唯一的、普遍的，当代西方哲学反对本体论-本质主义思维方式，但又走向了主观主义和相对主义。马克思在《关于费尔巴哈的提纲》中批判了这两种情况，一是"从前的一切唯物主义（包

---

① 雅斯贝尔斯：人是什么//孙志文. 人与哲学. 台北：台湾联经出版事业公司，1982：67.
② 王岳川，尚水. 后现代主义文化与美学. 北京：北京大学出版社，1992：53.
③ 刘放桐. 现代西方哲学. 北京：人民出版社，1981：69.

括费尔巴哈的唯物主义）的主要缺点是：对象、现实、感性，只是从**客体**的**或者直观**的形式去理解，而不是把它们当作**感性的人的活动**，当作**实践**去理解，不是从主体方面去理解"。这里所指的就是本体论-本质主义思维方式，这种思维方式把人当作客观的实在，看到的只是人的被动性，而看不到人能动的一面。二是"和唯物主义相反，**能动的方面**却被唯心主义抽象地发展了，当然，唯心主义是不知道现实的、感性的活动本身的"。这种情况就是存在主义、后现代主义所表现出来的主观的一面。马克思批判前者只看到被动的一面，后者只看到了能动的一面，二者都"不了解'革命的'、'实践批判的'活动的意义"①。

马克思主义反对以本体论-本质主义思维方式来理解人，主张人的本质不是既定的、先验的、不变的，而是生成的、发展的、不确定的。在这一点上，与存在主义、后现代主义的认识是一致的。根本区别在于，马克思主义把实践看作人的存在方式，把人看作实践的产物，以实践解读人的本质，这些构成了马克思主义实践-生成论的人学范式。

在马克思主义看来，实践是人的存在方式，也是理解人性的一把钥匙。人与动物的不同，在于动物的生命与其活动是一致的，只是一种本能；而人的生命未特定化，需要人自身创造自身。人创造自身的活动就是实践。人的生命发展需要实践，人在实践中生成了生命。实践有物质生产实践、社会生产实践和精神生产实践等不同形式，但基础是物质生产实践。人通过物质生产实践，改造自然界，满足物质生活的需要，同时，也改造了自身，创造了自身。人的本质不是基因前定的，而是在自己的实践活动中创生的。正因为如此，马克思说，"他们是什么样的，这同他们的生产是一致的——既和他们生产什么一致，又和他们怎么生产一致"②。实践造就了人，人的一切属性都源于实践，实践生成了人的本质，也为人性、人的发展、人的生活找到了真实的存在根基。

本体论-本质主义思维方式，看不到实践创造了人，因此也无法从实践出发去理解人，只能诉诸抽象的本质，从人外在的自然或超自然的原因中寻找人存在的根据，结果使人抽象化、绝对化和外在化。当代的存在主义、后现代主义也因为没有看到实践这一感性的活动，没有看到实践对人的制约性，只看到了人的主观能动性，结果陷入了唯心主义。只有马克思的实践唯物主义，立足实践，科学地揭示了人的本质来源——实践，并明确了人的本质是不断生成的。实践-生成论实现了对传统哲学的本体论-本质主义和当代哲学的主观生成论的双重超越。

---

① 马克思，恩格斯. 马克思恩格斯选集：第1卷. 3版. 北京：人民出版社，2012：133.
② 马克思，恩格斯. 马克思恩格斯文集：第1卷. 北京：人民出版社，2009：520.

实践-生成论既是马克思主义对人的本质来源的揭示，也是马克思主义理解人性的新方式。

第一，实践-生成论从人的实践活动出发，理解人的本质、特性，为人的本质、特性找到了现实的根基。它所理解的"人"是现实的人。本体论-本质主义思维方式不是从现实出发，而是从抽象的、预设的本质出发，以抽象的本质解释对象和建构体系，因此扭曲了真实的人性。

第二，实践-生成论把实践看作人的存在方式，认为人的本质是在实践中生成的，实践-生成论不仅提出了人的本质的生成性，也提出了人的本质的差异性，即不同的人，不同的实践活动，塑造了人的不同本质。而本体论-本质主义思维方式，把人的本质看作外在于人的存在，认为本质是先验的，也是人无法改变的。因此，人不是创造自己的本质和存在，而是先验的本质主宰了人的存在。

第三，实践-生成论把人的发展建立在实践基础上，提出实践的过程是改变的过程，蕴含着否定和超越。在实践-生成论思维方式下，人通过实践创造自身，实现对自我的超越；人是实践活动的主体，也是自我发展主体、自我创造的主体；发展是人的自我否定、自我超越、自我创生的过程。而本体论-本质主义思维预成了人的本质，人为本质所规定，人是僵化的、被动的客体。

第四，实践-生成论凸显了人自身对立统一的关系。在实践-生成论思维方式下，实践是一种否定和超越的过程，人通过对客观世界的否定和超越，不仅创造了新的世界，也创造了人本身。人依靠实践的力量，超越实然，根据自己的发展需要，生成一种新的应然。实然与应然、物质与精神、现实与未来、被动与主动等，诸多矛盾对立关系在实践中实现了否定性统一。

第五，实践-生成论重视人的发展过程的偶然性、不确定性和复杂性。本体论-本质主义思维方式是一种实体性思维方式，也是一种确定性思维方式。在本体论-本质主义思维模式下，人的发展具有必然性，有着不以人的意志为转移的客观必然性；而实践-生成论思维方式是一种过程性思维方式、生成性思维方式、复杂性思维方式。在实践-生成论思维方式下，发展充满着不确定性、偶然性和复杂性，是一种有序和无序、连续性和非连续性、决定性和偶然性的复合。

总之，实践-生成论思维方式从实践出发，以动态生成的观点来认识人，"从实践的观点出发来看人，人就再也不是一种抽象化的、知性化的存在，而真正从非人走向了'人化'，人第一次以一种立体的、现实的、完整的现象站立在我们面前"[1]。

---

① 高清海，胡海波，贺来．人的"类生命"与"类哲学"：走向未来的当代哲学精神．长春：吉林人民出版社，1998：82.

（三）马克思主义实践－生成论人学范式下的人性观

传统教育理论以本体论－本质主义研究人性，把人的本质作为抽象的、终极的、预成的，结果把人物化，没能把握真实的人。实践－生成论主张以实践的观点看待人，提出人性不是抽象的、终极的，而是现实的、具体的；不是单一的、片面的，而是丰富的、整体的；不是封闭的、预成的，而是动态的、生成的。

1. 人性的现实性

西方教育理论中的人性假设，如宗教人、自然人、理性人、社会人等，最大的问题是：不管具体是什么人性假设，在学者们看来，教育理论中都理应存在一种对人性的认识，而且这种认识是正确的、唯一的。正是这种思维方式，促使他们去找那个正确的、唯一的人性。寻找的基本思路就是：把人当作一个"类"，一个与动物不同的"类"，先找出人与动物不同的属性，再从不同的属性中找出人的本质。因此，这就出现了学者们对人的定义：人是具有附加值 X 的动物。学者们认识的不同就在于附加值 X 的不同。这种寻找方式，已经不自觉地把人等同于物，以寻找物之本性的方式寻找人的本质，是一种物性的思维方式。

固然，人与动物是有区别的，其区别也体现了人性的独特性。马克思也看到了这一点，他指出，"一当人开始**生产**自己的生活资料，即迈出由他们的肉体组织所决定的这一步的时候，人本身就开始把自己和动物区别开来"①。马克思是把实践活动看作人与动物的区别，并把自由的有意识的活动看作人的类特性②。马克思与其他学者的不同在于，其他学者把人性之根本归结为先验的某个方面，归结为抽象的、终极的，而马克思把实践视为人性之根本。根据马克思的观点，人性在实践中生成，实践是动态的，不同时代的人，有不同的实践；即便同一时代，不同的人也有不同的实践。人在实践中，实践是人的本质属性，这就决定了没有终极的、抽象的人性，只有在实践中不断生成的、现实的人性。

首先，现实的人是处于特定历史阶段的社会实践中的人。不同的历史阶段，有不同的社会实践，既包括物质生产实践，也包括在物质生产实践中结成的人与人之间的交往关系，二者是统一的。人在物质生产实践中，通过人与人之间的交往关系，生成了人的社会性本质。马克思将物质生产实践中结成的人与人之间的社会关系的总和视为人的本质特征。这一本质不是先验的，而是在实践中生成的。没有生产实践，就不可能形成人与人之间的社会关系；不同的生产

---

① 马克思，恩格斯. 马克思恩格斯文集：第 1 卷. 北京：人民出版社，2009：519.
② 马克思. 1844 年经济学哲学手稿. 3 版. 北京：人民出版社，2000：57.

实践，结成不同的社会关系，也塑造了不同的人的本质。因此，现实的人，是特定时代的人，具有时代性。

其次，现实的人，是具体的人，这指的是现实中某一个体及个体的某一状态。教育对人性的认识与哲学不同。哲学对人性的认识，具有一定的抽象性，但教育面对的是具体的个人。"作为一个特殊教育过程的对象的某一特殊个人显然是一个具体的人"，"每一个学习者的确是一个非常具体的人。他有他自己的历史，这个历史是不能和任何别人的历史混淆的。他有他自己的个性，这种个性随着年龄的增长而越来越被一个由许多因素组成的复合体所决定。这个复合体是由生物的、生理的、地理的、社会的、经济的、文化的和职业的因素所组成的，而这些方面对于每一个人来说，都是各不相同的"①。教育所面对的是一个个鲜活的生命，是一个个特殊的个体，但不能忘记，这些特殊的个体也包含着人的类特性和群体性。强调人的具体性，并不能否定人的类特性和群体性。有学者批判教育理论中的"抽象人"，提出回到"具体人"，方向是正确的，但回到具体人，并非否定人的类特性和群体性。

实践造就了人的时代性和人的具体性。现实的人，既有独特的个体性，也有类特性和群体性，是"三位一体"的存在，其中的任何一个方面都不能单独代表现实的人。

2. 人性的完整性

在西方教育理论中出现了各类的人性观，但近代以来占主导地位的是理性的人性观。给人传授科学技术知识，培养人的理性能力，教人去征服和占有世界，这是近代教育的主旋律。正是这种理性教育培养了单向度的人，导致了社会的价值危机和人的精神危机。这才有了非理性人、游戏人等人性观试图从不同方面对理性人进行矫正。这也从一个方面说明，当代教育理论已着眼于培养完整的人，只不过类似于非理性人这样的人性观矫枉过正，滑向了另一个极端。

在本体论-本质主义人学范式中，人由本质所决定，本质在人之外，不随人的活动而改变，因此，人无法占有其本质，相反，本质占有和主宰着人。但在实践-生成论人学范式中，人是由实践生成的，这意味着：第一，人在实践中，人与自然、与他人、与社会发生着全面的关系；第二，人在实践中，实践是人自主的、自由的活动，因此，实践反映着人的意志，人以自己的意志创造自我，占有自己全面的本质。正是立足于人的自由自觉的实践，马克思提出了"人以

---

① 联合国教科文组织国际教育发展委员会. 学会生存：教育世界的今天和明天. 北京：教育科学出版社，1996：195-196.

一种全面的方式，就是说，作为一个总体的人，占有自己的全面的本质"①。

人在实践活动中，存在人与自然、人与社会、人与自我三种关系，对应着人的三种存在状态：自然性存在、社会性存在和自为性存在。这三种存在状态，反映了人的全面的本质：和人与自然关系对应的自然属性，和人与社会关系对应的社会属性，和人与自我关系对应的精神属性。人是自然的一部分，具有自然所赋予的给定性。自然性是人性的物质基础，也是人的本质的物质载体。离开自然性，人的社会性和精神性就失去了载体。社会性是人的社会关系的产物。人作为群居的动物，社会性是人的必然属性，马克思把其看作人的本质属性。人来到这个世界，无法选择生物性的肉体，又处在一定的社会关系中，不得不受到自然和社会的制约。如果一个人没有精神，一定会被身体、被社会所奴役，虽具有肉体，虽在社会中，但已不是肉体和社会的主人，这就是马克思所说的人的"异化"。只有精神，才能实现人对肉体、对社会的超越；只有精神，才能使人有意义、有追求。所以，人之为人，精神是根本。所谓自我实现、自我超越，就是一种精神，这种精神不是先验的、主观内生的，而是在实践中生成的。实践是一种创造、一种否定、一种超越，创造、否定、超越都是人性中的精神力量。

人性是人的自然性、社会性和精神性的完整统一，这就是人的全面的本质。本体论-本质主义人学范式把人抽象化、简单化，将人视为自然的肉体、社会的工具或精神的存在，背离了人的丰富性，割裂了人的完整性。人的实践造就了丰富的关系，也造就了丰富的、完整的人。所谓人的完整性，是指人的肉体与精神、理性与非理性、社会性与个性、客体性与主体性等多重关系以及人的自然性、社会性和个体性等多方面的整合。马克思主义"人的全面发展"是"完整的人"在共产主义社会的理想状态，是共产主义社会发展的结果。我们只能把人的全面发展作为共产主义社会的目标去追求，而不是作为人的本质去认识。

"完整的人"不是"完美的人"。"完整"是指人全面占有人的本质，包括人的自然关系、社会关系和自我关系生成的人的自然性、社会性和精神性。"完整"指的是量，不是质。人，无论是作为类，还是作为个体，都要在实践中发展，在实践中生成。对于人来说，永远在路上，没有终极完美的人，只有不断追求完美的人。人的任何一个进步，都是向完美迈出的一步。

完整的人，不是具有单一性的人。如果把完整的人实体化，就容易把人理解为单一性的人。完整的人，是人性丰富的人，不仅包括自然、社会和精神三个方面，而且包括每个方面内含的丰富的人性因素。人性是人在实践中生成的

---

① 马克思.1844 年经济学哲学手稿.3 版.北京：人民出版社，2000：85.

属性，人与任何对象发生的关系，都是人性的一部分，是丰富的人性家族的一员。所以，完整的人是蕴含着丰富人性的整体。

3. 人性的生成性

在本体论-本质主义人学范式中，人性是不变的，是预成的；而在实践-生成论人学范式中，人性不是预成的，而是生成的。人没有预定的本质，本质是在实践中生成的，有什么样的实践，就有什么样的人，就形成什么样的人的本质。

存在主义也批判人性的预成性和封闭性，主张人性的开放性和生成性。萨特就指出，人性是虚无的，没有谁能够规定你成为谁，只有自己选择自己要成为谁。人可以自由地决定自己的存在，自由地选择自己的本质。海德格尔将自己的哲学称为"此在"的解释学。他所谓的"此在"，是一种向着未来敞开的可能性，是人的不断生成。雅斯贝尔斯也指出，人没有固定不变的人性，人是随时在改变着的存在。虽然存在主义哲学家认识到了人的生成性，但他们把生成建立在主观的意识中，使人性失去了真实存在的根基。实践-生成论能够超越当代西方哲学的主观生成论，就是因为它为人性找到了真实存在的根基——实践。

实践是人的基本存在方式，也是人性的生成机制。实践的本质就是对一切给定性、自在性的扬弃与否定。人在实践中，既否定和改造了自然、社会，也通过改造客体世界来改造人自身。所谓改造人自身，不是别人对自己的改造，而是人的自我改造。自我改造发生在人的实然与应然两种状态之中。实然状态是指人生活在现实中，现实的物质条件和社会条件赋予了人给定性，使人以实然状态存在着。然而，人"从不满足周围现实，始终渴望打破他之此时——此地——如此存在的界限，不断追求超越环绕他的现实——其中包括他自己的当下的现实"[1]。因此，人在适应现实的基础上，不断产生出新的发展需要（包括物质的、精神的），按照自己的需要和意愿，追求新的自我，这就是人的应然状态。人的发展过程，是实然与应然的矛盾统一的过程，应然不断否定实然，把应然转换为新的实然，再产生新的应然……实然与应然之间相互转化，永无止境。

有学者提出了教育理论中人的"生成性形象"，指出人的生成性形象不是一种僵化的实体，不能理解为一种实体形象[2]。首先，人的生成性意味着，人性不是预成的，而是在实践中生成的，没有不变的人性，只有不断生成的人性；

---

① 舍勒. 人在宇宙中的地位. 上海：上海文化出版社，1989：43.
② 岳伟. 批判与重构：人的形象重塑及其教育意义探索. 武汉：华中师范大学出版社，2009：207.

其次，生成意味着对已有的否定，意味着对给定的超越和新质的生成，"不是力求停留在某种已经变成的东西上，而是处在变易的绝对运动之中"①；最后，生成是生命的一种自主活动，是生命的自我建构和自我超越。需要注意的是，人性不会自动生成，只能通过人的实践而生成。

总之，人性的现实性、完整性和生成性，是人性的三个层面。这三个层面通过实践实现了统一。现实的人是在实践中生成的具体的人，是包含着自然性、社会性和精神性三个方面的完整的人，是在生命过程中不断生成、不断超越、实现自我的人。

①　马克思，恩格斯 . 马克思恩格斯全集：第 30 卷 . 2 版 . 北京：人民出版社，1995：480.

第二章
走向人的教育

一、向着人的解放的目标迈进：改革开放以来我国教育价值取向回顾

改革开放以来，是我国教育发展最为迅速、最有成效的时期，这不仅表现在义务教育的普及、高等教育的大众化以及教育现代化的建设这些"硬件"方面，更表现在教育改革的价值取向这一"软件"上。教育改革的价值取向，要用一个词来概括的话，那就是"人的解放"。

从无"人"教育到教育对"人"的发现，从对"人的朦胧意识"到明确提出"人是教育的出发点"，进而有意识地"解放人"，我们将改革开放以来我国教育改革价值取向的发展分为三个阶段。在每个阶段，我们都是以教育理论引领教育价值取向的变革，然后，这种取向逐渐在教育政策和教育行动中得以体现，逐渐变为现实。

（一）20 世纪 70 年代末到 80 年代末：冲破教育的政治化，确立教育为社会主义建设服务的方向

1. 解放思想，开展真理标准的大讨论

从 1957 年开始，直到"文化大革命"结束，我们基本上贯彻的是"以阶级斗争为纲"的指导思想。在这个指导思想的影响下，教育受到"左"的政治运动的频繁冲击，教育事业遭到严重破坏。

"文化大革命"结束后，1978 年 5 月 11 日，《光明日报》上发表的特约评论员文章《实践是检验真理的唯一标准》促使全国开展了一场声势浩大的关于真理标准问题的大讨论。

1979 年《教育研究》创刊号发表《根据实践是检验真理的唯一标准，探讨教育工作中的规律》一文，提出学校是传授知识、培养人才的场所等观点[1]。1979 年第 4 期《教育研究》又发表了特约评论员文章《补好真理标准讨论这一课，教育问题要来一次大讨论》，文章认为，真理标准问题即便是在理论上解决了，但在实际生活中并没有解决，教育实践还受"两个凡是"的严重束缚，因此，还需要补上真理标准讨论这一课，树立实践的权威[2]。

真理标准讨论的积极意义，不只是政治上的，还有思想方法上的。它克服

---

[1]　余立. 根据实践是检验真理的唯一标准，探讨教育工作中的规律. 教育研究，1979（1）：50 - 52.

[2]　本刊特约评论员. 补好真理标准讨论这一课，教育问题要来一次大讨论. 教育研究，1979（4）：8 - 11.

了教条主义，破除了迷信，冲破了思想的禁区，促进了人们的思想转变。关于教育本质的讨论，是这种思想转变的最初尝试。

2. 关于教育本质的讨论

教育研究的解放思想促使国内学界开展了一场关于教育本质的讨论。这场讨论开始于 1979 年，于 1982 年上半年告一段落。讨论源于经济学家于光远对"教育是上层建筑"这一观点的发难。《学术研究》1978 年第 3 期发表了于光远的《重视培养人的研究》一文，文中指出，"现在流行着一个观点，认为教育完全是上层建筑，这是不完全确切的""在教育这种社会现象中，虽然包含有某些属于上层建筑的东西，但是整个说来，不能说教育就是上层建筑"[①]。这对一贯认为教育是"上层建筑"的国内学界来说，宛如一颗"重型炮弹"。自此，国内学界对教育本质展开了激烈的讨论。在这场讨论中影响较大的观点主要有：(1) 教育是上层建筑说；(2) 教育是生产力说；(3) 教育的双重属性说，即教育受生产力和生产关系的制约，具有生产力和上层建筑的双重属性；(4) 教育的多重属性说，即教育的本质是它的社会性、生产性、阶级性、社会实践性等的统一；(5) 特殊范畴说，教育是一种复杂的社会现象，它不能被简单地归结到生产力、经济基础和上层建筑的某一范畴中，而应独立出来，成为一个专门的、特殊的范畴，具体表现为教育是传递人类社会生活经验的工具；(6) 社会实践活动说，大致有"教育是促进个体社会化的过程""教育是培养人的社会实践活动""教育是人类自身的生产实践""教育是人类加速自身建构与改造的社会实践"[②] 等论断。

就这场讨论而言，其解放思想的意义要大于对教育本质下结论的意义。国内学界虽然没有形成统一的对教育本质的认识，但这场讨论冲破了学界长期以来对教育的意识形态化认识，现在已经很少再有人把教育归结为上层建筑了。这场讨论对教育实践的影响是：人们认识到了教育与生产力的关系、教育劳动的生产属性，最终确立了教育在经济发展中的战略地位。

3. 确立教育为以经济建设为中心的社会主义建设服务的方向

由于受"教育是上层建筑"这一本质观的影响，国内学界曾把教育功能简化为政治功能。党的十一届三中全会以后，党和国家将工作重心转移到经济建设上来，提出了建设"四个现代化"的宏伟目标。在以经济建设为中心的社会背景下，"教育是生产力"或教育具有"生产力的属性"的观点，自然成为首选，教育在功能上也突破了单一的政治性，其经济功能逐渐被重视，即明确了

① 于光远. 重视培养人的研究. 学术研究, 1978 (3): 25 - 31.
② 瞿葆奎. 社会科学争鸣大系·教育学卷. 上海: 上海人民出版社, 1992: 51 - 66.

教育不是纯粹的消费事业，而是具有生产性、与经济有着密切关系的事业。以教育促进经济发展，为经济发展服务，成为 20 世纪 80 年代国内学界对教育本质的认识。

伴随着对教育经济功能的认识不断加深，国内学界又产生了"教育先行"的观念。一些学者提出从发达国家的经验来看，经济腾飞的"秘诀"就是大力发展教育；另一些学者引入"人力资本理论"，提出教育投资是一种生产性投资，是经济增长的重要力量。这些都为"教育先行"提供了充足的理论论据。"经济要发展，教育要先行""振兴经济，必先发展教育"，成为这一时期国内学界对教育功能的新认识，也以此确立了新的教育指导思想，即以经济建设为中心，为社会主义建设服务。"教育必须为社会主义建设服务，社会主义建设必须依靠教育"，这种功能观超越了教育的政治功能观，标志着教育开始为经济建设服务，进而为全面的社会主义建设服务。

新的教育指导思想在 1985 年颁布的《中共中央关于教育体制改革的决定》（简称《决定》）中有两点明显的体现：第一，明确教育要为经济发展和社会主义现代化需要培养人才。《决定》指出："社会主义现代化建设的宏伟任务，要求我们……必须极大地提高全党对教育工作的认识，面向现代化、面向世界、面向未来，为 90 年代以至下世纪初叶我国经济和社会的发展，大规模地准备新的能够坚持社会主义方向的各级各类合格人才。要造就数以亿计的工业、农业、商业等各行各业有文化、懂技术、业务熟练的劳动者，要造就数以千万计的具有现代科学技术和经营管理知识，具有开拓能力的厂长、经理、工程师、农艺师、经济师、会计师、统计师和其它经济、技术工作人员。还要造就数以千万计的能够适应现代科学文化发展和新技术革命要求的教育工作者、科学工作者、医务工作者、理论工作者、文化工作者、新闻和编辑出版工作者、法律工作者、外事工作者、军事工作者和各方面党政工作者。"第二，明确对教育性质的认识，确立教育的生产属性，开始增加教育投资。《决定》指出："发展教育事业不增加投资是不行的。在今后一定时期内，中央和地方政府的教育拨款的增长要高于财政经常性收入的增长，并使按在校学生人数平均的教育费用逐步增长。"

随着社会主义市场经济理论的提出，国内学界又将对教育经济功能的认识转化为对"商品经济与教育关系"的讨论。商品经济带来了哪些挑战？教育怎样适应？商品经济是否会改变教育的性质？教育能否成为商品？教师的劳动能否商品化？培养人才是否受商品经济价值规律的制约？诸如此类的问题，成为1986 年到 1988 年教育理论界讨论的焦点。讨论中存在着不同的认识：有人认为，随着商品经济的发展，教育会不可避免地趋于商品化，商品经济的规律，如价值规律、供求规律等，以及商品经济的一些机制，如竞争机制、利益机制等，对教育的发展、学校的办学必然会产生影响。也有人反对教育的商品化，认为社会主义教育绝不能商品化。还有些人持折中观点，认为在社会主义商品经济发展过程中，教育确实存在某些商品化的倾向，但不能笼统提教育商品化。在社会主义条件下，教育既有市场经济下的商品属性，又有计划经济的产品属性，还有陶冶人格、情操的非生产属性①。虽然在理论上，国内学界对这些问题存在不同的观点，但现实中商品经济对教育的冲击却是实实在在的，如建立开放的教育产品市场，学校引入市场竞争机制和供求调节机制，教师劳动商品化、提供有偿服务，学校"破墙开店"，等等，教育的经济化倾向日益严重。

4."人"在教育中的闪现

20世纪80年代，教育界并没完全忽视对"人"的讨论，而是讨论了马克思"人的全面发展"的含义和"影响人的发展的因素"，但这两个讨论都不是在一种价值变革的意义上进行的。

（1）关于马克思"人的全面发展"的含义的讨论。1980年，全国马克思主义教育思想研究会年会提出"德智体全面发展"是否符合"马克思人的全面发展"的原意，从而引发了对马克思"人的全面发展"的含义的重新认识。1981年全国教育学研究会第二届年会也讨论了人的全面发展的问题。引发这场讨论的一个疑问是：以往我们把马克思的人的全面发展理解为"德智体"，理解为"体力劳动和脑力劳动的结合"，甚至窄化为"革命觉悟"加"生产劳动"的观点，这是否符合马克思经典作家的原意？有学者指出：这些说法人为地缩小了马克思赋予人的全面发展的深广含义，把人在情感意志领域、审美领域、社会领域内的充分和谐的发展统统剔去了，把人仅仅看作生产手段、劳动力，降低了人的全面发展的马克思主义标准②。有学者根据马克思在《1844年经济学哲学手稿》（简称《手稿》）中对人的异化劳动的分析，得出了人的全面发展的四个方面：第一，是人的体力和脑力同时获得充分的自由的发展；第二，是人的才能和志趣获得充分的多方面发展；第三，是人的道德和审美情趣的多方面发展；第四，是利用客观规律改造自然和社会的自觉程度，达到了高度自由的境界，获得了自由的高度发展③。也有学者反对这种将马克思的异化理论当作人的全面发展的依据，因为《手稿》不是马克思的成熟著作，异化理论不是成熟

---

① 犁月.实践在呼唤理论：关于社会主义商品经济与教育关系问题的讨论综述.教育研究，1988（9）：71-75.
② 丁学良.马克思的"人的全面发展观"概览.中国社会科学，1983（3）：127-153.
③ 王逢贤.马克思的异化理论与人的全面发展.教育研究，1981（7）：18-24.

的马克思主义的理论①。可见，讨论马克思"人的全面发展"的思想，其主要的目的是肃清对马克思主义的歪曲，恢复其原意。

（2）关于影响人的发展因素的讨论。中华人民共和国成立后，国内学界接受苏联学者的观点，把影响人的发展的因素归结为遗传、环境和教育（简称"三因素论"）。20世纪80年代，有学者对"三因素论"提出了质疑，认为"三因素论"没有正确地认识人作为发展主体的特性，没有把人的主体能动性看作影响人的发展的重要因素。对此，有学者把主观能动性列为影响人的发展的因素，提出"四因素论"。还有学者在四因素之外，又加上"反馈因素"，认为"调节"是控制人的个性发展的重要方面。也有学者变静态的思维方式为动态的思维方式，提出了"两层次三因素说"：影响人的发展有可能性因素和现实性因素两个层次，可能性因素包括个体自身的条件和环境条件，现实性因素指发展主体所进行的各类活动②。这次讨论虽然不是在价值取向层面上进行的，但它突出了人的主观能动性，增加了人的发展的主体意识，为20世纪90年代国内学界讨论学生主体性做了铺垫。总的来看，这一问题的讨论仍停留在个体发展的层面，是在心理学意义上进行的。

从1979年到1988年，教育突破了极左的政治束缚，回到了以经济建设为中心的社会主义建设上来，强调教育的经济发展功能成为这一阶段的主导价值取向。国内学界虽然出现了两次关于人的发展问题的讨论，但讨论的目的和内容本身，并非教育中人的价值，因此还不能说教育在这一阶段发现了"人"，而只能说是人的一种"闪现"。

（二）20世纪80年代末到90年代末：教育对"人"的发现

虽然前一阶段对"教育本质"的讨论中出现的"社会实践活动说"已经涉及人的培养、人的发展和人自身的生产等问题，但这一观点在20世纪80年代影响不大。教育研究中开始明确地关注"人"，准确地说是在1989年。1989年5月，《中国社会科学》编辑部、《教育研究》编辑部、全国教育基本理论专业委员会等以"教育与人"为主题召开学术研讨会。1989年《教育研究》把"教育与人"作为第一个选题，集中发表了多篇文章，揭开了教育对"人"的发现的序幕。随后虽有曲折，但教育逐渐回归人本身，从社会政治、经济工具转变为促进人的发展的实践。

---

① 陈信泰，张武升. 马克思的异化理论不是人的全面发展学说的理论基础. 教育研究，1983（7）：37-42.

② 叶澜. 论影响人的发展的诸因素及其与发展主体的动态关系. 中国社会科学，1986（3）：83-98.

1. 无"人"教育的反思与教育对"人"的呼唤

有学者反思 20 世纪 80 年代中期，教育对经济发展的狂热追求，使教育的功利性和效益性受到了普遍的关注，却导致了教育的"失落"，"读书无用论"再次抬头。这种经济高涨与人的素质低下的反差，迫使我们不得不思考教育与人的本体发展的关系①。还有学者指出，我们只知道教育为经济建设服务，不知道经济建设更要为人服务，要为人本身的发展服务。所以，在教育的经济化和商品化的浪潮中，"人"不见了。人的价值本来是高于一切的，这里却化为乌有，教育的对象和主体——"人"，被遗忘干净了。忽视"人"的另一种表现是"权力至上，重权不重人"，人的主体性消失殆尽②。随着社会主义现代化建设的发展，人的权利、人的尊严、人的价值问题，势必日益受到重视。研究培养人的教育学必须把研究人的发展、研究提高与扩充人的价值，看作教育学的主体③。教育学理应首先是"人学"，是马克思主义的"人学"④。

有学者从更深的教育价值取向层面，分析了我国教育政策中的问题：政府在教育决策中只强调社会的工具价值，忽视教育在培养个性、促进人的发展方面的价值。作为个体的人的生命价值问题，始终没有得到应有的重视；在对个性发展的要求上，人格独立性问题始终没有得到决策者的关注。对人格的培养是服从式的，对个体价值的认识只强调社会化，培养的人缺乏个性、独立人格和创造活力，这一切使整个社会缺乏活力。纠正教育的价值取向之偏差，就是要让人的发展、个体的价值在理论和实践中获得应有的地位⑤。

2. "人是教育的出发点"的提出

以往的教育之所以强调教育的社会工具价值，出现政治化和经济化倾向，根本原因是教育的出发点。国内学界曾认为教育的出发点是社会，教育就是要满足社会的需要，甚至只要满足特定时期社会某方面的需要。这忽视了马克思主义的重要观点：社会是人的社会，人是社会的创造者，是社会发展的决定力量。对此，有学者明确提出，人是教育的出发点，培养人是教育的根本职能，教育通过培养人而服务于社会、推动社会发展。教育的直接目的不应该是满足社会需要，而应该是满足人自身生存和发展的需要，促进人的自由、全面发展。教育应该把人作为社会的主体来培养，而不是作为社会的被动客体来塑造⑥。

---

① 包国庆. 教育与人格发展. 教育研究，1989（3）：3-7.
② 胡克英. "人"在呼唤. 教育研究，1989（3）：17-19.
③ 孙喜亭. 人的价值·教育价值·德育价值（上）. 教育研究，1989（5）：17-22.
④ 同②.
⑤ 叶澜. 试论当代中国教育价值取向之偏差. 教育研究，1989（8）：28-32.
⑥ 扈中平. 人是教育的出发点. 教育研究，1989（8）：33-39.

有学者对教育中人的工具论思想进行了批判，认为研究教育不讲"人"只讲"人力"，不讲"人的发展""人的价值"只讲"职业化、劳动化"，这只是把人作为手段，作为工具，而不是目的。人是目的，教育的目的是人，教育应该是人的教育，提高人的价值是教育的核心①。

"人是教育的出发点"提出以后，国内学界转向了对"教育、社会、人"的关系的研究，纠正对"人"的过分强调的观点，开始重提社会对人的制约性，强调教育与社会的关系，而渐少谈及"教育与人"的关系。

对人的关注的观点对我国教育价值的影响是不容忽视的。它使教育理论和实践第一次面对"人"、正视人的价值。也正是这些研究，促成了 20 世纪 90 年代我国对学生主体性作用的重视和素质教育的实施。

3. 主体教育的探讨与实验

对主体教育的讨论并非源于对主体性的关注，而是源于一个古老的话题：教育过程中师生的关系。针对传统教育的"教师中心"和现代教育的"学生中心"，顾明远早在 20 世纪 80 年代初就提出了"学生既是教育的客体，又是教育的主体"的命题，在承认学生是受教育的客体的同时，旨在突出学生的主体地位。这一命题提出后，曾引发了 20 世纪 80 年代中期国内学界对师生在教育过程中关系的热烈讨论，先后出现了"教师主体说""学生主体说""双主体说""复合主体说""主体主导说""主体移心说""主客体关系的双重结构说"等学说。从总体上看，这些讨论主要是在教学论范围进行的，局限于教学过程中师生关系的处理。这一讨论的后期，已经有学者拓宽了视野，在教育基本理论或在本体论上思考"学生是教育的主体"的命题②，这是"主体教育"提出的前奏。

学生是教育过程的主体，有学者认为，主体性是现代人的基本特征，教育要培养现代社会的人，就必须重视人的主体性的培养，使学生成为有进取意识和创造精神的社会主体。于是，国内学界又审视了现行教育中"无"主体或"反"主体的存在，提出"主体教育理论是一种教育哲学思想"③，或者直接可以说是"主体教育哲学"④，确立主体教育作为一种教育哲学思想，全面地引导教育改革。依此思路，王道俊、郭文安把教育的主体性分解为三个方面：学生

① 孙喜亭. 人的价值·教育价值·德育价值（上）. 教育研究，1989（5）：17-22；孙喜亭. 人的教育与劳动力教育. 教育研究与实验，1989（3）：5-8.
② 王道俊，郭文安. 让学生真正成为教育的主体. 教育研究，1989（9）：14-17.
③ 王道俊，郭文安. 关于主体教育思想的思考. 教育研究，1992（11）：31-36.
④ 王策三. 教育主体哲学刍议. 北京师范大学学报（社会科学版），1994（4）：80-87.

的主体性，教育活动的主体性，教育系统的主体性[①]。王策三也认为教育的主体性表现在三个方面：主动适应社会，培养主体性的人，坚持教育自身的规律和价值。这两种提法异曲同工，都是把教育作为培养人的活动，作为一个相对独立的系统，作为一种社会现象来考察它们在不同层面、不同角度的主体性。这三种不同层面的主体性中，研究最多、产生影响最大的是学生的主体性。

对于学生的主体性的表现，不同的学者有不同的观点：有的认为主体性包括选择性、自主性、能动性和创造性，有的主张包括独立性、主动性和创造性，有的主张包括自主性、能动性和超越性，有的还将主体性的二级指标进行分解，提出更具体的三级目标和教学行为目标，在教学中展开实践。

主体教育研究前期重在批判传统教育的无主体，树立主体教育的理念，探讨教育过程中学生主体性的表现。后期的研究重在探讨怎样培养学生的主体性，使主体性教育从宏观走向了微观，从理论走向了实践。在理论上，主体教育具体到教育过程的各个环节，深入系统地探讨了主体性课程的设计、主体性教学的策略、主体性德育的模式和主体性教育管理等方面，并就这些方面开展了教育实验和改革，使主体教育不再只是理念，而是开始深入实践领域。

4. 素质教育成为教育政策的主导

如果说 20 世纪 90 年代，国内学界研究的焦点在"主体教育"的话，国家的教育政策和实践主要关注的则是"素质教育"。素质教育并非完全是学术意义上的词语。一些人把其解释为"素质与教育"的合成，认为培养学生素质的教育或提高国民素质就是素质教育。这种解释太泛化。

其实，素质教育是在特定的语境下出现的，它是作为纠正和克服"应试教育"的一种举措而出现的。"应试教育"特指为了片面追求升学率，只让学生学习考试的内容，搞题海战术，违背学生身心发展规律的做法。这种做法虽然也培养人的素质，但它只关注片面的素质，违背学生身心发展的规律，而且只面向少数升学有望的学生，牺牲了大多数学生的利益。中小学是基础教育，不是升学教育，应该为所有人的发展奠定良好的基础。所以，针对愈演愈烈的"应试教育"，国家及时提出"素质教育"来予以纠正。虽然 20 世纪 80 年代，间或有人提出"素质"或"素质教育"，但对素质教育的研究和相关政策的推行是始于 20 世纪 90 年代的。

1993 年 2 月颁布的《中国教育改革和发展纲要》明确提出：中小学要由"应试教育"转向全面提高国民素质的轨道，面向全体学生，全面提高学生的思

---

① 王道俊，郭文安．关于主体教育思想的思考．教育研究，1992（11）：31-36；王道俊，郭文安．试论教育的主体性：兼谈教育、社会与人．华东师范大学学报（教育科学版），1990（4）：33-40.

想道德、文化科学、劳动技能和身体心理素质，促进学生生动活泼地发展。这是国家教育政策中首次正式使用"素质教育"一词，并对其做出完整的界定。

为贯彻落实《中国教育改革和发展纲要》，各地都开展了素质教育的改革。1996 年，国家教委（现中华人民共和国教育部）在湖南汨罗举行素质教育现场会，总结汨罗推行素质教育的经验，掀起了区域性推行素质教育的高潮。全国建立了首批 10 个素质教育实验区。1997 年 9 月，国家教委又在山东烟台召开全国素质教育现场会，会议进一步总结推广了汨罗和烟台的经验，对实施素质教育做了全面的部署。1997 年 10 月，国家教委颁发了《关于当前积极推进中小学实施素质教育的若干意见》，将素质教育作为一个时期基础教育的重大任务布置下来，并提出了实施素质教育的若干措施。

如果说以往仅仅把素质教育当作对"应试教育"的纠偏，1999 年 6 月第三次全国教育工作会议的召开使我国对素质教育的认识提到了一个新的高度：素质教育是人的全面发展理论在现时代的一种具体体现，是我国教育目的的当代表述。第三次全国教育工作会议通过的《中共中央国务院关于深化教育改革，全面推进素质教育的决定》明确指出："全面推进素质教育，培养适应 21 世纪现代化建设需要的社会主义新人……以培养学生的创新精神和实践能力为重点……实施素质教育应当贯穿于幼儿教育、中小学教育、职业教育、成人教育、高等教育等各级各类教育，应当贯穿于学校教育、家庭教育和社会教育等各个方面。实施素质教育，不仅在考试评价、课程教材等教学领域改革方面要有大的突破，而且需要在教育体制的改革、教育结构的调整、教育手段现代化的建设等方面为素质教育的实施创造条件，提供支持。"

素质教育最初只是作为"应试教育"的纠偏而出现的，在探索过程中，其内涵被不断地完善和科学化。"关注人的发展是素质教育的灵魂、核心和目标。素质教育注重在教育过程中把人的全面发展放在中心地位，注重人的整体素质的全面提高、个性的发展以及创新精神和能力的提高。"[①] 素质教育面向全体学生，具有全体性；促进学生素质的全面发展，具有全面性；使学生生动活泼地主动发展，具有主体性；注重学生的可持续发展素质和终身学习能力的培养，具有长效性。20 世纪 90 年代末，素质教育成为中国教育政策的主旋律，对素质教育的认识也突出了人的本体价值和人的全面发展在教育中的本体地位。

（三）21 世纪初：教育对人性的彰显

随着社会主义市场经济的完善和政治民主的推进，个体越来越摆脱社会的

---

① "素质教育的概念、内涵及相关理论"课题组. 素质教育的概念、内涵及相关理论. 教育研究，2006（2）：3-10.

控制而趋于独立，人们的价值观念越来越趋于多元，一个多元民主的和谐社会正在形成。和谐社会虽然存在价值的共识，但这种共识不是强制的结果，而是人们共同协商的"和而不同"。和谐社会必然尊重人的尊严和价值，凸显人的权利，张扬人的个性。教育对人性的彰显，既是和谐社会的要求，也是教育本体价值取向的进一步发展。

1. 由主体性到主体间性，彰显"人是目的"

20世纪90年代，主体教育的理论和实验，已经大大启蒙了教育中的人性思想，把学生当主体、发展学生的主体性，已经成为学校教育改革的大趋势。尽管21世纪有学者又提出了主体性与主体间性的不同，主张培养和发展学生的主体间性，但这并不否认主体性，因为主体间性必须以主体性为前提。

主体性是主体在对象化活动中所表现出来的功能态势。主体在把自己作为主体之时，把对象作为客体占有、利用，客体成为主体实现自身目的的手段，所以，主体性究其实质是一种占有性的单子式个人主体性。主体间性是人在与他人相互作用、相互沟通、相互影响、相互交流的关系中体现出的内在属性。主体间性超出了主体与客体关系的模式，转为主体与主体关系的模式。社会关系根本上应该是一种平等的交往关系，而不是一种占有和被占有的主客关系。对人而言，只有从主体性到主体间性，人与人之间才成为一种和谐的共在，每个人才能真正成为平等的主体，实现康德所说的"人是目的"。

从人的主体性到主体间性，教育必须在培养个体的主体性之时，积极引导主体性向主体间性转化，使单子式的个体发展为具有国际视野、类意识的"世界历史性个人"[①]。在教育过程中，也要变革主体与客体对立的认识和实践方式，而走向主体间的交往、对话[②]。

2. 确立"生命"的教育主导价值取向

主体性和主体间性尽管是以人为主体的，但其并未把握完整的人。主体性和主体间性是人的发展的形式，它们只回应了怎样发展的问题。但发展什么、发展的结果如何，这是主体教育所无法把握的。21世纪以来对人的发展的关注，不仅应强调发展形式的主动性，还应强调发展内容的全面性，发展结果的独特性。这就使得国内学界对人的认识由主体性发展到具体、完整、独特的生命。

叶澜在1997年第9期的《教育研究》上发表的《让课堂焕发出生命活力：

---

① 冯建军. 当代主体教育论. 南京：江苏教育出版社，2001：151.

② 冯建军. 论交往的教育过程观. 教育研究，2000 (3)：35-41；冯建军. 以主体间性重构教育过程. 南京师大学报（社会科学版），2005 (4)：88-92；张天宝. 走向交往实践的主体性教育. 北京：教育科学出版社，2005：216.

论中小学教学改革的深化》，标志着学界开始了教育对生命的关注。该文指出，把丰富复杂、变动不居的课堂教学过程简括为"特殊的认识活动"，把它从整体的生命活动中抽象、隔离出来，是传统课堂教学观最根本的缺陷。要突破"特殊的认识活动"的传统框架，必须从更高的层次——生命的层次，用动态生成的观念，重新全面地认识课堂教学，构建新的课堂教学观。课堂教学蕴含着极强的生命活力，因此课堂教学的过程不应该机械地设计，而应具有生成性。如果说叶澜的这篇文章还更多地局限于课堂教学的操作层面，其在随后出版的《教育理论与学校实践》一书中，专门列出"学校教育的生命基础"一章，明确提出"生命是教育的基础""生命的价值是教育的基础性价值""教育是直面人的生命、通过人的生命、为了人的生命质量的提高而进行的社会活动"[1]。叶澜把对教育中生命的认识转化为其所主持的"新基础教育"实验，并在此基础上提出了创建"生命·实践"教育学派的方向。

在叶澜的影响下，国内一批学者也进行了以"关怀生命"为核心的教育理论和实践研究，先后有冯建军的《生命与教育》、刘济良的《生命教育论》、河南大学的"生命教育丛书"、李家成的《关怀生命：当代中国学校教育价值取向探》、冯建军的《生命化教育》等，这些研究成果使"关怀生命"成为21世纪初教育理论研究的热点。"生命是教育的原点""基础教育为生命发展奠基""让课堂焕发生命活力""把精神生命发展的主动权还给学生"等已成为很多教育学者的共识。理论研究的成果也得到了实践工作者的高度认可，国内开展的一些有影响的教育实验，如裴娣娜的"主体教育"、叶澜的"新基础教育"、朱永新的"新教育实验"、郭思乐的"生本教育"、朱小蔓的"情感教育"等都体现着对生命的高度关怀。

教育对生命的关注已不只是理论界的话语，也不只是一些教育实验的主张，它已逐步在21世纪的素质教育中得到体现。新课程改革是新世纪落实素质教育的重要环节，是基础教育改革的头等大事。新课程改革的核心理念是"为了每位学生的发展"，它面向每个具体学生，由以往对分数和知识的关注，转向对生命发展的关注，追求基础教育真正为生命的发展奠基。新课程的三维目标体现了生命的整体性，回归生活的课程内容体现了生命的现实性与体验性，自主、合作、探究的课程实施方式体现了生命的自主性与创造性，发展性和多元化的课程评价体现了生命的多样性与生成性[2]。新课程改革是一场全面观照生命的素质教育运动，它奠定了教育实践的生命立场，大大促进了教育中人的解放。

---

① 叶澜，郑金洲，卜玉华. 教育理论与学校实践. 北京：高等教育出版社，2000：137-140.
② 汪基德. 新课程对生命价值的关照. 课程·教材·教法，2004（5）：78-80.

从把学生当主体到关注生命，表明了"具体人"的意识已经成为教育价值的出发点。教育面向的不是政治、经济，不是单方面的人性（如主体性、情感等），也不是抽象的人性，而是完整的、发展中的、鲜活的具体人。教育的生命取向，不仅指向学生，也指向教师。关注教师的生命，激发教师的生命热情和潜力，使教学成为教师的生命历程，成为他们生命的有意义的构成，体现出职业的内在尊严和欢乐，实现了职业生命的内在价值。

3. 新时代"立德树人"被确立为教育的根本任务

2007 年，党的十七大报告提出了"科学发展观"，科学发展观的核心是以人为本。科学发展观体现在教育上，就是十七大报告所指出的，"坚持育人为本、德育为先，实施素质教育，提高教育现代化水平，培养德智体美全面发展的社会主义建设者和接班人"。"育人为本"体现了科学发展观和以人为本的核心思想。

2012 年，党的十八大报告把"育人为本，德育为先"进一步提升为"立德树人"，提出"把立德树人作为教育的根本任务，培养德智体美全面发展的社会主义建设者和接班人。全面实施素质教育，深化教育领域综合改革，着力提高教育质量，培养学生社会责任感、创新精神、实践能力"。2017 年，党的十九大报告提出要"落实立德树人根本任务，发展素质教育，推进教育公平，培养德智体美全面发展的社会主义建设者和接班人"。

"立德树人"作为教育的根本任务，关键是回答"立什么德，树什么人"。2018 年 9 月 10 日，全国教育大会召开，习近平总书记发表了重要讲话，提出"培养德智体美劳全面发展的社会主义建设者和接班人"，要做到"六个下功夫"：要在坚定理想信念上下功夫，教育引导学生树立共产主义远大理想和中国特色社会主义共同理想，增强学生的中国特色社会主义道路自信、理论自信、制度自信、文化自信，立志肩负起民族复兴的时代重任。要在厚植爱国主义情怀上下功夫，让爱国主义精神在学生心中牢牢扎根，教育引导学生热爱和拥护中国共产党，立志听党话、跟党走，立志扎根人民、奉献国家。要在加强品德修养上下功夫，教育引导学生培育和践行社会主义核心价值观，踏踏实实修好品德，成为有大爱大德大情怀的人。要在增长知识见识上下功夫，教育引导学生珍惜学习时光，心无旁骛求知问学，增长见识，丰富学识，沿着求真理、悟道理、明事理的方向前进。要在培养奋斗精神上下功夫，教育引导学生树立高远志向，历练敢于担当、不懈奋斗的精神，具有勇于奋斗的精神状态、乐观向上的人生态度，做到刚健有为、自强不息。要在增强综合素质上下功夫，教育引导学生培养综合能力，培养创新思维。要树立健康第一的教育理念，开齐开足体育课，帮助学生在体育锻炼中享受乐趣、增强体质、健全人格、锤炼意志。

要全面加强和改进学校美育，坚持以美育人、以文化人，提高学生审美和人文素养。要在学生中弘扬劳动精神，教育引导学生崇尚劳动、尊重劳动，懂得劳动最光荣、劳动最崇高、劳动最伟大、劳动最美丽的道理，长大后能够辛勤劳动、诚实劳动、创造性劳动。①"六个下功夫"特别强调品德发展对于人才培养的重要性，强调人才素质要求的全面性和综合性，发展和丰富了素质教育基本内涵，有助于全面推进实施素质教育，是素质教育深化发展的最新成果。

习近平指出，培养什么人，是教育的首要问题。我国是中国共产党领导的社会主义国家，这就决定了我们的教育必须把培养社会主义建设者和接班人作为根本任务，培养一代又一代拥护中国共产党领导和我国社会主义制度、立志为中国特色社会主义奋斗终身的有用人才。这是教育工作的根本任务，也是教育现代化的方向目标。

新时代把立德树人作为教育的根本任务，就是要全面实施素质教育，加强德育工作，把社会主义核心价值观融入教育的全过程，渗透于教育教学的各个环节，贯穿学校教育、家庭教育和社会教育的各个方面。学科体系、教学体系、教材体系、管理体系都要围绕立德树人这个目标来设计，要引导和教育学生自觉践行社会主义核心价值观，把弘扬以爱国主义为核心的民族精神和以改革创新为核心的时代精神作为时代道德教育的重要内容，着力提高学生服务国家、服务人民的社会责任感、勇于探索的创新精神和善于解决问题的实践能力。

二、回到"人"：世纪之交教育基本理论研究的共同主题

教育基本理论研究教育中形而上的问题，引领了教育的基本价值取向和教育观念的变革，是时代精神在教育中的体现，也是教育改革和教育实践的灵魂。1998年，瞿葆奎先生和郑金洲教授发表了《教育基本理论研究与教育观念更新：十一届三中全会以来教育基本理论研究引发的教育观念变革寻迹》一文，对1978—1995年的教育基本理论研究进行了全面的总结，该文提出教育本质研究中"阶级斗争工具观"的幻灭，"教育与人"的研究中学生观的转变，人的全面发展研究中全面发展教育观的重新认同等，这一阶段教育观念的变革可以看作教育中"人"的萌芽。之所以定位于萌芽，是因为教育本质的研究从"阶级斗争的工具"中摆脱出来，逐步转化为教育与市场经济相互关系特别是教育生

---

① 习近平. 坚持中国特色社会主义教育发展道路 培养德智体美劳全面发展的社会主义建设者和接班人. (2018 – 09 – 10). http：//www.moe.gov.cn/jyb _ xwfb/s6052/moe _ 838/201809/t20180910 _ 348145.html.

产属性的研究，教育功能研究中形成了"教育先行"的观念，教育与经济研究中形成了"教育产业"的观念①。世纪之交，"人"这颗幼芽在教育基本理论研究中迅速成长，成为教育本质、教育目的、教育功能、教育与人、教育与社会，乃至教育研究方法论、教育学性质的共同主题。

（一）教育本质研究的人学视野

教育本质观是有关教育的最根本的观念，它深深地影响着国家和个人的教育思想和行动，是时代对"好教育"的价值判断标准。

党的十一届三中全会以前，国内学界对教育本质基本上只有一种认识——"教育是上层建筑"，把教育归为意识形态，视为"阶级斗争的工具"。党的十一届三中全会以后，国内学界出现了对上层建筑教育本质观的质疑，展开了对教育本质的大讨论，前后共出现了多种观点，其中影响较大的有"上层建筑说"、"生产力说"、"双重属性说"、"多重属性说"、"社会实践说"、"特殊范畴说"和"培养说"等②。虽然这场讨论没有得出统一的结论，但其方向是明确的：政治化教育本质观式微，经济化教育本质观凸显。教育从"上层建筑"转变为"生产力"，从教育的阶级性转变为教育的生产性，从"阶级斗争的工具"转变为"经济建设的工具"。

世纪之交，在社会主义市场经济不断发展的同时，人们逐渐认识到：教育既不能成为政治的附庸，也不应成为经济的附庸。这种认识在世纪之交已成为共识。关注人、培养人成为教育本质研究的最强音。人学视野的教育本质观，既是对 20 世纪 80 年代末 90 年代初形成的"社会实践说"、"特殊范畴说"和"培养说"的发展，更是对作为社会实践、特殊范畴的教育中的"人"的凸显和人性的张扬。

世纪之交，人学视野中的教育本质观，主要有这样一些认识：

1. 交往说

交往说是对"社会实践说"的发展。它认为教育是一种社会实践，但这种社会实践，不是人对物的实践，而是人对人的实践。在这个意义上，教育本质上是一种交往活动。以往的教育实践观没有把人对物的对象化实践和人对人之间的交往实践区分开来。教育中的关系，是人与人之间的交往关系，而不是人与物之间的对象化关系。人与物之间的关系是改造与被改造关系，人与人之间

---

① 瞿葆奎，郑金洲. 教育基本理论研究与教育观念更新：十一届三中全会以来教育基本理论研究引发的教育观念变革寻迹. 华东师范大学学报（教育科学版），1998（3）：3 - 15.

② 瞿葆奎. 教育基本理论之研究. 福州：福建教育出版社，1998：163 - 192.

不是改造与被改造的关系，而是平等主体间相互影响的关系。有学者以马克思主义的实践观进行分析，认为社会实践是一种交往实践，它包括人对中介物的对象化实践，也包括由中介物联系的人与人之间的交往关系，即交往实践是一个"主体-客体-主体"的结构，在教育中具体表现为"教师-教育内容-学生"①。与一般的交往实践相比，教育交往实践具有自身的基本规定性：它主要是一种精神性交往、一种生成性交往、一种反思性交往，是日常交往与非日常交往的统一。这种活动具有多极教育主体性、教育主体异质性、教育客体中介性、个体主体性与主体际性的统一等特征②。由教育本质的交往说，还有学者提出了"教育本身是一种对话"的论点。

2. 自我建构说

同交往说一样，自我建构说也是对社会实践说的发展。它认为实践有两种：改造客观世界的实践和改造主观世界的实践，二者既有区别，又相互联系。改造主观世界的实践绝不能还原为改造客观世界的实践，前者对于后者具有开放性、超越性，它指向的是人主观世界的发展。教育作为发展人的活动属于改造主观世界的活动。有学者指出，"人存在着两种发展状态：一种是自然、自发状态下的发展，另一种是通过人的主观世界改造，这种有目的实践活动中所实现的发展"③。第一种发展是自然而然的发展，带有盲目性，不能充分挖掘人的潜能，也不能按照实践理性和理论理性的发展规律，有效地促使人发展。人不会满足于这种发展，会希望按照自己的目的、按照自己的理想和存在来改变自身的现实存在，改变自身在自然、自发状态下的发展结果。教育就是一种在人有目的地参与和干预下所发生的行动过程。总之，教育是主体在教育者的帮助下，连续不断建构、创造的过程，这种建构与创造以客体为基础，如以教育者身心发展现实状况为基础，其真义在于促进人成"人"④。有学者认为，自我建构是一种自助性建构，自我是建构的主体，建构的目标由自我确定，根据自己的需要选择和整理外部资源。外界包括教师只能为个体的发展提供帮助，并不具有决定性作用。可见，自我建构说充分体现了人的发展的主体性。

3. 指导学习说

指导学习说是对自我建构说的纠偏。学习不同于教育，学习的主体是自己。

---

① 冯建军. 论交往的教育过程观. 现代教育论丛，2000（3）：35-41.
② 李慧玲，孟亚. 教育呼唤互为主体的交往. 教育探索，2002（7）：65-67；张天宝. 教育交往实践：内涵、特征及其基本规定性. 教育研究与实验，2006（5）：7-13.
③ 鲁洁. 教育：人之自我建构的实践活动. 教育研究，1998（9）：13-18.
④ 鲁洁. 教育：人之自我建构的实践活动. 教育研究，1998（9）：13-18；韩淑萍，姜德刚. 论人学视野中的教育真义. 内蒙古师范大学学报（教育科学版），2003，16（2）：10-13.

指导学习说首先肯定教育的一般本质是学习，是个体自我的活动，这一点与"自我建构说"是相同的。但指导学习说又认为，教育不等同于一般的学习，它是一种特殊的学习。教育主要是正确引导学生主体性的生成与发展，促进学习主体由自发到自觉、由他律到自律、由他教到自教的转化。教育真正的意义就是引导或指导学习。尊重学生的自由意志和独立人格不仅是实现真正教育的条件，而且是教育的内在规定性。因此，教育是投射、蕴含着教育者主观志趣的引导活动。有学者认为，教育是一个指导学习的过程，在这一过程中，教育者和学生都是主体，因此教育是一个主体间指导学习的过程。"教育是主体间的指导学习，这是教育的自本质，即教育区别于任何事物和活动的唯一特点。"①

4. 生命说

生命说是从批判教育工具论开始的。它认为现今教育仅仅是被当作社会发展的工具，人们重视的只是教育的外在价值，而非教育自身的价值，看不到教育在提升人性方面的价值，这种教育不再是使人成"人"的教育，而是使人成为"物"的教育。虽然服务社会是教育的功能，但这并不意味着教育必然会成为社会的工具。教育的社会功能只能通过培养的人参与社会政治、经济活动而表现出来。教育必须实现"轴心"的转换，即从为了"社会"的教育转到为了"人"的教育，前者是社会的教育，后者是生命的教育。有学者对教育的生命本质进行了分层解说：从教育的起点来说，教育是生命的需要，教育是儿童成长甚至生存的一种形式；从教育的过程来说，教育要保护儿童的天性，遵循生命发展的内在逻辑；从教育的结果来说，教育的目的就在于生命的不断成长②。有学者认为，生命是教育的基础，生命的价值是教育的基础性价值。教育除了社会性的一面，还具有鲜明的生命性。教育是直面人的生命、通过人的生命、为了人的生命质量的提高而进行的社会活动③。

5. 儿童特殊生活说

儿童特殊生活说与杜威的"教育即生活"有联系，但其提出的背景不同。杜威的"教育即生活"为了解决教育中的生活缺失问题，将生活引入教育，使教育生活化。儿童特殊生活说，是对教育生活本质的认识。教育不是生活的准备，教育本身就是生活。"儿童的教育总是与儿童的生活并行，儿童是以自己的方式生活着接受教育，教育不可避免地在儿童生活中展开，儿童生活自然地成

---

① 张俭福. 引导：教育真义的诠释. 教育实践与研究，2001 (12)：2-4；郝文武. 教育：主体间的指导学习：学习化社会的教育本质新概念. 教育研究，2002 (3)：14-18.
② 冯建军. 教育即生命. 教育研究与实验，2004 (1)：25-28.
③ 叶澜，郑金洲，卜玉华. 教育理论与学校实践. 北京：高等教育出版社，2000：137-140.

了教育的背景。"① 教育是儿童的一种特殊生活，其特殊性表现在：源于儿童的特殊性，这种生活是儿童的生活，不是成人的生活；源于教育的特殊性，这种生活不是自在的儿童生活，是教育引导下的儿童生活。前一特殊性要求教育要适应儿童，后一特殊性要求儿童要适应教育。教育作为一种特殊的生活过程，实质上是一个教育不断适应儿童的本真、儿童不断适应教育的引导的并行与递进共存的生活过程。教育基于现实生活，但又不停留于现实生活。总之，教育作为一种特殊的儿童生活，意味着教育的对象是生活着的儿童，教育应该使儿童当下的生活更加充实，教育要在儿童生活中展开；儿童在教育中以一种儿童本真与教育导引相结合的独特方式生活着②。

6. 自由说

人之所以不同于动物，是因为人是自由自觉的主体。自由自觉的活动是人的类本质，这是马克思主义人学的重要观点。有学者认为，人并不天然地具有实现自由的本领，而是需要许多条件，教育是其中最好的一个条件。"因为教育乃是培养人的实践活动。作为一种以人为对象和主题的实践活动，教育必然具有追求自由的特质。但教育又不仅仅作为自由的一个条件而存在，随着时代的发展，教育越来越成为人们生命的需要，成为对自己生命的一种肯定，不受教育者不成人，从这个意义上讲，教育本身就是一种自由，教育本身就是自由的题中应有之义。无论是作为自由的条件，还是作为自由本身，教育最独特的价值就于它追求自由的自觉性。"③ 简言之，教育即自由解放，教育的价值就在于使人自觉地追求自由，教育乃是促进人对自由的追求。它能把潜在的自由变为现实的自由，使人全方位地追求自由，最终引导社会发展④。

7. 生存方式说

受到生存论哲学的影响，有学者指出，教育不是外在于人的存在，它是人存在的一部分，它旨在彰显人存在的意义，教育是人的一种存在方式。人并不是因为教育而成"人"，人是因为自身需要而受教育的；教育对于人的生产、生活和发展具有重要意义——人通过教育改善自己当下的生存状态，提升自己的生存质量，获得完美之生活、圆融之人格；教育的本质就是人的生存方式，它

---

① 侯莉敏．儿童生活与儿童教育．广西师范大学学报（哲学社会科学版），2005（4）：90 - 93.

② 刘铁芳．试论教育与生活．教育理论与实践，1996（4）：18 - 23；靖国平．论教育与生活的"二重变奏"．天津市教科院学报，2002（2）：15 - 19；宁虹，钟亚妮．现象学教育学探析．教育研究，2002（8）：32 - 37.

③ 王啸．教育本质新探．现代教育论丛，1999（1）：19.

④ 王啸．教育本质新探．现代教育论丛，1999（1）：19 - 21；徐利新．教育即实现人的自由：小议教育本质．科技信息，2006（2）：90.

是"以个体或个体的发展为核心的、以心的启发为途径的、历史文化和社会现实的统一"①。教育不仅是社会文化传承的活动，而且是一种唤醒人的生命意识、启迪人的精神世界、建构人的生存方式，以实现人的人生价值的特殊活动。教育作为人的一种生存方式，对教育的本质做出了新规定：其一，教育是个体的人和人类形成与发展不可或缺的动力，直接或间接地影响着个体的人和人类的生活方式。其二，教育本身具有强烈的反思意识、自我意识和未来意识。通过反思和自我意识活动，教育推动人们对新的生存方式展开自主探寻和追求，使人们获得自身意义的升华。其三，教育因人的生存和发展而产生，因人类社会生活的变迁而变迁②。

以上列举的只是教育本质的几个重要观点，除此之外，还有"生存说""造就人说""自身完美说""成长管理说""特殊善说"等。世纪之交学界对教育本质的讨论，不像 20 世纪 80 年代的讨论那样规模宏大、观点交错，虽然表述各异，但其指向完全一致：所有的认识都是从人出发，认为人是教育的对象，教育的本质源自人的本质，促进人本质属性的发展是教育的目的；要基于对人的不同理解、对人性的不同认识来认识和理解教育。各异的观点，其核心都是"人"，在根本出发点上这些观点并没有分歧，因而形成了教育本质研究的人学视野。

（二）教育目的研究指向真正的"人"

一般来说，教育作为培养人的活动，教育目的指向"人"，这是毫无疑问的。但问题在于培养什么样的人？历史上，个人本位的教育家主张培养自然人、精神人、理性人，社会本位的教育家主张培养社会人、国家公民，等等。就我国而言，中华人民共和国成立后，出现过"社会主义的劳动者""社会主义的建设者""社会主义的接班人"等不同的提法，这类教育目的都具有浓重的社会本位倾向。有学者批评我们的教育目的仅仅是满足社会的政治需要，体现教育的工具价值，而忽视教育的本体价值，批评我们培养的是社会的工具，而非真正的"人"，因此，教育目的研究中存在着"人的缺位"③。世纪之交，无论是在教育目的的价值取向，还是在终极目的的提倡上，抑或在新时期的教育改革上，教育目的都在不断地接近真正的"人"，回到真正的"人"。

---

① 高伟. 生存论教育哲学初探：从教育本质谈起. 上海教育科研，1997（8）：44.

② 高伟. 生存论教育哲学初探：从教育本质谈起. 上海教育科研，1997（8）：1-4；李小鲁. 教育本质新探. 现代哲学，2007（5）：121-125；李小鲁. 教育作为人的生存方式. 广州：广东教育出版社，2007.

③ 赵联，孙福平. 试论我国的教育目的及其完善. 江西社会科学，2010（8）：241-245.

1. 教育目的凸显人的价值取向

"社会本位"和"个人本位"是传统教育目的的两大取向。世纪之交的教育目的：一方面是避免走向纯粹社会本位和个人本位两个极端，另一方面是力图把二者统一到个人发展上。因此，学界展开了对教育目的社会本位的批判。"社会本位论"在专制制度中的代表就是"国家本位论"，有学者从教育价值角度对"国家本位论"进行反思，认为在"国家本位"导向的教育目的中，团体或个人只是实现国家教育目的的工具，"国家本位论"否认了人的目的存在和发展的可能。然而，教育及其观念、制度并不是由国家的教育观念和政府的教育职能所决定的，教育自身有其独特的内在价值，这种内在价值是由教育的公共性所决定的，教育的公共性意味着它的独立性，它要满足不同利益群体的要求，而不只为某一利益群体服务。不同利益群体的交集是人，也就是说，教育只有为鲜活的具体个人服务，满足人的存在和发展需要，才是合理、合法的，这里所说的人即"公民"。所以，教育目的应该是培养公民，培养理性、自主、自由的公民。只有这样，教育才能真正称得上对社会有价值、对个人有意义[1]。针对个人本位，有学者批判了功利主义的个人本位以一种外在于教育的价值标准评判教育中的人，背离了教育的本意，其最严重的后果就是造成了求教者的工具化，使他们丧失了德性的追求、批判态度和人之为人的精神。人之为人的教育在于倡导超越自身、超越世界的精神，不受动物式欲求和环境的束缚，具有自主性，能进行自我改造。教育的目的在于引导人成为自主、创新的个体，追求向善的生活[2]。由于中国特色的国情和教育制度，社会本位论在传统教育目的的价值取向中一直占有很大的市场，但随着社会对个人生命和价值的日益尊重和张扬，个人本位论和社会本位论之间的界限越来越模糊，一种基于教育自身的价值观呼之欲出，这就是"育人为本"和"立德树人"。

有学者针对传统教育目的的现实性，指出教育目的应该强调在适应基础上的超越性。教育目的的超越性是指教育应对受教育者理想人格进行建构、设想以及对当下社会进行批判等，它是由教育的未来指向和对美好生活的向往所决定的。有学者针对教育目的的预成性，强调教育目的的生成性。在教育价值层面上，预设性教育目的是社会本位的，生成的教育目的是个人本位的；在实践层面上，预设性教育目的以塑造人为导向，教育实践的过程就是向预定的目标看齐，生成性教育目的导向的教育实践则尊重学生自我的人生价值和意义，让

---

① 金生鈜. 教育的多元化价值取向与公民的培养. 教育理论与实践，2000（8）：2-8.

② 李长伟，徐莹晖. 功利主义教育目的与人的工具化. 内蒙古师范大学学报（教育科学版），2004，17（9）：5-7.

学生在体验生活、认识世界、理解人生的过程中成长。无论是教育目的的超越性，还是教育目的的生成性，都指向教育目的中的人，使人在教育目的中彰显生命的活力。

2. 教育的终极目的——关怀"人"

世纪之交的教育理论界对教育终极目的的论述，指向的对象由"社会"转变成了"人"，由整体的、抽象的"人"转向了具体的、个体的"人"，由个体的、具体的"人"转向了人的"自由""幸福""尊严"等生存意义。

第一，教育目的从适应社会转向培养"人"。有学者认为，传统教育是以"适应"为导向的，为社会和政治服务。社会、政治是始终变化的，而且，从本质上讲，社会、政治也是为人服务的，教育应以人为主，为人的潜能得到充分全面的发展而服务。因此，教育的终极目的是为人服务，应该是培养"人"。把培养"人"作为教育的终极目的，在于维护教育的独立性和本体论价值，体现教育的永恒性、稳定性和神圣性；培养"人"也更具普适性和丰富性。教育终极目的定位于"人"，能满足社会各个层次、方面的需要，也能实现人的各方面的发展，具有广阔的发展空间，能实现教育服务于社会、个人发展的基本功能。因此，教育中的人可以是"劳动者"、"建设者"和"接班人"、"公民"，但不能以其中的一个角色、身份代替"人"，因为他们仅仅是"人力"，而非教育目的中的"人"[①]。

第二，教育终极目的由"人"转变为"个体人"。多数学者同意将教育目的定位于"人"，但不应该是抽象意义上的人，而应该是具体人。有学者指出，普遍、永恒、本质的人不存在，教育目的应关注人的特殊性、过程性和创造性，逐渐摆脱本质主义、基础主义、普遍主义对人的束缚，将人从抽象形象中解放出来，培养自由、平等、个性的生命体[②]。有学者指出，教育目的不仅要定位于"人"，还要超越"人"，成为"己"，即人的教育并不是要把每个人培养成雷同的人，而应使其成为自己，内含人的生命本质和属于自我的独特魅力[③]。

第三，教育终极目的关注具体人的自由、幸福和尊严。有学者认为，幸福应该成为教育的终极目的或终极目的的要求之一。因为幸福是人类一切生活的目的，作为一种生活形式的教育也是为了人的幸福而存在。有学者提出，终极性的教育目的应是使人自由、使人幸福。因此，幸福是教育目的的终极追求，

---

① 扈中平. 教育目的应定位于培养"人". 北京大学教育评论，2004，2（3）：24-29.

② 曹永国，韩绮君. 人的终结和教育目的：后现代主义的现代意蕴. 湖南师范大学教育科学学报，2006，5（1）：7-12.

③ 张晶，靖国平. 论教育目的定位于"人"之合理性与不完善性. 教育学术月刊，2009（5）：10-11.

自由也同样是教育的终极目的之一。也有学者认为，教育的终极目的就是理所当然使人活得更有尊严。总之，幸福、自由、尊严等这些教育终极目的都属于个体人存在的意义。还有学者认为，这些个体人所追求的存在状态，充满了对人性的关怀和关注。关注个人生存、追求真实的生命成长已成为世纪之交的教育基本理论研究的焦点。

3. 素质教育成为我国教育目的的具体表现

马克思"人的全面发展"的思想一直是我国教育目的最重要的理论基础。但在教育实践中往往体现出很强的工具主义的教育价值，没能真正体现以人为本、以学生为本的教育宗旨。而且，在学校教育的具体实施中，"全面发展"往往演变成"均衡发展"——不仅德智体美劳要求均衡发展，甚至智育的各个科目也要求均衡发展。这种均衡发展的教育理念，在应试教育的热潮中被推向极致，要求学生门门功课优秀的结果是阻碍了学生的个性发展，扼杀了学生的个性特长，导致了学生的平庸化和类同化。所以，新时期对马克思"人的全面发展"思想的理解突出了个性发展的一面。有学者指出，在马克思"人的全面发展"思想中，"全面发展"和"自由发展"是两个关系极为密切的概念。"全面发展"关注人的发展的完整性、统一性、和谐性，"自由发展"关注人的发展的自主性、独特性和个别性。马克思的全面发展，完整地说是"自由而全面的发展"，在全面发展基础上的自由发展，必然是个性化的发展。所以，"人的全面发展"本身就意味着人具有独特性和富有个性的发展。"全面发展"并不是指平均发展和人的发展的整齐划一，更不是指所有个人的发展都必须遵从一个相同的模式。全面发展与个性发展有着紧密关系："全面发展"是"个性发展"的基础，"个性发展"是"全面发展"的动力。人可以通过各方面个性的发展来推动全面发展，可以通过个性的丰富和完善，来真正地促进各方面素质的全面发展[①]。

我国的教育目的以马克思"人的全面发展"思想为理论基础，我们需要把马克思"人的全面发展"思想与现实中国的教育结合起来，现阶段就表现为素质教育。多数学者认同素质教育是促进人的全面发展的一种教育形式和教育途径，人的全面发展应该是人的各方面基本素质的全面发展，从而可以将马克思"人的全面发展"思想与素质教育思想结合起来，以"人的全面发展"思想作为素质教育的理论基础，同时以素质教育为基本方法和策略来实践马克思"人的全面发展"思想，促进人的全面发展。因此，素质教育是对马克思"人的全面发展"思想的继承和延续，同时也是在具体的、实践的层面上发展了"人的全

---

① 扈中平."人的全面发展内涵"新析.教育研究，2005 (5)：3-8.

面发展"思想。所以党的十八大、十九大提出实施和发展素质教育。素质教育是马克思"人的全面发展"思想的当代运用和实践，它以促进学生身心发展为目的，以提高人的思想道德、文化科学、劳动技能、身体心理素质为目的，培养德智体美劳全面发展的社会主义建设者和接班人。

（三）教育功能研究转向本体功能

教育功能不同于教育本质。在世纪之交，国内学界对教育本质的认定回到了"人"，在人学的视野中认定教育本质，而不是以社会来认定教育本质。但这并不否定教育具有社会功能，因为教育功能是教育对与之相关的事物的作用。教育作为培养人的活动，不仅对个体发展有作用，对社会发展也有作用。所以，个体功能与社会功能成为考察教育功能最常用的两个维度。前者是指教育活动对个人的发展功能，后者主要是指教育活动对社会的发展功能。社会功能通常包括政治功能、经济功能、文化功能、人口功能以及生态保护功能，且这些需要视社会对教育的要求程度而定。

在不同历史时期，国内学界不仅对教育两大功能及其关系的认识不同，而且对社会功能与个体功能的要求也不同。我国教育历来有社会本位的传统，因此，在教育的两大功能之间，多重视教育的社会功能。在党的十一届三中全会召开之前，社会功能内部重视的是教育的政治功能，而且对政治功能的认识很狭窄，党的十一届三中全会以后，国家的工作重心逐渐转移到经济建设上来。适应这一转变，国内学界突出强调了教育的经济功能。所以，20世纪80年代对教育功能的研究，集中表现在人力资本理论和教育的经济功能上，这一研究促成"教育先行"观念的确立，改变了教育的消费观念，促进了社会重视教育的生产性和经济功能。

世纪之交，在肯定教育两大功能的前提下，两大功能的关系及其研究的侧重点发生了转换，使之不同于20世纪90年代中期以前的研究。这主要表现在：

第一，确立了个体发展的功能为教育的本体功能，社会功能为教育的派生功能。

在肯定教育具有社会发展和个体发展两大功能的前提下，以往的研究往往会把教育的个体发展功能放在教育的社会功能之后，而且教育的个体发展功能突出强调的也是个体的社会功能。自20世纪90年代以来，我们不再局限于对两大功能的认识，转而深入讨论两大功能的关系，出现了教育功能的"本体论"与"工具论"之争。"本体论"强调把"人"作为出发点，把教育的育人功能放在突出地位；而"工具论"认为，教育从本质上说是通过培养人为社会服务的，而只有当它培养出能够满足社会需要的人时，才能最终实现价值。"工具论"和

"本体论"之争，实际上是"社会本位论"和"个人本位论"在教育功能上的延伸和体现。随着 20 世纪 90 年代中期教育的人学本质的主导地位的确立，教育的两大功能被重新定位为本体功能和派生功能，且二者的关系得以明确。个体发展的功能是教育的本体功能，它反映了教育本质的要求，具有根本性、主导性、基础性；社会发展功能是教育的派生功能，它是通过教育培养人而派生出来的服务社会的功能。教育的本体功能是教育的社会功能的根据，而教育的社会功能则是本体功能的社会呈现形式。没有教育的本体功能，就谈不上教育的社会功能。教育功能的这一划分，已经成为自 20 世纪 90 年代中期以来教育学界的共识。

第二，认识到教育社会功能的发挥需要以社会中的人为中介，强调社会功能的间接性。

教育服务社会的功能有直接和间接两种方式。直接的方式是教育直接参与政治或经济活动，此时的教育已经丧失了培养人的本质，成为政治或经济活动的一部分。这种直接的社会服务功能一度存在，但它已经丧失了教育本性，也违背了教育两大功能之间的关系。世纪之交的教育功能研究在确立了教育社会功能的派生性之后，对教育功能的认识不再着眼于教育对社会的直接服务，而强调教育通过培养人而服务于社会，培养个性发展与社会需要相统一的人。

在政治功能中，纠正了教育中的泛政治化和强政治化倾向，教育不再是政治斗争的工具，而是社会民主的助力器。教育通过提高大众的文化和政治素养，使其积极参与政治，正确地行使公民的权利和履行公民的义务，即教育通过培养社会主义的合格公民，促进政治的民主和社会的进步。在经济功能上，纠正了教育的市场化和产业化倾向，突出了教育对提高劳动力素质、开发人力资源的作用。因此，教育被视为人力资源开发的基础，其中，中小学教育是人力资源开发的基础工程，中等职业教育与高等教育则是人才资源职业定向开发的基础工程①。教育通过培养社会主义的合格公民，通过提高劳动者的素质，开发人力资源，发挥教育的政治功能和经济功能。此外，还有学者指出，教育能够提高人民的幸福生活指数，有打造幸福社会的功能，这也是对教育的社会功能的新认识。

第三，重视个体的个性化发展功能和享用功能。

对于教育的个体功能，学者大多从个体社会化与个体个性化两个方面分析，表现为教育的个体个性化功能和个体社会化功能。进入 21 世纪后，随着素质教

---

① 萧鸣政，温云云. 素质教育人力资源开发观：兼谈现代人力资源开发与传统人力资源开发. 赣南师范学院学报（哲学社会科学版），2000（5）：80 - 85.

育的深入，人性化教育的呼声越来越高，关注学生的个性发展成为教育改革的响亮口号，呵护个体的生命发展成为教育的重要追求。有学者认为，教育是和人的生命发展联系在一起的，教育是促进人的发展的过程，是人的生命不断实现超越与提高的重要依托。在教育的作用下，个体基于人的生物属性和社会属性，不断地实现着知识、能力、观念和情感的内化。无论是纵观教育功能的释放轨迹，还是考察教育的起源，我们可以发现，教育的出现是和人的个体生命的存在和发展相联结的，教育的发展是不断指向和接近人类生存质量的提升和完善的，社会发展的程度越高，教育的功能越应该通过人的类主体要求而不断满足每一个个体的基本需要。教育的发展过程是不断满足人的生存和生命发展的过程，即不断剔除有悖于人的生存和发展的各种社会现象、制度，促进人与自我、人与人、人与社会、人与自然的和谐统一①。

有学者认为，教育对个体而言，除了具有促进个体发展的功能，还具有个体享用的功能。所谓教育的个体享用功能，并非指为了达到外在的发展目的而受教育，而是指教育成为个体生活的需要，受教育的过程是满足需要的过程，在满足需要的过程中，个体可以获得自由和幸福，获得一种精神上的愉悦和享受。教育是满足人的本性成长的需要，是通达自由之途，是臻于幸福之旅。教育之于幸福不是外在于它，幸福是教育本身的应有之义，教育就是幸福，就是自由，受教育就是一种人生的享受②。

（四）以"人"的方式研究"教育与人"的关系

在中华人民共和国成立后相当长的一段时间里，由于受苏联教育思想的影响，教育几乎只看到社会，看不到"人"。教育学多讨论"教育与社会"，敢讨论"教育与社会"；少探索"教育与人"，忌探索"教育与人"。教育学几乎成了"看不见儿童的教育学"③。教育研究中明确地关注"人"，准确地说始于1989年5月由《中国社会科学》编辑部、《教育研究》编辑部、全国教育基本理论专业委员会组织的以"教育与人"为主题召开的学术研讨会。1989年《教育研究》把"教育与人"作为第一个选题，集中发表了多篇文章，揭开了教育关注"人"的序幕。就是这一年的《教育研究》第8期发表了叶澜的《试论当代中国教育价值取向之偏差》，该文批判我们的教育决策历来只强调教育的社会工具价值，忽视教育在培养个性、促进人的潜能尽可能发展方面的价值；个体的人的生命

① 周润智.教育功能结构探析：兼论人的提升与发展.教育研究，2001（6）：12-16.
② 冯建军.教育的个体享用功能.上海教育科研，2002（1）：28-30.
③ 瞿葆奎，郑金洲.教育基本理论研究与教育观念更新：十一届三中全会以来教育基本理论研究引发的教育观念变革寻迹.华东师范大学学报（教育科学版），1998（3）：3-15.

价值问题始终没有得到应有的重视；在对个体发展的要求上，个性独立性问题始终没有得到决策者应有的关注。同一期还发表了扈中平的《人是教育的出发点》，该文直陈教育的直接目的不应该是满足社会需要，而应是满足人自身生存和发展的需要；促进人的自由、全面发展是教育的目的。这些观点在当时振聋发聩，有力推进了"教育与人"的研究，起到了推进思想解放的作用。

20 世纪 80 年代末 90 年代初，教育研究领域对"教育与人"的探讨主要集中在"影响人的发展因素"这一问题上，学者们提出了"二因素说""三因素说""四因素说""多因素说""两层次三因素说"等多种观点，虽然讨论中国内学界也注意到了主观能动性在人的发展中的作用，但这场讨论对人的发展的认识更多局限在生理、心理层面，把人的发展视为生物成长的过程，没有脱离"物性"的思维方式。20 世纪 90 年代后期，"教育与人"的研究开始以人的方式看待人，着眼于人不同于其他生物的独特的一面，关注"主体与教育""生命与教育""人性与教育"等方面的研究。

1. 主体与教育

"主体与教育"的研究，肇始于 20 世纪 80 年代关于教师和学生"谁是教育主体"的讨论。这次讨论先后出现了"教师主体说""学生主体说""双主体说""复合主体说""主体主导说""主体移心说""主客体关系的双重结构说"等观点。20 世纪 90 年代，讨论的热度达到顶峰。虽然讨论中各方的观点不同，但都充分肯定了学生的主体性，形成了"教师主导、学生主体""教师主导作用与学生能动性结合"等"结论性认识"。

"教师主体"或"学生主体"，都是在教学论范围内的讨论，局限于教学过程中师生关系的认识。在这一讨论的后期，已经有学者在上位的基本理论的层面或在本体论意义上思考"学生是教育的主体"，关注学生的主体性，使对师生关系的讨论转化为对学生主体性的培养。

主体教育研究，前期重在批判传统教育中的无主体，旨在树立主体教育的理念，探讨教育过程中学生主体性的表现；后期重在探讨怎样培养学生的主体性，使主体性教育由认识论到本体论，由理论的探讨发展为教育改革的实验研究。

有学者指出，主体性教育以培养人的主体性为价值追求，以人的主体性的具体存在形态及其生成机制为根据，全面、整体、科学地设计、组织和实施教育教学活动，并创造相应的环境和管理机制，由此才能促进人的主体性的全面、整体生成和发展[①]。主体性教育是一种培育和发展受教育者主体性的社会实践

---

① 和学新. 主体性的内涵、结构及其存在形态与主体性教育. 西南大学学报（社会科学版），2005，31（1）：65-71.

活动。主体性教育的最终目的是把人培养成为社会历史活动的主体①。

20世纪90年代末期，有学者吸收哲学研究的新成果，对培养主体性提出质疑。因为主体性是人在主体与客体关系中表现出的积极主动的态势，主体在把自我作为主体时，把对方作为客体占有和利用，这不符合人与人之间的社会关系。社会关系从根本上应该是主体间的一种平等交往关系，而不应是一种占有与被占有的主客关系。对人而言，只有从主体性到主体间性，人与人之间才能成为一种和谐的共在。因此，教育不应该培养单一的主体性，而应该培养主体间性。占有性的主体性教育逐渐被共生式的主体间性教育所取代。主体间性教育成为主体性教育研究之后的新发展。

新近的研究，又用列维纳斯的他者性理论反思批判主体间性的问题：主体间性没有摆脱主体性的自我中心，在"我与你"的关系中，"我"把"你"看作"我"的影子、"我"的反射，使"你"与"我"一样，与"我"保持着同一性，成为同一性中的"你"，而忽视了"你"的独特性、差异性。②他者性理论重新认识和界定自我："我"不是因为"我"自身获得规定，而是因"他者"得到规定，因此，"我"是"他者"的自我，是以"他者"对"我"的承认为前提，并以他者的认可、对他者的价值来显示我的主体性。他者性理论批判主体间性把"你"当成具有同质性的"我"。他者性理论强调他者的绝对差异性、差异的绝对性。正因为"我"与"他者"的不同，所以"我"与"他者"之间具有非同一性。主体间性要求"我"与"你"双向互动，"你"对"我"如同"我"对"你"一样，这种对称性关系是一种理想关系。列维纳斯把伦理关系视为第一关系。他认为，伦理是单方面的，非对称的。非对称的伦理只要求"我"回应他人，不要求他人也回应"我"。教育学界也及时引入了列维纳斯的他者性理论，探讨了师生关系、教师的伦理责任和教学交往的范式转换。③

2. 生命与教育

"生命与教育"是继"主体与教育"之后于20世纪末形成的新的研究热点。主体性和主体间性尽管是人作为主体的核心品质，但只是一方面的品质，不等于完整的人。21世纪对人的发展的关注是全面的、立体的，不仅强调发展形式的主动性，还强调发展内容的全面性、发展结果的独特性。这就使得教育理论对人的认识由局部的主体性转换到完整、丰富、能动、独特的具体人——一个

---

① 张天宝. 试论主体性教育的基本理念. 教育研究，2000（8）：13-18.

② 郭菁. 列维纳斯对布伯对称的主体间性的批判，人文杂志，2014（11）：15-21.

③ 冯建军. 他者性：超越主体间性的师生关系. 高等教育研究，2016（8）：1-8；旷剑敏，袁怀宇. 自我与他者：教师的伦理责任与价值. 道德与文明，2009（3）：93-95；刘要悟，柴楠. 从主体性、主体间性到他者性：教学交往的范式转型. 教育研究，2015（2）：102-109.

个鲜活的生命体。

叶澜在《教育研究》1997 年第 7 期上发表的《让课堂焕发出生命的活力：论中小学教学改革的深化》揭开了教育对生命关注的序幕。随后一些学者发表了大量的论文、出版了大量的论著，使"生命与教育"成为 21 世纪第一个 10 年里教育理论研究的热点。

综观新世纪的生命教育研究，对生命教育的理解处在两个不同的层面：一是作为德育组成部分的生命教育，二是作为教育理念的生命教育。

（1）作为德育组成部分的生命教育。

杰·唐纳·华特士在 1968 年首次提出了生命教育思想，并创建了阿南达学校（Ananda School），致力于反吸毒、预防艾滋病、反自杀和反暴力等保护生命的教育实践活动，以促进学生的生命健康和发展。1979 年，澳大利亚悉尼成立了"生命教育中心"，该中心后来发展为国际性非政府组织，它的宗旨是防止药物滥用、暴力与艾滋病，在全球从事保护生命健康的实践活动。20 世纪 80 年代至 90 年代，日本相继出现了一些以"生死教育"为宗旨的组织机构，这些组织机构在学校开展"死亡准备教育"，促进人们形成正确的人生观和死亡观。

在新世纪，中国也开始重视生命教育，其中台湾地区最早，始于 1997 年。2000 年台湾地区设立了"推动生命教育委员会"，该委员会负责台湾地区生命教育的推动工作。2001 年 5 月，台湾地区正式颁布《推动生命教育中程计划（2001—2004）》，推动生命教育的实施。2003 年，生命教育被纳入台湾地区九年一贯课程综合活动领域。2004 年，台湾地区又颁布了《普通高中生命教育类选修课程纲要》，并于 2006 年正式将"生命教育"纳入选修课。香港的生命教育也始于 20 世纪 90 年代末，由天主教推动。2001 年香港出版了"爱与生命教育"系列丛书，2002 年香港教育学院公民教育中心明确提出要以生命教育整合公民教育。自进入 21 世纪以来，生命教育在国内其他地区也如火如荼地开展起来。自 2004 年以来，辽宁、黑龙江、北京、上海、湖南、云南等省市颁布了地方性的生命教育文件，启动了中小学生命教育工程。《国家中长期教育改革和发展规划纲要（2010—2020 年)》也把生命教育明确作为重要的教育专题提了出来。全日制义务教育《思想品德课程标准（实验稿）》把"珍爱生命、感悟人生"作为思想品德课程的任务之一，凸显生命教育的重要性。

生命教育在不同国家和地区有着不同的取向。就目前世界各国生命教育的实践看，大致存在身心健康取向、生死取向、伦理取向、宗教取向、社会取向等。当代国内生命教育主要针对青少年道德观念发展的消极层面，青少年发展过程中出现的心理问题，以及校园伤害、校园安全等问题。因此，生命教育就是引导学生认识生命的意义，追求生命的价值，活出生命的意蕴，绽放生命的光彩，实现生命的辉煌①。生命教育是使人认识生命、保护生命、珍爱生命、欣赏生命，探索生命意义，实现生命价值的活动。在消极的层面上，它使人不自残，也不残害他人和其他动物；在积极层面上，它使人尊重自己的生命，也尊重他人的生命，并让自己的生命与他人、天地建立美好的共存共荣的关系。尽管学者们对生命教育内涵的认识并不完全一致，但总的来说，生命教育引导学生认识生命、尊重生命、敬畏生命、欣赏生命、发展生命、完善生命，这些都得到了学者们的认同。

（2）作为教育理念的生命教育。

作为教育理念的生命教育，是指以生命为原点，遵循生命发展的规律，提升生命质量的实践活动。这一理念与教育本质的人学视野是相通的。

现实的教育并非以生命为原点，而是以社会为原点；并非关注生命的发展，而是关注社会需要的满足；并非把教育对象当作人，而是当作物。学者们批判了现实教育中生命的种种异化："知识主义"的教育取向割裂了人的知识生命与道德生命的有机联系，造成了人的生命完整性的消弭；"工具主义"的教育取向使青少年的生命发展受限于科学主义和功利主义，失去了接受人文主义熏陶的机会，也失去了对道德理性的培育；"唯教材"的教学观扼杀了青少年生命的灵性，阻碍了青少年创造力的发展；整齐划一的学校制度损害了生命的丰富性、独特性。有学者分析了课堂教学中存在的种种漠视生命的现象：抽象化的课堂教学模式忽视了学生的生命，把知识变成了僵死的符号，把学生当成了知识学习的机器、装知识的容器，忽视了生命情感和理智的涵育；封闭式的课堂教学违背了人性，封杀了人的创造性，忽视了人的生命中最可宝贵的特性，忘却了对人的生命中无限潜力和可能性的发展；扭曲式的课堂教学只注重人的理智发展而忽视了非理性因素，失落了人性，造成了对完整的人的肢解。

因此，学者们基于生命的原点，提出关怀生命的教育理念。有学者以"生命教育"来表述这一理念："生命教育是一种以寻求人的生命本体为基础，以尊重人的生命尊严和价值为前提，以人的生命的整体性、和谐性发展为目的的教育"②，"生命教育的内涵是教育应该依据生命的特征，遵循生命发展的原则，引导生命走向更加完整、和谐与无限的境界，引导人的生命进入'类生命'"③。也有学者以"生命化教育"来表述：生命化教育，就是"融于"生命、"成全"生命的教育。它以生命为基点，把生命的本质、特性和需要体现在教育过程之

---

① 刘济良．生命教育论．北京：中国社会科学出版社，2004：9．

② 李萍．生命教育的本体及其三个维度//林治平．生命教育集思：2001年海峡两岸生命教育学术研讨会论文集．台北：宇宙光出版社，2002：25-32．

③ 程红艳．教育的起点是人的生命．教育理论与实践，2002，22（8）：17-20．

中，使教育尊重生命的需要，完善生命的发展，提升生命的意义①。叶澜认为，人的生命本身就是教育的基石，生命是教育学思考的原点。在这个意义上，教育是直面人的生命、通过人的生命、为了人的生命质量的提高而进行的社会活动，是以人为本的社会中最体现生命关怀的一种事业②。尽管学者们对其表述不同，但以生命为基点，关怀生命，提高生命质量的理念是相通的。

3. 人性与教育

教育与人性的关系问题是教育领域的一个基础理论问题，也是教育基本理论的永恒问题。人性理论对于教育理论研究的重要影响在于，不同的人性观往往会产生不同的教育理念，对教育理论的深化和教育制度的改造起一定的引领作用。从 20 世纪 90 年代开始，涌现出了不少以"人性与教育"为研究主题的成果，尤其是 2009 年 11 月召开的全国教育基本理论专业委员会第十二届学术年会以"人性与教育"为主题，将新时期对这一问题的研究大大推向前进。

新时期"人性与教育"的讨论，批判的是现实教育中人性的缺失和异化：现实的教育把人性当物性，教育所要满足的不是人之发展需要，而只是市场功利的需要。在这种教育中，人没有了，人只是物的附属品，是被控制和定制的对象；学习和教育的目的性没有了，学习和教育只是维持生存、直接谋取财富的手段；学校的教育性没有了，学校沦落为功利场③。这是一种"去人性化""反人性化"的教育，它不仅伤害了人格，而且压抑、放逐了人性。有学者批判现行教育中的规训化教育。规训化教育的主要功能是训练和操纵，它把人作为可塑造和操纵的物，把制度视为规训的工具，在算度与量化中，使人成为技术的奴仆，人的自由发展因此被贬抑。

针对现实教育中人性的异化，学者们基于历史的使命，从不同角度提出了当代教育需要的人性假设。这里介绍其中的几种主要观点：

一是"实然与应然两重性"的人性假设。鲁洁在《实然与应然两重性：教育学的一种人性假设》④ 一文中援引马克思在《政治经济学批判》中所阐述的观点："人双重地存在着：主观上作为他自身而存在着，客观上又存在于自己生存的这些自然无机条件之中。"⑤ 鲁洁认为，马克思的这段话阐明了人的两重

① 冯建军. 论生命化教育的要义. 教育研究与实验，2006（5）：25 - 28.

② 本刊记者. 为"生命·实践教育学派"的创建而努力：叶澜教授访谈录. 教育研究，2004（2）：33 - 37.

③ 鲁洁. 教育的原点：育人. 华东师范大学学报（教育科学版），2008，26（4）：94.

④ 鲁洁. 实然与应然两重性：教育学的一种人性假设. 华东师范大学学报（教育科学版），1998（4）：1 - 8.

⑤ 马克思，恩格斯. 马克思恩格斯全集：第 46 卷（上）. 北京：人民出版社，1979：491.

性，深刻地揭示了人性的奥秘。这就是：人性的本质既存在于现存的实然中，又存在于超越现存的应然中。实然与应然的两重性是人性的基本属性。长期以来我们习惯于将人、将教育对象作为一种实体，把一系列已经表现为事实的属性视为他们的本性而没有将那种"可能性筹划"置于我们把握他们的视野之中，即看不到人的存在的应然性向度。为此，我们也就往往找不到蕴藏于教育对象自身发展中的真正动因。人的能动性、主体性也正是在这种单向度的实然性观中丧失了。人的应然追求、理想、超越等也就被排除在教育的视野之外。人性的两重性的假设，事实上重新肯定了人在实然之上的超越性，肯定了人的能动性、主体性、理想性，它可以使我们对教育的本质属性形成更深刻的认识，即教育的本质属性在于"引导完备人性的建构与发展"。人性蕴含着超越，教育就是引导人不断地超越自我。

二是"具体个人"的人性假设。叶澜在《教育创新呼唤"具体个人"意识》①一文中提出了"具体个人"的教育学人性假设。"具体个人"是与"抽象的人"相对的。"抽象的人"是工业时代和近代自然科学思维方式泛化到人的研究领域的历史产物，也是中国从20世纪初由西方引进的近代教育学理论的人学基础。"抽象的人"假设把教育视为生产，认为学生是大工业生产流水线的产品，强调划一性。叶澜援引法国教育家保罗·朗格朗的话："教育的真正对象是全面的人，是处在各种环境中的人，是担负着各种职责的人，简言之，是具体的人。"②叶澜指出，创新时代的教育需要呼唤这种"具体个人"。为此，要改变教育学中"抽象的人"的观念，用"具体个人"作为教育学中人学的支点，重新认识教育，构建新时代的教育学。

檀传宝在《学校道德教育原理》一书中提出了"新性善论"的人性假设，文雪、扈中平在《人性假设与教育意谓》一文中提出了"生成论"的人性假设，余清臣在《"比较利益人"：实践教育学的人性假设》一文中提出了"比较利益人"的人性假设，靖国平在《从"知性人"到"智性人"：当代教育学人性假设的转型》一文中提出了"智性人"的人性假设。这些假设都是针对教育中特定方面的人性异化而提出的人性复归。也有学者论述了不同于动物的独特人性——人是种生命和类生命的双重存在，人性表现为生命与超生命、物性与神性之间的否定统一，人性具有超越性、开放性和生成性、个体性③——这可以看作对人性的较为全面的认识。

---

① 叶澜. 教育创新呼唤"具体个人"意识. 教育参考, 2003（4）：91-93.
② 朗格朗. 终身教育引论. 北京：中国对外翻译出版公司, 1985：87.
③ 冯建军, 周兴国, 梁燕冰, 等. 教育哲学. 武汉：武汉大学出版社, 2011：49-50.

现时代对人性的认识无论多么不同，其目的是归一的，即重建人性化教育。人性化教育不是一种教育，而是以人为本的教育全部。人性化教育是出于人性、通过人性、为了人性的教育。人性化教育以教育人性化为条件，教育人性化体现在教育制度、师生关系、教学内容和教学环境的人性化等方面。

回归"人"是世纪之交的中国教育基本理论研究的走向，这一走向的出现绝非偶然。因为任何理论都是社会发展状况及其趋势的反映。我们所处的这个时代：社会主义市场经济孕育了人的独立人格，政治民主化的推进赋予了人的平等与自由，文化的多元使各个阶层的利益得以平等表达。政治、经济和文化的发展，塑造了独立、自由、民主、平等的人格和社会。科学发展观把"以人为本"作为社会发展的核心要求。无论客观的发展状态，还是发展的要求，都指向了"人"。作为社会组成部分的教育，作为引领社会发展的教育，也理所当然地指向了"人"。因此，回到"人"，是"以人为本"的社会对教育的要求，是教育理论发展的时代体现。为此，教育理论研究需要彻底反思和清理无"人"的教育学，构建人学形态的教育理论。

其实，回顾 20 世纪 90 年代以来的教育改革，从 20 世纪 90 年代中期素质教育的全面推行，到 2001 年新课程改革把"一切为了学生的发展"作为指导思想，再到 2010 年《国家中长期教育改革和发展规划纲要（2010—2020 年)》把"促进教育公平"作为国家基本教育政策，把"育人为本"作为教育工作的根本要求，新时代把"立德树人"作为教育根本任务，无不体现教育政策和教育改革对"人"的关怀。20 世纪 90 年代以来的基础教育改革实验，无论是从国家推行的新课程改革，还是民间的"主体教育""新基础教育""新教育""生本教育""生命化教育""公民教育""情感教育"等，无不以"人"为基点，无不把尊重人的发展特性作为教育的基本准则，无不把促进人的全面自由发展作为教育的最高目的。

我们有理由说：中国的教育，从理论到实践，进入了"人"的新时代，开启了"人"的教育的新征程！

三、回归"真实的人"：当代中国教育改革的哲学

教育改革是一种自觉的变革行为，它受一定的教育观念制约，以一定的教育观念为先导。教育改革涉及教育体制、课程教学、人才培养等诸多方面，改革应该具有系统性和一致性。这就决定了各种教育观念和改革实践背后，必须具有共同的教育哲学。

考察新中国教育 70 年的发展历程，尤其是改革开放 40 年来中国教育改革

的发展，我们看到，教育的根基从关注"社会"开始转向"人"，"育人为本""立德树人"越来越成为教育改革的主题，也预示了当代和未来中国教育发展的方向。教育真正地回到"人"，回归"真实的人"，不仅是落实科学发展观"以人为本"的要求，也是对教育本质的正本清源。

（一）教育对"人"的回归

中国的教育素有社会本位的传统，儒家有"修身、齐家、治国、平天下"的思想，近代资产阶级改良派有"教育救国"的主张，尽管它们也关注"人"，但其关注"人"不是为了人自身，而是为了"齐家、治国、平天下"、为了"救国"。这一传统极大地影响了新中国教育的定位。

在新中国成立之初，维护、巩固政权，进行社会主义改造是国家建设的核心任务，教育就被定位为"上层建筑"，社会主义教育的任务就是"为无产阶级政治服务"，培养"有社会主义觉悟的有文化的劳动者"。教育的这种"泛政治化倾向"曾一度使教育从为政治服务变成政治的附庸。

1978年改革开放后，党的工作重心开始转向经济建设。在这一思想的指导下，教育被定位为"生产力"，教育的任务也由"为无产阶级政治服务"转向以经济建设为中心的"为社会主义建设服务"，由培养"政治人"转向开发人力资源。

20世纪80年代末90年代初，随着我国的思想解放，"人"的问题引起教育界的重视。教育界开始认识到教育的出发点是"人"，有目的地培养人才是教育的根本所在。但我们对"人与社会"关系的认识还是局限于"社会决定人"的观点，因此，教育就是按照一定社会的要求对受教育者施加影响，按社会的要求规定人的发展方向，培养符合一定社会需要的人。

对教育的认识从"上层建筑""生产力"到"培养社会需要的人"，这是一个历史的进步，它表明教育的原点开始从"社会"向"人"转换，教育由工具性价值向本体性价值转换。但这种转换是不彻底的。因为以社会的要求塑造人，培养的依然是一种"工具人"、被动的社会客体，而非真实的人、社会历史活动的主体。

在21世纪，随着国家发展战略的调整，单纯追求GDP的增长转变为建设以实现全体人民幸福生活为核心的小康社会。科学发展观提出"以人为本"，把依靠人作为发展的根本前提，把提高人作为发展的根本途径，把尊重人作为发展的根本准则，把为了人作为发展的根本目的。促进人的全面自由发展成为科学发展观的最终目标。

在科学发展观的指导下，社会的发展就是"为了让人民生活得更加幸福、更有尊严"。

党的十九大做出了"中国特色社会主义进入新时代"的重大政治判断。进入新时代，社会的主要矛盾已经转化为"人民日益增长的美好生活需要和不平衡不充分的发展之间的矛盾"，更好地满足人民对美好生活的需要是新时代的目标。教育为社会发展服务，就是要创造美好的生活，通过促进人的自由全面发展而服务于小康社会的建设。所以，促进人的自由全面发展既是全面建成小康社会和全面建设社会主义现代化强国的目标，也是新时代教育现代化的新要求和新目标。

（二）认识"真实的人"

在教育发展的历史中，不仅存在以上分析的"工具人"，而且还存在着抽象的、完美的终极者，他们是"圣人""君子"，具有"完美人格"。这种人是为人们所期望的"真正的人"，但不是"真实的人"。按照马克思主义的基本观点，人总是具体、现实的人，而不是抽象、虚幻的人。具体、现实的人总是存在于一定的时空之中，生活在特定现实中不完善、不确定的"普通人"。完美的终极者只能是抽象的、可望而不可及的。教育的对象是真实的个体，因此，我们必须以平常心（而不是以完美的理想主义），回归真实的普通人。

真实的人是"现实的具体人"。"现实的具体人"是相对虚构的"抽象的人"而言的。抽象的人是近代人本主义理论对人的理解方式，是把丰富的人性单一化，集结成一种或几种规定性。基于抽象的人性观，关注的只是人性的共同性。人固然具有共同的人性，但共同的人性又隐含在个体的发展之中。叶澜提出："具体个人是既有唯一性、独特性，又在其中体现着人之普遍性、共通性的个人，是个性与群性具体统一的个人。"① 我们必须走出传统人本主义教育的抽象人性观，回归一个具体的人、一个鲜活的生命体。

真实的人是具有差异性的人。真实的人是具体的而不是抽象的，就在于你是你，我是我，我与你不同。这种不同标志着人的差异性。没有人的差异性，就没有具体、鲜活的生命个体，差异是人作为"这一个"的标志，是真实人的特征。正是因为这种差异性，人与人之间才呈现出丰富多彩的生命特征。抽象的人和工具人都以单一的人性为终极的统一标准，抹杀了个体生命的丰富性。教育的对象是具体的，这要求教育必须承认差异，正视差异，从差异出发。

真实的人作为社会的公民，具有平等的权利和尊严。真实的人是独特的人，每个人都不可能被他人所置换，因此，每个人都应该是平等的，没有高低贵贱

---

① 叶澜. 教育创新呼唤"具体个人"意识. 教育参考，2003（4）：91-93.

之分。现代社会，一个普通公民，无论性别、年龄、民族、宗教信仰、财产、天赋、才能等，仅仅因为"他是独特的"这一最基本也最神圣的事实，就都应该拥有平等的作为人的"尊严"和"价值"。公民具有平等的权利，公民依法自由行动，政府、社会和他人均不得歧视公民。公民是现代社会的普通人，不是"圣人""伟人""英雄"，公民是自由、民主、和谐社会中具有独立人格的真实人，而不是为特定社会集团所利用的工具人。

真实的人是全面、完整的人。抽象的人把人性归为某个单一的方面，或理性，或非理性，或自然性的肉体，或精神性的灵魂，把人的生命简单化。工具的人往往根据特定社会的需要，突出社会需要的某方面的人性，扭曲了自由完整的人性。真正现实中的人都是丰富的、完整的人，肉体与精神、自然性与社会性、理性与情感等，完整地体现在个体的发展上。人的自然形态不可能是政治人、经济人、精神人、理性人，之所以出现单一的形态，是因为我们的教育片面地培养和发展了某方面的人性。真实的人是具有潜在的全面素质的人。

真实的人是具有主体性的人。主体性作为人的自主、能动的表现，既具有历史性，又具有个体性。历史地看，人类的发展是从古代社会无个体的主体性到近代社会"以物的依赖为基础的个人主体性"，从单子式个人主体性到主体间性的发展。就个体生命而言，主体性是人的本质属性。个体生命的有限性使人必须通过实践活动来弥补自身的不足，在这个意义上，人是自我的生成者，是自我的主人。人的实践活动决定着人的发展，人在活动中建构着自我，超越旧的自我，创造新的自我，具有独立自主性、自觉能动性、创造超越性。

（三）基于"真实的人"的教育观念

人是教育的对象，教育的对象是人。基于人的教育必须以人为出发点，在教育中把人当作人，促进人的发展。为此，我们必须基于真实的人的需要，确立"育人为本"的教育本质观。

1."人是目的"与"育人为本"的教育本质观

新中国教育发展的历程使我们看到，长期以来，教育不是为了人，而是为了政治和经济发展，人服从于政治斗争和经济发展的需要，沦为政治斗争和经济发展的工具。科学发展观坚持"以人为本"，胡锦涛同志指出："坚持以人为本，就是要以实现人的全面发展为目标。"[①] 这意味着在社会发展中，人是目的，社会提供发展的手段，社会的发展必须有利于人的发展，促进人的发展。此为"人是目的"的第一种含义。"人是目的"的第二种含义是指在人与人的关

---

① 中共中央文献研究室．十六大以来重要文献选编：上．北京：中央文献出版社，2005：850．

系中，每个人都是目的，不是他人的手段。这就是康德所说的，人的行动，要把你自己人身中的人性，和其他人身中的人性，在任何时候都同样看作目的，永远不能只看作手段①。每个人作为一个独特的生命体，都具有绝对的自足的内在价值。因此，每个人都是主体，人与人之间是主体间的平等关系，而不是支配与被支配的主客体间关系。

"人是目的"意味着我们必须从人出发，站在人学立场上认识教育，确立"育人为本"的教育本质观。在"教育应该是什么"这一本质问题上，我们必须认识到，教育既不是上层建筑，也不是生产力，而是一种培养人的社会活动。作为培养人的活动，它不是以社会为出发点，把人作为社会的客体来塑造，而是以人为出发点，把人作为社会的主体来培养，因此叶澜认为，"教育是直面人的生命、通过人的生命、为了人的生命质量的提高而进行的社会活动"，鲁洁认为"教育是人之自我建构的实践活动"。这并不否定社会对人的制约性，而是要改变人与社会关系中人的被动局面，确立"人是社会主体"的观念。"育人为本"是"以人为本"在教育中的根本体现，它强调教育要把人的发展放在首位，要真正地为人的全面发展服务。

"人是目的"意味着我们对教育价值的评估，应该以人的价值为基点，人的发展应该作为一切工作的出发点和落脚点，作为检验教育事业成败的唯一标准。对教育地位的认识必须从"教育救国""科教兴国"转向"人才强国"，在提高民族素质的意义上认识教育优先发展的战略地位。

教育以人的发展为内在追求，而不是将其作为政治、经济的工具，这意味着我们必须以人的发展的逻辑去运作和管理教育，减少政治、经济对教育的直接干预。要尊重教育的规律，转变政府与学校的关系，坚持放管服相结合，明确政府的职能与管理权限，使政府对学校由管理转变为服务，逐步取消学校的行政关系，使学校真正能够依靠教育家办学，发挥教师的主导作用，教书育人。要改变行政对教育的划一管理，坚持教育规律、人才成长规律，推进校本管理，形成多元化的办学模式，促进每所学校办出特色。

2. 人的完整性与全面发展的素质教育观

素质教育是当前中国教育改革与发展的主题。我们对素质教育的认识经历了一个不断探索的科学化过程。

素质教育最初是在 20 世纪 80 年代中期，为纠正片面追求升学率，作为"应试教育"的对立面而出现的。针对片面追求升学率的"应试教育"，国家及时提出"素质教育"的思想，试图矫正基础教育发展中的问题。在这一背景下

---

① 康德. 道德形而上学原理. 上海：上海人民出版社，2002：47.

对素质教育的认识具有一定的工具性。如果按照这一认识，素质教育只是权宜之计，也就是说，一旦"应试教育"问题不存在了，素质教育也就不需要了。

今天我们对素质教育的认识，不能仅仅停留在解决"应试教育"的问题上，而必须提到人的全面发展的高度。1999年6月颁布的《中共中央国务院关于深化教育改革，全面推进素质教育的决定》指出，"全面推进素质教育，培养适应二十一世纪现代化建设需要的社会主义新人……以培养学生的创新精神和实践能力为重点"。这一界定虽然肯定了素质教育要指向人的发展，但还没有真正在人的全面发展的基础上认识素质教育的内涵。在全面发展的基础上认识素质教育，正如中央教育科学研究所"素质教育的概念、内涵及相关理论"课题组所指出的，"素质教育就是培育、提高全体受教育者综合素质的教育。它以促进人、社会、自然的和谐发展为价值取向，以德智体美劳全面发展的合格公民为培养目标"，"关注人的发展是素质教育的灵魂、核心和目标。素质教育注重在教育过程中把人的全面发展放在中心地位，注重人的整体素质的全面提高、个性的发展以及创新精神和能力的提高"①。

素质教育不能简单地归结为如"减轻学生负担""培养学生创新能力和社会实践能力"等问题或方面，这些问题固然是素质教育必须面对的、当前需要解决的问题，但其本身不能作为素质教育的全部。素质教育的根本是促进人的素质的全面发展。例如，对文理分科的讨论都以素质教育为标榜：赞成文理分科的人认为，文理分科是为了减轻学生的负担，落实素质教育；反对文理分科的人认为，不进行文理分科是为了培养学生的综合素质。两种观点都是为了素质教育，但对素质教育的认识不同。其实，站在促进人的全面发展的立场上，要不要分科根本不是一个问题，问题的是怎样改革考试和评价制度，使其既不增加学生的负担，又有利于学生的全面发展。

3. "人是主体"与主体教育观

"人是主体"既是个体生命发展的内在特性，也是当代社会对人的要求。改革开放确立的社会主义市场经济体制极大地解放了人，激发了人的主体性，为教育培养主体人提供了可能性和必要性。

自20世纪80年代以来，"人是主体"的观念在教育中经历了不同阶段——从20世纪80年代中期对"教育过程中主客体关系"的讨论，到20世纪90年代把主体性作为当代人重要发展目标之一，提出培养学生的主体性品质。今天，学生主体的观念已经成为共识。伴随着新课改，学生主体的观念全面体现在教

---

① "素质教育的概念、内涵及相关理论"课题组．素质教育的概念、内涵及相关理论．教育研究，2006（2）：3-10.

育教学等各个环节。主体教育不再是一种单一模式或一种教改实验，而是对当今教育性质的概括。

主体教育的观念，有三个层次：首先，树立学生主体的观念，把学生看作发展的主体、教育活动的主体。只有树立学生主体的观念，才能够在教育过程中尊重学生，给学生提供自主自由的活动空间和机会。其次，把学生主体的观念体现在教育教学的全部过程中，确立课程的经验观、建构观，教学的活动观、生成观、对话观，管理的自主观、自我教育观等，把发展的主动权还给学生，使学生真正成为教育的主体。只有学生处于主体地位，才是真正的主体教育，才能发展学生的主体性。最后，主体教育落实在目的上，通过在教育过程中发展学生的独立自主性、自觉能动性、创造超越性，培养学生的独立人格、创新精神和社会实践能力，使之不只是适应社会，还要超越社会，创造新的社会，成为社会发展的主体。正如联合国教科文组织在《学会生存》中指出的，当代教育在"为一个尚未存在的社会培养着新人"①。

4. 个体的差异性与个性化教育观

人性具有共同性，但更具有差异性。共同性是人之为人的根本，是人与动物的区别；但差异性是一种个体性，是人与人的区别。教育的对象是人，但不是抽象的人性，而是鲜活的、具体的生命。传统教育的问题就在于忽视学生与学生之间存在的个别差异，以统一的教学目标、统一的内容、统一的进程安排要求所有的学生，把教育学生视为"标准件"塑造。教育要以真实的人为对象，必须使教育适合每个有差异的个体，创造个性化的教育。

对个体而言，"适合"是选择教育的最高标准。其实，什么是好的教育对每个人来说是不同的，只有适合自己的教育，才是最好的教育。人与人之间是有差异的，家长、教师、学生要以平常的心态认识学生的特点与能力、优势何在、适合做什么、不适合做什么。大家都迈向一个极高的目标，这不是实事求是的做法。教育中的很多问题，如"奥数热""择校风"，都源于家长一种过高的心态，对自己的孩子没有一个正确的认识和定位。如要遏止"择校风"，需要家长以平常的心态看待孩子，对他们有一个合理的期望；需要我们的学校办出特色，使择校成为学生依据自身特点，寻找适合自己学校的过程，把择校与选拔统一起来。

真正的教育是个别化的教育，这在古代是不可能的。今天的教育必须给学生提供多种选择机会，使他们可以依据自身的发展和个人的特点选择适合自己

---

① 联合国教科文组织国际教育发展委员会．学会生存：教育世界的今天和明天．北京：教育科学出版社，1996：36.

的教育。中国教育的一大问题是模式化办学，学校千篇一律，没有自己的特色。所以，教育改革必须使学校多样化、特色化。只有多元化、特色化的学校才能给学生更多的选择和个性发展的机会。

特色学校建设是实施个别化教育的一个方面，个别化教育的另一个方面就是要增加学生的选择性。在课程设置上，增加选修课程、校本课程，甚至可以设置"课程超市"；在教学中实施分层教学、分类指导、因材施教；在评价上建立多元评价体系，实施学校自主招生、学生多元报考双向选择的录取模式。只有在课程建设、教学方式、考试评价和培养模式等方面给学生更多的选择，才能够使教育真正地走向个人。

5. 权利和尊严的平等性与教育的公平观

人是目的意味着每个人都是目的，每个人都具有平等的权利和尊严，这是民主社会的基本价值。权利和尊严的平等性构成了教育公平的价值基础，它要求教育公平地面向全体，"办好每一所学校，教好每一个学生"，使"人有所学、学有所教、教有所成"。

教育公平是最基本、最重要的社会公平，是人生公平的起点，它不仅是社会公平的重要组成部分，而且是社会公平的基础。教育公平通常包括教育权利平等和教育机会均等两个方面。教育权利，尤其是义务教育的权利，是保证一个人生存和发展的基本人权，必须使其不论个体的外在身份差异以及内在的发展差异，不受任何社会排斥和歧视的影响，平等地赋予每一个人。

我们有时会把教育公平当作"教育平等"，在平等意义上追求"完全一样"。这种绝对的平等观只适合于教育权利。教育权利是基于人的尊严的基本权利，是一项基本的人权，必须人人平等，国家必须尊重和保障每个公民平等的受教育权。教育机会均等不同于权利的平等，它不是一种绝对的平等，而是一种比例的平等，一个人享有教育资源的多少应该与其才能成正比。机会均等使每个人都有享受某种教育的同等可能性，但这并不等于使其必然享受到某种教育，它只是提供了平等享受教育的机会。教育机会均等不是平均主义，个体的教育资源的分配应该以程序公平为基准，以才能为主线，使资源分配与才能相当。

教育公平的根本旨归是个体发展上的公平，教育资源的分配必须以服务于个体发展的公平为目标，否则就会把教育资源作为一种社会福利来分配。我们以往的探讨只关注资源的分配，而忽视了作为目标和依据的个体发展的公平。基于人的发展的教育公平必然是一种差异的公平。从本质上讲，公平就是"得其应得"。教育公平就是根据个体发展的不同给予其"应得"的资源。教育在区域之间可以推进均衡发展，但在个体之间，教育公平不能平均化，那不符合个体发展差异性的要求。基于人的差异的教育是个性化的教育，也是最公平的教育。

总之，当代中国教育的发展已经逐步从社会转向人，这是极大的进步，也预示着中国教育的发展方向。当今和未来中国教育的发展必须坚持"育人为本"，把促进人的全面、自由、和谐发展作为教育工作的出发点和归宿，作为检验教育成效的唯一标准。

四、教育成"人"：依据与内涵

（一）类生命①：人之为人的根本

唯物主义认为人是自然进化的产物，人首先是一种自然生物，具有生命的躯体和生物的属性。生物性是人与动物共同具有的，是物种生命的呈现，即种生命的存在。但人又异于动物，"动物和它的生命活动是直接同一的。……它就**是这种生命活动**。人则使自己的生命活动本身变成自己的意志和意识的对象"②，人能够有意识地支配自己的生命活动，超越生命的被动性，这代表着人之为人的生命，即类生命。人区别于动物，就在于人有动物所不具有的类生命。类生命是人生命的本质所在。

种生命是一种自然的生命，由自然给予，表现为肉体、本能、天性与身心发展、成熟。种生命是自在的生命，由人的自然发展所决定，其生命主动权不是人所控制的，它受自然的支配和主宰。人也具有自然的种生命，但人的种生命的发育程度与动物不同。人类学的研究表明，动物的种生命是特定化的，其器官的发育与特定的环境完全适应，动物的生命完全受环境的控制，动物若难以适应环境的变化，就会导致动物的灭绝或变种。特定化意味着本能的完善性，动物完全依靠本能生活，即它的生命与其活动是一致的。但人不一样，人能够有意识地支配自己的生命活动。人何以需要支配自己的生命活动？人为什么能支配自己的生命活动？这是因为人有动物所不具有的类生命。与动物特定化的种生命相比，人的种生命是未特定化的。换言之，"人是所有生物中最无能的，但这种生物学意义上的脆弱性，正是人之力量的基础，也是人所独有的特性发展的基本原则"③。种生命的未特定化，一方面意味着自然不能完全主宰人的生

---

① "类生命"由著名哲学家高清海提出，本书赞同并采用这一提法，特此说明并致以感谢。参见：高清海，胡海波，贺来. 人的"类生命"与"类哲学"：走向未来的当代哲学精神. 长春：吉林人民出版社，1998.
② 马克思，恩格斯. 马克思恩格斯全集：第42卷. 北京：人民出版社，1979：96.
③ 弗洛姆. 为自己的人. 北京：生活·读书·新知三联书店，1988：55.

命；另一方面意味着人的生活不能完全依靠自然生命，还需要类生命。人的文化、智慧、精神、价值等，作为类生命的要素都是对种生命的弥补。

类生命的出现使人摆脱了自然的主宰，改变了人对自然的被动依赖关系，使人能够有意识地支配自己的生命、创造自己的生命，使人成为类的存在物。马克思指出："人不仅仅是自然存在物，而且是**人的**自然存在物，也就是说，是为自身而存在着的存在物，因而是**类存在物**。"① 人作为人的自然存在物，不同于动物，就在于人能够摆脱种生命的限制，"为自身而存在"，成为自己生命的创造者和主宰者。因而，人的生命不同于动物，就在于人的类生命。对动物来说，种生命是其全部，它只能为自然所控制。但对人来说，人摆脱了自然的绝对控制和主宰，把生命变成"自我规定"的自由存在，超越种生命的局限，去追求一种无限、开放和创造的生命。因此，人是"超生命的生命"，超生命是人的本性所在②。

对于动物来说，种生命的特定化意味着动物功能的完善和教育的不可能性，动物不需要教育，它依靠环境的自然赐予生存。但对人来说，未特定化的种生命意味着生命发展的不完善，为通过教育而发展留下了空间和可能。但人之所以需要教育，并不是因为种生命。种生命的不完善，教育无能为力，因为种生命的发展遵循的是自然规律，教育对于人的种生命只能是消极的，能够做的只是敬畏和尊重人的自然生命，维护自然生命的本性，不可能发展人的种生命。人的特殊性在于人的类生命。类生命在内容上表现为人的社会生命、文化生命、智慧生命、精神生命、价值生命等，在形式上表现为人的超越生命、自为生命、自由生命等。对动物来说，种生命是它的一切。但对人来说，种生命只是其存在的物质基础，人的生命还要创造和实现具有价值意义的类生命。动物的生命是与生俱来的，人除了与生俱来的生命，还必须进行生命的二次生成。只有经过二次生成，人才能成"人"。因此，动物不需要学习"怎样做动物"，但人必须学习"怎样做人"，学习"为人之道"。只有通过学习"为人之道"，人才能形成类生命，自觉地成"人"。

教育对人的形成和发展的作用为教育家所肯定。夸美纽斯认为，人是一个"可教的动物"；康德也指出，人只有通过教育才能够成为人；教育人类学的研究表明，人是需要教育的生物，教育是人的第二天性。但我们对这些至理名言的理解只局限于：人因生命的未特定化而需要教育，教育能够使自然人转变为

---

① 马克思，恩格斯. 马克思恩格斯全集：第 42 卷. 北京：人民出版社，1979：169.
② 高清海，胡海波，贺来. 人的"类生命"与"类哲学"：走向未来的当代哲学精神. 长春：吉林人民出版社，1998：32.

社会人。如此的理解没有把握人需要教育的实质。人的生命在根本上是类存在物，类生命使人成"人"。因此，对教育成"人"的深层次理解，应该指向人的类生命。教育应该关注的是怎样使一个人成"人""怎样使一个人更具有人性"，应以人性的充分发展为根本指向和终极追求，这才是教育成"人"的真正内涵。

类生命是基于种生命的社会生命和精神生命的统一。种生命是类生命的基础，如果没有自然的生命，一切意义和追求就失去了物质前提。教育虽然不指向发展人的自然生命，但也不能违背人的自然生命，要在尊重自然生命的基础上，发展人的社会性和精神性。社会性的发展是个体社会化的过程，它使人更好地适应社会。但人不能只适应社会，成为社会的世俗存在物，人还是一种高贵的精神存在。精神性使人具有人生的目的、意义和价值，充满生命的高尚追求。失去了精神的人，不仅失去了生命的另一半，更重要的是失去了生命的航向。教育使人成"人"，成"人"不仅意味着要适应社会，使自然人转变成社会人，更意味着人要从社会人转变成精神人，成为有人生追求、有反思和批判能力的精神主体。

类生命是自为的、自主的、超越的生命。这意味着对人的教育不能只是简单地顺应和遵从人的天性，使其自由发展。人的发展源于人自身，人是自己发展的主人，是自为发展的主体。因此，人的教育必然是人为的，而不是率性的。但教育的人为性不应该来自外部，而应该来自主体本身。人只有基于改变自我的需要，才能够真正地活化教育资源，使之转变为生命的一部分。教育必须确立"人是主体"的观念，唤醒人发展的自觉性，赋予人发展的自主性，使人在实践中超越否定"实然的我"，追求"应然的我"。类生命的本性意味着教育必须点燃生命的自为性、自主性，诱导发展的需要，激发发展的动力，不断地超越自我，创造新的自我。

自由自觉是类生命的特征。马克思指出："一个种的全部特性、种的类特性就在于生命活动的性质，而人的类特征恰恰就是自由的自觉的活动。"① 这不仅阐明了类生命的自为性和创生性，也点出了类生命的生成机制——自由自觉的活动。人正是在自由自觉的活动中，通过对外部世界的改造，把人与外部世界相联系，才实现了人与外部世界的统一，生成了人自身的生命。人的生命是自我创生的，这种创生不是先验的，而是通过人自由自觉的实践活动实现的，即实践是类生命的生成和存在方式。正是基于类生命的这一特性，类生命的教育也应该成为人的自由自觉的实践活动，只有通过自由的活动，个人才能获得适合其发展的形式，获得自由、充分、个性化的发展。

---

① 马克思，恩格斯．马克思恩格斯全集：第42卷．北京：人民出版社，1979：96.

必须指出的是，马克思的类生命不同于费尔巴哈的类生命。费尔巴哈所理解的"类"是"一种内在的、无声的、把许多个人纯粹**自然地**联系起来的普通性"①。马克思的类生命不是个体间抽象的共同性，而是以个体的差别为内涵。类生命的"类"不是对事物的归类，而是反映与"种"相对的人的"类存在"的特性。人的类生命是个体基于实践活动而自我创生的生命，因此，作为类的生命恰是一种差异性的个体生命，是以个体的个性差异为内涵的②。以往对人性的认识，是基于物性的形式逻辑把人性归结为某一共同性，认识到的只能是抽象的人。从种生命到类生命则意味着对人的认识从"抽象的人"向"具体个人"的转换，这恰是教育理论发展对人性认识转换的需要。

（二）交往实践：类生命的生成机制

类生命作为人性的本质，是生成的。"一当人们自己开始**生产**他们所必需的生活资料的时候"③，他们也就开始创造自我的人性。人性不是先验的，是实践创造的。人性不是固定不变的，是随着不同的实践而生成的。实践是人性生成的机制。

人和动物的生存都离不开环境，但人和动物与环境的关系有着质的不同。动物的特定化决定了它不仅离不开环境，而且只能被动地依赖环境，因此，动物为环境所控制。人虽然依赖环境，但根本上改变了对环境的依赖。因为人能够凭借生产劳动生产自己所需要的生活资料，不再被动地依赖环境，而变成了依赖自身活动的存在。人通过有意识的实践活动改造自然，创造社会关系。人一方面创造着适合的生活环境，满足生存的需要；另一方面在改造世界中通过"客体主体化"的环节，也发展自身，成就自我。所以，实践是人的存在方式，而且是人所特有的存在方式。人只有通过实践活动，才能成"人"，发展自身。马克思说："个人怎样表现自己的生活，他们自己就是怎样。因此，他们是什么样的，这同他们的生产是一致的——既和他们生产**什么**一致，又和他们**怎样**生产一致。"④ 所以，"人不需要从实践之外，即从人之外去寻找生存的根据和追求的目标。在实践中生成一个具实践本性的'人'，这就是成'人'的基本含义"⑤。

---

① 马克思，恩格斯.马克思恩格斯选集：第1卷.3版.北京：人民出版社，2012：139.

② 高清海，胡海波，贺来.人的"类生命"与"类哲学"：走向未来的当代哲学精神.长春：吉林人民出版社，1998：37.

③ 马克思，恩格斯.马克思恩格斯全集：第3卷.北京：人民出版社，1960：24.

④ 同①147.

⑤ 鲁洁.做成一个人：道德教育的根本指向.教育研究，2007（11）：41-42.

马克思认为实践有两个方面：一是人对自然的改造作用，二是人与人之间的关系。二者是实践活动的一体两面。"为了进行生产，人们相互之间便发生一定的联系和关系；只有在这些社会联系和社会关系的范围内，才会有他们对自然界的影响，才会有生产。"① 社会关系以生产为前提，在生产中人们结成社会关系；同样，生产也以社会关系为前提，人在社会交往中共同改造自然，从事生产。生产与交往互为前提，任何实践活动都是主体间改造共同客体的交往实践，是一种"主体-客体-主体"的交往实践关系。

人的双重实践关系——人与自然的对象化关系、人与人交往的社会关系，使人能够通过实践活动形成与外部世界内在的一体性关系，既改造外部世界，又成就人。在人与自然的关系中，人对自然的改造使人的本质力量烙印在自然之上，形成"人化自然"（这是一个"主体客体化"的过程）；同时，人因为改造自然而提升了自身的力量，使外部世界由此转化为人的生命结构的因素，变成生命主体的一部分（这是一个"客体主体化"的过程）。在双向对象化的过程中，人改造了自然，自然也改造了人，实现了人与自然之间的统一。在人与人的社会关系中：人通过交往实践创造着社会关系，人是社会关系的缔造者；同时，人又生活在社会关系中，社会关系塑造着人，人又是社会关系的产物。实践沟通了人与自然、人与人之间的关系，塑造了人的生活，也形成了人自身。人通过实践活动，开放了人与自然、他人、社会的关系，使它们成为类生命发展的元素，也使类生命成为一种自为、自主的开放性存在。

人是开放的、自我创生的，其生成的路径是实践。实践不只是一种改造外部世界的对象化活动，而是一种内含"主体-客体"与"主体-主体"关系的交往实践。交往实践不仅创造了人与自然、人与人的关系，构成了人的外部生活环境，而且凭借实践的超越性，通过对环境的改造，也改造和生成了人自身。

有学者把人与外部世界的实践关系称为客观实践活动或物质实践活动，把人与自我的实践关系称为主观实践活动或精神实践活动，把这两种实践关系看作不同的实践活动，认为两者是相互分离的。这种认识是错误的。人的实践活动固然表现为外在的、物质的生产实践——改造了自然界，形成了社会关系，但更深层次上是通过实践的另一个环节——"客体主体化"，在改造自然、改造社会中，也改造了人自身。只有认识到物质实践活动和精神实践活动之间的联系，才能真正认识到人的生成与发展的实践机理与作用。

---

① 马克思，恩格斯. 马克思恩格斯选集：第1卷. 3版. 北京：人民出版社，2012：344.

（三）教育：成"人"之道

1. 教育：在交往实践中建构人性

教育是一种实践活动，这是毫无疑问的。问题是，对实践活动的认识影响着对教育的定位。我们曾经把阶级斗争、生产实践作为实践活动的核心，也因此导致了把教育的本质认定为上层建筑、生产力，致使教育偏离了"人"的轨道，也失去了其本真。

近年来，随着"以人为本"认识的深入人心，教育学界对教育的认识也逐步回归"人"，教育成为培养人的实践活动。但在这一总体认识中，又形成了不同的观点。主要有：

一是改造说。如果把实践活动看作人对客观世界的改造，那么，教育就是教育者对受教育者有目的、有计划地施加影响，使其身心朝着社会所期望的方向变化的实践活动。这种对教育的认识是传统的生产实践观的反映，是把受教育者看作有待加工的"产品"，把人与人之间的教育关系视为生产实践中人对客体的改造关系，把人当作物，这必然导致人的物化。

二是自身建构说。恩格斯指出，生产本身有两方面："一方面是生活资料即食物、衣服、住房以及为此所必需的工具的生产，另一方面是人自身的生产，即种的繁衍。"[①] 显然，教育属于第二种生产。因此，早在 20 世纪 80 年代就有学者提出"教育是人类加速自身建构与改造的社会实践""教育是人类自身的再生产和再创造"。20 世纪 90 年代后期，鲁洁再次提出"教育是人之自我建构的实践活动"。这些观点对于教育走出社会本位的误区，回归人的本真，确立人的精神实践活动的独立性，具有重要的理论意义。但这种认识脱离了外在的社会实践活动，难以找到人自我建构的现实根基和实践依据。

三是交往活动说。由于对主客体改造的教育实践观不满，近年来教育学界引入交往活动的观念，构建了交往活动的教育观。不少学者引用西方哲学家对交往的认识：交往是主体间以语言为手段、以理解为目的的意向性活动，是人与人之间的对话、交流和商谈，是"我"与"你"的精神相遇。因此，教育——正如雅斯贝尔斯所说——"是人对人的主体间灵肉交流活动"[②]，是生命对生命的唤醒，是人格与人格的相遇。这种认识把交往视为"主体与主体"的关系，失去了交往的中介，容易走向交往的唯心主义。

不同于西方哲学家的交往活动观，马克思主义的交往实践是唯物主义的交

---

① 马克思，恩格斯. 马克思恩格斯选集：第 4 卷. 3 版. 北京：人民出版社，2012：13.
② 雅斯贝尔斯. 什么是教育. 北京：生活·读书·新知三联书店，1991：3.

往实践，主体间的交往是以共同客体为中介的，"主体-主体"关系是作为"主体-客体-主体"的一个环节出现的。在马克思主义交往实践观中，教育是教育者与受教育者之间以教育资料为中介的交往实践活动，但这还只是教育实践的外部表现，教育归根结底是人的生成，交往实践如何影响人的生成，这才是教育真正应关心的，这也是认识教育如何使人成"人"的关键。

马克思主义认为，作为类生命的人性是在实践活动中生成的。人的任何实践都是交往实践，教育也应该是教育者和受教育者之间的交往实践。教育的交往实践反映着三类关系：一是人与物之间的对象化关系，即"主体-客体"的关系，包括教师与教育客体（教育资料）间的关系，学生与教育客体（教育资料）间的关系，前者表现为教师的"教"，后者表现为学生的"学"。教育不是教师"教"学生，对学生施加影响的过程，而是教师、学生共同改造教育客体的过程，"主体-客体"作为一个环节蕴含在教育交往实践中。二是人与人之间的交往关系，即"主体-主体"的关系，包括教师与学生之间的关系、学生与学生之间的关系、师生与文本之间的关系。教育不是主体与主体间无中介的交往，"主体-主体"也只是作为一个环节包含在交往实践中。三是人与自我之间的关系，即教师与学生各自内部的"主我"（I）与"客我"（me）之间的关系，表现为教师和学生各自的发展与超越①。教育交往实践发展的不只是学生，而是指向师生生命的共同成长。上述三类关系是相互联系的，第一类和第二类关系共同构成教育的外部活动，即教师和学生作为主体的交往实践活动；第三类关系是个体内部的精神实践关系，是人性生成的自我实践活动，表现为人性的自为超越和自我生成，但这种超越是在实践中形成的，实践就是人不断地扬弃客观世界和自身的自在性，从而在超越自在的客观性的同时生成和建构应然性的过程。超越的实质就是通过外在交往实践获得资源的支持，转化为应然的要求，从而与自身实然的发展状态构成一种矛盾，超越就是"实然与应然"的否定性统一。不断地实践就意味着实然不断提升到应然，人不断地超越自身。人的实践活动既改造了外部世界，实现了对客观世界的超越，也在改造客观世界的同时实现了人自身的超越。

以马克思的交往实践观来分析，教育作为一种人性的建构和生成的实践活动，必然通过主体间的交往实践来实现，因此，教育是教育主体间通过以共同客体为中介的交往实践而形成的人性自我建构的实践活动。教育的核心是人性的建构（包括学生和教师共同的人性建构），其路径是交往实践。当然，学校教育作为一种交往实践具有特殊性，突出地表现为交往主体的特殊性、交往环境

① 冯建军. 当代教育原理. 南京：南京师范大学出版社，2009：17-18.

的教育性和交往活动的目的性。

2. 教育：过一种人性化的生活

实践生成人性，也建构着生活。因为动物只能生存，生存是动物与环境间的被动依赖状态，动物只能靠环境的自然恩赐，无法改变世界、创造新的世界。但人的类生命的开放性、生成性、自为性决定了人能够改造生存环境，使生存环境为人所用，变成人生命的一部分。人凭借着实践，不但改造人的生存环境，创造人的生活，也因此生成了人的本质。因此，马克思在《关于费尔巴哈的提纲》中指出，"全部社会生活在本质上是**实践的**"①。人依靠实践创造了生活世界。人是生活世界的主体，人的实践是生活世界存在和发展的动力。

与动物的生存不同，人的存在是一种生活。生活是人存在的基本形式，也是人之自为生成的活动，是孕育人性的根本所在。马克思认为，"个人的一定的活动方式，是他们表现自己生命的一定方式、他们一定的生活方式。他们怎样表现自己的生命，他们自己就是怎样"②。教育要形成和完善人性，必须通过实践建构教育生活，在教育生活中发展和完善人性。在这个意义上，我们把教育的目的定位为引导人的美好生活。所谓美好生活，是符合人性的需要，致力于人的幸福的生活。教育追求美好生活，就是追求越来越人性化、越来越幸福的生活。

生活对于人来说，不是外在的，而是创生的；不是现成的、模式化的，而是个体的、自我创制的。人不是生活的被动适应者，而是生活的主动创造者。人创造生活，也创造了自身。教育要引导人性的发展，就必须创造一种符合人性、诗意的生活，这种生活基于人性发展的需要，遵从人性发展的逻辑，提升人性发展的品质。只有在具有人性的生活中，人才能生活得更像人，才能使生命充分地舒展和张扬。教育回归生活，并不是指把生活当作现成的存在，人跳到生活里，而是指人要通过实践创造生活，创造属于自己的生活。教育不是回归生活，不是回归到既定的生活中，而是要使人通过实践建构生活，建构一种属于自己的生活。

鲁洁在谈到德育时说，"要改变和完善人之德性，既不能只从外部施加影响，同样也不能只是进行封闭式的自我修养，它只在人现实地改变自身的生活方式——生活活动、生活关系的过程中才得以实现"③。这一结论不只适合德育，也适合整个教育。教育要促进人性的发展，只能通过教育交往实践，在教

---

① 马克思，恩格斯．马克思恩格斯选集：第1卷．3版．北京：人民出版社，2012：135.
② 同①147.
③ 鲁洁．道德教育的根本作为：引导生活的建构．教育研究，2010（6）：3-8，29.

育生活中实现。人在生活中获得发展。所以，教育成"人"，必须通过实践创造一种人性化的生活。

五、人性视域与教育之道①

教育与人性的关系问题不仅是教育理论中一个历史性的"老"问题，更是一个时代性的"新"问题，是一个历久弥新的基本问题。认清教育理论之"基"，秉承教育之"道"，走出教育之"惑"，踏上人性解放的坦途，是教育工作者的一个重要现实性问题。"所谓人性，顾名思义，也就是人的属性，即人所具有的属性"②，这里的"人"是一个总体性概念，区别于物、兽、神。人性也意指生而为人者所普遍拥有的属性，它既包括人区别于其他动物的人之特性，又包括人与其他动物共有的人之动物性③。简单地说，人性既包含人性的自然特征，又包含人性的社会（精神）特征。人既可以善若天使，又可以恶如禽兽。这样，人性问题就包括"人性之事实如何"与"人性之应该如何"两个方面。如何从"实然"走向"应然"，实现人性的提升与超越，这自然就成了教育的任务。我们立足人之"实然"与"应然"的双重性，探讨人性与教育的关系，寻求教育之"道"。

（一）人性假设与教育学之"基"

"基"，字面意为建筑物的根脚，引申意为根本的、起始的，本书取其引申意。教育学之"基"意味着教育学理论构建的始基与前提、教育理论发展的基点。"人性"假设是任何教育理论大厦的立论之基，同样，对人性的理解也会直接影响教育理论的深度，即有什么样的人性假设，就会有什么样的教育理论。人性问题是教育理论的基石、前提、始基，任何教育理论的探讨都绕不开人性问题，离不开对人的认识。教育作为一种实践活动，关乎人的现实生活，脱离了人则无法认识教育。教育的世界是人的世界，"人"的概念是教育学的一个核心概念，教育理论的生发无不基于对人的认识，从一定意义上来说，"有怎样的

---

① 本节与胡金木合作完成，胡金木为第一作者。
② 王海明.人性论.北京：商务印书馆，2005：9.
③ 参见王海明在《人性论》中的论述：人性是人生而固有的普遍本性，这似乎意味着，人性完全是一成不变的。其实不然。因为人性显然由质与量两方面组成，是质与量的统一体。从质上说，人性是生而固有的；从量上说，人性有量上的差异。比如，爱人之心与恨人之心，从质上看，人皆有之，无论多么自私自利之人都会存在哪怕是丝毫的爱人之心；若从量上看，人皆有差异，所以有人表现为仁慈善良，有人表现为冷酷无情。

'人'的观念，就会有怎样的教育学理论"①。由此，对人本性的认识、探讨人性，也就是贯穿教育研究的一个根本问题。

我们对人性问题的思考大都可以从休谟那里得到启发。休谟的哲学主题是"人"，其哲学就是"人性科学"。无论多么精深的社会科学理论都不能脱离人性来展开，人性是一切学科的"首都或心脏"，"关于人的科学是其他科学的唯一牢固的基础"②。"任何重要问题解决的关键，无不包括在关于人的科学中间；在我们没有熟悉这门科学以前，任何问题都不能得到确实的解决。"③教育问题的解决莫不仰仗于此，教育理论只有建立在人性这一基石之上，才能受到普遍的重视。人性问题是人文社会科学研究的重要问题，任何理论都应建构于一定的人性假设之上。"教育面对的是人，教育的世界是人的世界，为此，任何教育理论，不论是有意识的还是无意识的，都必然要建立在某种人性假设的基础之上。自觉地建构一种教育理论，它也必然要伴随着对人性做出某种探索和假设。"④任何教育活动都离不开对人的认识，任何教育思想的萌生，都会有其人性观念。若明晰"人的科学"，教育问题自然就可以迎刃而解，但对人性的认识是一个智慧黑洞，对人性的"掌握"是相当困难的。

由于对人性的认识建立在经验的基础上，鉴于经验的不完全性，任何关于人性的认识都是时代性的、个人化的，都是假设。但是，即使对人性的认识只是假设，也不能绕开人性谈论教育理论。离开对人性假设的认识，教育理论生发的逻辑起点也就不存在了。可以说，人性假设是教育理论之基，不同的理论都源于不同的人性假设，相似的教育理论则都有着类似的人性假设。

如穆尔在《教育理论的结构》中所认为的，教育理论的各种假设中的"第二个或第二套假定将涉及受教育的人（一般是指儿童或学生）的本性"，"有人可能假定儿童通常是任性的，假如让他们自行其是的话，他们就想胡闹，需要成人经常的指导和管理。有人可以进一步假定，这种任性不是偶然的，而是儿童的本性，因而他们天生就带有原罪。或者相反，人们可以假定，正如卢梭和他的追随者所假定的，儿童的天性是善的"⑤。

除"性恶"与"性善"这两类人性假定外，还有其他种种假定，如"性不

---

① 叶澜. 教育创新呼唤"具体个人"意识. 教育参考, 2003 (4)：91-93.

② 休谟. 人性论. 北京：商务印书馆, 1980：7-8.

③ 同②.

④ 鲁洁. 实然与应然两重性：教育学的一种人性假设. 华东师范大学学报（教育科学版）, 1998 (4)：1-8.

⑤ 穆尔. 教育理论的结构//瞿葆奎. 教育学文集·教育与教育学. 北京：人民教育出版社, 1993：493.

善不恶""性有善有恶""性三品"等，这些假定在中外教育史上也都不乏其例。20 世纪争论最广的"传统的"教育理论和"现代的"教育理论的主要分野也在于人性假定的不同。若假定儿童是任性的、恶的，就需要教师的管教约束、灌输知识、强制学习等，这一类教育思潮大可划分到"传统的"教育理论一类；若假定儿童是自由的、善的，那么教师只需要启发诱导，儿童就可以自主学习了，这一类则可归于"现代的"教育理论了。

由此可见，教育学理论如同其他社会科学一样，只能建立在一种"人性"的假设之上，任何教育理论大厦的基石只是源于一种能够自圆其说的"合情"①的人性假设。若抽去其假设性人性，任何理论结构都会在片刻间倾塌，不管它搭建得多么精致。

另外，对人性的理解也会直接影响教育理论的深度，有什么样的人性假设，就会有什么样的教育理论。教育学领域中对人性的判断与假设不断深化与多样，从对人性善恶的简单判断，如"性善论""性恶论"，到对人性的具体内容的丰富假设，如人性是"生成的"而非"预设的"，是"多样的"而非"单一的"，是"独特的"而非"一致的"等。若离开了这些关于人性的丰富假设，生成教育思想、情感教育思想、个体教育思想等又何以产生呢！可见，教育理论的深入发展直接依赖于对人性问题的认识深度。

由上可知，任何教育理论都不可能绕开人性问题，人性假设是教育学之"基"。那么，教育中的"人性事实"如何呢？现实教育又面临怎样的人性困境呢？在人性的视域中，教育之"惑"又是什么呢？

（二）人性困境与教育之"惑"

"惑"有迷乱、蒙骗等意，可组成"困惑""迷惑"等词语，此处正是取这一意思。教育之"惑"意指教育活动所面临的迷乱、困惑，它揭示的是教育的"实然"状况、教育中的"人性事实如何"、教育所面临的人性困境等问题。教育的对象是人，妇孺皆知，而在教育过程中，人只是一个空壳，一个失去内涵的概念而已。人们常常以"物性逻辑"认识"人"及其教育世界，以"物性"代替人性，"人"是"物件"，是"器具"，没有真正地被看作"人"，这就是基于人性困境之上的教育之"惑"。针对"教育是上层建筑，应为无产阶级政治服务"这一固有认识，经济学家于光远于 1978 年发表了《重视培养人的研究》一文，认为"教育是上层建筑，这是不完全确切的"。这一观点立刻引起了教育界

---

① 此处意指一种有解释力的假设，合乎人们经验观察的情理，而不一定是理性逻辑推演的结果，不一定是"合理"的，如"性恶"与"性善"都是如此。

的积极回应，由此教育界展开了一场关于教育本质问题的大讨论。这其中不乏建设性的观点。

"当代教育所要培养的只是那种征服和占有外部世界的人，人在教育中只是被看作未来的生产力，未来的人力资源，教育要使人成为现代体制庞大机器上的零部件，要把人塑造成物的手段。"① 人成为一种工具、一种社会发展的手段，人的价值在于被社会最大限度地利用。在这种情况下，教育尽其所能地训练个人的智能，其结果就是为现代技术化的社会制造"一个快乐的机器"，一个能有效运转的机器人。这样，学校就成为"生产"机构，成为一个不折不扣的生产"经济人""政治人"的工厂，生产着人的某方面技能，忽视人的情感、态度、价值观的培养。教育是制"器"之业，学校是制"器"之所，给人的逻辑是：越是符合社会大机器生产的要求，学习者就越被视为高素质，教育就越被视为成功。

学校以"生产"为主题词，与"生产线""流水作业""模型""标准""装配""控制"等词联系在一起成为一个"塑造"的过程。"为了有效地培养大工业生产所需的标准化知识人才，教育把受教育者纳入学校教育的生产过程，用统一的教育技术、统一的课程、统一的教育工艺流程，把人制造成标准化的教育商品，并且输送给大工业和经济运行模式。一切都按照事先计划好的统一程序、目标和过程控制，这就是教育工业的典型特征。"② 在这种教育下，学生变成了"容器"，变成了可任由教师"灌输"的"存储器"。教师越是往容器里装得彻底，就越被视为好教师；学生越是温顺地让自己被灌输，就越被视为好学生。

无论是工具论教育目的观还是控制论教育过程观，都建立在物性逻辑之上，把"人"当"物"看，用认识"物"的思维方式与逻辑来认识"人"及其生活的世界，用对待"物"的方式对待"人"及其生活世界，用一种"本体论-本质主义"的哲学思维来把握人性，把人性看作和物性一样，即认为人性和物性都有一个本体，并且是本质前定的、单一的、绝对不变的。在"本体论-本质主义"哲学看来，人性是先在的、不变的，都有一个终极的和永恒的本质规定，人的发展只不过是已有规定（也就是本质）在时空中的展现而已。

以这种物性逻辑来认识、把握人性，会导致人性物性不分，把人和物看作同根、同源、同性，"人"和"人性"的特质因而被淹没，就会抹去灵动的、多样的生命，忽视人的未特定化本质、无限开放而又变幻莫测的人性。在这种人

① 鲁洁. 边缘化 外在化 知识化：道德教育的现代综合症. 教育研究，2005（12）：11-14.
② 金生鈜. 理解与教育. 北京：教育科学出版社，1997：25.

性观下，人性被"凝固化"，成为一种预先规定的存在。教育面临的是整齐划一、无差别的人，不仅教师以物的方式对待学生，而且教师本身也已经异化为物了。

在具体的教育活动中，塑造式的话语体系占支配地位，教育活动中充斥着"灌输"或"塑造"等字眼，学生在学校生活中没有话语权，他们的声音是那么微弱，他们只能任人支配、处置、灌输……他们几乎被当作物来对待。

在现代社会中，这种物性逻辑与理性形成共谋，致使教育又陷入"麦当劳化"的境遇，遁入"理性的牢笼"。乔治·里茨尔在马克斯·韦伯的"合理化"思想的基础上，提出了社会的"麦当劳化"这一概念，认为主导社会发展的线索是体现在社会各个领域的所谓的社会"合理化"的过程。这种"合理化"所追求的是"效率"最大化，是"可算计性""可预测性""可控制性"的过程与结果[1]。

在普遍理性化的科层体制中，人们只要求做被要求的事，如麦当劳的面包生产线的工人不需要工人情感、态度的投入，否则，面包就不一样了，这样就会损害"可算计性"、"可控制性"以及"效率"。所以，教育目的就变成培养"标准化"的个体、能"顺从"现代化运转机器的个体。在理性化的制度中，秩序是首要的，"所强调的是纪律、秩序、系统化、形式化、常规、连贯性以及方法论的操作"[2]，那么，在教育中的控制，如对纪律约束、秩序规范等的强调便是重要的和必需的了。面对教育之"惑"，教育中的人性"应该如何解放"呢？我们应追寻怎样的教育之"道"呢？

（三）人性解放与教育之"道"

"道"，既指路、方向、途径、方法、技艺，也指道理、事理，引申为事物的理念、操守等。教育之"道"意指教育所秉承的理念、教育的价值操守与使命追求。可见，这是一种"应然"层面的价值诉求，是追问教育"应该怎样"的价值性问题，回答的是教育应该秉承什么样的价值理念的问题。在古希腊时代，从"人是万物的尺度"的箴言中可见古代对"人"的颂扬，从雅典的"博雅教育"中也可窥见教育对人性的尊重。但这种"重人"之风被中世纪的宗教神学思想所禁锢，"原罪"意识使活生生的人窒息，"人"被异化为"奴"。自文艺复兴以来，人类社会进入了一个以大写的"人"为特征的时代，一改被神性之光笼罩的人性，开始了一段发现人、解放人的历程，认识到"人"就是

① 里茨尔. 社会的麦当劳化. 上海：上海译文出版社，1999：16-18.
② 同①129.

"人"，反对对人性的压抑和摧残，倡导人性的尊严与自由。特别是自启蒙运动以来，弘扬人性解放的主旋律，反对各种样态的压制、贬抑人性的行为成为时代的精神指向。"在近代以来的人类理论与实践中，再没有比'人的解放'使用得更多的字眼了。与'进步''革命''发展'等概念一道，'解放'成为一个反映和表达现代人历史意识的核心概念。"① "人性"是贯穿近现代人文主义思想的一条主线，人及其现实生活世界成为现代哲学关注的焦点，并在人性解放的旗帜下思考"人应该怎样生活""如何过上美好生活"等问题。

自新文化运动以来，中国开始了自己的启蒙运动，开始了对人性问题的探讨，在批判社会"吃人""非人"的现实基础上，倡导"发现人""立人""树人"。例如，面对现实，周作人认为，"现在要讲人的意义，重新要发现'人'，去辟'人荒'"，以改变"无人"的状况。陈独秀认为，"新文化运动是人的运动"，把人当作"人"看待，不要把人当作机器、牛马、奴隶看待。胡适则认为，"社会最大的罪恶，莫过于摧折个人的个性，不使它自由发展"，因此，他立志从事教育，以求"树人"，"造出自己独立的人格"。对于现代国家之所以强盛，鲁迅认为，"其首在立人，人立而后凡事举；若其道术，乃必尊个性而张精神"②。

这一价值指向在西方教育领域中表现为一系列的新教育思潮，致力于呼唤教育的人性化，反对教育对人性的压制，如人文主义者维多利诺、蒙田，自然主义者卢梭，存在主义者萨特、雅斯贝尔斯，人本主义者罗杰斯等。正是在这种意义上，"一部人类文明史就是人不断解放自身、追求自由的历史。一部教育史也是教育对生命不断追寻的历史，这种追寻使人不断走向解放，使教育不断回归本真"③。

可喜的是，作为一个后发型国家，我国在教育方面也在不断地进行改革，力求基于人类普遍的人性，回归人本身，彰显生命的活力，凸显生命的价值。我们要认识到教育乃是"育人"之业，还要认识到教育应有"立人"之志，要从忽视人性、否定人性的"人学空场"中走出来，既反对奴化教育，也抵制物化教育，构建一种"人的教育"。"改革开放以来，教育改革的价值取向如果要用一个词来概括的话，就是'人的解放'。从改革开放前无'人'的教育，到改革开放后教育对'人'的发现；从教育对'人'的'朦胧意识'，到明确提出

---

① 贺来.边界意识和人的解放.上海：上海人民出版社，2007：1.
② 相似论述频繁见于"五四"时期的启蒙刊物《新青年》，大批思想家围绕启蒙与人性发表自己的见解.
③ 冯建军.生命与教育.北京：教育科学出版社，2004：82.

'人是教育的出发点',进而有意识地'解放人'。"①

人性是衡量、评价教育活动成功与否的唯一标准,人性解放作为一条主线或明或暗地贯穿于教育发展史之中,一部教育史就是一部"人性发展史"。伟大的教育家以及成功的教育实践莫不是基于人性的解放,莫不是符合人性发展,那些忽视人性、否定人性的教育实践,无不受到多方面的批评。虽然历史事实表明,教育活动在不断追求人性解放的过程中获得发展,但我们不能从教育的历史事实中推导出教育应然的价值诉求,所以还需要对教育进行本原性分析,进一步探讨和论证教育活动所应秉承的理念,即教育之"道"。

在汉语中,《说文解字》中有:"教,上所施,下所效也;育,养子使作善也"。"教"在这里有一种模仿的意义,"育"在于使人变善。在拉丁语系中,"education/Eriziehung",从"educare"而来,有"引出"之意,即教育者要用引导的方式,发展学生的身心。从语言文字的词源分析可以看出,"教育"不是一个中性词,而是一个具有价值倾向的词,"教"是手段——或模仿,或引导,"育"的目的在于使人为善。

虽然学术界对如何定义"教育"存在着无数争议,但把教育定义为一种培养人的社会活动,是学者们所具有的共识。例如,鲁洁认为,"教育的根本要旨就是促进人的发展,这已经是古今中外的通理"。教育学是关于人的学问,教育的基点是人,若离开了人,教育的灵魂将无处安放,故此,"把促进人的发展和生活的完善作为教育的根本出发点和归宿,教育要以'育人为本'"②。教育培养的是"人",不是屈从于他人的"奴",是自我的主人,是拥有自由意志的人;也不是任由他人塑造的"物",而是活生生的人,是拥有自我价值的人。教育是使人成"人"的事业,"立人"是其宗旨,即使人拥有"自由之思想"与"独立之人格"。

教育活动在本质上追求一种"善",既有美好、完善的意蕴,也有为善、行善的意思,前者表现为人性发展上的"人格完善",后者则仅仅表现为伦理道德方面的"使人为善"。教育连接着"人性事实之如何"与"人性之应该如何",教育的使命是从人性的此岸走向人性的彼岸,人性的完善、发展是其价值追求。

从对人的贬抑和控制中走出,发现人、使人完善、提升人性,不仅是教育历史性的实然明示,也是教育活动本原性的应然价值诉求。所以,从一定意义上说,"人性解放"是教育所应秉承的理念与价值追求,是教育之"道"。

---

① 冯建军.向着人的解放迈进:改革开放30年我国教育价值取向的回顾.高等教育研究,2009(1):17-25.

② 鲁洁.教育的原点:育人.华东师范大学学报(教育科学版),2008,26(4):94.

教育的路标，不在于观念性的"口号"与政策性的"规范"，而只能是在一种基于人性的价值性分析中，指导实践性的"行动"。"口号"与"规范"易出而又泛滥，但"行动"道远而又路艰。如何坚守人性，秉承教育之"道"，走出教育之"惑"，踏上人性解放的坦途，应成为教育工作者一个重要的现实性问题。

第三章
主体与教育

一、社会形态与主体嬗变

人是类特性、个体性和群体性的统一。类特性是人有别于动物的特性，这个特性为人所共有。个体性是每个人的独特性，只能为每个人自身所具有。群体性中的群体可大、可小，大到社会，小到单位、社区。人作为社会成员，社会是人所生活的最大群体。社会性是群体性的类型之一。生活在同一社会中的人具有共同的社会性，生活在不同社会中的人具有不同的社会性。因此，社会与人具有一致性。社会是人的社会，人是社会的人。社会塑造了人，人也创造着社会，社会与人相互依存、相互制约，保持着对立统一的关系。

社会与人的一致性，其基础在于实践，"全部社会生活在本质上是**实践的**"①。实践创造了社会关系，而人的本质是社会关系的总和，社会关系赋予了人作为群体成员的社会性。不同的实践，创造了不同的社会，也创造了人不同的社会性。因此，社会形态的嬗变与人的发展具有同步性。

过去我们把社会发展分为原始社会、奴隶社会、封建社会、资本主义社会和共产主义社会这五大社会形态，其划分标准是生产力与生产关系，我们把生产力与生产关系的矛盾运动视为推动社会发展的根本动力，其中生产力是矛盾的主要方面。这种认识固然具有唯物主义的特性，但忽视了人是生产力的主要因素，生产力是人的生产能力的表现，是人创造了生产力。所以，社会的发展不是被"无人"的生产力和生产关系的矛盾所决定，而是由人的生产能力、人的实践所决定，是人主导下的发展。

人和社会通过"实践"这一中介实现了统一，社会发展与人的发展具有一致性。社会形态的嬗变与人的发展具有同步性。这一同步性，马克思在《政治经济学批判（1857—1858年手稿）》中给予了明确的表述：

> 人的依赖关系（起初完全是自然发生的），是最初的社会形态，在这种形态下，人的生产能力只是在狭窄的范围内和孤立的地点上发展着。以**物的**依赖性为基础的人的独立性，是第二大形态，在这种形态下，才形成普遍的社会物质交换，全面的关系，多方面的需求以及全面的能力的体系。建立在个人全面发展和他们共同的社会生产能力成为他们的社会财富这一基础上的自由个性，是第三个阶段②。

---

① 马克思，恩格斯. 马克思恩格斯选集：第1卷. 3版. 北京：人民出版社，2012：135.
② 马克思，恩格斯. 马克思恩格斯全集：第46卷（上）. 北京：人民出版社，1979：104.

马克思以人的发展为标准把社会发展分为三种形态，这三种形态与以生产力和生产关系为标准划分的五种社会形态存在着对应关系。在以人的发展为标准划分的三种形态中：第一大社会形态是以自然经济为基础的群体社会，商品经济出现之前的整个历史阶段都属于这一社会形态，包括原始社会、奴隶社会、封建社会；第二大社会形态是以商品经济为基础的社会，包括资本主义社会和社会主义社会；第三大社会形态是自由人的联合体，即共产主义社会。三种形态的演进，也对应着人的不同发展阶段。

社会形态嬗变与人的发展具有历史的一致性。因为人不是抽象的人，而是现实的人，现实的社会关系、生产方式塑造着人，人同时也引领社会的发展。所以，有什么样的生产就有什么样的人，有什么样的人就有什么样的社会。历史地看，人类社会经历的三种形态或者三个阶段，也反映着该形态或该阶段中人的发展的特点。总的来看，人的发展与社会发展的历史进程是一致的，人的发展与社会嬗变的总体趋势是一致的。

（一）"人的依赖关系"下人的发展

1. 人的发展的原始丰富性

前资本主义社会以自然经济为主体，生产力发展程度不高，人们共同从事生产劳动，劳动中的技术含量不高，因此，没有出现体力劳动与脑力劳动的分工。各种生产实践，尽管包含着比较多的体力劳动成分，但也包含着脑力劳动成分，体力劳动和脑力劳动以一种自然状态融合在一起。人们从事的活动天然地体脑结合，没有社会分工。人同时从事多种劳动或者一种劳动的所有方面。活动的丰富性和全面性促成了人的发展的全面性。马克思为此引用勒蒙特的话感叹："我们十分惊异，在古代，一个人既是杰出的哲学家，同时又是杰出的诗人、演说家、历史学家、牧师、执政者和军事家。这样多方面的活动使我们吃惊。"①

但必须认识到，前资本主义社会人的发展的全面性、丰富性，是一种"原始的丰富性"。所谓原始的丰富性，是相对于共产主义社会人的全面发展而言的，原始的丰富性还不充分、不深刻，是贫乏的。因为在这个阶段，生产劳动中技术水平落后，人改造自然的能力有限，而且人与人之间的关系只限于改造自然所形成的关系，限于血缘和地缘共同体之中，没有形成自己丰富的社会关系，人的生产能力只在狭窄的地点和孤立的范围内发生着。因此在这个阶段，"无论个人还是社会，都不能想象会有自由而充分的发展，因为这样的发展是同

---

① 马克思，恩格斯. 马克思恩格斯选集：第1卷. 3版. 北京：人民出版社，2012：249.

［个人和社会之间的］原始关系相矛盾的”①。

2. 人的依附关系

马克思指出，“我们越往前追溯历史，个人，从而也是进行生产的个人，就越表现为不独立，从属于一个较大的整体：最初还是十分自然地在家庭和扩大成为氏族的家庭中；后来是在由氏族间的冲突和融合而产生的各种形式的公社中”②。马克思指出了两种社会的依赖关系，最初是自然形成的人与人之间的依附关系，后来是一种人与人之间的权力依附关系。

在原始社会，生产力极其低下，生产方式落后，为了生存人们只能群居生活，共同与大自然做斗争，因此，人与人之间结成了以血缘和地缘为纽带的共同体。人以群体的方式生活着，离开群体，人就不能战胜时刻威胁自己生命的自然界，不能摆脱自然环境对生命活动的天然束缚。同时，人离开群体，也就没有了归属。人与人之间的血缘、地缘关系，使个人无法脱离共同体而存在，被牢牢地限制在家庭和由家庭扩大而形成的家族中。在一个基于血缘、地缘关系而形成的自然组织中，个人的社会关系被限制在十分狭隘的范围内。在这样一个共同体中，人与人不是“依赖”关系，而是一种“依附”关系。原始的依附不是对个人的依附，而是对共同体的依附，个人从属于共同体，受制于群体，成为群体的附属物。在这个阶段，群体是主体，个人没有属于人身自由意义上的个人独立性，只有属于特定群体的社会角色的狭隘的独立性和自我意识。

在奴隶社会和封建社会时期，生产力和分工有了进一步的发展，这种发展使人慢慢脱离对天然共同体的依附，但奴隶社会和封建社会又形成了一种新的等级依附关系，“他们只是作为具有某种［社会］规定性的个人而互相交往，如封建主和奴仆、地主与农奴等等，或作为种姓成员等等，或属于某个等级等等”③。人的依附关系不再是人依附于某个共同体，而是人与人之间直接的依附关系，这种依附关系延伸到各个层面，表现为君臣、父子等社会等级关系。每个人都依附于一定的出身、等级和特权等因素，成为等级链条中的一环，个人的身份是由等级关系决定的，而不是其自身。所以，在人与人之间的交往中，人不是作为独立的个人在交往，而是代表一种社会角色在交往，如封建主或奴仆、地主或农奴等，并在交往中扮演其社会角色。

3. 无个人主体

在原始社会，人与人之间的天然依附关系使个人只能以群体的方式生存。

① 马克思，恩格斯. 马克思恩格斯全集：第 46 卷（上）. 北京：人民出版社，1979：485.
② 同①21.
③ 同①110.

群体怎样存在,人就怎样存在,个人无独立的意识,也无独立的个性。所以,在这一阶段个人是完全依附于群体的,他们的生命活动是不由个人主宰的,而是要接受群体主体的支配。人以群体的方式发挥着主体性,与自然斗争,因此,原始社会只有群体的主体,而无个人的主体,个人只不过是"一定的狭隘人群的附属物"①,个人没有脱离群体的独立意识和独立能力。人只能在狭隘的群体中获得身份的规定。这并不是说,人作为个体没有自我意识,即便是奴隶,也有自我意识。但人作为生命体的自我意识与其作为社会成员的独立性不同。自我意识是个体生命的表征,它不是个人意义上的主体性。

从原始社会过渡到阶级社会,人有了基本的生存权利和弱小的独立意识,但取代原始的族群共同体的是神权等级共同体或皇权等级共同体,人在宗教或宗法的等级关系中并未摆脱"人的依附关系"的生存形态,个人仅在其所处的等级角色中获得有限的非主体性的人格权,人的性质还要在其所属的等级群体中获得规定。这一时期仍属于"群体主体"形态的历史阶段,与此相对应的人格形态则是权力阶梯上的依附人格。

所以,自然经济条件下,形成的是依附性的社会形态,在这种形态下,个人没有独立于群体主体之外的地位、人格和自我,个人深受群体主体的制约和影响,只能从对群体或对他人的依附中获得自身的规定。个人成为群体的组成部分,服从群体规定,履行群体角色,谈不上是独立的个体。因此,在"人的依附关系"形态下,只有群体,没有个人。

(二)"以物的依赖性为基础"的人的发展

1. 物的依赖性

"人的依赖关系"社会建立在自然经济的基础上。但随着生产力的发展、科学技术的进步、人们改造自然能力的增强,人类的生产方式由自给自足的自然生产转变为社会化的大生产,社会的经济形态也由自然经济转变为商品经济。社会化大生产和商品经济,打破了自然经济形态下人与人之间天然的、狭隘的依附关系,确立了具有个人独立性的人与人之间的社会关系,这种社会关系是以商品交换为中介的物质关系,是一种"物的依赖关系",因此,人类社会发展的第二种形态也可以称为"物的依赖性社会"或"物化社会"。"以物的依赖性为基础"的社会形态形成于15世纪后期,经历了近代的商品经济和当代的市场经济两个阶段,主要出现在资本主义社会。

商品经济不同于自然经济,它是以物的交换为基础的,在物的交换中,一

---

① 马克思,恩格斯. 马克思恩格斯全集:第46卷(上). 北京:人民出版社,1979:18.

方面生成了人与人之间的平等关系，另一方面也生成了人与人之间的物质交换关系。在自然经济形态下，人与人之间形成的是以天然的血缘、地缘为基础的人身依附关系，商品经济打破了这种自然人身依附，使人与人之间的依附关系转变为以商品交换为核心的普遍的社会关系，"在交换价值上，人的社会关系转化为物的社会关系；人的能力转化为物的能力"①。物化的社会关系固然解放了人，使个人凭借物而获得独立性，但又使人成为追求物质利益的存在物，人与人之间的关系转变为物质的利益交换关系，导致人被物所奴役的情况出现。

2. 人的片面发展和异化

在人类社会发展的初级阶段，社会分工不发达，人的发展表现为一种原始的丰富和全面。人类社会发展的第二种形态，是以高度的社会分工为前提的。不仅体力劳动和脑力劳动分离，而且一个生产过程也被分解为若干环节，每一个劳动者被固定在一个劳动环节中，从事单一的生产。工人以此为业，终身被束缚在一个劳动环节中，成为局部劳动的工具，体力和脑力相分离，个人畸形发展。所以，原始阶段的个体手工业，社会分工作为一种制约和限制因素，造成了个体能力的片面发展，到了资本主义社会，高度的社会分工和资本主义私有制相结合，使人的片面发展更加突出，使人处于一种全面异化之中。

上述人的片面发展是就劳动的技术结合而言的。就劳动的社会结合而言，人与人之间在劳动中结合而成的社会关系是一种物质利益关系。人与人之间不仅有物质的交往，而且人劳动本身也是为了获得物质利益，人实际上是为了获得物质利益而存在的。人被物质所异化，变成了物质利益的奴隶。人以更多地占有物质来显示自己的地位，这大大激发了人对物质的占有欲望，而且这种欲望达到了一种几近疯狂的程度，人拜倒在物的面前，成为贪婪的消费者、商品的饥饿者和物品的奴仆。马克思说，"资产阶级在它已经取得了统治的地方把一切封建的、宗法的和田园诗般的关系都破坏了。它无情地斩断了把人们束缚于天然尊长的形形色色的封建羁绊，它使人和人之间除了赤裸裸的利害关系，除了冷酷无情的'现金交易'，就再也没有任何别的联系了。它把宗教虔诚、骑士热忱、小市民伤感这些情感的神圣发作，淹没在利己主义打算的冰水之中。它把人的尊严变成了交换价值，用**一种**没有良心的贸易自由代替了无数特许的和自力挣得的自由"②。西方马克思主义者卢卡奇在《历史与阶级意识》中提出了著名的物化理论，他指出，在资本主义条件下，商品拜物教的存在使商品结构中物的因素掩盖了人的关系。换言之，人的关系变成了物的关系，人为物役，

① 马克思，恩格斯. 马克思恩格斯全集：第46卷（上）. 北京：人民出版社，1979：103-104.
② 马克思，恩格斯. 马克思恩格斯选集：第1卷. 3版. 北京：人民出版社，2012：402-403.

人生的全部意义被淹没在对物的极端追求中，由此造成了人的异化。

虽然社会大生产和商品经济造成了人为物役和人的异化，但资本主义条件下这种普遍的社会物质交换关系比单个人之间没有联系好，也比以自然的血缘、地缘关系和以"统治-服从"关系为基础的狭隘联系要好。因为它打破了人对人的依附，赋予了个人独立地位，使人类历史上第一次出现了个人主体，但这种个人主体是单子式的、孤立的个人主体。

3. 单子式个人主体

人类发展的第二种形态是以商品经济为主导的。虽然商品经济造成了人与人之间的物质关系，但也要看到商品经济孕育了个人主体性和人与人之间的平等关系。商品经济是一种独立个体之间平等的交换活动。每个人虽然以占有利益为目的，但都是具有独立性的主体，而且在等价交换活动中，人人平等、自由地进行着商品交换。在这个意义上，商品经济的出现，突破了自然的血缘、地缘关系，形成了普遍的社会物质交换关系和人与人之间民主平等的契约关系。所以，与前资本主义社会相比，资本主义社会意味着"个人"开始从血缘、地缘等天然有机的整体之中走出来，获得了独立的人格，成为具有自主性的独立个人。他们可以按照一定的契约规则在市场中进行自由平等的交换，人类也第一次以法律的形式确认了公民的自由平等、人身自由等权利。

商品经济使个人获得了主体性，但这种主体性是不完善的，这主要表现在：第一，这种个人主体性是以占有物质利益为目的的，形成的是一种占有性人格。占有性的本质"就是获得并固守其获得物的无限权利"[①]，是我想把一切包括我自身在内都变成我自己的财富。第二，这种主体性是自我中心主义的，是单子式的，每个人只为自己的利益而考虑，从自己出发。爱拉斯谟说，"所有幸福都从我而来，只要使我获得快乐，就可以听任情欲摆布，由疯狂来调剂生活"[②]。第三，人与人之间是孤立的，他们缺少共同的利益。每个人只为自己，不为别人，会将"他人"视为"地狱"。人与人之间是"豺狼关系"，人为了自己的利益会损害社会的整体利益和他人的利益。

总之，相比于"人的依附关系"，在"物的依赖性"阶段，个体获得了独立的地位和独立的人格。但这种独立性是不完善的，因为它是"以物的依赖性为基础"的，人受到"物的关系"的制约，受物的统治，成为被物质奴役的人，丧失了自身。就人格而言，人以对物的无限占有为追求，所获得的主体性是一种以自我为中心的占有性的个人主体性。同时，高度发达的社会分工也导致了

---

① 弗罗姆. 占有或存在. 北京：国际文化出版公司，1989：67.
② 张凤阳. 现代性的谱系. 南京：江苏人民出版社，2012：42.

人片面的，甚至是畸形的发展。

（三）"自由人的联合体"中人的发展

"建立在个人全面发展和他们共同的社会生产能力成为他们的社会财富这一基础上的自由个性，是第三个阶段"①，第三个阶段是马克思可以预见的人类社会发展的最高形态——共产主义社会。社会主义是朝着共产主义方向迈进的初步实践，在一定意义上，它具有共产主义社会的某些发展特征。

1. 全面丰富的社会关系

在"人的依赖关系"阶段，人的社会关系只局限在孤立的地点和狭窄的范围内。在"物的依赖性"阶段，商品经济虽然使人超越了狭隘的地域，获得了普遍的、广泛的社会关系，但这种社会关系在性质上是以物为核心，异化成了"物的关系"，人为物役。在共产主义社会，生产力高度发展，社会财富极大丰富，社会生产的目的变为满足全体社会成员的需要，人从物的奴役中解放出来，社会关系不再作为异己的力量支配人，而是被置于人的共同控制之下。人在社会中自由发展，并结成自由人的联合体。在这个联合体内，人与人之间的联系不仅是广泛的、普遍的，而且是自由的、平等的。

2. 全面发展的自由个性

社会关系和生产方式塑造了人，共产主义社会全面的、丰富的社会关系塑造了全面发展的人，"在共产主义社会里，任何人都没有特殊的活动范围，而是都可以在任何部门内发展，社会调节着整个生产，因而使我有可能随自己的兴趣今天干这事，明天干那事，上午打猎，下午捕鱼，傍晚从事畜牧，晚饭后从事批判，这样就不会使我老是一个猎人、渔夫、牧人或批判者"②。不同于旧的社会分工将人终身固定在一个生产环节，共产主义社会中的生产处于不断流动之中，这带来了对工人全面发展的要求，要求工人熟悉全部的生产环节，具有全面的能力，而不是成为局部环节的工具。

在共产主义社会中，生产力高度发展、劳动智能化、生产效率提高，必要劳动时间大大缩短，闲暇时间不断增加，在"以物的依赖性为基础"的社会形态下，必要劳动时间是财富的尺度，因为人们需要利用必要劳动时间创造财富，必要劳动时间越多，创造的财富可能越多。但在共产主义社会中，劳动摆脱了谋生的性质，个人不再为生存而劳动，劳动变成人生活的第一需要，是人自己的需要，充满着乐趣。人们用于必要劳动的时间越短，可自由支配的时间越长。

---

① 马克思，恩格斯 . 马克思恩格斯全集：第 46 卷（上）. 北京：人民出版社，1979：104.
② 马克思，恩格斯 . 马克思恩格斯选集：第 1 卷 . 3 版 . 北京：人民出版社，2012：165.

个人不再为谋生而奔波，可以自由支配时间，从事自己喜欢的事情，发展自己的兴趣、爱好和个性特长，发展自己的潜能，自由而全面地发展个性。

3. "自由人的联合体"

在"人的依赖关系"阶段，人被束缚在群体之中，依附于自然，依附于他人，没有个人的自由和独立性。在"物的依赖性"阶段，个体虽然摆脱了群体的束缚，获得了独立和自由，但以物的利益为基础，个人成为孤立的、单子式的存在，人与人之间是竞争的"豺狼关系"，会因为个人利益牺牲公共利益。在共产主义社会中，个人依然具有主体性，作为一个自由主体而存在，但这种主体性不是孤立的、单子式的，而是融入共同体中，个人之间的社会联结将变成"自由人的联合体"，"在这个共同体中各个人都是作为个人参加的。它是各个人的这样一种联合（自然是以当时发达的生产力为前提的），这种联合把个人的自由发展和运动的条件置于他们的控制之下"①。联合体是自由人的共在，是自由人根据其需要结成的公共生活体。它不同于人类发展初期的自然共同体，因为自然共同体中没有自由的个人，也不同于人类发展第二阶段的人与人之间以制度约束的松散共同体，前者没有个人，后者没有公共性。在自由人的联合体中，首先，每个人是作为自由的主体，而且是平等的主体而存在；其次，自由主体之间的联合不是基于外在的约束，而是基于人与人之间的共同利益，这种利益已经不是物质的利益，而是人们之间共同的发展需要。在"自由人的联合体"中，"人终于成为自己的社会结合的主人，从而也就成为自然界的主人，成为自身的主人——自由的人"②。

总之，历史发展中的人，从"人的依附关系"中的无个人主体到"物的依赖性"中的单子式个人主体，再到"自由人的联合体"中的自由个性，实现了个体性和群体性之间的完美统一。在"人的依附关系"中，群体性压制了个体性；在"物的依赖性"中，个体性否定了群体性；只有在共产主义社会中，群体和个体才能够实现完美统一，群体不再是凌驾于个体之上的群体，而是"自由人的联合体"；个人也不是相互分裂的、单子式的个人，而是联合体中的一员。在这样的联合体中，每个人都是"小我"和"大我"的统一，即个人与联合体，或者说是个人与社会，在根本目标上实现了统一。

现阶段，人的发展正在从"以物的依赖性为基础的人的独立性"阶段向"自由人的联合体"过渡的过程中。社会主义代替资本主义，是人类历史发展的进步，它在一定程度上超越了"以物的依赖性为基础的人的独立性"阶段。但

---

① 马克思，恩格斯．马克思恩格斯选集：第1卷．3版．北京：人民出版社，2012：202.
② 马克思，恩格斯．马克思恩格斯文集：第3卷．北京：人民出版社，2009：566.

它作为共产主义社会的初级阶段，还处于人的全面发展的初级阶段。

二、群体主体与依附性教育

（一）群体、群体主体与群体主体性

人是群居的动物，以集群的方式存在。群体是人类存在的基本形态。各类群体的范围、性质和形态不同，群体与个体的关系也因此而不同。人类群体最初是因为繁衍和生存的需要而产生的，人类的生存以繁衍为前提。因为繁衍的需要，个体必须与异性结合在一起，与繁衍出来的下一代生活在一起，组成家庭。在种族繁衍的意义上，没有一个人是孤立的存在，每一个个体都是繁衍关系中的个体。人类的家庭虽然与动物的群居不同，但其道理是一样的，同样是基于繁衍的需要，"人类持久的灵长目依赖性和灵长目性行为（没有繁殖季节）结合在一起产生了比较持久的双亲家庭，而且扩大为由两个以上家庭所组成的大集体（社会）"[①]。家庭是人类以血缘关系为纽带的群居形式，家庭进而扩大为家族、氏族，氏族中的家庭有血缘关系，也有因血缘而扩大了的地缘关系。因此，原始社会的个体是在以血缘、地缘关系为纽带的狭窄的范围内发展的。当然，原始社会的氏族，不仅有着种族繁衍的需要，更有着物质生产和生活的需要。因为个体的生活能力有限，个体没有能力为自我保存而进行生存斗争，人类只有通过结合的方式，借助于群体力量才能够与自然斗争，才能够生存下来，"社会生活之所以成为必需，是因为靠着社会中的劳动分工，每一个体都使自己从属于群体，这样整个物种才得以继续存在"[②]。

人类最初的群体是基于繁衍和生存的需要而产生的，带有较大程度的自然性。随着人类社会的发展，群体的社会性需要愈加突出，人类社会的群体更多是因为社会的需要——包括生产的需要、政治的需要、经济的需要、文化的需要等——而组织，成为一个政治组织、生产组织、文化组织，或者成为一个承担政治功能、经济功能、文化功能的社会组织。这就打破了人的群体关系自然的狭隘性，在一个更广的社会关系中促进个体的发展。

在原始的人类社会，人类只能以群体的方式面对自然界，这就使群体主体成为历史的必然。人类社会的第一个阶段是群体作为主体发挥着作用。主体与客体是一种对象性关系，群体主体是群体以共同的力量面对客体，在与客体的

---

① 斯皮罗. 文化与人性. 北京：社会科学文献出版社，1999：118.
② 阿德勒. 理解人性. 贵阳：贵州人民出版社，1991：11 - 12.

关系中，成为自主的、主动的、能动的作用的发出者。群体主体是一个整体性的存在，它超越了个体力量的有限性，使个体以一种整合的力量共同面对客体。在人类社会最初生产力水平低下的情况下，个体不可能征服自然，甚至不可能获得生存的物质资料，而必须借助于群体的力量，才能与大自然相抗衡。群体间的抗衡不只是发生在人与自然之间，也发生在群体与群体之间。为争夺有限的物质资源，群体之间发生冲突，这就导致了战争。战争的结果是一个群体打败另一个群体，或两者合并为一个更大的群体。但更多的情况是，不同群体之间和平共处，异质性的群体组成一个人类社会。群体之间可能是封闭的，也可能是开放的。

群体主体性首先是一种整体的主体性，是群体面对客体或在同客体的关系中显示的整体性质。群体是由个体组成的，但群体的整体性并不是个体性的集合，群体和个体的关系因为群体的不同存在状态而不同：第一种情况是只有群体主体性，群体中的所有成员都不具有个人主体性；第二种情况是打破单一的群体主体性，部分成员具有个人主体性，部分成员不具有个人主体性；第三种情况是不仅有群体的主体性，而且所有的群体成员都具有个人主体性。第一种情况发生在"人的依赖关系"下的古代社会。第三种情况出现在共产主义的"自由人的联合体"中。第二种情况有不同类别：（1）具有个人主体性的成员少于不具有个人主体性的成员；（2）具有个人主体性的成员与不具有个人主体性的成员的数量基本相等；（3）具有个人主体性的成员多于不具有个人主体性的成员。虽然我们无法对社会成员进行一一统计，但从统计学意义上存在着这三种情况，它们实际上构成了从古代"人的依赖关系"社会到共产主义"自由人的联合体"的不同形态。人类社会发展的趋势是：不断解放个人的主体性，从古代社会个人完全没有主体性，到近代社会逐渐产生个人主体性；从近代社会中少数人具有个人主体性，到多数人具有个人主体性，直到共产主义社会全部人都具有个人主体性[①]。

（二）古代社会的依附性教育

古代社会的群体主体性是"人的依赖关系"形态下的群体主体性，它以个人主体性没有发育为前提。古代社会关于人的观念是：

原始初民的观念强调：我不属于我自己，我属于大自然和部落。

古代人的观念强调：我不属于我自己，我属于城邦。

中世纪的观念强调：我不属于我自己，我属于上帝，为上帝而生，为上帝

---

① 郭湛. 主体性哲学：人的存在及其意义（修订版）. 北京：中国人民大学出版社，2011：108.

而死。

古代社会人的这种观念，决定了"具有悠久历史的古代教育，实际上不过是一种'人的依赖关系'的训练"①，这就是古代教育的全部本质。

1. 原始社会的适应性教育

美国著名教育史学家孟禄，在其 1923 年出版的《教育史教科书》中把原始教育称为一种"非进取性的适应性教育"。这里的"适应性教育"是指人通过自发的活动，发展自身以达到适应自然环境和社会生活的目的。虽然说人类社会的产生表明人脱离动物，天人分离，人具有改造自然的意识和能力，但严格说来，原始社会的初民尚未真正成为改造客体的主体。个体既不能把外部自然当作他改造的客体，也没有意识把人自身当作客体来对待。所以，原始初民的教育不是教人改造自然，而是适应自然，"使人调整自己的反应方式，即创造一种比以反射和本能适应更为灵活有效的、新的习惯和再适应的方式"。这时，以改造和发展人自身的有意识的教育活动尚不存在，教育处于不知而行的自在状态，"除了在偶尔的情况下和在最高阶段，原始人从来没有达到有意识的教育过程"，"他们的教育仅仅是适应环境，因此当他们的教育无改变时，他们的教育也就是非进取性的"②。

原始社会生产力发展水平低下，人的主体能力还处在历史生成的初级阶段，适应性在人的教育中占据着主导地位。教育不具有自觉培养人的活动意识，仅仅是被动适应环境的要求。因此，教育与环境、与生活原始地融合在一起，没有分离。原始人的教育由两个方面构成：首先是为了获得满足生活的实用必需品所不可缺少的技能训练，如男孩子学习弓箭射击、打猎，女孩子学习编织、烹饪等；其次是在神灵崇拜方面给予训练。原始教育就是致力于使青年人掌握这些前辈生活证明成功的生活技能和宗教信仰等，以便使他们按照固定的方式行事，使个体适应其物质和非物质的环境，"作用于原始人身上的正是这种集体的行事方式。个人和集体肯定都没有明确意识到与群体的权利和福利截然不同的个体的权利和福利。因此，所有的方面都被习俗和传统支配着，原始人的教育在最细微的地方都被规定好了，以致他拥有的自由比较高的文明阶段所拥有的要少得多"③。

由于原始人很少有个体的意识，集体的利益就是他的目的，他获得的教育

---

① 陈桂生. 教育原理. 上海：华东师范大学出版社，1993：198.

② 孟禄. 原始教育：一种非进取性的适应的教育//瞿葆奎. 教育学文集·教育与教育学. 北京：人民教育出版社，1993：186，189.

③ 同②182.

就是按部落规定的方式行事，"在这样做的过程中，教育就不可避免地使个人的幸福服从于部落的利益"①。在这种群体本位的存在状态下，人无主体意识，更无自为的、主体教育的内在需求。

2. 古代社会人身依附关系的训练

人类社会由原始社会的蒙昧状态进入阶级社会的文明状态后，人类的发展状态也由原始的自然依附关系转变为具有社会身份的人身依附。在古代社会中，人身依附关系压倒一切，个人价值几乎被淹没了，"我们越往前追溯历史，个人，从而也是进行生产的个人，就越表现为不独立，从属于一个较大的整体：最初还是十分自然地在家庭和扩大成为氏族的家庭中；后来是在由氏族间的冲突和融合而产生的各种形式的公社中"②。再到后来，就有了阶级的形成和民族国家的出现。在文明社会中，教育行为的自觉意识有所增强，对自然的适应性减弱，对阶级和国家的适应性逐渐占据主导地位，教育变成了特定阶级和国家的教育。

这一阶段教育的最大变化是其从生活中独立出来，出现了学校或者学校的萌芽。古代的学校是国家为了培养统治阶级需要的政治人才，适应统治阶级的需要而产生的。学校是为统治阶级利益服务的，受教育因此成为少数统治者的特权。中西方学校教育的发展史都证明了这一点。中国传统文化和宗法制度，深深烙下了社会本位的印记，个人在社会中鲜有地位。我国古代教育著作《礼记·学记》指出，"建国君民，教学为先"，意思是建立国家，统治人民，教育必须放在第一位；"化民成俗，其必由学"，这就是说，教育的作用在于促进人的社会化，在宗法制的社会中，就是要使人服从社会要求，做一个社会的顺民。儒家思想强调"修身""齐家""治国""平天下"，个体的修身不是出于个人养性的需要，而是为了治国、平天下。教育不是为了个人，而是为了社会和国家，这是中国教育根深蒂固的观念。在奴隶社会中，"学在官府""政教合一"，教育附属于政治，凸显政治功能，而且学校教育成为统治阶级的特权，老百姓没有受教育的权利。在封建社会中，统治阶级内部的教育有着严格的等级制，依据其父辈的官职大小，分为不同的等级：如唐朝的中央官学就分为"六学二馆"，其中，弘文馆、崇文馆招收皇亲、大臣的子孙；国子学收三品以上文武官员的子孙；太学收五品以上文武官员的子孙；四门学收七品以上文武官员的子孙；书学、数学、律学则收八品及以下文武官员的子孙和庶人。学校教育顺应了政治的要求，维护了社会的等级制度。

---

① 佛罗斯特.西方教育的历史和哲学基础.北京：华夏出版社，1987：10.
② 马克思，恩格斯.马克思恩格斯全集：第46卷（上）.北京：人民出版社，1979：21.

在西方，古代阶级社会的教育同样扮演着"人身依附关系训练"的角色。从骑士教育到僧侣教育，从臣民教育到公民教育，无一不是强调某种社会需要和服从统治阶级意志的教育。西方社会虽有个人本位的传统，但这时的"人"囿于狭窄的血缘和地缘的范围内，是以人身依附为前提的，没有个人的主体价值，有的只是符合统治阶级需要的外在的工具价值。斯巴达的教育把贵族子弟训练成为效忠于奴隶主阶级的武士；柏拉图的《理想国》所建构出的哲学王、护国者和劳动者的等级教育体系，也是从维护奠定在奴隶主贵族专制的严格的等级制度基础上的"理想国"出发的；就连亚里士多德的"自由教育"，也不过是为了培养合乎奴隶主阶级理想人格的"善人"与城邦公民。

3. 中世纪的神学教育

中世纪是彻头彻尾的上帝奴役人的时期。恩格斯指出，"中世纪只知道一种意识形态，即宗教和神学"①。基督教神学的主要特征就在于把精神与物质、灵魂与肉体完全分离开来，把精神与灵魂对立化为一个超个体的、超自然的实体——绝对的上帝。上帝从虚无中创造世界，是创世主和救世主。个体服从上帝，地上王国必须归属于神的王国。上帝对人的主体性的占有，实质上是对人的本质的异化，"在宗教中，人的幻想、人的头脑和人的心灵的自己活动对个人发生作用是不取决于他个人的，也就是说，是作为某种异己的活动，神灵的或魔鬼的活动"②。在这个过程中，上帝的绝对主体性奴役了人，人不属于人，人属于上帝。欧洲中世纪的教育为僧侣所垄断，因此教育自身也渗透了神学的性质，教育的目的就是培养宗教信徒。

总之，古代阶级社会由于生产力尚未得到普遍与充分的发展，物质的匮乏还很严重，科学技术和交往不发达，使人无法超越他所生活的地域，"人的生产能力只是在狭窄的范围内和孤立的地点上发展着"③。加之阶级和国家的出现加剧了人的异化，人为外物所支配，教育作为发展人自身的活动，本体性功能得不到发挥，只能依附、服从于外部世界的要求。所以，古代社会没有给人提出发展个人主体性的要求和可能，教育在很大程度上是保守的、适应的，适应外部世界包括自然和社会环境的要求，在这种情况下，只能把人作为依附于自然、依附于社会的工具来培养。这就是依附性教育在古代社会出现的历史合理性。任何时代的教育都有时代的合理性与局限性，以个人主体性思想批判古代的教育是不合适的，就像一个人不可能拔着自己的头发离开地球一样，古代人也不

---

① 马克思，恩格斯. 马克思恩格斯全集：第 21 卷. 北京：人民出版社，1965：328.
② 马克思，恩格斯. 马克思恩格斯全集：第 42 卷. 北京：人民出版社，1979：94.
③ 马克思，恩格斯. 马克思恩格斯全集：第 46 卷（上）. 北京：人民出版社，1979：104.

可能脱离其落后的生产方式。个人主体性是近代社会生产力和社会关系发展的产物，只能为近代社会的教育所培养。

三、主体性与主体性教育

"人的依赖关系"阶段为人类社会发展的第一个阶段，出现在前资本主义社会。在前工业社会中，个体不具有独立性，因此，也没有个人的主体性。工业革命和市场经济的出现，生产力的发展，使市场和资本的力量相对独立。生产方式的改进，交往的普遍化，把个人从自然的人身依附和国家的权力阶梯中解放出来，使个人的主体性得以萌生和发展。这一萌生的过程，是个人主体性从自发到自觉、从积极到消极的逐步发展的过程。

1. 主体性教育的萌芽

西方教育具有尊重个人的传统，"education"的字面意思就是引导、引发，蕴含着尊重受教育者的主体思想。但这只是思想家的教育理念，个人是否成为教育的主体，还取决于社会的条件。历史地看，对个人主体教育的真正重视与思考源于文艺复兴。脱胎于中世纪的文艺复兴，把人从上帝的异化中解放出来，以人性代替神性，使人回到"人本身"。尽管这个"人本身"只是人的自然性，但它第一次在教育天地中朦胧地发现了"人"，对于教育中人作为主体的启蒙具有重要的历史意义。

自然主体教育，是指把人作为一个自然实体来发展。这一思想是以近代欧洲的唯物论为哲学基础的。近代唯物论思想家反对上帝创造世界的观念，他们从反对宗教出发，主张人是自然的一部分，用"自然人"取代上帝，使对象化到上帝那里去的人的神性回归到人的自然性，把人作为自然实体，遵循人的自然发展规律，发展人的自然本性。把人从上帝的奴役中解放出来，回归人自身，发展人的自然本性，是对人的主体性的一种肯定和解放，具有进步的意义。但个人的这种主体性，只是人的自然特性，是人性的物质基础。人的发展只是遵循自然规律，可谓顺其自然，在一定意义上，并没有体现人的自觉性、能动性。因此，这可以被看作人的主体性发展的自发阶段。自发的主体性不是真正的主体性，真正的主体性是一种自觉的主体性，但自发是自觉的基础，是自觉的萌芽状态，它有可能发展到自觉的高度①。

近代唯物论的人的自然实体观，对 17 世纪、18 世纪的教育思想产生了深刻的影响，奠定了西方个人主体教育的基础。17 世纪的教育家夸美纽斯提出的

---

① 郭湛. 主体性哲学：人的存在及其意义（修订版）. 北京：中国人民大学出版社，2011：40.

自然教育，18 世纪的启蒙思想家卢梭提出培养"自然人"的教育，都是把"人"作为自然发展的主体，属于自然主体教育。

夸美纽斯认为，自然界存在一种起支配作用的普遍法则，这就是自然秩序。自然秩序是自然界所有存在物都遵循的法则，也是大自然运行的规则。人是自然的一部分，因此，人也必须遵循自然秩序、自然规律。夸美纽斯提出，教育要适应自然，即遵循人的自然发展顺序和规律。夸美纽斯把自然原则作为教育的主导思想，贯彻到教育分段、教育内容的选择、教育方法等各个方面，并落实到他所设计的"新学校"中。

17 世纪夸美纽斯的自然教育是针对个体而言的，属于个体自身的自发发展；18 世纪卢梭的自然教育，是针对没落的封建社会而言的。卢梭认为，人性本身是善的，但没落的封建社会会污染人性，对儿童发展产生不良影响，这就是他所说的，出自造物主的都是好的，但到了人间就变坏。所以，卢梭的自然教育是让儿童远离没落的社会，免受社会的不良影响，保护儿童的天性。卢梭的"自然人"不同于夸美纽斯的人的自然发展，卢梭致力于培养的是未受社会环境污染的人，保持的是儿童的纯真。卢梭反对把人作为"公民"来培养，主张把人作为自然人培养。这里的"自然人"是指对自我负责的人——个人只为自我而活着，是作为"孤立的个人主体"。卢梭反对的"公民"是封建社会的人，而他所提倡的"自然人"是他所期待的新兴资本主义市民社会的公民形象。马克思对此做出评价，"这种 18 世纪的个人，一方面是封建社会形式解体的产物，另一方面是 16 世纪以来新兴生产力的产物，而在 18 世纪的预言家看来（斯密和李嘉图还完全以这些预言家为依据），这种个人是曾在过去存在过的理想"[①]。

从夸美纽斯的自然发展、自然教育到卢梭的"自然人"，个人主体从关注自身的自然发展逐渐转移为关注人与社会中的主体，主体从指向人的自然性到指向外部世界。这反映了主体教育逐渐从自发转向自觉。完全自然发展意义上的主体，相对于人的依赖状态对个人的压制，具有进步意义，但它不是真正意义上的主体性。真正意义上的主体性，是针对外部世界而言的主体性，这种主体性是主体意识的自我觉醒，因而，是自觉的主体性。卢梭的"自然人"是自发的主体性向自觉的主体性的过渡。

2. 占有性个人主体性教育

主体是相对于客体而存在的。"人"（尤其是个体）作为主体，"人"之外的世界（包括自然、社会和他人）作为客体，主体性建立在主体-客体二元对立分

---

① 马克思，恩格斯. 马克思恩格斯选集：第 2 卷. 3 版. 北京：人民出版社，2012：683 - 684.

裂的基础上，表现为人对外部世界的征服、占有和改造，并在对外部世界的征服、占有和改造中凸显个体的意志，张扬个体的力量。所以，主体性对应的是主客体关系，是主客体关系中主体所表现出来的积极、能动的功能特性。由于主体性涉及主体与客体两个方面，所以，主体性本身就是一种矛盾性的存在，诸如：受动性与能动性，个体性与社会性，自我性与为他性，等等。从"人的依赖关系"到人的主体性，主体性唤醒了人的自觉意识，确立了人的主体地位，发挥着自觉、能动、自主、创造的作用，使人摆脱了上帝的奴役和权力阶梯上的依附。可以说，人类社会是伴随着个人主体性的发展而发展的，个人主体性也因此成为现代性的重要标志之一。西方哲学，从笛卡儿的"我思故我在"，到康德的"人为自然立法"，都是基于主客体关系，不断张扬人的主体性。这些牢牢地确立了个人主体性在西方社会发展中的地位和作用，使西方的文明打上了个人主义的烙印。"在现代，宗教生活、国家和社会，以及科学、道德和艺术等都体现了主体性原则"①，"主体性"成为现代人生活的价值源泉。

但也必须看到，这个阶段的个人主体性是"以物的依赖性为基础的人的独立性"，在个人成为主体的时候，又把个人主体性置于物的依赖性之上，使个人主体性为物质所奴役，表现出对物的占有、消费和享乐，使人成为追逐利益的主体以及争夺利益的竞争主体。美国哲学家多尔迈指出，主体性发展到当代表现为：(1) 以统治自然为目标的人类中心主义；(2) 以自我为中心的占有性个人主义；(3) 不包含主体间性的单子式的个人主体性②。至此，个人主体性从文艺复兴以来对个人主体的积极启蒙，强调人的自觉、自主、能动、超越，到当代社会越来越显示出负向的一面，诸如个人至上、占有性人格、物化的生存方式、工具理性与价值理性的矛盾等。

个人主体性不是先验的，它是社会结构转型的产物，即"人的依赖关系"的社会，尤其是以权力为主导的人身依附关系的社会结构转向"以物的依赖性为基础的人的独立性"的社会结构。近代生产力的发展，市场经济、商品交换、自由贸易等资本主义生产方式，使个体能够超越狭隘的地域局限，走向更为广阔的人与人之间的自由交往；也使个体逐渐从对政治权力的依附中解放出来，开始拥有独立的人格、平等的权利和自由。就人与自然的关系而言，主体性表现为人成为改造自然界的主人，改造自然能力增强，带来了物质世界的增值，创造了丰硕的物质文明成果。就人与人之间的关系而言，主体性打破了人身依附，使每个人都保持独立的自我，具有为我性，也创造了自由、平等的人与人

① 哈贝马斯.现代性的哲学话语.南京：译林出版社，2004：122.
② 多尔迈.主体性的黄昏.上海：上海人民出版社，1992：1.

120

之间的交往规则和社会制度。就人与自我的关系而言，个人具有自觉的自我意识，具有了独立人格，也具有了理性和批判精神。主体性体现了独立、自由、权利、理性的现代性精神，它作为批判和超越"人的依赖关系"社会的结构而出场，具有历史的积极作用，是一个肯定性的概念。

但个人主体性的物质依赖，在把人从权力依附中解放出来的同时，又把人的主体性置于物的依赖性基础上，它使人的独立性转化为物的独立性，"资本具有独立性和个性，而活动着的个人却没有独立性和个性"①，这就使个人对独立人格的追求转换为对物的占有，对金钱和利益的追逐，成为一种物化生存。马克思批评资本主义社会物质化的生存方式，"人和人之间除了赤裸裸的利害关系，除了冷酷无情的'现金交易'，就再也没有任何别的联系了。它把宗教虔诚、骑士热忱、小市民伤感这些情感的神圣发作，淹没在利己主义打算的冰水之中。它把人的尊严变成了交换价值"②。"物化"的泛滥也使现代人感到精神空虚和痛苦，使人成为饥饿的占有者、物质的贪婪者，诱发人的物欲、贪欲，还使人为占有利益而不择手段，成为无"心"、无"理"、无"灵魂"的"漂泊流浪者"。这已经成为可怕的社会现实。

主体性对物的依赖使个人成为利益的主体，追逐利益、占有物质财富成为个人主体性的体现。正如弗洛姆所说，"占有是西方工业社会的人的特征。在这个社会里，生活的中心就是对金钱、荣誉和权力的追求"③。当占有成为个人主体的人格特征时，就会以占有的心态和方式处理人与自然、人与人、人与社会的关系。在人与自然的关系上，确立人类中心论的理念，把自然作为人类开发、利用、占有、掠夺的对象。人对自然无限制的开发、掠夺，最终破坏了人与自然之间的平衡，导致了自然对人类的报复。在人与人的关系上，人对人的占有，又导致了人与人之间的对立、冲突和过度竞争，一些人把另一些人当作实现自己目的的手段、工具，造成利己主义，导致人与人之间的疏离。在人与社会的关系上，每个人只为自己而存在，不考虑社会的公共利益，忽视了个人对社会应该负有的责任和义务，造成了公共性的缺失，人与社会疏离、与作为交往空间的社会公共领域疏离。总之，随着主体性的逐渐发展，其双面效应中的负面效应开始凸显，主要表现为个人至上、占有性人格。主导近代西方的自由主义、个人主义，就是个人主体性的集中体现。

近代西方教育高扬个人的主体性，重视培养学生的独立人格、批判精神和

---

① 马克思，恩格斯. 马克思恩格斯选集：第1卷. 3版. 北京：人民出版社，2012：415.

② 同①403.

③ 弗洛姆. 占有还是存在. 北京：世界图书出版公司，2015.

选择能力，倡导儿童中心，尊重学生的权利，赋予学生自由，这些都塑造了西方教育个人本位的范式。伴随工业革命、科学技术的发展，近代社会成为一个技术起决定作用的世界。"知识（指的是科学知识）就是力量"，技术从一开始的掌握自然的力量发展为控制社会的力量，催生了科层制的社会体制。人们幻想通过技术改造自然，造福人类。因此这种主体性又表现为一种理性主体，理性主体教育以发展人的技术理性为旨归，重在培养人对世界的征服、占有能力，培育人的技术理性观。在"知识就是力量"的鼓舞下，只有占有科学技术的人，才能够征服自然、改造自然，为个人和社会创造出更多的物质财富，在竞争中成为优胜者。所以，技术作为手段，目的还是使人占有更多的物质财富，彰显"以物的依赖性为基础"的个人的主体性。

总的来看，西方18世纪、19世纪正是资本主义的上升时期，这一时期的生产力和商品经济的发展使独立个人的产生有了条件，个人主义哲学也得到了发展，个人主义与西方理性主义的传统相结合，产生了理性主义的个人主体。这种个人主体既带来了文明的进步，也带来了人与自然、人与社会、人与自我的分裂和对立，技术理性的僭越抹杀了对人来说至关重要的生活的意义。

3. 对占有性个人主体性教育的反思

我们应辩证地看待近代主体教育培育的占有性个人主体性：它在征服和改造自然过程中，为人类创造了极大的物质财富，使西方社会由农业文明转变为工业文明，使人摆脱了古代社会的人身依附而成为自主、自为的主体，发展了人的独立人格；但随着占有性个人主体性的日渐增强，最终达到了肆意膨胀的地步，主体性的发展就暴露了危机。突出表现为对待人与自然关系时的人类中心论，对待他人和社会关系时的自我中心主义。人类中心论和个人中心主义强调人在对待自然和他人态度上的自主性、独立性和能动性，虽充分发挥了人的主体性，但又以自我为中心，把自然、他人、社会当作实现自我目的的手段，为了自我的利益而置外部的世界和他人于不顾。这导致自然生态环境的破坏和大自然对人类的报复，导致民族与民族、国家与国家的冲突，战争和恐怖行为不断出现，导致人的自私自利、人与人之间的尔虞我诈，形成了"豺狼关系"，个人因此也陷入了孤独无助的空虚、焦虑和恐惧之中，被强烈的占有欲所异化，成为占有物的"奴隶"。这一切都说明，单子式个人主体以及其所具有的占有性个人主体性正在走向黄昏。

主体性教育培育了人的独立人格，使人与人结成了平等的契约关系，但个人主体对物的依赖性，也竭力训练人"占有"物的能力，激起了人的占有欲望。教育教人知识，培养人的能力，不是为了人的发展，而是为了使人拥有占有物的"力量"，以在激烈的竞争中战胜他人，从而占有更多的物品和资源。因此，主体性教育成为培养"资本人""利欲人"的手段，而不再观照人之为人的自由而全面的发展。

美国哲学家多尔迈意识到了当代社会主体性的危机，他说：主体性观念在丧失它的力量，这是由我们时代的具体经验所致，"假如这个作为现代性根基的主体性观念应该予以取代的话；假如有一种更深刻更确实的观念会使他成为无效的话；那么这将意味着一种新的气味、一个新的时代的开始"①。对于这个新的时代，多尔迈称之为"后个体主义"，其他西方思想家也给出了主体间性、他者性等多种提法。

四、从主体性到主体间性

马克思把"以物的依赖性为基础的人的独立性"阶段当作走向人类社会"自由个性"的过渡。对这个阶段，既要看到和利用其启蒙个人主体的积极的一面，又要力图超越其单子式个人主体的消极的一面，最终走向马克思所说的"自由人的联合体"，实现人类社会的共主体性。这既是一个漫长的社会发展过程，也是伴随着历史发展所表现出来的人的主体观念的转变过程。总体来看，其发展的趋势是超越个人主体性，最终走向公共性，但这之间的联系不是直接的，而是要经过主体间性、他者性等中间环节。

（一）从主体性到外在的主体间性

近代以来的主体性是以自我为中心的个人主体性，主体不是把与之相处的对方看作平等的主体，而是将其看作为"我"所占有和利用的对象。因此，主客体之间不是一种平等的关系，而是一种二元对立的关系，这就导致了人与自然、人与人之间关系的恶化。主体间性就是走出个人主体性困境的尝试。

1. 外在的主体间性与单子式的交往关系

主体间性也称为主体际性、交互主体性，它超越了主客体之间的二元对立，进入了主体与主体之间平等的交往关系。主体间性指的是两个或两个以上主体的交往关系。也有学者不赞同"主体间性"这一提法，认为主体间性是外在于主体的，是主体和主体之间的在人之外的某种性质。其实，这是误解。主体间性依然是对主体属性的一种规定，这种规定不同于以主客体对立的关系看待和作用了对象，而是以一种平等的关系与对方交往，把对方当作平等的主体，因此这是一种交互主体性。主体间性不是对主体性的否定，而是对个人主体性的

---

① 多尔迈. 主体性的黄昏. 上海：上海人民出版社，1992：1.

一种超越，是一种新的主体性。

20 世纪后，西方哲学开始反思个人主体性的局限，并逐步从先验的认识论层面转向现实的实践层面。对主体间性的探索首先是从认识论意义上开始的。笛卡儿的"我思故我在"确立了西方个人主体性的认识论基础，但也把对主体的认识局限于自我的框架之中，难以解决"我"之思与"他"之思的贯通问题：为什么"我"之思与"他"之思具有一致性和共通性？这就是笛卡儿理论的困境。胡塞尔试图用主体间性将笛卡儿从单主体的困境中解救出来。主体间性是自我对他我的想象、类比、移情，是由自我和通过自我的想象、类比、移情而共现出来的他我的构成，具体来说是由"我"的单子性自我和"他"的单子性自我所构成的单子共同体，即先验自我共同体。因此，胡塞尔虽然想超越笛卡儿孤独的、封闭的自我，但最终又落入了唯我论的窠臼。正如有学者所指出的——胡塞尔的主体间性理论是建立在"先验自我"的直观的自明性之上的，导致他人的自我只是"我"自身的类比性投射，而不是另一个自我①。

海德格尔在存在论意义上论述主体间性。他认为，传统认识论中孤立的自我是不存在的，每一个我都是一个共在，即"此在的世界是共同世界。在之中就是与他人共同存在"②。我和自然界的共在，是和他人的共在，而不是我孤立地"在"、单独"在"。所以，个人的"在"是一种"共在"。但海德格尔对个体共在性的分析，依然是从个体"在"的意义出发的，是为了个体"在"的"共在"。所以，有西方学者指出，海德格尔对"共在的分析仍然仅仅是复制主体间性理论，而不是克服主体间性理论"③。

按照海德格尔的认识，每个人都是一种"共在"，那么这种"共在"怎么存在呢？雅斯贝尔斯提出了"交往"的概念。不过，并不是所有的交往都能够实现"共在"。雅斯贝尔斯依据历史的状态，由低到高把交往划分了四种类型：第一种是"共体主体性"（communal subjectivity）交往关系。这是交往的原始阶段，个人作为共同体的手段而交往，没有个人主体性，服从于共同体的需要，因此，这一阶段发展的是一种原始的共体主体性。第二种是"交互客体性"（inter-objectivity）交往关系。这是一种主客体的交往关系，个人作为主体，其他人是交往、利用的手段，以实现自我的目的，因此，这一阶段发展的是个人主体性。第三种是"外在的主体间性"（external intersubjectivity）交往关系。这种交往关系不是交互主客体中的主客体对立关系，而是一种主体与主体之间

---

① 张天宝. 走向交往实践的主体性教育. 北京：教育科学出版社，2005：15.
② 海德格尔. 存在与时间. 北京：生活·读书·新知三联书店，1987：146.
③ 同①16.

的平等关系，每个人在发展自我主体性的同时，也发展了他人的主体性。但这种交往依然是基于自我利益的"平等"交往，它需要一定外在规范的约束和保障，以防止个人对他人利益的占有和对他人主体性的削弱，因此这种主体间性是一种外在的主体间性。第四种是"内在的主体间性"（internal internalsubjectivity）交往关系，即存在性交往关系。这种交往不是受外在约束的交往，而是基于一种内在的人格尊重、关怀和公共利益的交往，即"在交往中，我感到，我不仅对自己负责，还必须对他人负责，似乎他就是我，我就是他……只有在一起，我们才能达到每个人所要达到的目标"①。显然，雅斯贝尔斯所说的交往，前两种并不是基于主体间性的平等交往，后两种才是我们强调的主体间性的交往，对个人主体性的超越，最初是外在的主体间性交往。雅斯贝尔斯区分的外在的主体间性的交往关系和内在的主体间性的交往关系，使我们看到交往主体的两种不同的认识和行为方式。外在的主体间性的交往是基于自我利益、为了自我利益的交往，每个人都作为单子式主体与其他主体交往，交往没有走入内心，人与人之间是陌生人的关系；而雅斯贝尔斯理想的交往是内在的主体间性交往，即不仅有个人与他人之间作为主体的平等，更有个人与他人之间的开放、信赖、融入。只有开放自我，容纳他人，成就他人，才能成就自己。

按照雅斯贝尔斯的观点，基于主体间性的两种交往，一种是外在的，一种是内在的。就它们的逻辑关系看，是从个人主体性到外在主体间性，然后再到内在主体间性。

2. 从主体性（教育）到外在主体间性（教育）

从主体性到外在主体间性是一种进步和超越。因为在主体性视域中，客体伴随着主体而存在，永远是主体支配和作用的对象，作为主体的手段而存在。主体永远是目的，客体难以获得与主体平等的地位。主体间性超越了主体与客体间的对立关系，主体把对方作为与自己同样的主体进行交往。因此，主体性表现为主体对客体的占有、支配，是一种绝对的个人中心；主体间性表现为每个人都是一个主体，作为平等的主体而交往，它意味着交往双方的人格平等、机会均等，遵循共同的规则。因此，主体间性意味着人与人之间的和谐共赢。

就人类社会发展而言，在奴隶社会和封建社会中，少部分人具有主体性，而大多数人仅作为支配和压迫的工具而存在，依附于社会既有的等级或特权，如封建主与仆人、地主与农奴等，或作为种姓成员，或隶属于某个等级。"虽然个人之间的关系表现为较明显的人的关系，但他们只是作为具有某种［社会］

---

① 张天宝．走向交往实践的主体性教育．北京：教育科学出版社，2005：18.

规定性的个人而互相交往"①，每个人生活在自己的身份中，作为某种身份的存在。"'身份'在本质上就意味着差别、等级、亲疏、贵贱"，这种少数人拥有主体性的社会是不平等的专制社会。资本主义商品经济极大地解放了人，使每个人都可能作为一个平等的主体而存在，使每个人都获得了法律上的、形式上的平等地位。因此，人人都是作为一个平等的主体在社会中交往，不过这种平等是以契约来保证的，"契约强调的是平等、理性、尊重个性和共同体的权益以及对游戏规则的尊重，强调生活方式的自主性、个人中心性、异质性和多元化等"②。在主体间性视域中，不仅人人是主体，而且人与人之间是契约关系，每个人都作为契约主体而存在。

具体到教育上，从主体性到主体间性，最大的变化是改变了教育关系。无论是传统教育的以教师为中心，还是现代教育的以学生为中心，都是主客体的关系，要么是教师支配学生，要么是学生支配教师。在教师主体性的支配下，学生成为没有独立精神和自主性的人；在学生主体性中，学生则可能成为以自我为中心的占有性个体。在中国传统教育中，师生之间存在着尊卑关系：教师高高在上，学生处于被支配的地位，没有主体的自我。20世纪80年代之后，我国开始了教育过程中教师与学生主客体关系的讨论，出现了教师单一主体、学生单一主体、师生双主体、教师主导学生主体等多种观点，讨论的结果看起来重视了学生的主体地位，实际上却没有改变主客体二元对立的思维模式。教师是教的主体，学生是被教的客体；学生是学的主体，教师是被学的客体。这种对象化的师生关系，孕育了占有性思维方式，培育了占有性个人主体人格，个体以自我为中心，将自身之外的一切都视为被占有、被控制、被利用的客体，结果造成了前述的人与自然、人与社会、人与人关系的对立与冲突。

从主体性到主体间性，变革了师生之间不平等的关系，也培育了新的主体间的契约精神。20世纪90年代末，教育学界引入哲学的主体间性，提出超越师生间主客体的对象化关系，以主体间性重构师生交往关系。主体间性的师生关系是一种平等的关系，教师平等地面向每一个人，不因为教师喜欢某个学生，或者某个学生成绩优秀而偏爱某个学生。教育过程中的师生关系是一种公共关系，在学校公共生活中，师生关系首先是契约关系。学生进入学校，教师就应该遵守《中华人民共和国教师法》《中小学班主任工作规定》等法规，引导学生学习和生活，这是教师的责任，学生也有向教师学习的义务，这就是师生之间的契约关系。

① 马克思，恩格斯. 马克思恩格斯全集：第46卷（上）. 北京：人民出版社，1979：110.
② 扈中平，蔡春，吴全华，等. 教育人学论纲. 北京：高等教育出版社，2015：232.

3. 外在主体间性（教育）的局限性

我们对师生关系的认识已经从主体性发展到主体间性，赋予主体间性积极的意义，但没有看到主体间性可能或已经带来的问题。这种问题源于主体间性思维依然是单子式的个人主体性，它以自我为出发点，以利益为中心，需要外在公平制度作为保障。

第一，主体间性的出发点是自我，主体之间是一种互惠关系。从前面对胡塞尔、海德格尔的主体间性内涵的分析可以看出，从单子式的个人主体性到外在主体间性，这种主体间性秉承的依然是个人主体性思维，其出发点依然是先验的自我。它从"自我"出发，试图把别人看作与我同样的存在。因此，主体间性本质上没有改变主体性的思维方式，而是主体性在人与人之间关系中的延伸，本质上仍然是主体性，"每个人为另一个人服务，目的是为自己服务；每一个人都把另一个人当作自己的手段互相利用"①。所以，主体间性是立足于个人主体的一种互惠、平等的关系。这种互惠其实要求你像我回应你那样来回应我。"我"与"你"的"共在"，不是真正的交互性的"共在"，而是利益的"共在"。

第二，外在主体间性以个人利益为基础。主体性是市场经济孕育的，以物的依赖性为基础。主体间性视域中的个人主体，依然以物的占有为基础。"活动和产品的普遍交换已成为每一单个人的生存条件……在交换价值上，人的社会关系转化为物的社会关系；人的能力转化为物的能力。"② 个人利益是连接主体的桥梁，一个人之所以和某人结成主体间性关系，首先是为了获取个人利益。因此，"我"与"你"也会因为个人的利益而博弈、竞争，甚至产生冲突。

第三，外在主体间性以公正的制度为保障。为了在主体间合理保护个人的利益，约束个体可能的私欲和利益冲突，就需要协商出一种制度，这种制度以不偏不倚的公正为基本要求。所以，罗尔斯把正义作为社会制度的首要原则，他之所以在《正义论》中精心论证正义的原则，就是为了以制度合理解决不同主体间的利益分配问题。人与人之间交往的平等性以公正的制度来保障，这种交往必然是外在的。

正是由于主体间性在根源上没有突破个人主体的思维，所以，在人与人的主体间的交往中，就会产生问题，最明显的表现就是交往中的利己化倾向，金钱至上、唯利是图，人与人之间缺少关怀、同情和责任，人际关系冷漠。人们之间赤裸裸的利益关系导致社会情感关系的离散化、对立化，最终导致公共性的丧失，"所谓社会将成为一个为自利目的而进行合作的外在结合体，并因此而

---

① 马克思，恩格斯. 马克思恩格斯全集：第46卷（上）. 北京：人民出版社，1979：196.
② 同①103-104.

丧失内在的统一性"①。

在教育关系中，主体间性高扬学生的主体性，赋予每个学生与教师同样的主体地位，改变了传统的"师尊生卑"的状况。但对学生主体性的过分宣扬，导致教师不敢批评学生，甚至因为教师对学生的批评引发师生冲突，出现学生殴打教师②，甚至杀师的极端案例③。虽然这些都是个案，但其消极影响是巨大的。

（二）从外在主体间性到内在主体间性

区别于胡塞尔、海德格尔基于先验自我的主体间性，伽达默尔的"视域融合"、马丁·布伯的"我-你"关系、哈贝马斯的交往行为等都主张主体间性由外而内，建构内在的主体间性。

视域是一个人的前判断体系，这个前判断体系是指在一定的历史处境和文化传统中形成的各种观念、成见甚或偏见。伽达默尔的"视域融合"，不仅仅把视域融合当作认识的方法论，而且将其当作整个世界的经验。因为生活在世界中的人，无法不面对已有的历史存在，它是我们存在和理解的基本条件，关键是我们如何对待这种历史存在。传统的解释学基于主客体二分的思想，试图使人"悬置"自己的前见，回到历史本身，对历史做出"纯客观"的解释。在伽达默尔看来，这是不可能的。因为我们无法摆脱自己的前见，只能带着前见去理解历史，理解者的视域必然要进入历史的视域，同历史的视域相接触，这个过程是我们的视域与历史视域不断融合的过程，这就是伽达默尔所说的"视域融合"。伽达默尔指出，"真正的历史对象根本不是对象，而是自己和他者的统一体，或一种关系，在这一关系中同时存在着历史的实在以及历史理解的实在"④。因此，在历史理解中，不是主体与客体的二元分离，而是两个主体的相互进入：理解的主体就在历史之中，历史的真实亦在主体的理解之中，是主体间的交融和统一。

马丁·布伯区分了人可能面对的两种关系，一种是"我-它"关系，一种是

---

① 贺来. 社会团结与社会统一性的哲学论证：对当代哲学中的一个重大课题的考察. 天津社会科学，2007（5）：24-30.

② 正当写此部分的时候，安徽亳州蒙城一初中，学生不交卷还口骂脏话，最后几个学生群殴老师，对老师拳脚相加，甚至举起板凳砸向老师。全班竟然没有一个同学站出来制止，反而是满堂的哄笑狂欢……

③ 仅2015年，湖南省就发生多起杀师案：2015年10月18日，湖南的邵东县，3名学生将一名老师杀害；10月22日，长沙市某商务进修学院学生因半夜外出与老师发生口角，遂将老师捅死；12月5日，湖南邵东一高三学生因为老师阻挡他看小说而杀死老师。

④ 伽达默尔. 真理与方法. 上海：上海译文出版社，1999：387.

"我-你"关系。"我-它"关系是一种主客体关系，是主体对客体的支配、占有和利用的关系，这是人对物的关系，不适用于人与人之间。人与人之间的关系应该是"我-你"关系，"我-你"关系是一种相遇式的关系，一种精神关系。这种关系不仅超越了"我-它"关系，而且超越了外在的主体间的关系：首先，"我"与"你"作为同样的主体，具有平等关系，"我"与"你"都是作为具有同样人格的人而存在，"我"与"你"同样作为目的而存在。其次，"我"与"你"的出发点不在于"我"，也不在于"你"，而是你与我的关系，"精神不在'我'之中，它伫立于'我'与'你'之间"①。最后，"我"与"你"不是一种外在的利益关系，而是一种内在的精神关系，是一种精神的相遇。所以，马丁·布伯把"我-你"关系视为人的本原性关系，因为真实的人生皆是相遇。人与人之间的交往不是利益的分割，而是精神上的交流，精神的共享、共有、共生。因此，有学者指出，马丁·布伯的"我-你"的关系理论，不是从先验的自我出发，而是从"我们"这一新的哲学理念出发，不再以主客体关系来间接地构筑主体间关系模式，而是从主体间关系本身出发来直接地构筑主体间关系模式，从而确立了"关系"的本体地位，它标志着西方哲学从"主体性"向"主体间性"的转向基本完成②。

哈贝马斯反对工具性行为，而倡导主体间的交往行为。工具性行为是以技术理性为工具的"目的-理性"行为，体现的是主体对客体的改造。工具性行为适于人与自然的关系，不适于人与人之间的关系。哈贝马斯认为，人与人之间是一种交往行为。他所谓的交往是指两个或两个以上具有语言能力和行为能力的主体之间以语言或符号为媒介，以言语的有效性要求为基础，通过对话而进行的知识、情感、观念、信息的交流，以达成主体间的相互理解。哈贝马斯的交往行为是一种以理解为目的的精神交往，而非物质实践交往。这种精神交往诉诸语言媒介。为了有效地交流沟通，哈贝马斯还提出了交流沟通中需要遵循的三项语言学规范：真实性、正确性和真诚性。哈贝马斯的交往致力于实现理解，即实现人与人精神的分享、共生、共有。

虽然外在主体间性和内在主体间性在主体与主体之间的平等方面是一致的，但二者在平等结合的机制上是不同的。外在主体间性是基于主体之间的利益关系而"共在"，每个人依然是一个封闭的单子式主体，只不过为了自己的生存，"不得不"与他人达成一种"共在"，因此，每个人都作为利益主体、竞争主体而"共在"。这种"共在"需要借助于制度的保障，每个人作为一个契约主体，

---

① 布伯. 我与你. 北京：生活·读书·新知三联书店，1986：57.
② 张天宝. 走向交往实践的主体性教育. 北京：教育科学出版社，2005：21.

受着契约的制约。没有契约，主体就可能恢复到主客体对立状况下的支配与被支配状态。在内在主体间性下，个人主体打开了自我封闭的"窗户"，充分地敞开自己的心灵世界，主体之间内心相互开放，在更深的层次上接纳对方，相互关怀、相互理解，进而形成一种心灵的共鸣、共生、共在、共享。

虽然外在主体间性和内在主体间性都是主体间性，但主体之间结合的程度是不同的。外在主体间的结合是表面的，主体骨子里具有"为我性"，主体间的结合靠的是制度。内在主体间的结合是心理上的、情感上的，主体间的结合靠的是移情、对话、理解、关怀等精神交往，这又会使交往进一步深化，从而生成一种更高层次的主体间性。

虽然有学者批评伽达默尔、马丁·布伯、哈贝马斯的交往实践是一种精神交往，忽视了物质交往实践。但对于教育而言，其更多的是人类精神再生产的活动，因此，教育主要是一种精神交往。雅斯贝尔斯说，教育是人与人主体间的灵肉交流活动，人与人的交往是双方（我与你）的对话与敞亮①。尽管教育借助于知识的传递，但教育绝不只是知识的传递，导向灵魂觉醒乃教育之本原。教育不是训练，因为训练是心灵隔离的活动，而教育是精神的相遇与契合。

教育的过程是一种精神交往过程，也是师生之间敞开心扉交流的过程。雅斯贝尔斯反对教师对学生耳提面命，因为其中充满着师生间的不平等。教育应该是师生之间平等的交往。不仅如此，作为一种精神交往，教育交往是充满爱的精神交往，而不是机械的、冷冰冰的利益交换。这样的师生关系就是马丁·布伯所说的"我-你"的关系。在"我-你"的关系中，教师和学生作为精神实体，有着自己独特的人格，师生关系是生命间的对话，是人格与人格的相遇，因此，这样的教育不是知识的给予，而是精神的分享，即"在分享人类文化中创生着教育的意义，提升着生命的价值，享受着诗意的学校生活，不断地提升着双方的精神境界、人生意义和生命价值"②。

五、从主体间性到他者性

从主体性到主体间性，就是要走出主体性自我中心的困境。主体间性克服了主体性的主客体二元对立和个人中心主义，将不同的主体置于相同的地位，形成主体与主体间的对称性关系。但这是否意味着真正地走出了个人主体的旋

---

① 雅斯贝尔斯. 什么是教育. 北京：生活·读书·新知三联书店，1991：2-3.
② 胡金木. "我"与"你"相遇在学校：马丁·布伯视野中的师生关系. 教育学术月刊，2010(7)：14-16.

涡？他者性理论的代表人物列维纳斯对主体间性提出了质疑和批判。

(一) 对主体间性的质疑与批判

第一，主体间性是一种相互回应的、互惠的关系，根基是向我回归的"唯我论"思想。从主体性到主体间性，没有从本体上改变对主体自我的认识，主体是基于自我的主体。虽然主体间是一种平等关系，但这种平等蕴含的是基于自我利益的平等。主体间的平等是为了保护自我的利益，它需要外部的制度约束，而且这种制度必须是不偏不倚的公正制度。主体间性，尤其是外在主体间性从一开始就是一种平等与互惠。内在主体间性与外在主体间性相比，从关注物的利益转向关注人的精神，精神具有了更多的开放性，但这种开放依然是基于人与人之间完全的对称关系，即"我"要求"你"与"我"是相同的，"我"与"你"是一种对称的平等关系。对称的关系，既要求"我"回应"你"，也要求"你"回应"我"。如果只有"我"回应了"你"，而"你"没有回应"我"，就构不成"我"与"你"的关系。所以，列维纳斯批判主体间性关系是一种向我回归的"唯我论"[①]。

第二，主体间性是同一性关系，它忽视了主体间的差异。主体间性中"我"会把自己与他者看作同样的主体，由于主体间的向我性，"我"会把他者当作"我"的对象物，至少把他者置于与我同等的地位、同样的要求。在"我"与他者的同一性中，他者还原为"我"，"异"转化为"同"，消解了他者的差异性，造成了同一性的暴力。在列维纳斯看来，他者是绝对的，不是另一个"我"，也非"我"的他者，他者具有绝对的优先性。因此，列维纳斯批判主体间性的对称性消灭了主体间的差异。

第三，主体间的对称性关系是一种理想的关系。在列维纳斯看来，"我"与"你"的关系依赖于"我"与"你"的相互回应。"我"关心"你"，也需要"你"关心"我"；"我"向"你"敞开心扉，也需要"你"向"我"敞开心扉。这两种情况，有同时发生的可能性，但不一定都是如此。也就是说，"我"与"你"的关系是一个非常理想的境界。极有可能是"我"关心了"你"，而"你"没有关心"我"；"我"向"你"敞开了心扉，而"你"没有向"我"敞开心扉。"我"不能要求"你"以同样的方式回报"我"。在列维纳斯看来，"非对称的伦理反而更现实，因为我不能对他人有所要求，不可能强求他人与自己发生一种相互性的关系，我只能要求自己为他人负责"[②]。

---

① 郭菁．列维纳斯对布伯对称的主体间性的批判．人文杂志，2014 (11)：15 - 21.
② 同①.

（二）他者性理论的基本观点

他者性也反对主客体对立的二元论，强调对他人的尊重，这点与主体间性是相同的。但主体间性没有彻底矫正主体的唯我论，因此，他者性理论试图通过重新理解自我，重新阐述人与人之间的关系，构建一种以对他者的责任为核心的伦理关系。

1. "作为他者的自身"：重建对自我的理解

笛卡儿的"我思故我在"确立了"我"的中心主体地位，"我"的主体性就表现为"我"对他人、他物的征服和占有；即便是主体间的"我"与"你"，"你"也是与"我"相比获得平等的地位，"你"是与"我"同一的主体，是"我"的投射。这就是说，无论是主体性，还是主体间性，在根本上都是以"我"自身确定主体性，因此，主体性的重要特征之一就是"为我性"，把外在于"我"的一切都纳入"我"的意向性框架之中，其他人和其他物都是根据"我"这个主体得以规定。他者性理论从根本上改变了主体性的"为我性"，"我"不是因为"我"自身获得规定，而是因他者得到规定，"我"要成为可能，就要以他者对"我"的承认为前提。"我"与他者不是主客二分的对象性关系，相反，他者是"我"成为可能的基本条件和前提。黑格尔对自我意识的论述就体现了他者性的思想。黑格尔在《精神现象学》中把自我意识的形成分为三个阶段：第一个阶段是"单个自我意识"，即只意识到自身存在、自己的同一性和同其他客体的区别；第二个阶段是"承认自我意识"，即人意识到自己是为他人存在的；第三阶段是"普遍自我认识"，即个体意识向普遍的自我意识的回归，形成个体与类的统一。在他者性理论看来，"单个自我意识"是不成熟的自我。自我意识的发展是通过他人得以确立的。"我"不是"我"自己，"我"之所以成为"我"是由于他者的存在，自我具有他者的属性。这样，对个人主体性的认识就从自我转移到了他者身上。主体性的显现不是因为"我"占有了多少，而是因为"我"付出了多少。列维纳斯说，"人类在他们的终极本质上不仅是'为己者'，而且是'为他者'"①。正是因为"我"与他者不是相互回应的、互惠关系，"我"服从于（subjection to）他者，"我"才能成为一个真正的自我。"我"的主体性是通过为他者显现出来的。所以，他者性理论不同于主体性理论对"我"的认识，主体性理论是从"我"自身认识"我"，他者性理论是从他者认识"我"，即"从'作为他者的自身'这一核心概念出发，我们将确立一种关于个体的全新观念。它将拆除'自我'与'他人'之间的墙壁与藩篱，把'自

---

① 列维纳斯.塔木德四讲.北京：商务印书馆，2002：121.

我'的存在及其生存意义与'他人'内在地关联在一起，使'爱他人'与'爱自己'结合为一个不可分割的整体"①。

2. 他者：绝对的差异性

主体间性把他者视为"我"的反射或"我"的影子，与"我"保持着同一性，成为同一性中的他者。他者理论把他者就视为他者，一个绝对的他者。列维纳斯以"面貌"（face）隐喻他者。面貌作为一个完整的人，我们认识一个人，看到的只是面貌的一部分，面貌还具有不可见的一面。我们认识到可见的一面，或者我们头脑中建构他人的一面，都不足以构成面貌，因为"他人的面貌随时摧毁并摆脱他给我们留下的可塑的形象（image plastique）"②。面貌是一种外在的无限，包括可见的和不可见的。无论是可见的，还是不可见的，他者的面貌都不具有同一性。也就是说，他者是完全异于"我"的，是在"我"的世界之外的另一个存在（other），不能为"我"所左右。他者的独特性和差异性，是保证"他是他，不是我"的根本。正是因为他是他，不是"我"，在他者理论看来，"我"与他的关系就不具有同一性。

3. "我"与他者：非同一的、非对称的伦理关系

列维纳斯批判主体间对称的同一性关系，导致同一性对"你""我"的暴力，消解了"你""我"的差异。他者是一个独特性的存在，不能与"我"具有同一性。因此，"我"与他者的关系不是同一的、对称关系，而是非同一的、非对称关系。列维纳斯把伦理关系当作第一关系。他认为，伦理是单方面的、非对称的。非对称的伦理只要求"我"回应他人，不要求他人也回应"我"，即"我对他或她的责任。那是原初的伦理关系。……这无理由的责任类似于人质的状态，一直走向他者，而不需要互惠。这就是友爱和为他人赎罪这些观念的基础。这里，不同于布伯的'我-你'，没有最初的平等。"③ 站在他者的立场上看待"我"，"我"始终是为了他者，"我"是为他者服务的，而不以求回报、回应为目的。主体间性，尤其是外在主体间性，是以利益回报为基础的，"我"对待"你"，如同"你"对待"我"一样。换言之，"你"对"我"有利，"我"对"你"有利；"你"对"我"不利，"我"也对"你"不利。他者性理论认为，主体性应是一种爱的付出，这种付出可以是双方的，但不一定要求得到回应、回报；单方面爱的付出是伦理的体现。而且这种单方面的爱，不只是针对熟人间的"我们"，更针对外在于我的"陌生人"。对"我们"的关系的付出，是基于

① 贺来．"陌生人"的位置：对"利他精神"的哲学前提性反思．文史哲，2015（3）：130-137．

② 孙庆斌．为"他者"与主体的责任：列维纳斯"他者"理论的伦理诉求．江海学刊，2009（4）：63-68．

③ 郭菁．列维纳斯对布伯对称的主体间性的批判．人文杂志，2014（11）：15-21．

亲情的自然关怀；但对"陌生人"的付出，则是一种伦理关怀。

4. 主体：具有"为他性"的责任主体

列维纳斯的主体性不同于传统的主体性。传统的主体性从自我出发，强调的是个人和占有；列维纳斯的主体性从他者出发，强调的是个人从他者那里获得规定，具有他者性。他者的他性（alterity）构成了主体性概念的前提。因此，自我要对他者负责，成为对他者负责的伦理主体。这就改变了近代哲学对主体的认识，也改变了主体的占有观念。他者性理论的主体，是一个服从于他者责任、奉献于他者的主体。在传统的主体观念看来，这样的主体具有被动的性质，但在他者性理论看来，正是对他人的责任、付出和奉献，"我"的主体性才得以生成，由此作为责任的主体性观念才能确立起来。也正是在这个意义上，"我"才成为真正的主体。所以，他者性理论中的主体，不是主客体对立关系中的主体，而是对他人承担责任的主体。

（三）师生关系：非对称的责任关系

主体间性打破了师生之间的二元对立，倡导一种主体间的"我与你"的关系，但这种关系将"我"与"你"置于完全相同的境地，追求"我"与"你"的同一性，消解了"我"与"你"作为他者的独特性。在他者性中，师生之间的关系依然是主体间的关系，但对主体性的理解不同，使得他者性的师生关系不同于主体间同一性的师生关系，表现为"我"与他者之间非对等的伦理关系。

1. 师生关系是"我"与他者的关系

马丁·布伯区分了两种关系："我"与"它"的关系和"我"与"你"的关系。"我"与"它"的关系是一种对象性关系，"我"把"它"作为可以支配的对象，"它"失去了自我，成为"我"占有和利用的对象。"我"与"它"的关系生成的是"我"的主体性，这种主体性是一种占有、支配和改造的主体性。反思主体性就是要反思"我"与"它"的关系，代之以"我"与"你"的关系。"我"与"你"的关系，是人与人之间本真的关系。真正的关系是在"我"与"你"之间发生的。在"我"与"你"的共同世界中，"你"不再是"我"改造的对象，"你"与"我"是一体的，"我"把"你"看作与"我"相同的主体，"我"与"你"具有共同性、共在性。

在对师生关系的讨论中，教师中心论、学生中心论及其变种，反映的都是"我"与"它"的关系。超越了"我"与"它"的关系，师生关系进入了"我"与"你"的关系，教师与学生是同等的主体，在平等的关系中实现精神的相遇①。相

---

① 胡金木．"我"与"你"相遇在学校：马丁·布伯视野中的师生关系．教育学术月刊，2010（7）：14-16.

较于"我"与"它"的关系，"我"与"你"的师生关系是一种极大的进步，但"我"与"你"的关系，把"我"与"你"视为具有同一性的主体，消除了"我"与"你"的独特性，这也不符合教师和学生各自的角色。教师是教师，学生是学生，他们的角色定位不能完全相同。即使从人格上说，教师也负有引导学生人格成长的责任。把师生之间的关系定位为"我"与"你"这样完全平等的关系，不仅消解了教师与学生的差异，而且也消解了教师的责任。

要走出主体间同一性所造成的困境，就必须用他者性取代同一性，在自我与他者之间建立起一种不同于同一性哲学视域下的师生关系，即"我"与他者的关系①。他者不同于"它"，"它"是客体，他者是主体，但不是与"我"同一的主体，而是与"我"有异的主体，"他者的全部存在都是由其外在性（exteriority），或者不如说，由其他异性（alterity）所构成"②。

2. 师生关系是一种非对称的伦理关系

主体间的关系是一种对称的关系。外在的主体间性以主体各自的利益为基础，对称主体间的关系是一种利益的平等交换关系。这种关系具体到教师职业，收入的多少是教师付出的依据。因此，在教师收入不高的情况下，教师对教育的热情会下降，甚至会出现教师对学生发展不负责任的现象。师生各自除了承担起应该承担的义务和责任外，不再承担任何额外的负担。所以，要调动教师的积极性，就要提高教师待遇。内在主体间性是一种精神交往，交往依赖于主体间的相互回应、相互理解，强调主体间的视域融合、情感共鸣与精神共生。这种精神的交往必然是双向的、对等的。因为主体间性视野中的主体，是一个为"我"、向"我"的主体，所以，"我"要求另一个主体与"我"相同。而他者性视野中的主体，是向"他"、为"他"的主体，主体是为他者而存在，因此，"我"与他者的关系是一种不对称关系。他者并不是与"我"相同的主体，在他者与"我"的关系中，非对称性起着支配作用。非对称性意味着"'我'对他者的道义和责任，并不意味着'我'要'从'他者那里期待回报"③。因此，"我"与他者的关系是一种非对称的伦理关系。

列维纳斯从他者出发界定主体性，把他者纳入主体性之中，主张为他者负责，为他者服务，这种主体性实际是一种奉献而非占有。在奉献中，虽然"我"在付出，但证明了"我"的价值和存在的必要。因为"我"对他人负责，"我"才有自己的价值，才能彰显主体性。就教师而言，教师的价值在于学生对教师

---

① 刘要悟，柴楠. 从主体性、主体间性到他者性：教学交往的范式转型. 教育研究，2015（2）：102 – 109.

② LÉVINAS E. Time and the Other. Pittsburgh：Duquesne University Press，1987：75 – 76.

③ 孙向晨. 面向他者：列维纳斯哲学思想研究. 上海：上海三联书店，2008：154.

的需要，教师为学生的发展负责，为学生发展服务，而不管学生是否给予回报。在他者性视野下，教师的主体性将大大改变主体间性视域下教师对学生发展不负责任的状况，体现对学生的关怀与责任。

3. 面对他者：教师对学生的"无限责任"

列维纳斯他者性的核心思想是"面对他者"。他者是高于"我"的外在存在，他者具有无限性。"面对他者"，首先是把他者看作一个不可还原为"我"的主体，而且面对的不仅仅是可见的面孔，更有不可见的精神。所以，"面对他者"，不只是面对面的"看见"，更有精神上的"相遇"。

列维纳斯所讲的"面对他者"，不是认知关系中的认识、领会和掌握，也不是交往中的平等、对话和共生。前者是一种以我为中心的对象性关系，是要将他者变成另外一个我；后者是一种平等的共生关系，是要把他者变成同一性中的"我们"。无论是认知关系中的"我"，还是交往关系中的"我们"，变成了"我"视野中的他者、"我们"视野中的他者，这都是"我""我们"对他者施加同一性的暴力，都会消解他者的独特性。列维纳斯认为，他者高于"我"，具有绝对的优先性。面对他者的呼吁、请求，"我"必须做出回应。列维纳斯指出，回应（response）和责任（responsibility）的词根是相同的，"责任"一词从词源上是由"回应"一词演变而来的①。回应他者就是要对他者承担责任。

列维纳斯赞同马丁·布伯对"我-它"关系的批判，但并不赞成马丁·布伯所建构起来的"我-你"关系。他说，"我们怎么能够维持人们之间的特别的我-你关系，而不引出责任的伦理意味呢"②？马丁·布伯的"我-你"关系之所以没有引起伦理责任，是因为"我-你"关系是一种对称关系、同一性关系，而且这种对称关系、同一性关系建立在唯我论的基础上，其平等是以制度为基础的，其同一性是通过民主协商来完成的。因此，这种基于各自利益的"我-你"关系更多以一种利益平衡的方式，迫使角色普遍交换，最后达成一定的平衡，这就是罗尔斯所说的"重叠共识"与"理性平衡"。在这种协商的过程中，也可能潜藏着为了追求权力、利益的满足而导致冲突的风险。因为"我"与"你"的平等、权利与义务的对称，所以，"我"与"你"作为独立的主体，个人只对自己负责，对他人没有责任。这就是"我-你"关系在师生关系中运用的问题。有学者已经注意到，师生关系不能只谈平等问题，要以"促进学生发展"的教育性

---

① 列维纳斯. 道德的悖论：与列维纳斯的一次访谈//童庆炳. 文化与诗学（第一辑）. 上海：上海人民出版社，2004：199.

② LÉVINAS E. Proper Names. California：Stanford University Press，1996：32.

代替平等成为师生交往的核心价值追求，强调教师在师生交往中的领导者和组织者的地位和责任[①]。因为师生平等是师生间的一种对称关系，但师生角色、任务不同，决定了师生之间还具有不对称性。师生之间不是对称性的主体间关系。师生之间的差异性，决定了教师必须把学生作为一个与自己不同的他者。他者是绝对的、无限的，"他者并不是与'我'资格相同的主体，在他者与'我'的二者关系中，彻底的非对称性起支配作用"[②]。他者性的绝对性和无限性，决定了对他者的责任也是绝对的和无限的。

无限的责任不是指责任没有边界的宽度，而是指责任自觉的深度。在列维纳斯看来，"所谓责任，不是成为某种制度的义务，而是其可能性的条件"[③]。在主体间性师生关系中，教师对学生负有义务，义务与权利是对等的。因此，义务是被动的，是需要法律、制度保证的。列维纳斯以父子关系比喻我与他者的关系：父母对子女的关系不以回报为目的，不是以某种制度保证的义务，而是心甘情愿地、义无反顾地为子女承担责任。这种责任出于作为父母的主体性，因为是父母，所以必须要承担责任，必须要付出。师生关系同样如此，教师对学生的责任不是出于利益的计量、回报的考虑，也不是基于法律的约束和制度的规定，而是一种责任的担当，教师应该为、必须为学生的发展负责。"这种责任是单向的，我对他人负责却不因此要求他人对我负责"[④]，这种责任是一种无限的自觉责任，而不是有限的、"不得不"的责任。因此，教师心甘情愿、义无反顾地为学生承担责任，而不要求学生对自己回报。当然，学生面对教师也要承担起无限的责任，包括尊重教师、向教师学习等。这样的师生关系是充满着温情的伦理的关系，而不是以制度为约束的冷冰冰的主体间的利益关系。

总之，他者性以他者界定主体，主体成为为他者负责的伦理主体。以他者性观照师生关系，教师对学生的发展负有无限的责任，它改变了主体间性视野下教师对学生发展不负责任，或只尽义务负有限责任的状况。

六、从他者性到公共性

从主体间性到他者性，个人对自我主体性的认识由自我走向他人，使承载

① 余清臣. 师生岂能止于平等：我国当代师生交往制度的价值分析. 教育理论与实践，2010（4）：36－39.
② 港道隆. 列维纳斯：法外的思想. 石家庄：河北教育出版社，2002：223.
③ 同②225.
④ 刘要悟，柴楠. 从主体性、主体间性到他者性：教学交往的范式转型. 教育研究，2015（2）：102－109.

自我利益的个人主体转向对他人承担责任的伦理主体，这为人与人之间结合成一个真正的共同体迈出了最为关键的一步。人类发展的历史就是要不断突破自我中心，走向他者，最终实现公共性。

（一）公共性：共生体的主体间性

从主体间性到他者性，根本的变化是对主体性的认识。只有基于他者的主体性，才能对他者彰显伦理关怀和责任，才能超越个人利益，超越局部的群体利益，实现共主体的公共性。这种公共性不是协商的结果，因为协商是基于个人利益的"讨价还价"，是通过利益主体的相互妥协，最终还是为了自己利益的实现。依靠协商组建起来的共同体不具有牢固的根基，只是迪尔凯姆所描述的"机械团结"，非"有机团结"。个人主体只有走出自我，对他人负责，才能超越主体间的利益联合，建立具有内在联结性的伦理共主体。

对于什么是共主体，有两种理解：一种是共同主体，一种是共生主体。虽然二者都有"共"，但侧重点有所不同，共同主体的侧重点在于"同"，要在主体与主体之间寻求"最大的公约数"，通向伽达默尔"视域融合"的相通性，通向海德格尔"共在"的世界。共生主体的侧重点则在于"生"，在于主体间的共在、共生。虽然二者都是一种主体间关系，但共同主体把主体间性定位于寻求主体之间的共同性，主体间具有同一性；共生主体寻求主体间的共在、共生，主体间具有差异性。

公共性是指共生主体的主体间性。这种主体间性不是外在的基于利益博弈与平衡的主体间性，而是内在的主体间性。但它不同于马丁·布伯的"我与你"的主体间性。在"我与你"的主体间性中，"我与你"是平等的、对称的，且具有同一性；共生主体的公共性是"我与他者"的主体间性，"我与他者"具有绝对的差异性，"我"为他者负责，"我"与他者之间是一种非对称的伦理关怀关系。具有差异性的主体之间通过对他人的关怀和负责形成共生主体。共生主体间的有机融合构成了公共性。因此，公共性中既有共生主体整体性的一面，也有个人主体差异的一面。正如萨特所指出的，"在主体'我们'中，个人不是对象。我们包含互相承认为主体性的众多主体性"[①]。每个个体都是共生体的一个成员，每个成员都为他人负责，成员之间形成无条件的爱的关系，促使共生主体公共性的形成。

（二）他者性承认：走向共生主体的公共性

相对于主体性中主客体二元对立的关系，主体间性的"我-你"这一平等对

---

① 萨特. 存在与虚无. 北京：生活·读书·新知三联书店，1987：531-532.

话关系是迈向公共性的一种进步。但这种进步是有限的，因为建立在主体性基础上的主体间性没有改变主体"唯我论"的本质。主体间各自的唯我性，把对方当作"我"的影子，或者另一个"我"，使"我与你"保持了同一性，主体对他者的同化和压制抹去了他者的独特性、我与他者的差异性。"'他者'被漠视，湮没在所谓'主体性'价值的暴力之中。""'他者'无处寻觅，无处安顿"，而他者之所以能够成为一个主体，就是因为他者的绝对性。"他者不是一'他我'，不是总体一部分，而是我所不是。"① 他者具有绝对性，"我"与他者之间是一种不对称的关系。因此，"我"与他者的关系，不是在对话中寻求同一性、总体性，而是要尊重差异，相互承认，相互包容，在与他者的关系中，接受他者，包容他者，感受他者与"我"的不同。这就是"我"对他者的承认。承认诉诸对话，但对话不是为了形成同一性，而是包容差异，相互分享，形成互识。

公共性不是原初社会共同体的整体性。原初的整体性把个人完全纳入整体之中，没有了个体的存在。马克思指出，"我们越往前追溯历史，个人，从而也是进行生产的个人，就越表现为不独立，从属于一个较大的整体"②。经历了个人主体性和主体间性阶段的公共性，既是整体的"一"，又是个体的"多"，是"多"中的"一"和"一"中的"多"。它既保持了个人主体的独立性，又保持了人与人之间的关系性、统一性，使个体成为有机共生体中的成员。公共性以承认他者的存在为前提，不断地向他者开放，设身处地去理解他者的立场和观点。因此，要实现公共性必须容忍差异，尊重差异，不允许羞辱、蔑视、排斥其中任何一个人。每个人都作为独特的他者，都要不断加强对话和交往，参与共同体的生活，进而增进人们的"团结"，创造更具包容性的共生体。

包容强调对他者差异性的尊重，但他者性的主体性还表现出对他人的伦理责任。他者性的关系是差异性主体的相互关怀，相互负责。哈贝马斯指出，"每一个人都应怀着普遍的、团结互助的责任心……团结他人，即把他人视作我们中的一分子，是我们共同体中每个人的责任"③。正是"我"与他者之间的相互负责形成了一个相互包容、相互关爱的伦理共生体。这种基于伦理的共生体，不同于主体间的利益共同体，它是内在的，更加深刻，更加具有稳定性，更加具有凝聚力。

---

① 陈永章. 差异·他者·宽容：当代公共行政的伦理沉思. 华中科技大学学报（社会科学版），2014（1）：87-93.

② 马克思，恩格斯. 马克思恩格斯选集：第2卷. 3版. 北京：人民出版社，2012：684.

③ 贺来. 社会团结与社会统一性的哲学论证：对当代哲学中一个重大课题的考察. 天津社会科学，2007（5）：24-30.

（三）公共性中的主体间关系：共在、共生、共育

共同主体与共生主体都强调共性，区别于单子式的个人主体性；都强调内在的主体间性，以区别于没有个人的整体性。但共同主体在于寻求主体间的共同性，忽视主体间的差异。因此，共同主体中的主体间是双边的交互关系，具有双边性、对等性、求同性、封闭性。共生主体中的公共性是差异性主体之间的交互共生，"差异"与"共生"并在。正因为差异性的主体存在，所以主体间才需要共生，才可能共生。共生的理念在于差异主体间的"一起"，即共在、共生、共享、共育，具有多边的共生关系。

在公共性看来，教育是师生生命共同经历的过程，师生与教育内容构成了生命的共生体。它以师生的生命共在为前提。教师是一个独特的生命体，学生也是一个独特的生命体，师生只有把他们的生命投入教育教学过程中，确立生命的共在，才能实现生命体的共生。"共在"就是"一起"在、在"一起"。师生之间任何一方的"生命不在场"，都不可能达成生命的共在。生命共生体需要师生"生命共同在场"，但更需要师生生命的积极投入，把自己的情感和价值追求融入教育教学过程，这才是真正的生命"共在"。

"共在"是公共性的前提，"共生"是关键。"共生"强调在教育教学过程中教师与学生之间通过平等的对话交流达到相互理解、共同创造、共同成长。共同体中的师生具有同一性，在教育教学过程强调协同，这种协同常常因为教师身份的权威导致学生顺从教师。共生体中的师生关系是相互规定、交互生成的，师生没有固定的身份。师生角色与身份的定位取决于各自对知识创生和人格实践的动态贡献，因此是动态的、可变的。师生的界限是模糊的，不再有明确的角色分工。"亦师亦生""非师非生""互以为师""互以为生""动态更换"成为师生关系的新内容[①]。这种动态生成的师生关系，要求作为学生的教师必须"死去"，以便作为学生的学生重新"诞生"；同时，作为教师的学生也必须"死去"，以便作为教师的教师得以"重生"[②]。

共生是过程，分享是结果。教育的过程是师生生命共生的过程，在这个过程中，师生生命都得以成长、发展和完善。在传统的教育中，教师教，学生学，学生成长了，教师却"牺牲"自我了，这一结果是单向的师生关系导致的。在共生体中，教师和学生都作为学习互生的主体，实现着生命的共同成长。这种

---

① 龙宝新. 教学共生体中的师生关系内涵与重建. 河南师范大学学报（哲学社会科学版），2016 (5).

② 联合国教科文组织国际教育发展委员会. 学会生存：教育世界的今天和明天. 北京：教育科学出版社，1996：176.

成长是一种分享，而不是一致。共同体是通过师生对话、理解等达成共识；共生体则通过对话、交流，相互分享，相互理解，尊重差异，形成互识。共同体追求主体间的同一，它使公共性成为主体间的划一性；共生体追求主体间的分享、互识，它使公共性成为"和而不同"。

（四）培育公共性

当代中国教育，不断地张扬个人主体性，强调个人权利和自由，相对于传统社会压制个人主体性而言，这是一种极大的进步。但我们也要认识到，过分张扬个人主体性，却忽视了公共性。就现实而言，人们关注自我的权利、自我的利益，追求以自我为中心的公平，而不顾他者（尤其是作为弱者的他者）的利益，缺少人与人之间的关爱、同情和社会责任感。这样的教育，使每个人都成为精致利己主义者，而没有了共同体意识和公共精神，导致社会成为一盘散沙。因此，当代中国教育需要重建共同体意识，通过对他者性的承认，培养人的同情心、爱心和责任感，真正地使单子式的"我"成为共同体中的"我"，成为一个对他者负责任的"我"，通过人与人之间的相互负责，最终成为共同体的"我们"。

（1）确立"我们"的共同体意识。

现代性是以个人主体为核心的，个人主体以为我和占有为其存在的方式。在人与人结合的社会中，呈现出主体性的个人以自我为目的，其他的一切都是"我"占有和利用的对象，成为发展自我的手段。所谓的社会，是一个为自利目的进行合作的外在结合体。每个主体，主观上是为自己的，但客观上也为他人带来了利益。人与人都是为了实现自己的目的"不得已"而合作，使人与人之间成为一种外在的关系，失去了内在的统一性。社会之所以丧失了内在统一性，就是因为这种主体性是自我中心的，这种主体性必然导致价值个体主义的兴起和价值共识的危机，从而使建构社会统一性所必需的价值基础付之阙如。这是社会陷入公共性危机的深层根源。

当代哲学对主体"我"的认识发生了根本性的变化，它不是把"我"当作"孤独的主体"，而是把"我"当作"我们"中的一员。黑格尔提出，每个人只有"通过它的对方才是它自己"，也就是说"自我"只有从他人那里获得承认和确证时，才能称其为"自我"[①]。因此，现实中的"我"不是孤立的单子式存在，而是"我们"在一起，离开他人，"我"也无法生存。对此，海德格尔也指出，"此在的世界是共同世界。'在之中'就是与他人共同存在"，"此在自己本

---

① 黑格尔 . 精神现象学（上）. 北京：商务印书馆，1979：118.

来就是共同存在。此在本质上是共在"①。萨特也指出，"'我们'相当于'我'的复数"，"在主体'我们'中，个人不是对象。'我们'包含互相承认为主体性的众多主体性"②。这就是说，"我"以"我们"的方式而存在。"我""你""他""我们"结成了"共同体"。

现代性的当代发展出现了个人主体的泛滥，每个人只为他自己而存在，背离了共同体的内在要求。因此，西方资本主义社会出现了"公民唯私综合征"，公民对公共事务的热情不断减弱。我国社会在新时期经济发展的促动下，也已出现了个人至上的精致利己主义者。因此，解决当代社会公共性的缺失问题，必须重建个人主体的观念，由"我"走向"我们"，把每个人都视为与他人不可分离的"我们"中的一员，每个人都为他人负责，并依此重建共同体的内在精神根基。这一精神根基不是先验的、形而上学的，而是人与人之间的相互承认、包容和负责，它使每个主体具有团结的力量，促使社会形成共同体。

（2）类主体：公共性教育的目标。

马克思关于人类社会发展的三个阶段理论，即从古代社会无个人主体的依附性整体到近代社会个人主体性对社会整体性的分裂，再到当代社会对个人主体性的反思批判，进而到公共性阶段。在人类社会发展的三个阶段中，人的发展也经历了依附性个体、具有独立性的个人主体、当代社会的类主体几个阶段。全球化的发展以及人类共同面临的发展困境，要求人类必须联合起来，成为一个共同的主体，具有公共性。类主体是公共性阶段人的存在形态。

不是把人类当作主体，把自然界当作客体，这样理解的类主体依然是主客体二分的人类中心论。类主体也不是指整个人类，整个人类作为共同主体，目前更多的还是一种可能而不是现实。不论多大范围的共同体，都是由个人主体组成的，只不过个人主体组合的方式不同。在主体性阶段，个人主体是分离的、孤立的；在主体间性阶段，个人主体间是平行的；在他者性阶段，个人主体是相互关心、相互负责的；在公共性阶段，个人主体是融入共同体中的。公共性因为共同体的范围不同也有区别，有社群的公共性、国家的公共性、民族的公共性、社会的公共性和人类的公共性。人类的公共性是最高层次的公共性。培养公共性的人，不能只注重局部的公共性。为了局部的公共性排斥人类的公共性，这样的公共性是狭隘的。宗教的激进主义、民族主义、国家主义等都是狭隘公共性的表现。人类作为最大的共同体，类的利益是最高层次的公共性。类主体就是具有人类公共性的个人主体，这就是马克思所说的，"人终于成为自己

---

① 海德格尔. 存在与时间. 北京：生活·读书·新知三联书店，1999：136，140.

② 萨特. 存在与虚无. 北京：生活·读书·新知三联书店，1987：531－532.

的社会结合的主人，从而也就成为自然界的主人，成为自身的主人——自由的人"①。

按照马克思的上述认识，类主体主要体现在三个方面：

第一，在人与社会的关系中，类主体成为"自己的社会结合的主人"。

人不是孤立存在的，而是必须与他人共在。在人类社会初期的依附性形态中，不是每个人都有独立存在的可能，大多数人依附于他人而存在。对这些人来说，他们不是自己的主人，所形成的社会关系是被动的依附关系，而不是自己作为主人的社会结合。近代以来，笛卡儿的"我思故我在"确立了近代唯理主义的个人主体性，个人摆脱了对他人的依附而获得了独立性，但个人主体性导致出现了主客体二元对立的对象化关系，这就是霍布斯所说的"人对人是狼"，萨特所说的"他人即地狱"，人与人之间的关系出现紧张和恶化。20世纪以来，哲学家们开始反思主客体对立的主体性的局限和危机，并寻找新的出路。胡塞尔提出从个体主体性走向交互主体性；海德格尔用生存论的"共在"避免先验主体形而上学的困境；哈贝马斯以交往理性取代工具理性；马丁·布伯以"我-你"的关系定位人与人之间的关系，取代了"我-它"的关系。总之，哲学家们以主体间性消解主客体二元对立的主体性，强调人与人之间是一种平等的交往关系。他者性哲学在人与人之间的关系上走得更远。它不仅批判了主体性主客体对立的关系，而且批判主体间的同一性对他者的同化和压制，主张人与人之间的关系不仅是平等的交往，而且还充满着关怀和责任。所以，人与人之间的关系，从主客体二元对立，到主体间的平等交往，进而到主体间通过相互关怀和负责结合为社会的共同体，个人成为社会结合的主人，成为社会共同体的主人。在社会共同体中，个人既不是孤立的"小我"，也不是社会共同体的"大我"，每个人都存在于社会共同体之中，共同体赋予了每个人本质，每个人又联结为一个共同体。在这样的社会共同体中，实现了小我与大我、人与人、人与社会的有机结合，人人共同创造了统一的社会关系，个体也因此服从于共同体的控制②。

作为共同体的成员，个人必须有对共同体的认同，这是公共性教育的底线。共同体之所以成为共同体，能够凝聚人与人之间的关系，是因为共同体具有共同的价值观，具有公共利益和公共善。因此，公共性教育必须对学生进行共同价值观的教育，进行公共意识的教育和公共善的教育，使学生具有公共意识、公共美德和公共精神等，实现共同体与个人的相互融入。融入共同体中的成员，

① 马克思，恩格斯. 马克思恩格斯选集：第3卷. 3版. 北京：人民出版社，2012：817.
② 冯建军. 当代主体教育论：走向类主体的教育. 南京：江苏教育出版社，2004：181.

并非经过共同体改造的标准化的人，而是每个人都作为独立的我，具有差异性。对于共同体中的差异个体，公共性教育还必须进行多元文化教育、理解教育、尊重教育，使他们学会交往，学会合作，学会尊重，学会共生，从而过一种公共生活。

第二，在人与自然的关系中，类主体成为“自然界的主人”。

人会以对待人的方式对待自然界。在人类原始社会中，生产力发展水平不高，人改造自然的能力有限，人匍匐于自然之下，为自然所奴役和控制。古代所谓的“天人合一”，其实是天人不分，人缺少改造自然的意识和能力，被动地融合于自然之中。随着近代生产力的发展、科学技术的进步、人改造自然的能力不断增强，人类中心论的意识也逐渐强大，以至于到了“战天斗地”“人定胜天”“战无不胜”的地步。人疯狂地征服自然，违背了自然的本性，最终换回的是自然的报复。当今社会日益严重的环境危机、生态失衡、气候变暖等都在向人类发出警告。从人类是自然的奴仆，到人类在自然面前的狂妄自负，人类都没有正确地定位自己。当代社会面对日益严重的生态危机，不得不追根溯源反思主体性所导致的人类中心论，转而谋求人与自然和谐的“天人合一”。“天人合一”不等于古代社会的天人混沌不分，而是要构筑人与自然的共生体。人与自然的共生体，不是仅仅把人视为自然的存在物，为自然所奴役，而是依然需要人改造自然；但人对自然的改造，要在保证自然界生态系统平衡的限度之内，实现人与自然的和谐共生、协调发展。人是自然界的主人，不是自然界的征服占有者，而是人与自然共生体中的主人，要尊重自然，尊重自然界的生命，与它们共同构成人与自然共生体。在这种共生体中实现天人合一，就是马克思所期盼的共产主义社会的状态，“作为完成了的自然主义，等于人道主义，而作为完成了的人道主义，等于自然主义，它是人和自然界之间、人和人之间的矛盾的**真正解决**，是存在和本质、对象化和自我确证、自由和必然、个体和类之间的斗争的真正解决”①。

人是自然界的主人，但不是自然的征服者。人与自然之间的和谐相处，要求人们必须放弃征服的心态，把自然界的万物看作与我们平等的生命，敬畏自然，保护人类生存的家园和人类的伙伴。敬畏自然，就是敬畏我们自己；保护自然，就是保护我们自己的家园。我们必须通过环境教育、生态教育、可持续发展教育，打造人与自然和谐共处的人类生态文明。

第三，在人与自身的关系中，类主体是完整性基础上的“自由的人”。

人在关系中成长，人与社会、人与自然的和谐关系，也塑造了人与自身的

---

① 马克思，恩格斯．马克思恩格斯全集：第 42 卷．北京：人民出版社，1979：120.

和谐发展，使人成为自身的主人。不仅人是自然的一部分，而且自然作为人生存的母体，人对自然的改造也赋予了人精神品格，这就是对自然的敬畏，是"民胞物与"和可持续发展的观念。联合国教科文组织把"可持续发展"作为当代及未来教育发展的核心关切。人面对他人，人的本质是人与人结成的社会关系的总和，"人对自身的任何关系，只有通过人对他人的关系才得到实现和表现"①。人的社会性是历史生成的。公共性阶段的人，是共同体中的成员，既具有个人的主体性，又具有共同体的公共性，是个人主体性与公共性的统一。具有公共性的个体，他们之间不是对立关系，也不是利益的外在联合，他们只有在相互承认和尊重对方的主体身份，并对他者负有责任时，才能既使每个人成为平等的自由人，又使他们结合成为一个共同体。只有在这样的共同体中，个人才能获得发展其才能的手段，最终"以一种全面的方式，也就是说，作为一个完整的人，占有自己的全面的本质"②。

人的发展经历了近代以来主体性孕育的理性单面人的形象，单面人导致了主体性的张狂、理的僭越、物欲的膨胀，导致了社会的功利、文化的世俗化和精神的式微、信仰的失落。公共性阶段通过消灭主体与客体、人与自然、人与人、人与社会之间的对立，实现了生命的自然性与超自然性、理性与非理性、科学与人文、世俗性与精神性的统一，成就了一个完整的人。共同体中的完整的人不是一个模式的人，而是一个个具有差异性的他者。个体通过对他者的无限关怀与责任，把他们凝聚为共同体，实现他们之间的公共性。因此，共同体中的人不仅是整体的人，也是自由的人，是建立在全面发展基础上的具有自由个性的人。

培养完整的人的教育需要全面发展的教育。全面发展不是要求门门优秀。由于存在着个体的差异，全面的发展是在个体差异基础上的全面发展，因此，全面发展应当注重个性化发展。我们需要以全面发展的教育为基础，尊重个体的差异，使他们按照自己的意志自由发展，最终成为自由之人。对此，我在《当代主体教育论：走向类主体的教育》已经做了系统的阐述，这里不再赘述。

总之，历史地看，人类的发展经历了从无主体性到有主体性，从主体性到主体间性、他者性，最终实现公共性。实现公共性是人类发展的目的。主体性、主体间性、他者性都在扬弃中发展，后者不是对前者的否定，而是对前者的修正、完善。它们都是最终实现公共性的发展环节。公共性不同于传统社会的整体性，传统的整体性中没有个人，而现代的公共性的前提是每一个具有主体性

① 马克思.1844年经济学哲学手稿.3版.北京：人民出版社，2000：59.
② 马克思，恩格斯.马克思恩格斯全集：第42卷.北京：人民出版社，1979：123.

个人的参与，但个人不能把他人视为客体，而是把他人视为可以与之照面、交流的主体，视为一个独特的他者。主体之间通过交往、对话、承认，通过对他者的关怀和负责，最终实现公共性①。所以，培养人的公共性，不仅要弘扬人的主体性，而且要倡导主体间性；不仅要倡导主体间性，而且要培育他者性，使人与人之间在平等的交流和关爱中，走向他者，进而形成内在的伦理共生体，实现公共性。

---

① 孙迎光. 从主体性到公共性：教育理论的发展历程. 教育理论与实践，2011（13）：3－6.

第四章
生命与教育

一、生命是教育的逻辑起点

人是什么？人的本性是什么？对认识教育和从事教育活动而言，这无疑是一个关键的问题。因为其他许多问题都取决于我们对人性的看法，"对人性的不同看法，必然对我们应当做什么和怎样做，给出不同的答案"[①]。

（一）对以往认识"人"的方式的反思

人是什么？人与动物相比根本区别是什么？人性是什么？这些成为哲学家必须回答的问题。哲学家提出了成千上万种见解。这些见解大体可以分为两类：一类是以物的观点来认识人，把人归为动物的族类，运用"求异法"，寻找人与动物的不同特征。他们认为只要从特征上把人与动物区别开来，就把握了人的本质。所以，他们提出了"人是政治的动物、文化的动物、理性的动物"等，把理性、精神、社会性等认定为人的本质。另一类是从超越性上把握人，如宗教把人神化，把人性定义为上帝的神性，而无神论的存在主义倡导人的绝对自我选择和自由。无论是从物的角度来把握人，把人归为"物性"，还是从超越性的角度来把握人，把人归为"神性"，都失落了人，因为人既不是物，也不是神。因此，从这两种角度认识的人，都不会是真正的人。

这种探讨无法探明人的本质，是因为它是一种认识物的方法。人虽然也是动物，但人作为人已经具有了不同于其他动物的本性。动物的本性是由物种前定的，而人的本性是在实践活动中创生的，是自为的可变本性。人的本性是可变的，但动物的本性是不变的。以往的探讨，习惯于采用"属加种差"的办法，寻找人与动物的不同点，把人定义为"具有附加值 X 的动物"。运用认识物的方法认识人，无论怎样定义人，人都终究是物，而非现实的人。所以，以往的对人的认识，第一是静态的，它不适合认识动态的人。第二，以往对人的认识都局限在人的特性的某个侧面，虽然这些特性、功能为人所有，但其只是某个点，不代表整体的人。人是完整的，它不可能用某个点来代表。所以，以往对人的探讨，如同盲人摸象，具有片面性。第三，当我们用物种的方法认识人时候，不仅认识的是人的某一特性，而且必然会把人物化，而人的物化，也就是人的抽象化。当我们指着某人说，"你是政治动物""你是文化动物"，或者说，"你是善的""你是恶的"，不觉得滑稽可笑吗！人就是人，是活生生的生命体，在现实生活中展现自己的存在，在实践中寻找人生的意义。

---

① 史蒂文森. 人性七论. 北京：商务印书馆，1994：5.

以往之所以用物种的方法和逻辑认识人，除受上述"物种"的观点和由此形成的追求前定、单一、不变本性的那种认识物的思维方法的影响外，还有一个重要原因就是很难摆脱动物的生命观。在人们的观念中，生命有机体与非生命的区别就是是否有生物的特征，"生命表现为无数种植物和动物的形态"①。而具有生物的特征只是一种对生命的认识。因此，人作为一个生物有机体，对其本质的认识必然还原为动物的生命观。

高清海指出，我们对人的认识，必须突破"物种"的认识逻辑和方法，用人的方式来认识人。把人从本性上与动物区别开来，确立关于人的另一种生命观。

动物的生命是前定的，总是先在规定着后在，动物的生命、动物的本性，与后天的活动没有直接的关系。但人的生命是靠后天的活动来滋养的。马克思说，"一当人们自己开始**生产**他们所需要的生活资料的时候（这一步是由他们的肉体组织所决定的），他们就开始把自己和动物区别开来"。马克思以实践的观点来考察人的本质，认定"个人怎样表现自己的生活，他们自己也就怎样。因此，他们是什么样的，这同他们的生产是一致的"②。马克思的经典论述表明，人的本质是在实践活动中由自己创生的，人是自己本质的创造者。从马克思所确立的"实践观点"来认识人，才能突破对人的本性的僵化的物种认识，确立现实的具体人的观点，进而把握"活生生的人"。

这是在认识人的方法论上的重大变化。考察人的思维方式和方法论问题由马克思主义哲学的实践观点解决之后，从本性上把人与动物区别开来，根本转变关于人的传统观念，"生命"就是关键性的切入点。

（二）人是双重存在的复杂生命体

马克思认识到人自身的独特性，提出"人的根本就是人本身""**人是人的最高本质**"③，把人归结为人自身，"人就是人"。

对于动物，说"狗就是狗""猫就是猫"，只能是一种同语反复，因为可以找到它们的上位概念，找到它们在上位概念中不同于一般的特殊种差，从而定义自身。但对人来说就不同了。人不能归结为人以外的某物，对人只能从其自身出发去理解，去认识他的特有内涵。任何把人理解为人以外的事物的做法，都容易把人抽象化，而将人理解为"非人"。

---

① 贝塔朗菲.生命问题：现代生物学思想评价.北京：商务印书馆，1999：6.
② 马克思，恩格斯.马克思恩格斯全集：第3卷.北京：人民出版社，1960：24.
③ 马克思，恩格斯.马克思恩格斯全集：第1卷.北京：人民出版社，1956：460-461.

人是一个特殊的存在，这一特殊性就在于他是一个双重的生命体，而任何一个其他的存在都是一个单一的生命体。所以，用任何其他存在比照人，都不能正确地说明人，从这个意义上，人只能是人，这是一个内涵深刻的结论。

人来自物，却又不是物；有着同于动物的生命体，但又不等同于动物的生命本性。动物的生命是单一的"种生命"，而人的生命不满足于"种生命"支配的本能生活，他的生活是经过理解和筹划的有意义的生活，因此，对于人，他不只满足于吃喝拉撒地"活着"，还追求理想和自我价值的实现，追寻"为什么活着"以及"人生的目的和意义"的答案。这说明人已经突破"种生命"的局限，去追求具有价值和意义的"超生命的生命"。对此，马克思做了正确揭示。他说，"动物和它的生命活动是直接同一的。动物不把自己同自己的生命活动区别开来。它就是**这种生命活动**。人则使自己的生命活动本身变成自己的意志和意识的对象。他的生命活动是有意识的"①。正因为人的生命活动是有意识的，所以，人的生存方式就不是动物式的被动地依赖环境，而是变成依赖于自身生产生活资料的活动。

按照马克思的观点，当人开始生产他们所需要的生活资料的时候，人就脱离了动物而成为人。动物依赖于自然环境，依赖于它与生俱来的自然生命，动物的活动是其本能的表现。但人不是这样。人虽然脱离不了自然环境，也离不开本能的活动，但这不是人的唯一，甚至不是根本。人自己生产自己的生活资料，生命由原来依赖于环境而存在，变成依赖于自身活动而存在。动物与人虽然说都是生命，都具有自然的生命体，但生命的本性发生了变化，人依靠自身的实践活动，创造了自身独有的"类生命"。我们之所以反对以物的方式来解读人，就是因为生命进化到人，人的生命与动物的生命出现了根本的差别。

如此看来，人是具有双重生命的存在，既具有和动物共有的种生命，又具有自己独特的类生命。种生命是自然的生命，是物种所先在设定的本能生命，因此是自在的生命，它为每个生命个体所承载。类生命是自我创生的自为生命，它是社会历史积淀的文化、科学、智慧等在个体身上的反映，因此它是精神的生命、智慧的生命和价值的生命。

在动物身上，种生命就是它的一切，动物的种生命是什么样的，它就怎样表现它的活动，所以，动物的活动和它的生命是统一的，就是它的本能体现。对动物来说，不存在价值的追求和理想，它们没有昨天和明天，没有已为和应为的区分，没有本能和意义的区分。活着是它唯一的追求。所以，在日常生活中，我们说一个人没有理想和追求，责骂他"活得像一头猪一样"，就是从这种

---

① 马克思，恩格斯. 马克思恩格斯全集：第42卷. 北京：人民出版社，1979：96.

意义上出发的。

人具有双重生命。人的种生命从形态上看，与动物相同，是自然给予的，与肉身结为一体，遵循生物体的运行机理和规律，有生有死，是有限的生命，非人的意志和意识所能支配。每个个体呱呱坠地，都是一个自然的生命体，在种生命上没有太大的差异，甚至可以说没有差异，但后天所成就的社会人，反映出类生命的巨大差异。这说明，人的类生命已经超越了种生命的有限性，走向无限，获得了自我创造、自我规定的自为性。从这个意义上说，人可以成为自己生命的主宰者，能够自主地支配自己的生命活动。这就是类生命的本质。

西方学者把人说成"一半是天使，一半是禽兽"，虽然也指出了人的双重生命，但没有说明双重生命的关系，没有说明它们如何统一于人自身。马克思主义正确地指出，人的本质就在于创造和实现具有价值和意义的类生命，但类生命的实现离不开种生命提供的自然基础，否则，人就不是人，而成为"神"。类生命在于创造和超越，在于不断地趋向于"神"，但人永远成不了神，因为他由种生命做限定。人的种生命在类生命的引导下，也具有了人的特性。

种生命和类生命是有机的，二者不是西方学者所言的"一半和一半"的关系，而是组合成为一个复杂体。对人的本质的考察，长期以来使用的是"二分法"，因此陷入了"肉体与灵魂""物性与灵性""生命与精神""实然与应然""野兽与天使"的争论之中，按照这种"非此即彼"的思维方式，无法认识"不是其所是，是其所不是"的矛盾性的人。

人的生命就处在矛盾和悖论之中。人是物，却又不是物；是生物体，却又不能把他当作生物体；生死是必然的，生命是有限的，但人总是通过自己的创造活动，超越有限、虚无和死亡，在有限中追求无限、永恒的意义；人从"历史"中来，生活在现实之中，但他却面向未来，把未来、明天作为人生的期盼而时刻不会放松。就这样，"自然性与超自然性、有限性与无限性、历史性与超越性等，这些互相对立的两极性矛盾关系便在人身上同时存在，并且两极相通，共同构成人的生命的有机组成部分。……人的生命不存在任何一极，而是存在这些环节的否定性统一之中"[①]。

总之，我们对人的认识，要将物的认识方式转变为人的认识方式，认识到人是由双重生命构成的一种具有复杂性的统一体。种生命和类生命在其所表现出来的一系列悖论和矛盾中，通过否定和超越这一生命的自组织性，实现它们的统一。也就是说，种生命和类生命是生命整体中的一个元件。对这两种生命

---

① 高清海，胡海波，贺来. 人的"类生命"与"类哲学"：走向未来的当代哲学精神. 长春：吉林人民出版社，1998：41.

的区分只是我们的一种思维逻辑，也就是说，我们可以在理论研究中进行区分，在生命整体中"找出"本能的种生命，或意向性的、价值性的类生命，这只是一种研究的需要。实际上，二者如果脱离了人的生命整体，脱离了它们的矛盾关系，就不会成为生命的一部分。

1. 种生命：未特定化的自然生命

（1）人是自然的存在物。

马克思主义反对把人抽象化，反对把人等同于具有绝对理念或自我意识的精神实体，肯定人是"自然的、肉体的、感性的、对象性的存在物"。所以，马克思和恩格斯对人的考察首先肯定"人是自然界的一部分""人直接地是**自然存在物**"[①]。自然的生命是人作为人的前提和基础，因为只有首先是一个活的生物体，成为肉体组织的主体，才有可能成"人"。马克思解释了人作为有生命的自然存在的内涵，"一方面具有**自然力**、**生命力**，是**能动的**自然存在物；这些力量作为天赋和才能、作为**欲望**存在于人身上；另一方面，人作为自然的、肉体的、感性的、对象性的存在物，和动植物一样，是**受动的**、受制约的和受限制的存在物，也就是说，他的欲望的**对象**是作为不依赖于他的**对象**而存在于他之外的"[②]。如果一个存在物在自身之外没有自己的自然界，就不是自然存在物，就不能参加自然界的生活。

说人是自然的存在物，首先是说人是有生命的肉体组织的存在。人的生命属于生物体，表现为一种生物学意义上的生命。生物体或生命体与非生命体的区别就在于生命的存在。这一生物意义上的生命是人、动物、植物和其他一切有机物都具有的。

（2）人是人的自然存在物。

把人当作自然存在物，其意义是有局限性的。人是自然存在物，但与动物等其他自然存在物相比，人虽是同样的自然存在，但已经打上了人的烙印，具备了"属人性"。

生物人类学的研究揭示了这一点，"人的外表甚至也是特殊的人类的外表。对客观论的思想来说，这似乎是显而易见的，但是，依赖于这一点的理性人类学和旧的进化论，倾向于把人的生命基础看成动物性的，认为真正属人的一面仅仅始于理智的上层结构。然而，深化了的认识现在已发现，我们的生物性甚至在总体上也是属人的。根据一种综合性的结构原理，人从最初就不同于动物，这个原理也包括了人的生理属性，并认为在生理属性中也表现出了人性。人不

---

① 马克思，恩格斯. 马克思恩格斯全集：第42卷. 北京：人民出版社，1979：95，167.
② 同①167.

能划分为属人的和非人的层次"①。

亚里士多德指出，"人类是唯一直立的动物，因为其本性是神圣的。最神圣的活动就是认知和思想。如果躯体上部负荷着大量沉重下坠的肉体，这种神圣的活动将变得十分艰难，因为肉体的重量会妨碍心智和共同感受的活动"②。直立行走对人来说，有利于心智的发展，而且从生理上讲，解放了双手。手是人制造工具的"工具"，正是手这一工具，才使人摆脱了本能的匮乏，能够不确定地用一切方式掌握事物，开拓丰富多彩的生活空间，制造他们的生活必需品。康德说，"人作为有理性的动物，其特征已经在他的手、手指和指尖的形态结构上。……大自然由此使它变得灵巧起来，这不是为了把握事物的一种方式，而是不确定地为了一切方式，因而是为了理性"③。

直立行走，使人由动物进化为人。人与动物在生理性上的差别还在于器官和组织的机能不同，这表现在每个器官上，只不过差异程度有大小而已。而决定人成为万物之灵，成为理性动物的根本在于人特别发达的大脑。科学家的研究都强调这一点。阿西摩夫在《人体和思维》一书中指出："人类之所以成为地球上的统治者，仅仅因为受惠于一种更重要的特化器官——人的大脑。"巴兰丁在《时间·地球·大脑》中也指出："理性人的一个主要部件——大脑，它使得人区别于所有其他动物并能创造出人类活动圈。"④

但是，"人的生理和精神特质彼此并非没有联系……它们各自以另一方面为目的，彼此制约对方"⑤，人类生物学家阿道夫·波特曼认为，肉体已被重要的精神原则所决定，并且只能根据精神来理解。人的许多生理属性的分类，应该有别于动物，因为它们必须与精神实在共存。因此，人的食性行为并非等同于动物的自然生理机能或生理需求，而是属于人的生理属性和机能。对此，马克思也指出，"吃、喝、性行为等等，固然也是真正的人的机能。但是，如果使这些机能脱离了人的其他活动，并使他们成为最后的和唯一的终极目的，那么，在这种抽象中，它们就是动物的机能"⑥。

（3）人是未特定化的生物体。

人作为生物体与动物的最大差别，还在于动物的生理构造和机体组织是特定化的，而人是未特定化的。所谓动物的特定化是指动物的活动器官的构造和

---

① 蓝德曼．哲学人类学．贵阳：贵州人民出版社，1988：203－204．
② 苗力田．亚里士多德全集：第5卷．北京：中国人民大学出版社，1997：129．
③ 康德．实用人类学．重庆：重庆出版社，1987：235．
④ 夏甄陶．人是什么．北京：商务印书馆，2000：86．
⑤ 同①204．
⑥ 马克思，恩格斯．马克思恩格斯全集：第42卷．北京：人民出版社，1979：94．

机能是前定的——"它一出自然之手就达到了完善"，而且每种器官功能上的专门化，使每种动物只能在其特定空间生活。许多动物只能生活在陆地，许多动物只能生活在海洋，还有许多生活在天空中。而且每种动物都有其适应特定生活空间所需要的活动器官。例如，适合陆地上生活的动物有肢体，适合水中生活的动物有鳃，适合天空中飞行的动物有翅膀。正是这些特殊的专门器官，才把某一物种和其他物种区别开来。鱼不能生活在陆地，狗不能生活在天空，鸟儿不能生活在水里。动物由于它们特定化的器官和本能，被限制在十分特殊的外部生活条件中。

所谓人的未特定化是指人的活动器官在构造和机能上具有非专门化的特点和性质。这里所说的人的器官的非专门化，并不是在人的器官的自然分工意义上讲的。从自然分工的意义上说，人的器官也是专门化的，它们分别履行它们各自的生理机能。这里所说的人的器官的非专门化，是指人的器官并不是为专门适应某一固定的、特殊的环境而服务的，因此，它不具备适合某一特定环境的特殊功能。"人的器官没有片面地为了某种行为而被定向，在远古就未被特定化（人的食物也是如此；人的牙齿既非食草动物的牙齿，亦非食肉动物的牙齿）。所以，人在本能上也是匮乏的：自然没有对人规定他应该做什么或不应该做什么。"[1] 正因为如此，人的器官具有极大的可塑性、广泛的适应性，可以不确定地适合人的一切行为方式。

动物的特定化，使动物的生命是"完善"的。正因为它是"完善的""完成了的"，所以是确定的、限定的、无法发展的。尽管动物的生命系统也是开放的系统，但那只是指动物系统内部的物质、能量的输入和输出，只是表现为新陈代谢的生物运行。动物对外部环境只能是依赖和适应，只能以其完成了的、特定化的和具有确定性的本能"使自然早已为它提供的东西现实化"，其与环境的关系是非开放的封闭性。

人的生命的未特定化，表面看来，对人并没有好处，它使人适应环境的能力达到了最低点，使人失去了固定的、唯一的、被特定化的生存家园，这只是被动的一面。但还要看到问题的另一面，人的未特定化是不完善的，这意味着自然界把尚未完成的人放到世界之中，它没有对人做出最后的限定，在一定程度上给人留下了未确定性，给人留下了广阔的发展空间和创造的自由。未特定化使人也失去了本能的"枷锁"，使人能够按照"属人的"特征自我创造，这一过程表现为人是自由的。蓝德曼指出，人在双重意义上是自由的，一方面人从本能的统治下"获得自由"，另一方面人又在趋向创造性的自我决定中"走向自

---

[1] 蓝德曼. 哲学人类学. 贵阳：贵州人民出版社，1988：195.

由"。生理上的未特定化导致的发展的不确定性，为人的再发展提供了无穷的发展空间，为人的创造性和自由提供了自我创造的机会，为人的未完成性提供了开放性的吸收和超越性的生成过程。这都为类生命的存在创造了条件。

2. 类生命：超自然生命的生命

人的未特定化把人的种生命和类生命联系起来。种生命使人成为一个有肉体组织的自然实体，它是人生存的第一需要。但人的生命又是一个非常特殊的自然存在，人的生命的未特定化、不确定性，造成了人的生命功能的欠缺——本能的缺乏。正是由于人的本能的欠缺同生存需要的矛盾，才使人产生了一种新的、超越生命功能的需要，即支配生命活动的"超生命的生命"。这一超生命的需要是动物不可能有的，是人所特有、标志人所为人的根本。区别于种生命，它是人类特有的生命存在形式，所以，可以称之为类生命。

（1）人是自为的存在。

动物是自在的存在，人是自为的存在。马克思说，"可以根据意识、宗教或随便别的什么来区别人和动物"①，因为意识、宗教等都是人的生命自为性之体现。顾名思义，自为是自己做主，自己有所为。它是人在对环境作用的过程中表现出来的人的自我意识和主体性。

相对于动物自在的无意识或潜意识，意识和自我意识成为人生命存在的前提。马克思多次指出，人的生命活动是有意识的，这种有意识是人通过改造无机界而得以明证的。正是由于这一点，人才是类的存在物。这也是埃德加·莫兰在《迷失的范式：人性研究》中通过对人类进化史的考察所得出的结论。

人是有意识的，这种意识使自己的生命活动变成自己的支配对象，人成为生命活动的主宰者。人是有意识的，这种意识通过生产劳动支配人的活动对象，变革人的生存环境、外部的客观世界。这意味着人是自我发展、自我生成的主体，人是改造自然的主体。

人作为自为的生命体，是一个主体，其在对客体改造的过程中呈现出积极性、主动性，对客体的改造反映自己的意志，使客体镌刻上人的本质的力量。所以，自为的生命是一种主动的生存方式，其源于生命本性的需要，使生命本身焕发出活力，表现出创造性和对自由的不断追求。

自为的生命存在，以意识为基，孕育着主体的选择和追求，饱含着创造和自由的向往，使生命从"骨子"里、本性中，迸发出勃勃的生机和活力。

（2）人是文化的存在物。

文化是人类的自为行为，因而也是人类特有的活动。动物不具有文化行为，

---

① 马克思，恩格斯. 马克思恩格斯全集：第3卷. 北京：人民出版社，1960：24.

即便是"人"，在进行"文化"活动之前，也不能被称为人。人因为从事文化活动而成"人"，因此，蓝德曼把人类学的未来说成"文化人类学"，并认为文化是人的"第二天性"。

之所以是"第二天性"，是因为它是人性中最基础的"未特定化"和"自为性"的必然产物。没有人的未特定化，人就没有补偿自己生理不足的需求，就不可能有对文化的需求。但还要看到人成为文化存在的可能条件，这就是人的意向性和自为性。因为文化的世界是人通过变革自然界而有意识地创造的。无论是对于自然，还是对于社会、对于他人，人的活动（物质资料的生产活动、精神活动）总是有意向的。这个意向性，表现了人的生命存在的某种本质特点，它是文化的最根本的特征。只要有这个特征存在，就必然存在一个文化的世界。

人成为文化的存在，或者说，文化成为人的特性，生理上的未特定化为其提供了保证，有意识的自为的活动为其创造了条件。所以，文化世界是一个以人为本体的世界，人的意向性是文化世界的动力和指向，人的活动是文化世界的运动方式①。文化是人的生命本性所为，生命是文化世界的原生性的实在。生命创造了文化，也创造了自身。人的生命就是文化的本性。文化的本质就是人的自我的生命存在及其活动，文化世界的本体就是人的自为的生命存在。

蓝德曼划分了主观精神和客观精神。主观精神是人的生命的创造，客观精神是"人类创造力的积淀"。我们首先是文化的生产者，但文化一经创造，它就会形成一种制约作用，人也为文化所塑造。后者正如蓝德曼所说："我们全都是由我们在其中成长和存在的共同群体的传统塑造成的，我们是由自己的过去塑造成的。我们是这种'遗产'的继承者，这种'遗产'为我们的未来规定了路线。如果我们做决定的可能性继续了这种遗产，那么只有这时，这些可能性才最深刻地体现了我们自己。因此，任何时候人的决定的主动权，都要受到过去生活砝码的限制。"② 客观文化是主观精神的外显形式，它可以独立于人而存在，以语言、文字、符号、书籍等形式渗透在生活的各个方面，人要成为社会的存在，就必须接受社会的影响，成为一个文化的存在。

人作为文化的存在，借助人类特有的符号，内化人类积累的经验，使人成为有思想的存在。正如帕斯卡尔所说的，人不过是一根脆弱的芦苇，但他却是一根能思想的芦苇，这就足以使他成为宇宙中最伟大的存在。

（3）人是超越性的存在。

人无时无刻不被超越生存的局限以及成为一个"创造者"的愿望所驱使，

---

① 李鹏程．当代文化哲学沉思．北京：人民出版社，1994：48-50.
② 蓝德曼．哲学人类学．贵阳：贵州人民出版社，1988：237.

无时无刻不在内心激荡着一种趋向自由的力量、热情和憧憬。这就是来自人的生命的特有的"超越性"，是人之外的动物所不具有的人之根本。人是宇宙中唯一能够"是其所不是"和"不是其所是"的存在物。人要超越现实的"是"，追求理想的"不是"。人就是一个这样的永不满足者，当生命到了最后一刻时，他才会停止这种超越的追求。

人是不确定的、可能性的存在，他生活在希望之中。布洛赫在《希望的原理》一书中指出，人借助于自身的主动性与超越性，为自身创造未来，他的生命进程就是不断地走向一个他所期待的目标的进程。所以，布洛赫认为人的希望是人性的根本，而希望的基础则是人永远"指向前面的意向"，即不懈的自我超越。我国学者贺来也认为这种超越现实、追求理想的精神是人的本性，他谓之"乌托邦精神"即人类对超越现存状况的价值理想不懈追求的精神，他认为乌托邦精神是人的根本精神①。

人的超越性是人的双重生命、双重生存方式的反映，是人的生命本性的需要。同时又在实践活动中得以实现。马克思主义认为，人总是凭借实践的超越本性不断地扬弃对象和自身的自在性和规定性，从而在超越自在的客观实在的同时，既不断地重构人的世界，又不断地重构人的本质。生命只要存在，总是要进行实践活动，在实践活动中，人超越了现实，超越了既有，向着新的目标，为自己的未来而前进。

马克斯·舍勒指出，精神是"使人成'人'的那种东西"，精神的本质是"它的存在的无限制和自由"，与自然本能的可分离性，这使得精神不受本能和环境的控制而表现出对世界的开放。舍勒说，"人，只有人——倘使他是人本身（person）的话——能够自己作为生物——超越自己，从一个中心，可以说从空间或时间世界的彼岸出发，把一切，其中也包括自己本身，变成他的认识的对象"②。保罗·蒂利希也指出，人是一种渴求无限超越的存在物，其既有物质的、世俗的需要，又有精神的、天国的渴求。而在这两者中，精神之存在物是人的本质特征，人的生存就是不断地超越物质的、世俗的存在，从无限的可能性中不断"站出来"的过程。所以，只有不断超越的精神力量，才使人的生命富有意义。

人作为一个文化的存在，作为"一根有思想的芦苇"，他的超越不只是为了满足物质生活的需要，而是一种更好的、新的生命存在的可能性的追求。正如同普列斯纳所言，人永远意欲着和期盼着，思考着和想象着，感觉着和信仰着，

---

① 贺来. 现实生活世界：乌托邦精神的真实根基. 长春：吉林教育出版社，1998.
② 舍勒. 人在宇宙中的地位. 贵阳：贵州人民出版社，1989：34.

为自己的生命担忧着。在这些活动中，人不断认识自身的完善性与达到其可能性之间的距离。

（三）教育因生命而发生

1. 人的未特定化对教育的规定

人的未特定化，使人无法依靠特定化的图式生存，因此，人的生命需要和环境之间保持一个完全开放的空间，从而构成人向世界的开放性。同时，人的未特定化，赋予人可塑性，使人能够根据环境的要求，自我确定同化的信息、作用外部世界的主体机制。因此，人具有巨大的自我塑造的潜力。动物由于生命的特定化，失去了可塑性，只能顺从"命运"，任其随意摆布。

对人类进化的研究表明，人的未完成状态，不表现在解剖学或生物学的次要特征上，而是主要表现在脑的潜在的未完成状态上。黑猩猩新生儿的大脑已经占了其成年大脑体积的70％，而智人新生儿的大脑只达到成年时的23％。智人新生儿大脑的发育，需要等母体分娩后，在子宫外完成。因此，人类与其他高级哺乳动物相比，在母体子宫内度过的时间过短。根据与其他灵长类动物的比较所进行的一项计算，智人的妊娠期应该是21个月，但新生儿在母体内实际经历的只有10个月，就来到了世上，因而还需要一个人类学所称的"子宫外年"。这个子宫外年，就是个体发展的幼年期，"幼年时期的延长允许大脑在外部世界的刺激和文化的影响下持续其组织上的发展；换言之，个体发育进展的缓慢性有利于学习技能，有利于发展智力，有利于文化的熏陶亦即传输"[1]。新生儿大脑的完善需要经历一个较长的幼年期、童年期，这是包括猿在内的动物所没有的，动物几乎都是从婴儿期直接进入成年期。新生儿无力自助，需要先得到母亲的照料，较大的儿童则需要成人的教育。因此，童年期的存在是教育发生的生物前提，也是教育存在的本体论秘密[2]。

教育因为人的未特定化而成为人的存在方式，它不仅是人的生命发生的前提，还实现着生命的再生产。人生命的再生产以扬弃的方式包含着高等动物学习在内的高级的自我再生产，即必须在基因遗传赋予的最低本能上，依靠教育完成其文化遗传的要求。教育作为人类的再生产活动区别于其他生命形式的后天的再生产，就在于人的社会性以及由这种社会性所赋予的文化意义。因此，教育是人特有的超生命的遗传方式。

从个体发展的角度看，教育是个体再生产的方式。个体的再生产包括种生

① 莫兰. 迷失的范式：人性研究. 北京：北京大学出版社，1999：69.
② 刘晓东. 儿童教育新论. 南京：江苏教育出版社，1998：71.

命的生产和类生命的生产，种族繁衍将生理结构和各种本能遗传给下一代，从而使个体获得种生命。但初生婴儿还不能算真正意义上的"人"，只有经过一定的教育，具备了在人类社会中独立生存的各种能力之后，他们才算进入了社会，才能成为真正的人。这也就是康德的"人只有受过教育，才能够成'人'"的另一层含义，前一个"人"是指自然人，后一个"人"是指社会人。前一个"人"只是具有人的生命潜能的生物，后一个"人"才是真正的人。要完成从前一个"人"到后一个"人"的转换，教育负担着使命，包括使儿童掌握现代社会生活、生产所必需的各种工具系统，具备从事物质生产的经验；使儿童认识并形成在特定社会环境中生存所需要的各种行为规范，具备社会生活的经验等。这些都超出了遗传和生物本能的范围而属于"超生物经验"，个体获得这些"超生物经验"必须通过教育。由此可见，教育是人的生命存在的形式，是人类自身再生产过程中极为重要的环节。

2. 人的文化性对教育的规定

对人来说，"文化发挥着补充作用加入了本能（遗传的程序）衰退和组织性智能增进的过程，它同时被这个衰退（意味着青春化）和这个增进（意味着大脑进化）所增强，并为这两者所需要"。所以，人的生命的获得与文化之间具有原始的互补关系，"脑的再生与智能的发展最终只能依靠社会文化现象的复杂性来实现。对于一个不拥有这个社会文化的复杂性的生物来说，大脑反而可能是一个妨碍"①。因此，哲学人类学家蓝德曼把人看作文化的动物，文化作为对人匮乏的本能的补充被其称为人的第二天性。

作为个体的人，首先生活在已有的文化积淀中，他需要通过教育攀登他降生于其间的文化高峰，掌握存在于一个特定文化中关于存在和行为的先在图式。只有通过教育，人获得文化的特质，才能够成为一个人类的个体，才能够成为文化关系中的人。

人的可教育性，不仅源于文化对人的制约，还源于传递文化的符号的存在。卡西尔认为，人本质上是使用符号的动物，是利用符号去创造文化的动物。符号作为一种思想性媒介，本质上是人把握世界并赋予自身生活以意义的一种特殊形式，是人与世界的一种意义关系。人用符号这一功能性工具去解释世界，创造一个理想的、可能的、有意义的世界。人与世界的关系不是一种实体关系、因果关系，而是一种思想意义关系，要理解人，就是要对这些人置身于其中的符号进行意义的阐释。符号化的存在决定了人的存在是一个不断进行符号意义交换的过程，而这些符号的意义需要通过后天的教育，使所有个体就符号意

---

① 莫兰. 迷失的范式：人性研究. 北京：北京大学出版社，1999：72-73.

达成统一的规定性，才不至于造成社会交往中的意义混乱。同时，符号化的存在也使得人能够适应教育这种以符号化的形式存在的文化传递方式。符号化的教育与符号化的生存达成的内在默契，使教育成为人的存在形式。

文化不能通过基因的方式进行遗传，文化外在于人，可以通过一个人传递给另一个人，教育显然是文化传递的有效形式。人类越发展，文化沉积越多，教育对人的生命价值就越大。套用蓝德曼的一句话，"没有文化，人也就什么都不是"，我们同样也可以得出这样的结论：没有教育，人也什么都不是。这再次证明了康德的名言——"人只有受过教育才能够成为人"。

3. 人的超越性对教育的规定

超越性是人生命的本质，生命就是对已有存在状态的不断否定和对新的存在状态的不断创造。以人的生命的超越性来解释教育，我们可以看到：

第一，教育的目的就是人的超越性的持续，表现为人的生长过程。否定自我，创造新我是超越性的表现，也是人的生长过程，从而构成了教育的根本。这正如杜威所言，"教育的过程是一个持续不断的生长过程"[①]。人的生长过程不是天赋的自然成长，自然天赋只提供了教育过程中起发动作用和限制作用的力量，发展的动力在于人对可能世界的追求和由此表现的创造性状态。超越性作为人的生长过程不是动物式的自然成长，也不是神灵式的无限自由，人的发展就是一种理想与现实、无限与有限、"不是其所是"与"是其所不是"的否定性统一，是人的一个自我创生的过程。

第二，教育的过程是以超越性为指向的人与文化的矛盾统一的过程。教育从目的或意向性上说，是生命的生长过程或自组织过程，但生长或自组织不是自然天赋的展现，也不是凭空进行的，它必须凭借着一定的媒介，这就是文化。"人的生长发展与其他生命形式生长发展的最大区别即在于人能创造和开发利用文化这样的精神形态的发展资源"[②]，人的超越性的追求，即人的成长过程，是人与文化的矛盾过程。人凭借与文化的矛盾统一，使自身得到了发展。教育一方面作为传承文化的手段，另一方面作为创造文化的手段，在"制造"着人与文化之间的矛盾[③]，所以，从这个意义上说，教育的过程是人与文化的矛盾统一过程。

总之，我们对于教育可以得出这样一个认识：人的种生命的未特定化和由此导致的类生命的出现，使教育成为人超越种生命、走向类生命的存在方式。

---

① 杜威. 民主主义与教育. 北京：人民出版社，1990：58.
② 项贤明. 泛教育论. 太原：山西教育出版社，2000：115.
③ 张应强. 高等教育现代化的反思与建构. 哈尔滨：黑龙江教育出版社，2000：210-214.

生命对教育来说，是最基本的原点，教育源于生命发展的需要，同时，教育的过程就是生命发展的过程。生命的发展不是自然的肉体生长，也不是凭空进行的，它借助于文化，是人与文化之间的矛盾统一。教育在人与文化之间"制造"矛盾、"解决"矛盾，又不断地"生成"新的矛盾。所以，生命、文化成为教育的原点，而文化又源于生命的存在，因此，教育最根本的原点只在于生命本身。

二、回归生命：教育的价值选择

（一）"工具性教育"质疑

我们这个时代的教育到底为了什么？对这个非常理论化的问题，我们可以变换一下角度，如问地方官员："为什么要大力发展教育事业？"回答几乎众口一词——"为了促进经济发展"，因此，"科教兴 X"成为流行于各级政府部门的造句方式。老师可能会无数次地被学生质疑："学这些东西有什么用？""有用"成为人们衡量教育的主要标准。正因为教育对国家、对社会、对个人有用，教育才会被人重视，教育的地位才得以提高。从被纯粹视为消费事业到成为新的经济增长点、个人投资的热点，教育也从社会的边缘被置于了社会的中心。

在"有用"的价值天平上，今天的教育已经沦为"工具性教育"。诗人艾略特对现代教育的评说，一针见血，"个人要求更多的教育，不是为了智慧，而是为了维持下去；国家要求更多的教育，是为了要胜过其他国家；一个阶层要求更多的教育，是为了要胜过其他阶层，或者至少不被其他阶层所胜过。因此，教育一方面同技术效力相联系，另一方面同国家地位的提高相联系……要不是教育意味着更多的金钱，或更大的支配人的权力或更高的社会地位，或至少一份相当体面的工作，那么费心获得教育的人便会寥寥无几了"[1]。

工具性教育把教育当作社会发展的工具，它看到的只是教育的外在价值，看到教育如何适应社会的要求并为其服务，唯独看不到教育本身的价值，看不到教育发展人自身的价值，看不到教育在提升人性方面的价值。在现代，教育的地位提升了，国家和人们更重视教育了。但重视的是教育的什么呢？"被重视的只是教育的工具价值，被提高的只是教育的工具性作用，被看好的只是教育所带来的经济效益及个人社会地位的彰显。除此之外，教育便没有了立足之地，没有了任何发言权，没有了理论的依据"[2]，教育"傍着大款"，提高了身价，

---

① 艾略特．艾略特诗学文集．北京：国际文化出版公司，1989：204.
② 郝德永．课程与文化：一个后现代的检视．北京：教育科学出版社，2002：265.

实际上却丧失了自身，从此没有了自我、自主、自尊、自信与灵魂，它只有"被利用的价值"，它也拼命地追求这种价值。对此，日本学者池田大作认为，"现代教育陷入了功利主义，这是可悲的事情。这种风气带来了两个弊病，一是学问成了政治和经济的工具，失掉了本身应有的主动性，因而也失去了尊严性；另一个是认为唯有实利的知识和技术才有价值，所以做这种学问的人都成了知识和技术的奴隶，由此产生的结果是人类尊严的丧失"①。总之，工具论的逻辑和实践、外在适应论的标准和机制造成了今天教育的堕落。

工具性教育不仅把教育当作社会的工具，而且由此把人培养成工具。只有人成为工具了，才能发挥教育迎合"时尚"的外在工具价值。工具性教育为把人培养成为政治、经济需要的工具，往往以社会的需求来压制个性的发展，片面强调个体的社会化过程，而不言及个体的个性化过程，把个人培养成社会需要的螺丝钉，而少提人的批判反思能力。当今的工具性教育，又表现出唯理性的特征。唯理性教育，只把人当作技术的工具来培养，"今天，我们不问怎样使一个孩子成为一个完整的人；而是问我们应当教他什么技术，使他成为只关心生产物质财富的世界中的一颗光滑而耐用的齿轮牙"②。这种功利主义表现为教育"教"人去追逐、适应、改造外部世界，"教"人掌握"何以为生"的知识与本领，但它放弃了对"为何而生"的思考。教育不是"使人之为人"的教育，而是"使人之为物"的教育，这种教育越发展，偏差就越大，使现代人在错误的教育熏陶下，变得越来越不像人。教育应该是成"人"化的，而工具性教育不以成"人"为终极目的，只是从技术功效的层次，把人变为物，人的本体性的存在价值全被抹杀，只求其有用，只求其能满足人所存在的社会需要，以此为教育的最终目的。"人们似乎心甘情愿地让人把自己和孩子作为东西，作为工具，作为机器去塑造，去加工，去利用。对物质的疯狂追求和拜金主义使得人们把一切与赚钱无关的事物视为'无用'而弃如敝屣。人们不仅失去了个性，也正在失去人性，成为被同样本能主宰的两足动物"③，这是教育最大的悲哀。

（二）教育"轴心"的转换

社会本位认为，社会的价值大于个人的价值，任何个体都是社会的个体，离开了社会个体无法存在。教育、教学及其培养的人都要反映社会的要求，如果其价值不能在社会中得以体现、为社会所认可，这样的教育所培养的人，有

---

① 汤因比，池田大作. 展望二十一世纪. 北京：国际文化出版公司，1985：61.
② 劳伦斯. 现代教育的起源和发展. 北京：北京语言学院出版社，1992：序言Ⅸ.
③ 张汝伦. 思考与批判. 上海：上海三联书店，1999：105.

什么价值呢？这就是工具论出现的根源。

当然，今天在理论界已经很少有人把社会与个人对立起来，持纯粹的社会本位观了。但从社会的角度看待教育的传统，并没有改变，甚至已经成为教育理论中的一大教条。我们习惯于用"人是社会的人，社会是人的社会"这一命题把人和社会、把个体的发展和社会的要求统一起来，从而避免社会本位和个人本位的争论。

马克思主义认为，人是社会的主体，社会是个人活动借以实现的关系形式，即人的共同体。社会的发展属于人的发展的条件性因素，社会发展的根本目的是人的发展。这就是马克思所说的"历史**不过是**追求着自己目的的人的活动而已"① 的含义。马克思对社会发展的考察，就是以人的发展为标准，同时也把人的解放和个性的自由发展作为社会发展的终极追求。因此，在马克思主义看来，社会的发展史就是人的发展史，人的发展史归根到底就是个体发展的历史，"而不管他们是否意识到这一点"。

虽然个体总具有社会性，但教育并不是一种服务于社会的工具，而是一种服务于人的发展的活动。社会只是人的发展必要的境域和手段，人的生活质量和生命质量的提升才是人的存在和发展的目的。因此，"为了社会"的教育倒置了教育目的和手段，把人本身当作工具服务于社会，这恰是马克思所批判的。为了人的教育，是为了生活的教育，"虽然一个好的社会与好的生活往往是一致的，但好的社会并不是好的生活的目的，相反好的生活一定是好的社会的目的"。为了社会而生活，就会以社会的观点和要求去规训与限制人的生活，生活就会变得麻木或虚伪，而且个体终将不幸福。"尽管生活总是需要社会这一形式，但生活不是为了服务社会的，恰恰相反，社会必须服务于生活。为社会而进行社会活动是背叛生活的不幸行为。"② 同样，为了社会的教育，实际上是把人培养成为社会需要的附庸和工具，而不是促进人的自由发展，最终压制人的自由发展，使人成为社会的标准件、螺丝钉。

由此可见，由社会的角度看教育和由人的角度看教育颇为不同，而且将导致不同的结果，反思工具性教育，澄清社会和人、生活的关系，需要我们从教育出发实现"轴心"的根本转换：从为了社会到为了人。

转换轴心，对教育从外部的认识——政治、经济的工具，转换为培养人的活动，是一大进步。但即便是"培养人的活动"也需要稍加反思：第一，"培养说"隐含着把"教育"和"人的发展"一分为二，教育是为人的发展服务的，

① 马克思，恩格斯. 马克思恩格斯全集：第2卷. 北京：人民出版社，1957：118.
② 赵汀阳. 论可能生活. 北京：生活·读书·新知三联书店，1994：9.

同样体现的是工具论的观念。第二，"培养"的主体不是个人，而是服从社会意志和要求的人，教师作为社会意志的体现者，对受教育者进行"塑造"，直至符合社会的要求，所以，培养的是社会的"工具人"。人的发展的主体只能是他自身，是任何外力都替代不了的，在此，我们更愿意以体现个人主体性的"个体发展观"来看待教育的本质，把教育视为"人有目的的自我建构的实践活动"。

教育作为人的发展的建构活动，建构"什么"？西方教育史上的回答有卢梭的"自然人"、迪尔凯姆的"社会人"、康德的"精神人格"、斯宾塞的"完美生活的预备"等，我国改革开放后不同时期有"知识""智力和能力""情感和人格""全面的素质"等。我们认为，这些说法既是又不是。说是，是因为它们是人的发展的某一方面或与人的发展密切相关。说不是，是因为它们各自都代表不了人的发展，有的只是发展的外在工具。一旦把知识、能力、分数、升学作为教育的目标，教育就不再是给生命自由和幸福的"福祉"，而是违反生命本性、讨伐生命的"凶器"。人的发展来自个体生命的冲动，来自生命的内在逻辑。教育促进人的发展，就是要建构个体完整的生命，而不是生命中的某一"器官"。所以，教育的轴心从"社会"转换为"人"之后，还必须进而明确为"人的生命"。正如联合国教科文组织在《教育：财富蕴藏其中》所指出的，教育不是把人作为经济工具而是作为发展的目的加以对待的，使每个人的潜在的才干和能力得到充分的发展，这才是教育的追求[①]。联合国教科文组织在《反思教育：向"全球共同利益"的理念转变？》中再次指出："教育不仅关系到学习技能，还涉及尊重生命和人格尊严的价值观，而这是在多样化世界中实现社会和谐的必要条件。"[②]

（三）回归生命的教育

教育的目的或者说教育的追求就是人的生命发展，人的生命的延续和发展需要教育，教育成为生命存在的形式，成为生命的一种内在品性，成为生命自身的需要。如同教育人类学家所说，教育唯一地属于人，教育和生命内在地融合在一起，这表现在教育的起点、过程和结果之中。

1. 教育是生命的需要，是儿童成长甚至生存的一种形式

儿童出生时，有一定的本能，但这种本能无法应对复杂的生活，与动物的本能相比，人的本能是低层次的，它只保证生命最基本的新陈代谢，如同弗洛

---

① 联合国教科文组织. 教育：财富蕴藏其中. 北京：教育科学出版社，1996：80.
② 联合国教科文组织. 反思教育：向"全球共同利益"的理念转变？. 北京：教育科学出版社，2017：37.

姆所说，人就本能而言，是自然界最软弱的，这种软弱，人类学称之为"人的未特定化"。一是人的未特定化打开了生命与自然界之间进行能量、信息交换的"缺口"，使人的生命具有了可塑性，从而使发展成为可能；二是未特定化的存在使生命进入了童年期。童年期是儿童待发展的时期，它的存在是教育发生的生物学前提，因而也是教育发生的本体论秘密，为教育的出现提出了必要性。

人的生命不仅是自然的，而且是社会的、文化的。人的本能的发展和成熟只关乎人的自然生命。生命体要成"人"，必须经过"第二次出生"。第二次出生是在第一次肉体生命的基础上，人在文化、智慧、道德、人格等方面的发展，而这些精神方面的发展，无法通过生理遗传实现，它只能通过"社会遗传"来实现，教育显然是实现"社会遗传"的最有效途径。

从完整生命发展的角度看，人的未完成的自然生命和人的精神文化生命都呼唤着教育，因此，教育是人的生命需要。康德和其他人类学家以"人是唯一可以教的动物""人只有受过教育才能够成'人'"等表达了同样的认识。但他们的认识，把生命对教育的需要置于被动的境地，实际上，生命是主动需要教育的，教育已经成为生命存在的支柱，生命一刻也离不开教育。从生命对教育的主动态势来讲，我们更赞同杜威的"教育即生长"的观点，即"新教育同生长的原则协调一致"①。

2. 教育在过程中要保护儿童的天性，遵循生命发展的内在逻辑

教育的出发点是人的生命，是生活中具体的、丰富的、充满活力的生命个体。教育要达到促进儿童发展之目的，首要的一个前提是遵循儿童生命发展的内在逻辑，若违背或外在于儿童发展的顺序、特性，教育不仅不能促进儿童的发展，反而会贻害生命的发展，出现反生命的现象。

教育要遵循儿童发展的内在逻辑这一点，历史上早有认识。前期的认识主要是基于大自然的常识。16 世纪的神父克利索托姆认识到教育必须适合儿童的理解能力。他说，"拉着孩子的手走路，就要放慢孩子走路的速度；在教学中，必须像保姆用小匙喂孩子吃饭一样，要慢慢地，甚至是一点一点地传授知识。如果对孩子来个倾盆大雨，一次喂一大堆东西，那就会白白费力，而且阻碍其理解"②。夸美纽斯的《大教学论》，以农业作比，认为儿童的身上自然地存在着学问、德性与虔信的种子，教师就是园丁，在学生的思想上耕耘播种，小心地浇灌这些上帝的花木，使他们发展和成长。他最后总结的一个教育原则是，

---

① 杜威. 我们怎样思维·经验与教育. 北京：人民教育出版社，1991：257.
② 劳伦斯. 现代教育的起源和发展. 北京：北京语言学院出版社，1992：90.

"教导的严谨顺序应当以自然为借鉴，并且必须是不受任何阻碍的"①。自夸美纽斯提出教育的自然性原则之后，得到了卢梭、裴斯泰洛齐、福禄贝尔等教育家的积极响应。卢梭把教育的来源分为三个方面，即"受之于自然""受之于人""受之于事物"，他认为，每一个人都是由这三种教育培养起来的，三种教育在每个人身上和谐进行，他所受的教育才是良好的教育。若三种教育出现了冲突，"我们就要使人的教育和事物的教育配合我们无法控制的那种教育"②。卢梭的认识比夸美纽斯更进了一步，他不再仅仅使用比喻，而是认识到教育必须遵循生命的、人性的自然。

后期的研究在心理学和生理学方面着力探讨了生命发展的关键期的影响。弗里兹从事动物（特别是低等无脊椎动物）的个体发育研究，他发现，动物在个体发育的某个时期会对某种类型的环境影响特别敏感，他认为这一时期就是发展的关键期。在这一时期到来之前或者结束后，对这一时期的发展方向及进程起重大作用的那些影响可能会失去作用甚至会起到相反的作用。他举例说，在特定的发育期内，用蜂王浆喂养一只蜜蜂，这只蜜蜂就会成为蜂王。但若贻误了这一发育期，就不会产生相应的效果。据此，他提出，"对动物的发育方向有决定意义的独特的环境影响，只有在一定的发育时刻才能产生积极的效应，早于或者迟于这一时刻，这些影响都将是盲目和徒劳的"③。

苏联心理学家维果茨基将弗里兹对动物个体发育领域的研究移植到对人的发展上，特别是儿童的发展与教育上。他认为，"任何的教学都存在最佳的，也是最有利的时期，这是基本原理之一。对这个时期任何向上或向下的偏离，即过早或过迟实施教学，从发展的观点看，总是有害的，对儿童的智力发展会产生不良的影响"④。对儿童的教育，成熟是前提，不仅过早的教育，即超越儿童身心成熟程度的教育是不适合的，而且落后于敏感期的教育在儿童的发展中也起不到它在敏感期所能起到的作用，如让一个儿童3岁时再学说话，会发现，这个3岁儿童比1岁半的儿童学说话还要困难，学习的时间也要长得多，而且不能达到后者的学习效果。

上述思想，无论是基于自然的类比，还是基于生物学、心理学的科学研究，都说明了教育要遵循儿童生命发展的内在逻辑，遵循儿童发展的规律和天性。身心成熟是进行教育的前提，敏感期是教育成功的关键，教育要抓住生命发育中的敏感期，适时而教。

---

① 夸美纽斯. 大教学论. 北京：人民教育出版社，1984：79.
② 卢梭. 爱弥儿：上卷. 北京：商务印书馆，1996：8.
③ 维果茨基. 维果茨基教育论著选. 北京：人民教育出版社，1994：380-381.
④ 同③381.

3. 教育的目的就在于生命持续不断地成长

从目的论的角度来考察，教育面对个体的生命存在，教育目的只能着眼于个体的生命，而不能着眼于社会等外在于人的事物，不能牺牲个体生命的发展来迎合社会的要求，也不能牺牲人的当下发展或现实的生活而追求渺茫的未来。从教育的目的看，教育即促进人的生长，生长是状态，更是过程。一种生长状态的实现，意味着另一个生长过程的开始，生长是持续的。在这个意义上，教育即生长，教育的过程就是一个持续不断的生长过程，在教育过程的每一个阶段都以增加生长的能力为其目的。所以，杜威说，"生长和教育完全是一体的"[①]。"教育就是不断地生长，在它自身之外，没有别的目的"，"学校教育的目的在于组织保证生长的各种力量，以保证教育得以继续进行"[②]。评判学校教育价值的标准，就是看它创造继续生长的愿望到什么程度，看它为实现这种愿望提供方法到什么程度[③]。

从生长的角度来审视，生命不仅是个体身心发展状况的静态表征，而且是个体身心发展的变化。从教育学的角度看，生命是能够自我成长的有机体，教育就是积极促成个体生命自我成长的活动，使人的生命不断丰富、提升，不断趋于完善的活动。可以说，生长即生命，生命即能生长。教育是生命的事业，教育学就是迷恋生命、帮助生命成长的学问。

三、生命特性与教育诉求

（一）生命的特性[④]

生命是独特的、变化的，是具有差异的独特个体，但无论生命多么不同，生命的完整性、自主性、独特性和超越性都是生命共同的特征。教育作为生命的存在，理应满足生命的诉求，让生命在教育中绽放出绚丽的花朵。

第一，生命因完整而完美。

人是双重生命的统一体，既有动物般的种生命，也有人所特有的类生命。种生命是人的自然生命，类生命是超越肉身和自然的存在，是人的社会生命和精神生命。因此，人的双重生命体现为自然生命、社会生命和精神生命三重属性。自然生命是指个体的肉身存在，如身体、组织、器官等身心系统。社会生

---

① 杜威. 杜威教育论著选. 上海：华东师范大学出版社，1981：333.

② 杜威. 民主主义与教育. 北京：人民教育出版社，1990：57，55.

③ 同②57.

④ 参见朱永新在"全国新教育实验第十五届研讨会"上做的主报告：《拓展生命的长宽高》。

命是指个体与人、自然、社会形成的交互关系。精神生命是指个体的情感、观点、思想、信仰等价值体系。

人的生命的三重属性之间互相联系、互相制约、辩证统一。自然生命是社会生命、精神生命得以存在的前提。离开自然生命，社会生命、精神生命就不可能存在。自然生命的长度，有效地保障并促进着社会生命、精神生命的继续发展。社会生命也制约着自然生命的丰富和精神生命的提升。每一个自然生命都会被时空局限，此时社会生命的宽度，影响着人们对自然生命的认知和把握，并从很大程度上决定了精神生命的境界。精神生命能最大限度地突破自然生命、社会生命的局限，绽放人这一特殊生命体的存在价值。精神生命的高度，是对自然生命、社会生命的最终升华与定格。

在这三重属性之中，社会生命和精神生命是人的本质属性，离开社会生命和精神生命，人的自然生命就退化为简单的动物属性，人就不可称为"人"。所以，只有集自然生命之长、社会生命之宽、精神生命之高，才能够形成一个立体的人。这样的生命体，才是我们认为的完整的人。

换句话说，生命的丰盈程度最终由生命的三重属性共同决定。自然生命之长强调延续存在的时间，社会生命之宽重在丰富当下的经验，精神生命之高则追求历久弥新的品质。长宽高三者立体构筑了生命的"金字塔"，它以自然生命之长、社会生命之宽为底座，底座越牢固、越庞大，精神生命之高越坚不可摧。对生命状态来说，全面地拓展生命的长度、宽度和高度形成的生命结构是最完美的。

第二，生命因自主而灵动地发展。

在苍茫世界、浩瀚宇宙之中，每一个生命都显得那么脆弱、微小，存在的时间是那么短暂。所有生命都是受制于各种因素的存在。人的生命同样如此。生命的存在，受制于空间和时间，既被周围的环境深刻影响着，又被不可逆的时间牢牢束缚。

但是，和其他生命不同的是，人的生命具有强烈的自主性。人的生命发展既受限于外因，又取决于内因的自我抉择，体现出特有的自觉、自为和创造的特点。人在成长的过程中，不断突破自我，从而使生命成为一个动态生成的系统。在不断生成的动态的过程中，新的生命不断生成。《易经》的"生生"思想说的就是生命的这种生成性。法国哲学家柏格森也指出："对有意识的存在者来说，存在就是变易；变易就是成熟；成熟就是无限的自我创造。"[1] 生命的发展有正向与反向两种可能，有自觉与自在两种方式。生命的发展性决定了最好的

---

[1] 柏格森. 创造进化论. 长沙：湖南人民出版社，1989：10.

教育应该能够帮助师生朝正向前行，向着自觉发展，"苟日新，日日新，又日新"（《礼记·大学》）。在这个意义上，教育为生命发展提供了无限的可能性。因此我们说，每个人都是自己生命的主人，是自己生命的创造者和塑造者。生命的自主性，决定生命教育应该帮助每个人学会自我教育，让每个生命成长为自我教育的主人，自主成长，让每个生命在有限的历程中，成为最好的自己。

第三，生命因独特而弥足珍贵。

世界上没有两片完全相同的树叶，更不可能有两个完全相同的生命。不同的遗传基因、不同的社会经验、不同的心灵感悟，决定了世界上不存在两个完全相同的人。世界犹如花园，美在百花齐放；生命犹如鲜花，美在各美其美。

生命的独特性造就了世界的多样性和丰富性，这意味着每个生命的理想归宿便是成长为最好的自己，我们每个人也只能成长为最好的你、我、他，而无法互相取代。生命的独特性也决定了每一个生命都是不可替代的存在，任何一个生命的消亡都是无法弥补的遗憾。帮一个生命成长一点，就是将世界完善一点；让一个生命延长一点，就是把世界扩展一点。这也正是教育的价值和意义。

每个生命都只有一次，都是独一无二、无法复制的。同时每个生命的成长也是不可逆、无法重来的，与时间一样具有矢向上的一维性，这就使生命显得格外珍贵。因此，最好的教育应该是珍惜和尊重所有生命的教育，让人们认识生命、理解生命、珍惜生命、呵护生命、热爱生命和成就生命，让每个生命活出自己，活得有尊严、活得完整、活得幸福。

第四，生命因超越而幸福。

幸福，是人类永恒的追寻。人只有活出生命的精彩，实现生命的价值，才能感受到幸福。人只有发挥生命的潜能，张扬生命的个性，才能谈得上完整。

当人意识到自我的生命是一种有限性的存在时，人并不安于成为有限存在的奴隶。在美国当代哲学家尼布尔看来，生命的超越性表现在"对自我的改善和对生命有限性的突破"[①]。人能够意识到自身的潜能和使命，从而自觉地赋予自己有限的生命充实的内涵，突破现实世界的种种束缚与困境，谋求自我生命价值的创造与提升，追寻更高的价值和意义。这就是一个人在努力超越生命的有限存在。

在这个不断自我超越的过程中，人创造并享受着当下存在的幸福、不断突破的幸福，通过这两种不同的幸福，感受到人之为人的矛盾统一的整体存在。这种生命的完整性，一方面体现在过程中的每一个阶段、每一个当下，另一方面体现在生命完结处的个体成熟、自我成就、自我实现之中。

---

① 尼布尔. 道德的人和不道德的社会. 贵阳：贵州人民出版社，1998：3.

正因意识到生存的局限，才产生了超越的可能。正因不断的自我超越，人的生命才实现了幸福完整。生命的超越性告诉我们，教育必须通过生命的主体发生作用，必须重视个体主观能动性的发挥。生命的超越性决定了生命教育应该让师生与人类的崇高精神对话，帮助师生不断超越当下的自我，不断挑战生命的可能，让有限的生命实现最大的价值，让自己充分体味人生的幸福完整。

（二）关注生命的完整性

生命是完整的，既有种的自然生命，也有类的社会生命、精神生命。人的生命是一体的，不可分割的。但有时候，我们为了强调生命的意义而不惜牺牲人的自然生命。所谓"有的人活着，他已经死了；有的人死了，他还活着"，把生命与意义对立起来，破坏了生命的整体性。在一个以人为本的社会中，我们呼吁关注人的生命，不能以牺牲生命来换取价值，人需要活着，而且要有意义、有尊严地活着，体现生命的价值。

1. 关爱自然生命

美国的杰·唐纳·华特士于 1968 年首次提出生命教育的思想，并在加利福尼亚州创建阿南达学校，实践生命教育思想；1979 年澳大利亚成立了"生命教育中心"，明确提出"生命教育"的概念；日本于 1989 年修改的《教学大纲》针对青少年自杀、污辱、杀人、破坏自然环境、浪费等日益严重的现实，提出"以尊重人的精神"和"对生命的敬畏"的观念来定位道德教育的目标。

我国台湾地区和香港地区也开展了生命教育。20 世纪 90 年代初，生命教育在台湾地区的一些学校推行。自 1997 年起，民间机构连同台湾地区教育主管部门再度关注生命教育的发展，制订了一连串包括课程计划在内的措施。2000 年台湾地区的教育行政部门成立"生命教育委员会"，并把 2001 年定为"生命教育年"。21 世纪初，香港也开始重视生命教育。2001 年 12 月天主教香港校区出版了《爱与生命》教育系列，提供了有关婚姻的意义、家庭生活的真谛、贞洁的德行、性教育、人际关系和生命的意义的素材，并建议学校将这些内容纳入有关科目。2002 年香港教育学院公民教育中心明确提出以生命教育整合公民教育及价值教育，并在多所学校推广正规和非正规的教育课程，让学生体会生命的意义，增强抵抗逆境的能力。

我国（除港、澳、台地区）的生命教育虽然起步较晚，但已经引起了广泛的重视。不少研究者呼吁要高度重视生命教育，并探讨了生命教育的内容和形式，一些学校还结合预防艾滋病、远离毒品、抵制不健康网络以及生存安全等主题尝试开发"热爱生命"的课程。2004 年 12 月，辽宁省启动了中小学"生命教育工程”，出台了《辽宁省中小学生命教育专项工作方案》。2004年上海市也出台了《上海市中小学生生命教育指导纲要（试行）》，并于2005年3月实施。这标志着生命教育走入实践领域。2008年，云南省颁布了《中共云南省委高校工委云南省教育厅关于实施生命教育生存教育生活教育的决定》和《中共云南省委高校工委云南省教育厅关于进一步加强生命教育生存教育生活教育的实施意见》，将生命教育扩展到生命教育、生存教育和生活教育。2010年，《国家中长期教育改革和发展规划纲要（2010—2020年）》（简称《纲要》）颁布。《纲要》在“坚持全面发展”的战略主题中提出“重视安全教育、生命教育、国防教育、可持续发展教育”。这是国家文件中第一次正式提出“生命教育”。2016年9月，《中国学生发展核心素养》向社会公布，“健康生活”被列为中国学生的六大核心素养之一。健康生活，主要是学生在认识自我、发展身心、规划人生等方面的综合表现，具体包括珍爱生命、健全人格、自我管理等基本要点。这为生命教育的研究和实践提出了新的要求。

不同的国家和地区强调生命教育，有其不同的背景。西方国家的“生命教育”主要是致力于防止药物滥用、暴力的行为出现与艾滋病的防治。例如，美国芝加哥的“生命教育中心”和澳大利亚的“生命教育中心”，集中介绍的是有关毒品方面的知识；南非的“生命教育中心”则集中关注毒品知识和艾滋病方面的知识。我国台湾地区提倡的生命教育与暴力的发生有某些关系，其生命教育旨在预防暴力；我国其他一些地区开展的生命教育，主要是针对青少年自杀问题、人生意义的缺失问题和灾难预防提出的，这样的生命教育多是治疗和预防性质的，即预防和解决生命问题的教育，诸如自杀干预、禁毒教育、预防艾滋病教育、生命安全教育、环境教育等。可见，生命教育是为解决生命问题而实施的权宜之计，如此的生命教育，只为解决部分学生的生命问题所需要，而非面向每一个学生；是从解决社会问题的需要，而非学生生命发展的需要出发的，因此，它对学生的生命发展只有局部疗效，治标不治本。

孙效智依据“人生三问”来设计生命教育，即“人为何而活？”“人该怎么活着？”“人如何能活出应活出的生命？”孙效智认为，生命教育包含相互关联的三个领域——终极关怀与实践、伦理思考与反省、人格统整与灵性发展，它们统合构成了完整的生命教育。朱永新主持的新教育实验，提出生命的长宽高：自然生命之长＋社会生命之宽＋精神生命之高＝立体的人。朱永新认为，生命教育就是围绕人的自然生命、社会生命和精神生命展开的教育，旨在引导学生珍爱生命、积极生活、追求幸福人生，拓展生命的长宽高，让有限生命实现最大的价值，让每个生命成为最好的自己。所以，生命教育在于面向完整的生命，引导学生认识生命、敬畏生命、热爱生命。

（1）认识生命。

"生命"这个词对每个人来说，都不是陌生的。它意味着一切生命体的存在、体验、经历、实践。生命具有有限性、不可重复性、独一无二性等。

认识生命，不仅要让学生获得关于生命的知识，"理性"地认识生命，而且要让学生体验生命的特点，体验生命的美好。要使学生明确，生命是有限的、脆弱的，生命的失与得往往就在不经意的一瞬间，对于世界上的任何生物来说，生命都只有一次。正因为生命对我们来说，只有一次，是不可重复的，因此，我们要珍惜生命，珍惜生命给我们带来的种种机会，使我们能够去学习、工作、交往和享受。同时，也要让学生意识到，生命是容易受到伤害的，这种伤害，不只是肉体的伤害，对于人来说，还有心灵的伤害。保护生命，珍爱生命，不仅要保护和珍爱肉体的生命，还要保护人的心灵不受伤害。为此，学生要学会欣赏，学会同情，要有爱心。和谐的社会，是以同情、爱心为内在支持的。这种爱，包括爱自己、爱他人，还包括对所有生物的爱，是一种博爱。

每一个生命的孕育都隐含了自然界最神秘的生命密码，生命是独具特质的，因此生命是生而平等的，每个生命都具有其存在、生活、发展的权利，这种权利是神圣不可侵犯的，每个生命都有属于自己的生活方式。《中国 21 世纪议程：中国 21 世纪人口、环境与发展白皮书》指出，地球上所有生物物种享有其栖息地不受污染和破坏，从而能够持续生存的权利；每个人都有义务关心他人和其他生命，破坏、侵犯他人和生物物种生存权利的行为是违背人类责任的行为，要禁止这种不道德的行为。认识生命，就是要教育学生尊重每个生命，尊重每个生命独特的生活方式，不能将人类的、个人的意志强加于他人，要学会尊重、学会宽容、学会和谐相处。

（2）敬畏生命。

敬畏是一种深深的敬意。正因为我们认识到生命的有限性、珍贵性和独特性，我们才会发自内心地珍惜生命，才会对生命产生敬畏之感。世界丰富多彩，生活充满意义，就是因为生命各具特色。一个人若没有对生命的敬畏之心，他的生活就将干枯，失去光彩。所以法国思想家阿尔贝特·史怀泽把"敬畏生命"看作"绝对的伦理"。他说，"善的本质是：保持生命，促进生命，使生命达到其最高程度的发展。恶的本质是：毁灭生命，损害生命，阻碍生命的发展"[1]。他在《敬畏生命》中写道："善是保存和促进生命，恶是阻碍和毁灭生命。如果我们摆脱自己的偏见，抛弃我们对其他生命的疏远性，与我们周围的生命休戚与共，那么我们就是道德的。只有这样，我们才是真正的人；只有这样，我们

---

① 史怀泽. 敬畏生命. 上海：上海社会科学院出版社，1992：17－18.

才会有一种特殊的、不会失去的、不断发展的和方向明确的德性。"

（3）热爱生命。

2004年10月10日的《青年报》公布了一项调查结果：在上海市8个区的2 500多名中小学生中，竟有5.85%的孩子曾有过自杀计划，其中自杀未遂者达到1.71%，有24.39%的中小学生曾有"活着不如死了好"的想法，其中曾认真考虑过该想法的人有15.23%，其中有人真的选择了自杀，结束了自己的生命。这些数据说明，我们缺乏生命的教育。学生没有学会如何以积极的态度面对生命中的困难和挫折，没有认真地思考人生的意义，因而没能懂得生命的珍贵和美好。

有些西方国家开展了死亡教育，还让老师引导他们体会人活着的美好：活着可以见到自己的爸爸妈妈，可以和小朋友玩，可以吃到冰激凌……使学生充分感受生命的美好，坚定热爱生命的信心。任何人的现实生活都不会一帆风顺，都有艰辛、险阻、挫折、困顿，但正因为这些困难的存在，人生才要去奋斗，人才能体会成功后的喜悦和酣畅。生命教育要使学生体味大自然的恩赐，明白自己有可能创造生活、享受生活，明白即使输掉了一切，也不应该失去对生活的信念，因为只要生命在，一切就都可重来，都可创造。

2. 授受知识、启迪智慧、润泽灵魂

毫无疑问，教育要传授知识，教育借助知识来发展人，没有知识的传授，教育就无法区别于日常的生活。关键的问题是教育应该传授什么知识、教育应该如何对待知识。教育要传授知识，但传授知识不是教育的唯一目的，甚至不是教育的主要目的。教育的价值不是"教知识"，而是"育人"。知识的价值在于育人，教育通过传授知识，实现育人的目的，这才是传授知识的目的和知识的价值所在。知识有陈述性知识和策略性知识，陈述性知识是描述客观事实的知识，策略性知识是掌握知识策略的知识，也称为元认知。相对于陈述性知识，策略性知识对人的智慧的发展更具有价值。知识也可以分为"what""why""how""who"的知识，即"是什么"的知识、"为什么"的知识、"怎么做"的知识、"谁"的知识，这四种知识各有不同的价值，但"为什么"的知识和"谁"的知识对人发展的价值越来越重要。所以，教育要传授对人的发展具有根基性价值的知识。

教育传授知识，但若知识对人的发展没有价值，这些知识就只能成为人发展的累赘。这就是《孟子·尽心下》所说的"尽信书，则不如无书"。我们需要借助知识，启迪智慧。

中国的传统教育，注重使学生掌握知识，韩愈给教师提出的职责就是"传道、受业、解惑"，传做人之道，授学术之业，解传道、授业过程中学生的疑

惑。中国的传统教育多要求学生掌握"道"和"业"，使学生获得越来越多的知识，并且这种知识多是陈述性知识。在这样的传统影响下，为了取得高分，学生学习往往靠死记硬背和大量做题。

考察中国的启发式教育与西方的启发式教育可以发现：中国古代教育家孔子的启发式教育，"不愤不启，不悱不发"（《论语·述而》），注重教师启发学生回答问题，教师为学生解惑，学生收获知识。这与古希腊苏格拉底的"产婆术"不同。苏格拉底常常是倾听学生的陈述，然后对其陈述进行诘问，并通过这种"打破沙锅问到底"的方式，一步步地让学生意识到：其实你对自己所说的东西一无所知，教育的最高境界就是"自知自己无知"。下面这段苏格拉底与学生关于正义的对话，很好地说明了这一点。

苏格拉底要求学生列出一些描述品质和行为的词，将正义的归于一行，将非正义的归于一行。他首先问"虚伪"归于哪一行？学生答，归于非正义的一行。苏格拉底又问，偷盗、欺骗、奴役等应归于哪一行？学生答，归于非正义的一行。苏格拉底反驳道，如果将军惩罚了敌人，奴役了敌人，在战争中偷走了敌人的财物，或作战时欺骗了敌人，这些行为是不是非正义的呢？学生讨论后得出结论：这些都是正义的，但对朋友这样做就是非正义的。苏格拉底又问：在战争中，将军为了鼓舞士气，以援军快到了的谎言欺骗士兵；父亲以欺骗的手段哄自己的孩子吃药，使孩子恢复健康；一个人因怕朋友自杀，而将朋友的剑偷去。这些行为又归于哪一行呢？学生认为这些行为都是正义的，这迫使他们收回了之前的主张。苏格拉底又问，那什么是正义呢？学生陷入了困惑与"无知"之中。这种"无知"不是什么都不会，而是对何为"正义"的深思。

孔子的启发式教学重在不断"解惑"，使学生从"无知"变为"有知"，掌握确定无疑的知识；而苏格拉底的"产婆术"重在生成问题，使学生从"有知"变为"无知"，促使学生不断地进行思考。苏格拉底说过，最聪明的人，是"自知自己无知"的人。"无知"绝不是什么都不知道，而是人在面对各种观点时，无法确定什么是对，什么是错，只能在思考中，形成观点。我们要明确的是：教育的关键不是教学生记忆知识，而是使学生可以生成问题，学会批判地思考，得到智慧的启迪发展批判思考和创造能力。

智慧固然重要，但智慧若没有精神隐藏其间，那动人的智慧不过是闪动的星火。智慧具有两面性，既可以造福人类，也可以给人类带来灾难。因此，发展智慧，还需要润泽灵魂，以灵魂规约智慧。

一位成为中学校长的纳粹集中营幸存者，在写给他所管理的学校的老师的一封信中这样说：

亲爱的老师，我是集中营的生还者，我亲眼看到人类所不应该见到的

> 情景：毒气室由学有专长的工程师建造，儿童被学识渊博的医生毒死，幼儿被训练有素的护士杀害。看到这一切，我怀疑：教育究竟是为了什么？我的请求是：帮助学生成为具有人性的人。因为，只有在我们的孩子具有人性的情况下，读写算的能力才有价值。

我曾无数次地读这段话，每次都被这位纳粹集中营的幸存者的真诚感动。是的，只有在我们的孩子具有人性的情况下，知识才有价值。一个人如果没有人性，其知识和能力越强，对人类的破坏越大。

今天，人类虽然掌握了足以毁灭地球的强大技术，但也比任何时候都更需要哲学，更需要人文。因为技术是工具，人文是灵魂。灵魂必须主导技术工具。缺少灵魂主导的工具，可以造福人类，也可以毁灭人类。缺乏人文引导的高科技，比一般技术更容易走上歧路。因此，"教育不仅关系到学习技能，还涉及尊重生命和人格尊严的价值观，而这是在多样化的世界中实现社会和谐的必要条件"①。

（三）凸显生命的灵动

自由是人的本质特性，卢梭在《社会契约论》中提出"人人生而自由"，自由"乃是人性的产物"②，是人的天生本性，"是人的一切能力中最崇高的能力"③。可以说，"放弃自己的自由，就是放弃自己做人的资格"④。黑格尔也把自由看作人的本性。他认为，人的本质是精神，而"'精神'的一切属性都是从'自由'开始的；一切都是取得'自由'的手段，一切都是在追求'自由'和产生'自由'"。因此，他说，"精神——人之所为人的本质——是自由的"⑤。马克思把"自由的自觉的活动"归结为人区别于动物的类特性。心理学的实验也表明，把一个人关在一个封闭的空间，剥夺他的行动自由，无论给他提供多么好的物质条件，他都会难以忍受。现实中，法律对一个人的最大惩罚就是剥夺人的自由。

自由作为人的本性，意味着人之所以是人，就在于人是自由的。因此，教育必须凸显生命的灵动，为生命的自由成长创造条件。强制是自由的反面，是对自由的剥夺。如果说自由是人的本性，那么强制则是儿童发展的大敌。柏拉

① 联合国教科文组织. 反思教育：向"全球共同利益"的理念转变？. 北京：教育科学出版社，2017：37.
② 卢梭. 社会契约论. 北京：商务印书馆，1980：9.
③ 卢梭. 论人类不平等的起源和基础. 北京：商务印书馆，1982：135.
④ 同②16.
⑤ 黑格尔. 历史哲学. 北京：生活·读书·新知三联书店，1956：55-56.

图在《理想国》中告诫我们："对自由人来说，学习中不能有任何奴役的成分。规定的锻炼对身体无害，但强制的学习是不能记在心里的，所以，要避免强制。"①《中庸》中写道，"天命之谓性，率性之谓道，修道之谓教"。天命之谓性，指人的本性是由天命所赋予的；率性之谓道，指遵循人的自然之性；修道之谓教，指要遵循人的自然之道来改变一个人，促进一个人发展，这才是教育。教育就是要顺应儿童的天性，而不是强制和干预儿童的发展。

率性发展、率性教育并不是随意发展，并不是不需要教育对人性的引导，而是说在对待人的自然天性上，教育要遵循自然的规律，教育的引导干预在于不违背人的天性。卢梭提出，"儿童就是儿童"，他反对把儿童当作"小大人"，他认为："在人生的秩序中，童年有它的地位；应当把成人看作成人，把孩子看作孩子。"②"大自然希望儿童在成人以前就要有儿童的样子。如果我们打乱了这个次序，我们就会造成一些早熟的果实，它们长得既不丰满也不甜美，而且很快就会腐烂……儿童是有他特有的看法、想法和感情的；如果想用我们的看法、想法和感情去代替他们的看法、想法和感情，那简直是最愚蠢的事情。"③对于儿童，周作人也持同样的见解。他说：以前的人对于儿童多不能正当理解，不是将他当作小型的成人，期望他少年老成，便是将他看作不完全的小人，说小孩懂得什么，一笔抹杀，不去理他。现在才知道儿童在生理心理上虽然和大人有点不同，但他仍是完整的人……假如说要救救孩子，大概都应该以此为出发点。救救孩子，就是把孩子从大人视野中解放出来，使儿童归于儿童。

把儿童当儿童，就是要尊重儿童的特性。日本现代教育家小原国芳认为，按照成人的方式来约束儿童，是对儿童的最大犯罪，是对人性的最大犯罪。他认为，"如果将这种活动能力旺盛的、冲动力丰富的、快活的、美好的、幻想的、生机勃勃的、心胸坦率的儿童时代，按'大人'的模式加以规范的话，那么孩子就不成为完全的孩子了。实际上，只有在真正伟大、丰富多彩的儿童生活中生活过的孩子，才能很快成为真正的大人"④。小原国芳这一认识与卢梭是相同的。教育以儿童为对象，就要反映儿童的特征和需要，不是把成人的意志强加给儿童。"学校必须允许儿童自由地、自然地表现……科学的教育学的基本原则必须是'学生的自由'——这种自由将能允许每个儿童本性的自发表现"⑤，蒙台梭利如是说。东北师范大学附属小学的于伟校长带领学校开展率性

---

① 劳伦斯. 现代教育的起源和发展. 北京：北京语言学院出版社，1992：8.
② 卢梭. 爱弥儿：上卷. 北京：人民教育出版社，1985：74.
③ 卢梭. 爱弥儿：上卷. 北京：商务印书馆，1978：91.
④ 小原国芳. 小原国芳教育论著选：上卷. 北京：人民教育出版社，1993：351.
⑤ 劳伦斯. 现代教育的起源和发展. 北京：北京语言学院出版社，1992：286.

教育实践，率性教育就是遵循儿童身心发展的规律和特点去促进其发展的教育。率性教育要求保护天性，保护儿童愿意探究、愿意想象、好问好动的天性。天性是儿童自由发展的表现，尊重天性也必须赋予儿童自由。

教育要凸显生命的灵动，首先需要赋予学生外部自由，给予学生以行动的自由。有人认为，对外部的行动自由而言，最大的羁绊是纪律。那是不是就不要纪律了呢？在我看来，并不是不要纪律，而是要纠正对纪律的观念，正确认识纪律与自由的关系。

纪律是一个集体为了维护集体利益，保证工作顺利进行而制定的，是每个成员遵守的各种规范和规则。人生活在集体或社群之中，要使每个人都拥有自由，不可能没有纪律。纪律的功能就是维护集体的利益，是维持正常的集体运行秩序所必需的，是集体生活必要的"保护神"，它以规范和规则的形式出现，是对个人极端自由的约束。因此，人们常常把自由与纪律对立起来。似乎要自由就是要打破纪律的束缚，有纪律就没有自由，这些都是对纪律和自由关系的不正确认识。

纪律和自由是孪生兄弟，纪律既约束自由，又保障自由。同时，纪律必须通过自由来获得，只有这样才能实现纪律的目的。人们需要纪律不是对人进行压制和管制，而是为了保护每个人平等的自由。因此，马卡连柯直截了当地指出：纪律就是自由。"集体中的纪律正是对每个人的权利和可能发展的充分保障……没有纪律和秩序，个人的自由就无法得到保障"。当然，说"纪律就是自由"可能有些偏激，但公共生活中的自由必须由纪律来保障，纪律也必须建立在保障自由的基础上，这样，纪律才不至于成为一种压制和奴役人的东西。

强制与纪律不同。强制是外在的，它为了某种外在的利益（如为了维护教育和教学的外部秩序）而采用威胁、监视、惩罚和禁止等手段，压制儿童的天性。强制不是为了儿童，而是为了保证外在的秩序而扼杀儿童活泼好动的天性，压制儿童生命的潜能和创造力。但纪律首先是为了儿童。罗素说："那种合乎要求的纪律就是从内心生发出来的一种纪律……是从一个人自己的意志里生发出来的，而不是来自外界的权力约束。"① 蒙台梭利也认为，真正的纪律必须是积极主动的状态，是建立在自由的基础之上的。她说："我们并不认为当一个人默不作声，或像瘫痪病人那样不能活动时这个人才是守纪律的。他只不过是一个失去个性的人，而不是一个守纪律的人。""当一个人是自己的主人，在需要遵从某些生活准则的时候，他能够节制自己的行为，我们就可称他是守纪律的

---

① 罗素. 社会改造原理. 上海：上海人民出版社，1959：92.

人。"① 蒙台梭利认为，纪律必须通过自由来获得，也就是要给儿童自由思考、自由活动的机会，让他们在自由中理解纪律，主动遵守纪律。

纪律是人的纪律，而不是"非人"的纪律；是自我的纪律，而非强制的规训。纪律与规训相比，其根本在于尊重人的生命，尊重人的主体性，表现为自由意志性和自我约束性的统一，所以，纪律的最终目的是引导人走向自律。课堂中的纪律应该是以学生为主体的纪律，学生是纪律的执行者，纪律也应该体现学生的自由，它绝不能成为教师扼杀学生自由的"凶器"。但现实中：纪律往往成为教师权威的体现，成为维护教师权威的一种重要手段；纪律的目标不是保障学生的自由，而是保障一个安静、有序的课堂，纪律成为教师维持课堂秩序的唯一法宝，而且由此纪律与惩罚联系了起来。这都是对纪律的错误理解。课堂需要纪律，纪律是学生自由的保障，因此，课堂需要的是一种充分反映学生内在要求的人性化的纪律。纪律的目的是引导学生从外在的约束走向自我控制，从他律走向自律，这是纪律发展的必由之路。

灵动的生命不只在于行动是自由的，更在于心灵是自由的。就儿童而言，赋予儿童心灵的自由，首先要尊重儿童，遵循他们身心发展的内在本性，而不是用成人的眼光去过滤他们的生活，使他们被迫服从。生命的教育必须把儿童看作生命发展的主体，始终珍视他们发自天性自然的那种主动权，保护儿童的天性，尊重他们的个性差异。其次，要赋予儿童精神生命发展的自主权，把精神发展的主动权交给儿童。教育以促进人的发展为己任。个体的发展是自我建构的过程，而不是别人代为发展，如同一个人的身体需要只能自己解决，而不能由别人代为解决。一个人只能自己"活"，不能由别人代"活"。这本来是一个浅显易懂的、常人都明白的道理，但落到人的精神发展上面，我们很多具有教育专业知识的教师却忘记了这样一个朴素的道理，他们拼命地给儿童讲，生怕儿童不懂，"满堂灌"的结果是剥夺了儿童发展的主动权，结果儿童只有被动的记忆，没有主动的探索。记忆的知识是外在的，虽然短时间内被记住了，但很快就会被忘记。探索尽管颇费周折，但对探索者来说，很有意义而且所获知识可被印刻在记忆中，难以忘记。爱因斯坦说过，当一个人把所学的东西都忘记了的时候，剩下的东西便是教育。记忆的东西很快会被忘记，人便等于没有受到教育；但探索的东西，融入了生命的印迹，镌刻在生命之中，不容易遗忘甚至终生难忘，这些才是受过的教育。

针对目前教育中存在的过于注重讲授学习的问题，我们需要放权，教师要放权、赋权给学生。只有把教育还给学生，才能使教育凸显生命的灵动。叶澜

---

① 蒙台梭利. 蒙台梭利幼儿教育科学方法. 北京：人民教育出版社，1993：107.

主持的"新基础教育实验"主张：把课堂还给学生，让课堂焕发生命活力；把班级还给学生，让班级充满成长的气息；把创造还给教师，让教育充满智慧的挑战；把精神发展的主动权还给师生，让学校充满勃勃生机。发展的主动权本来就应该属于学生，但因为教师中心的传统教育剥夺了学生发展的主动权，所以，今天我们提出"还权"于学生。今天的教育不是教师讲给学生听，而是要学生自主探索，因此，我们需要给予他们自主探索的权利和空间，使之有思维的自由、心灵的自由。教育要张扬生命的个性。

（四）张扬生命的个性

"在时间和空间的纵横扩展中，每个人都以其独立的个性存在着"，"都是作为无可替代的独立个性存在着"①。马克思指出，"人是一个**特殊的**个体，并且正是他的特殊性，使他成为一个个体，成为一个现实的、**单个的**社会存在物"②。这可以说是一个关于人的认识的最基本的原理。

通常我们以个性表示生命的独特性。但我们容易把对个性的理解解释为某种心理品质。其实，即便是心理学理解的个性，也不应该局限于某种心理品质。苏联心理学家鲁宾斯坦指出："心理学中个性概念的引入，首先就意味着在心理现象的解释上，个性是从人的真实存在出发的。"所有的心理现象都属于一个具体的、活生生的、实实在在的人。因此，"在解释任何心理现象的时候，个性是作为统一联系起来的、内部的、条件的总和而参与其中的，全部外界影响通过这些内部条件而发生了折射作用"。所以，个性反映的是一个人独特的心理特征的总和，而不是某方面的心理品质，换言之，个性就是一个独特的"心理人"。

存在于世间的每一个人，都有唯一属于自己的独特生命，这是其他人所不能代替的，也是每个人得以存在的根据和理由，因而也是每个人有其个人价值的理由和根据。生命的独特性所表示的意义是：（1）唯一性。每个人的生命是唯一的存在，是基于自己独特的遗传基因，基于自己独特的环境和实践活动发展而成的。因此，每个人的生命唯一地属于他自己。正如社会学家米德所说，一个人就是一种个性。（2）不可重复性。人是不断发展、不断生成的，是"进行时"的。因此，个人在时间中没有固定不变的本质，他是什么取决于他在时间变化中所遇到的条件和现实。柏格森把人看作时间性的存在，时间在流畅，生命在绵延，此时的生命与彼时的生命是不同的，是不可重复的。（3）独特性

---

① 香山健一. 为了自由的教育改革：从划一主义到多样化的选择. 北京：高等教育出版社，1990：16，100.

② 马克思，恩格斯. 马克思恩格斯全集：第42卷. 北京：人民出版社，1979：123.

和不可取代性。每个人都是独一无二的，世间不可能存在两个绝对相同的生命体。每个人都是作为无可替代的独立个性存在着。(4)自我性。人生活在社会之中，属于一个共同体，但他把共同体的因素融入了自己的行为之中，通过自我的独特和唯一的角度来反映社会。所以，生活在同样社会中的个体，都有他自己独特的个性，有自己唯一的模式。

生命是独特的，"生命作为对一种特有的生活方式的肯定而成为标准，它有责任保护和实现自己的形式"①。教育面对人的生命，就是要承认和尊重生命的独特性，为生命独特性的实现创造条件。教育就是要在每一个个体独特生命的基础上去促进他们的成长、发展和完善，而不是去扼制、压抑和抹杀这种个性和独特性。让教育为个体而存在，创设适合个体独特生命的个性化教育，是教育对待生命最基本的态度。

而今日教育的最大问题是统一性，统一的教材、统一的教学进度、统一的教学要求、统一的教学评价、统一的教学管理。统一性在使教学有"轨"可循之时，也使学生失去了个性的选择，使他们变成了按同一个模具生产的标准化产品。丰子恺有幅漫画《剪冬青联想》，一排冬青树，高低不同，在春天到来的时候，园丁以剪刀修剪，使之整整齐齐。同时，丰子恺还画了一排小人，他们也高低不同，一把剪刀也架在旁边修剪他们，使之变成一样的高度。修剪"人"的园丁就是教师。《学会生存》剖析了这种教育的缺点："第一个缺点是它忽视了（不是简单地否认）个人所具有的微妙而复杂的作用，忽视了个人所具有的各式各样的表达方式和手段。第二个缺点是它不考虑各种不同的个性、气质、期望和才能。"②

教育要尊重人，不仅要保护个体的天性，还要尊重个体的独特性和差异性，使他们依据自身的发展和个人的心向，选择适合自己的教育。对个体来说，只有适合的教育，才是最好的教育。因此，教育要走向学生，创造个性化的教育形式，进行适合的教育。

1. 赋予学生自由选择的权利

每个人的情况不同，学什么，怎么学，取决于学生自己的选择。"人身平等要求尊重他们这样做的权利，而不是强迫他们接受他人的价值观或判断"③，因此，教育要发挥学生的自主性和选择性，赋予他们自由选择的权利，使他们根据自己的状况、自己发展的需求选择适合自己的教育，这是前提。没有选择的

---

① 费尔曼. 生命哲学. 北京：华夏出版社，2000：51.
② 联合国教科文组织国际教育发展委员会. 学会生存：教育世界的今天和明天. 北京：教育科学出版社，1996：105.
③ 弗里德曼. 自由选择. 北京：商务印书馆，1982：132.

自由，个性教育就无从谈起。

2. 可选择的课程多样化

课程是学生学习的载体。要"为学生潜能的开发、个性的展现设计具有最大价值的课程结构和课程体系"①，为学生提供丰富的、可供选择的课程，要实施必修与选修相结合的制度，适度加大选修课的比例，为每个学生多方面的、个性化的发展提供多样化的课程资源和多元化的学习空间，满足学生个性化学习的要求。

3. 分层教学、分类指导

现代的班级授课制容易忽略每个具体人的存在，所以，不断出现改革班级授课制的尝试，如多维教室、小班化教学、走班制等。在无法改变班级授课制的情况下，我们可以实施走班制教学，按照学生的学习需求、个性特征、学习能力等进行分层、分组教学，分类指导，使教学适合不同学生的需要。走班制实施分层教学，学生可以根据自己的学习状态选择不同的层次，对班级实施动态调整和跟进，对于不同层次的学生实施不同的教学，对优秀者可以实施英才教育，培养拔尖创新人才。

4. 多元评价，宽容异己

评价不只是对学习结果的一个客观说明，还影响着学生的学习和发展。传统评价以同样的标准要求所有的学生，如同"普洛克路斯忒斯之床"——以铁床的长度为标准，把身体长的截短，把身体短的拉长。用一把尺子丈量所有的学生是不公平的，所以，教育评价要改变这种状况，要以不同的标准，采用多元的评价方式，评价不同的学生。多元的评价标准、评价方式，就是要打破固定的标准答案，教师要对学生独特的、个性化的表达或者不同的见解表示宽容，为异己者提供一个生存的空间。

（五）唤醒生命的自觉

超越性是人的本性。人的生命不同于动物，根本原因在于人的生命有二重性。动物的生命和它的活动是同一的，不仅本能规定了它的活动，而且它所生存的环境也规定了它的活动，动物不可能有对环境和现实的改造和超越。但人不是如此，人虽然也受本能和环境的制约，但人能够有意识地支配自己的生命活动。人能按照自己的愿望，使自身从本能和现实环境中超越出来，通过自身创造性的实践活动打破生命本能和现实规定性的束缚，使自己的存在获得开放的、应然的和生成的性质，从而彻底超越动物那种封闭的、预成的、宿命式的

---

① 郭元祥. 对教育公平问题的理论思考. 教育研究，2000（3）：21-24，47.

生存方式，因此，人又是超生命的。人的生命的奥秘就在于尊重自然生命，但人不应成为生命的奴隶，要超越生命的有限性。无论是人的生命本能，还是已成为生命组成部分的要素，只要成为生命既定的现实状态，它就是有限的。但人的生命追求是无限的，人从不满足于有限，而在不断地追求无限。有限成为人超越的对象，无限成为生命追求的目标。一个"无限"经过人的创造性活动变成"有限"，人又产生新的"无限"，人总是生活在这种不断地否定有限，不断地追求无限的动态过程之中。因此，人是宇宙间唯一地能够"是其所不是"和"不是其所是"的存在物，除人之外的一切存在物都"是其所是"地存在着。因此，当代的一些哲学家把超越性看作人的生命本质。德国哲学家马克斯·舍勒指出，"人，只有人——倘使他是人本身（person）的话——能够自己作为生物——超越自己"①，因此他给人的定义是："人是超越的意向和姿态，人是生命超越本身的祈祷，人是一个不断开放、不断生成的 X。"尼采也指出："生命自身曾向我吐露了这一秘密：'看'，它说，'我就是那必须永远超越的东西'。""无论我创造了什么，无论我如何爱它——不久我就将成为我的造物和我的爱的对手：我的意志要我如是。"②

我们可以把生命的属性分为两类：一类是"实然"的属性，是指生命已经达到的，或已经具备的属性，包括与生俱来的生物性和已经内化为个体生命组成部分的精神性和社会性水平。另一类是"应然"的属性，这是一类还没有达到，生命正在追求的对象性存在。生命的发展表现为以先前的"实然"为基础，"应然"不断转化为"实然"，随之又产生新的"应然"。生命在"应然"与"实然"的不断转化之中，实现对自身的超越、对现存的超越，这种超越以人对"总体性"的追求和寻求完满为动力，这是每一个灵魂深处永远跳跃着的不灭的火花。正是这种超越性决定了人生活在现实世界之中，然而又不满足停留于此，人的目标永远在前方，追求一种终极完满的存在方式。这不仅包括人的理想的存在环境，还包括人对自身的超越和完善。立足于现实，又不满足于现实，不断地追求一种理想，这就是人生命中的"乌托邦"精神。

超越性是人的本性，人的自我发展的过程就是不断实现超越的过程。教育就是要唤醒人的超越性，"教育之为教育，正在于它是一种人格心灵的唤醒，这是教育的核心所在。""教育的最终目的不是传授已有的东西，而是要把人的创造力量诱导出来，将生命感、价值感'唤醒'……一直到精神生活之根"③，唤

---

① 舍勒. 人在宇宙中的地位. 贵阳：贵州人民出版社，1989：34.
② 熊伟. 存在主义哲学资料选辑：上卷. 北京：商务印书馆，1997：79-80.
③ 邹进. 斯普朗格文化教育学思想概览. 外国教育，1988（3）.

醒生命发展的自觉，给生命发展以不懈的动力。杜威指出，"学校教育的价值，就看它创造持续生长的愿望到什么程度，看它为实现这种愿望提供方法到什么程度"①。

1. 唤醒人的自我意识和超越意识

人类能够超越自然本能生命的被动性，以内在的尺度支配自己的生命，是因为人类是有"意识"的存在。人类的意识产生于实践活动之中，人类在改造客观世界的活动中，把"世界"当作自己的对象，产生了"对象意识"，人类能"按照任何物种的尺度"，还能按照"内在固有的尺度"，改造客观事物，实现对客观现实的超越。人类的自我改造、自我超越，也需要有关于自己的"实然""应然"的自我意识。"在这种自我意识中，人类能够'觉其所觉''知其所知''想其所想''行其所行'，因而又能够超越自己狭隘的、有限的存在，在自己的'意识世界'中为自己创造无限广阔、无限丰富、无限发展的'世界'，给自己构成理想性的、真善美相统一的世界，这就是人的'超越意识'"②，超越意识是超越性的"导火线"，是"发动机"。人无自我意识，以及包含其中的超越意识，就不可能有超越自身的行动。

就像身体需要锻炼才能强壮一样，超越意识存在于人的存在本性和潜在意识深处，只有在被唤醒后，才能启动。教育对精神潜能唯一可做的就是"唤醒"。教育就是要使学生"清楚地意识到要成为完整的人全在于自身的不懈努力和对自身的不断超越，并取决于日常生活的指向、生命的每一瞬间和来自灵魂的每一个冲动"③。德国文化教育学的主要代表人物斯普朗格指出，教育的目的并非传授或接纳已有的东西，而是从人的生命深处唤起他沉睡的自我意识，将人的创造力、生命感、价值感唤醒。自我意识和超越意识没有被唤醒的人是麻木的，缺乏行动的动力。人的自我意识和超越意识一旦被唤醒，就会在剧烈的震荡中，涤尽情感的自然状态，人在灵魂震颤的瞬间感受到一种从未体味过的内在敞亮，潜在的意识得以复活，从而获得一次心灵的解放。从此，生命就会像一头睡醒的雄狮，焕发出勃勃的生机。

2. 引导学生树立远大的志向

从本体论上看，人生就是一个不断遭遇悲剧又充满希望的过程。人总是想从生物性、有限性、现实规定性中摆脱出来，追求超生命的"神性"、无限性、理想性和自由，却又总是达不到这个目的，这就是人生的悲剧。人的悲剧就是

---

① 杜威. 民主主义与教育. 北京：人民教育出版社，1990：57.
② 孙正聿. 哲学修养十五讲. 北京：北京大学出版社，2004：65.
③ 雅斯贝尔斯. 什么是教育. 北京：生活·读书·新知三联书店，1991：1.

"奋斗与抗争的结果必然是失败或毁灭"。对于超越的人生而言，"悲剧的意义就在于明知失败或毁灭的结果也要奋斗和抗争。奋斗和抗争是人面对悲剧命运的生存勇气，也是人在希望中的行为"①。勇气给生命之超越注入了动力，希望作为目标，照亮人的前进之路，将人推上追求完满的超越之路。没有希望，人生就没有追求、没有未来，人也就丧失了生活的勇气和信心，走向了绝望。人生有了勇气和希望，就能实现超越。

人生有了希望，就有了生存的勇气，也有了使生命因对完美的追求而不断超越的动力。希望从哪里来？希望的根本就在于人要有"志"。"志"即"志向""志气""立志"。有"志"，人生就充满希望，无"志"，人生就无着落，就会空虚。"志"是意识超越性活动的根本动力。要实现人生的超越，教育就必须引导学生立"大志"，树立远大的目标和崇高的追求。一个人有了"志"，就会在遇到困难时表现出坚强的毅力。爱因斯坦在悼念居里夫人时指出，居里夫人对世人和后世的影响中，道德和人格的影响也许比单纯的才智和成就的影响还要大。她之所以能取得伟大的科学成就，"不仅是靠着大胆的直觉，而且也是靠着在难以想象的极端困难的情况下对工作的热忱和顽强拼搏的精神"②。在纪念文章的最后，爱因斯坦针对现实既有所担忧又充满期待地说，"居里夫人的品德力量和热忱，哪怕只有一小部分存在于欧洲的知识分子中间，欧洲也会面临一个比较光明的未来"③。

人有远大的志向，人生就会充满希望，超越就会充满动力，由此人才能摆脱生命的有限性，超越"是其所是"，在不断的追求中走向"是其所应是"，人生才能创造出意义和价值。教育必须引导学生立大志，不断明确奋斗的目标，使人生充满希望，从根本上解决超越的源泉问题。

3. 引导学生认识生命的意义

人不仅是个实体的存在，更是一个意义的存在。生命的超越性，在于它总是超越"存在"而创造"意义"，生活在意义世界之中。对人而言，"意义"大于"存在"。"意义"成为哲学家衡量人之为人的根本。赫舍尔指出，生存的人，在动物学的意义上，他们可以算作人类，但他们缺少一种可以从精神上把自己与生物区分开来的性质，人之为人就在于他有一种意义的向度——"做人"。他说："人的存在从来就不是纯粹的存在；它总是牵涉到意义。意义的向度是做人所固有的，正如空间的向度对于恒星和石头来说是固有的一样。……人可以创

---

① 雷体沛. 存在与超越：生命美学导论. 广州：广东人民出版社，2001：109.
②③ 爱因斯坦. 爱因斯坦文集：第1卷. 北京：商务印书馆，1976：339 - 340.

造意义，也可以破坏意义；但他不能脱离意义而存在。"① 蒂利希把人能发现生命的意义，获得生命的意义，看作人存在的最后依据，指出，"人最终关切的是自己的存在及其意义"。我国著名哲学家高清海更是把人的本质看作超生命的生命，强调意义对人的本体价值，他说："人是不会满足于生命支配的本能的生活的，总要利用这种自然的生命去创造生活的价值和意义。人之为'人'的本质，应该说就是一种意义性存在、价值性实体。人的生存和生活如果失去意义的引导，成为'无意义的存在'，那就与动物的生存没有两样，这是人们不堪忍受的。"② 对意义的追寻，是人的生存方式，人也在追寻意义的过程中实现精神生命的自我超越。

人是"意义"的存在，培养人的教育也必须给人以"意义"，把人生引向意义的追求。"教育在本质上就是一种唤醒人的生命意识，启迪人的精神世界，建构人的生活方式，以实现人的价值生命的活动。"③ 教育必须超越功利主义和极端的世俗主义，教人思考"为何而生"，找到正确的人生航向。只有这样，人的知识、智慧才不至于迷失方向，成为残害人类的"元凶"。"我们的教育绝不应当被用于制造学识渊博的怪物、多才多艺的变态狂、受过高等教育的屠夫。只有在使我们的孩子具有人性的情况下，读写算的能力才有其价值。"④ 所以，教育必须关注生命的意义，正确地引导人们对生命意义的认识，创造有意义的生活和有意义的人生，实现生命的价值。

4. 培养学生的批判和反思能力

生命的超越是个体在"应然的理想"的引导下，通过对"现实规定性"的反思和批判，实现对"现实规定性"的否定。否定就是对"对象"进行反思，发现其中的不足并进行批判，进而产生克服不足、走向完满的新的理想，完成一个循环的超越。超越是无终极的螺旋循环过程，个体的"现实规定性"总是成为反思和批判的对象，个体在反思和批判中树立新的目标，实现新的理想，达到新的水平。所以，否定的超越总是借助于反思和批判来完成，反思和批判成为实现生命超越的工具和拐杖。可以说，没有对现实及其规定性的反思与批判，就没有超越，人类社会发展和文明的进程就会停滞，个体就会在故步自封中走向沉沦与异化，失去生命的创造力和活力，最终走向心灵的死亡。反思是前提，在于发现问题；批判是反思的延续，在于找出解决问题的办法，实现新的超越，批判的目的不是"颠覆"，否定是为了更高程度的拯救和召唤，是为了

① 赫舍尔. 人是谁. 贵阳：贵州人民出版社，1994：46-47.
② 高清海. 人就是"人". 沈阳：辽宁人民出版社，2001：213.
③ 郭元祥. 生活与教育. 武汉：华中师范大学出版社，2002：90.
④ 郝德永. 课程与文化：一个后现代的检视. 北京：教育科学出版社，2002：321.

更好地发展。"人在'批判'中否定着世界，生成为人，升华着人性，寻找着人的意义。"①

反思和批判既是生命超越的工具，本身也是人所特有的一种超越意识和超越能力。我们的教育"极有可能的是：受教育越多，受束缚也越多。人们从教育中所得到的一切既定的价值观念、道德规范、审美意识、思维模式乃至科学技术等都可能成为'束缚人的框架'"②。教育是面向"未来"的事业，它遵循的是一种"应然"的逻辑，它应该永远对现实说"不"，具有反思和批判意识。教育的批判性与人的超越性是一致的，是基于生命超越性的教育本性的体现。工具性教育，被动地适应和接受既定的现实，培养不了人的反思与批判精神。人的反思与批判精神只能在超越性教育中产生。

四、生命化教育的原则

生命化教育，简单地说，就是"融于"生命、"成全"生命的教育。它在起点上，直面人的生命；在过程中，通过人的生命，遵循生命的本性；在结果上，润泽灵魂，追寻生命的意义和价值，提高生命的质量。因此，生命化教育是直面人的生命，循于人的生命，提升生命质量的教育。生命教育是一种理念，是以生命为本的理念，区别于以社会为本的教育。

（一）自然性原则

人是一个自然生命体，生命具有自然性。任何自然生物，都必须顺从苍天安排的自然之道，人也不能例外。因此，自然性原则必然意味着尊重生命、敬畏生命，不能人为压抑生命，也不能强制塑造生命。史怀泽把这看作"绝对的伦理原则"，他说："善则保持生命，促进生命，使可发展的生命实现其最高价值。恶则毁灭生命、伤害生命、压制生命的发展。"③

教育如何影响人的发展？中西方有不同的思路。中国的教育在"外塑"生命（这是儒家思想的反映，道家虽然与之相反，但对教育实践影响不大），而西方的教育在"引发"生命。自然性原则，是西方教育一直强调的，从亚里士多德，到夸美纽斯、卢梭，再到杜威，以及当代人本主义教育家都对此原则颇为重视。

---

① 陆杰荣. 哲学的境界. 长春：吉林教育出版社，1998：146.

② 鲁洁. 超越与创新. 北京：人民教育出版社，2001：339.

③ 史怀泽. 敬畏生命. 上海：上海社会科学院出版社，1996：9.

自然性原则，要求教育首先要尊重人的天性。天性是自然的意志在生命中的体现，是生命的自然造化，是人的生物性中所蕴含的"潜能"的流露。人的天性是生命进化的结果，天性的改良只有通过自然自身漫长的进化才能实现。所以，不是说天性不可改变，生物的进化本身已表明天性的变化，但这种变化不是短期的教育所能为的。在一定意义上，可以说，天性不可教。对于天性，只能"守护"，而不能"开发"。因此，教育对于天性应当保持敬畏，教育应该首先尊重儿童的天性。

其次，教育要遵循儿童身心发展的特点。从一般意义上说，人的身心发展有阶段性、顺序性、不平衡性、互补性、差异性，教育要遵循这些规律。对于儿童来说，还有其特殊性。这一特殊性，就在于"儿童就是儿童"，他不是大人，也不是"小大人"。卢梭强调，"大自然希望儿童在成人以前就要有儿童的样子……儿童是有他特有的看法、想法和情感的；如果想用我们的看法、想法和情感去代替他们的看法、想法和情感，那简直是最愚蠢的事情"①。我们的教育不能把儿童看得无知、不完美，从而匆匆驱使他们进入成人的世界，过早地结束他们的儿童生活。

最后，要尊重儿童生命的独特性和差异性。教育对象是具体的人，每个人都是一个独特的宇宙，"每个人的心灵有它自己的形式，必须按它的形式去指导他；必须通过它这种形式而不能通过其他形式去教育，才能使你对他花费的苦心取得成效"②。为此，我们必须了解教育的对象，我们的教育必须少一点统一，多一点选择；少一点刚性，多一点弹性，努力给孩子创造一个自主的、属于自己的、可以自由翱翔的天空。

（二）自主性原则

自主性原则是自然性原则的延伸或补充。因为每个生命都有一种天然的、内在的、超越的冲动，这既是自主性的表现，也是生命自然性的展示。生命的生成性，不是被动的、外塑的，是主动的、自我生成的，正如法国生命哲学家昂利·柏格森所说，"我们连续不断地创造着我们自己"，"对于有意识的生命来说，就是要连续不断地进行无尽的自我创造"③。自我的创造是生命本质力量和意志的反映，具有自主性、自由性和超越性。

教育应当是以生命发展为本的活动，教育要促进学生生命的发展，遵循生

---

① 卢梭. 爱弥儿：上卷. 北京：商务印书馆，1996：91.
② 同①97.
③ 柏格森. 创造进化论. 北京：华夏出版社，2000：13.

命发展的规律，必须在教育过程中体现生命的自主性。所谓自主性原则就是在教育教学的实践活动中，赋予生命发展的主动权，给学生提供发展的空间，促进生命自由地发展。自由是生命的基本品质，现代教育如果使生命失去自由会是什么结果呢？这一点，我们可以从圈养的动物身上得到警示。老虎本是兽中之王，但因动物园的长期圈养，失去了野性，一旦被放归自然，不要说当"王"了，恐怕连生存都成了问题。相关部门已经意识到圈养的严重后果，开始探索和解决动物的野外放生问题了。尽管对于长期生活在人工饲养环境中的动物，野外放生已经成了"问题"，但相关部门还是"狠心"逼迫动物离开"温暖舒适的"家园，因为它们意识到长期圈养可能导致的后果是：老虎将不再是老虎，而是宠物虎。

把人比作动物是不恰当的，或许对人有些不礼貌。但在对生命本性的压制这方面，动物的圈养与我们的强制教育，却是异曲同工的。这种教育压制生命的冲动，禁锢生命的创造，泯灭生命的个性，冰封生命的智慧，使精神家园荒芜萧索，创造之树枯萎凋零，想象之鸟不再翱翔。难怪陶行知先生把这种教育称作"儿童的地狱"，为此，他提出"六大措施"，要把儿童从"地狱"中解救出来，归还他们自由。

生命化的教育是自主自由的教育，因此也是生命自我建构的教育。教育不应该是一种"告诉"，而应该是一种"探索"，学生也不应该是盛装知识的"容器"和消极被动的盲从者，而应该是寻求生命灿烂展示的生命生长者。教学也不应该局限于传统观念里的"传道、受业、解惑"，而应该是"生命的体悟"。教师也不应该是"布道的教士""诵经的和尚"，而应该是学生生命生长的促进者①。

为此，生命化教育的主动性原则要求我们把生命发展的主动权还给学生。针对教育中存在的教师管得过多、过细、过死的现状，第一，我们提出把课堂还给学生，把精神发展的主动权还给学生，给学生以主动探索、自主支配的时间和空间，实施自主学习、探究学习、合作学习，使学生的生命处于最大限度的主动激活状态，激发生命的主动性和超越性，促进生命创造性的发展。

第二，要处理好自主与引导之间的关系，合理地引导学生。自主性是生命的潜能，一定意义上是生命的自然本能。生命化教育注重生命自主性的发展，但并不等于完全顺其自然，想怎么发展就怎么发展，完全本能化的发展，实际上消灭了教育的意义。对于具有自主性的生命体，生命意识需要教育来唤醒，

---

① 刘剑玲，文雪. 教学不仅仅是告诉：论生本教育的生命意识. 教育导刊：上半月，2005（1）：17-19.

生命潜能需要教育来挖掘，生命发展的方向需要教育来引导。即便是路边的花草，园丁也绝不会放任不管，园丁会适时地浇水、灭虫、除草、施肥。自主性并不排斥引导，教师也不应该以生命的自主性为借口，对学生放任自流。问题是如何处理好自主与引导的关系。笔者以为，放风筝的例子，恰能比喻自主和引导的关系。风筝的起飞需要引导，但一旦风筝真正飞起来了，引导就变为"保驾护航"。

第三，要处理好自主与引导的关系，就要处理好教师与学生的关系。要实现教育由包办的教育转变为自主的教育，教师与学生的关系就要由原先的上下关系转变为平等合作的关系。这一方面要使学生增强主体意识；另一方面要转换教师的角色，使教师由管理者转变为引导者，由"居高临下者"转变为"平等中的首席"。教师不应是发号施令的权威，而应真诚地当好学生的"参谋"，为学生的发展提供生动丰富的"菜单"，让学生自主地选择。

（三）体验性原则

人不仅是自然的存在，而且是意义的存在。人的精神生命的成长，就是人所具有的意义的不断丰富。人的意义的生长不是自我封闭的、内在的、自发的生长，而是借助于外部的资源，通过对外部资源的消费和利用而实现的生长。但这样一个消费和利用外部资源的过程，不是一个简单的摄取、搬移的过程，要使外部的资源深达内心，必须通过体验、体悟和理解。所以，狄尔泰的生命哲学，把体验作为起点。他说："我们通过体验和理解所领会的，是作为把人类包含于其中的脉络而存在的生命。"① 体验是生命意义的单位，生命是在不断的体验中行进的。因此，可以说，人生活在体验中，且通过体验而生活。体验是生命追求意义的直接方式，因而也构成了人的存在方式。这是人作为意义体与其他生物不同的生存方式。

体验与一般的认识不同，认识预设了主客体的对立，认识的对象是外在于主体的客观存在，认识的目的在于客观地掌握实在的客体。体验不仅能认识客体，而且能使客体与主体发生关联从而产生认识，所以体验不仅把握客体，还生成关系和意义。这样的客体就不是和主体无关的客观实在，而是主体生命意识之中的客体，是主体以自己的全部身心去经历、感受、建构的客体。此时的认识，已不是一个主客体分离的一般认识，而是一个主客体的融合，在这个意义上，也可以说，体验之中无主客体之分。

所以，体验是个体把自己的全部身心（自己的知识、情感、心理）投入对

---

① 狄尔泰. 历史中的意义. 北京：中国城市出版社, 2002：53.

客体的感受、理解和建构的一个过程。体验以情感为起点，具有生命的亲历性、个体性、情境性和意义性。

科学主义的思维方式是排斥体验的，因为科学诉诸客观实在，诉诸价值中立，强调理性和规律。以往的教育就是在科学主义思维方式的影响下，把人与人之间的心灵交流活动，简化为学生对知识的认识活动。如此的教育，重视的是客观、中立的知识，重视的是知识的传授，在这种教育中，机械的知识记诵和灌输排斥了心灵的幻想和创造，冷漠的说教代替了情感的交流和心灵的感应。教育蜕变成客观知识的授受，就会演变为学生对"死"知识的记忆、占有、"出售"。这些无法入"心"的知识，一旦遗忘，个体的生命也就重回荒凉了。

贯彻体验性原则，首先，我们必须转变关于知识的观念，完成由理性的知识观到生命的知识观的转变①。近代形成的知识观是理性主义的知识观，这种知识观将知识看成独立于学习主体之外的存在，是一种抽象认识的真理。一旦知识高度抽象化了，客观精确化了，知识也就从鲜活的生命体变成了简单的"符号"，没有了生命的意蕴，人就成了"知识的旁观者"，知识的学习就成为"有知者"告诉"无知者"的过程。在生命知识论看来，知识不只是一种客观存在的结果，还是一种需要主观参与的过程，不是客观存在于某个地方等待着我们去发现的东西，而是要在学习者的参与中才能生成的存在。知识是一种"参与者理论"，而不是"旁观者理论"。知识本身是富有生命意味的，是生命对事物的一种理解、体验和意义的赋予。所以，借助于知识而进行的教育过程，就不是客观知识简单传输的过程了，而是"我""你"（包括在场的"教师"和不在场的"文本作者"）之间情感、意义的相遇与交流的过程。

其次，体验性原则使教育成为主体间的交流活动。体验要有对象，但这个对象不是与自己分离的外在的对象，而是融入"我"的意识和生命之中的对象；体验不是把"我"的意志强加给对象，而是"我"和对象沟通交流，相互之间达到情感的交融、视界的融合。因此，体验是积极的参与、双方的互动。在这个意义上，我们理解了雅斯贝尔斯的观点，即教育是"人与人精神相契合"，是"人对人的主体间灵肉交流的活动"②。体验需要我们调动生命的一切潜能，使人全身心地投入，人在生命中得到感动，也感动生命。体验的方式有两类：一是直接的、亲身的体验，在亲历活动中感动自己，感动他人；另一类是间接的、想象的体验，运用自己的想象去感受别人的存在状态。无论是哪一类，都渗透着充满情感和人文关怀的主体间的交流，都无疑是体验发生的机制。可以说，

---

① 燕良轼. 传统知识观解构与生命知识观建构. 高等教育研究，2005（7）：17-22.
② 雅斯贝尔斯. 什么是教育. 北京：生活·读书·新知三联书店，1991：3.

没有充满情感的、平等的交流，就不可能有体验的发生。

最后，只有在教育生活中，生命才能获得真正的体验。体验发生在一定的情境中，具有情境性。情境虽然可以人为创设，但它必须基于生活。真正的体验只能在生活中进行，正如伽达默尔所说，"每一种体验都是从生活的连续性中产生，并且同时与生命的整体相连"①。生活既是体验的场景，又是由体验所构成的。狄尔泰说，生活表达在体验中，人们生活在体验中，并通过体验而生活。知性的世界抽离了生命，也不可能发生体验。所以，生命化教育的体验性原则，必然要求教育从知性的世界转向生活的世界，教学不是符号的传递，而是生活的体验，要在教育生活世界中适当地创设有意义的情境，诱发学生的生命直觉，唤醒他们的生命体验，使外在的人和物融入我"心"，浸染生命，感动人生。体验是一种强烈的情感，是对人心灵的撼动，它不是教学中的"作秀"，"作秀"只能是情感的伪装和欺骗，而不是真正的体验。

（四）生活化原则

生命与生活同命同根。说生活就是在说人，就是在说具有灵动生命的主体人。在这个意义上，梁漱溟把生活等同于生命，他说，"生命与生活，在我说实际上是纯然一回事；一为表体，一为表用而已，'生'与'活'二字，意义相同，生即活，活亦即生。唯'活'与'动'则有别。所谓'生活'者，就是自动的意思"。"生命是什么？就是活的延续。"② 生活就是生命的亲历性和实践性，是生命的一种自主、自由的伸展，它张扬着生命的个性，体现着生命的灵性和律动。套用海德格尔的一句名言——"生命诗意地栖居在生活中"。

生活是"生命体"之"活动"，但并不是所有生命体的活动都是生活。生活本身具有意义性，动物的活动所展示的就不是生活，而是本能的生存。只有人的活动才能构成生活。正因为如此，生活才能作为养分促进生命的发展。

从宽泛的教育意义上看，教育作为人的生存方式，是生活的构成要素。所以，古代社会，生活即教育。近代随着笛卡儿的理性主义和客观主义思维的盛行，科学世界取代了生活世界，生活世界被"殖民化"和"遗忘"，也导致了生命的缺失。近代以来的教育，也就因此成为理性的教育、科学的教育、知性的教育，它遗忘了生活，远离真实的生活尤其是儿童的真实生活，片面地用成人迷恋并津津乐道的科学技术、工具理性或所谓"高雅""文明"的书本知识来充斥儿童诗意栖居、野性盎然的生活世界，甚至诱惑儿童早早地、不合时宜地进

---

① 洪汉鼎. 理解的真理. 济南：山东人民出版社，2001：59.
② 马秋帆. 梁漱溟教育论著选. 北京：人民教育出版社，1994：263.

入成人的理性的世界和符号的世界，扭曲儿童的天性，使教育不再有人的存在和鲜活的生命意义。

当代教育回归生活，是人的回归，是对生命的呼唤。这种呼唤不仅是要引起人们对生命的关注，也是要回归生活，使教育重新回归原点，回到本真的生命。

生命以生活为载体，关注生命化教育，同时必须贯彻生活化原则。生活化原则就是教育要以生活为本原，在生活中进行教育，而且引导人改善生活，提高生活质量，过美好的生活。

首先，教育要以生活为本原。"现实生活是人的生命存在的根基，也是教育最真实、最坚实的基础。"① 教育以生活为本原，意味着：第一，教育要以生活为目的，确立"为生活"的教育目的观。"为生活"，不仅是指斯宾塞所说的"为未来生活做准备"，而且是指生活是一个连续体，教育蕴含于生活之中，教育要引导儿童从当下的现实生活，逐渐走向未来的可能生活。要么牺牲现在的生活来换取未来生活的"幸福"，要么"为教育而生活"，把教育、考试、升学当作生活的全部，这两点恰是我们当前存在的突出问题，也是我们要坚决警惕和反对的。第二，教育的内容要源于生活并回归生活。教育存在于生活中，不能与生活割裂；但也不能回到古代社会，把教育与社会生活画等号，要按照真善美的标准，对社会生活进行简化、净化和改造，创造一种有教育意义的生活，将这些生活纳入课程中。所以，教育回归生活，就要对知识课程、学科课程进行改造，将儿童在社会生活和学校生活中遇到的普遍性问题作为课程关注的重点，要力求课程从完全的学科逻辑，转化为生活逻辑与学科逻辑的结合（有的课程可以完全转化为生活逻辑，如品德教育类课程）。

其次，教育要在生活中进行。在一定意义上，教育本身就是生活，生活本身也具有教育的价值，教育和生活不是分离后的结合，它们原本就是一个东西。当前出现了教育与生活的双向隔离：教育脱离生活，生活也不具有教育意义。所以，一方面，要以生活改造教育，尤其是改造课程，使之生活化；另一方面，要以教育优化学校生活，乃至改造社会生活，使生活教育化。教育要在生活中进行，还有另外一个重要的内涵：这就是把教育的过程改造为生活的过程，我们是在教育中"过生活"，过有意义、有尊严的诗意生活。在教育中，应如同在诗意盎然的生活中，充满生机和活力，充满希望和追求，而不应感到痛苦和厌恶。

最后，教育要改善生活，引导人们追求美好的生活。生活是当下的，是实

---

① 刘济良．生命教育论．北京：中国社会科学出版社，2004：270.

在的，但人的生活不是动物的"生活"（在我看来，动物没有生活，这里只是借用"生活"一词），人的生活就在于生活的意义性。意义是自己对生活的感悟，它需要自己建构。生活的过程，也是意义建构的过程，或者说是创造可能生活的过程。教育根植于生活，并不是复制日常的、当下的生活。教育具有超越性，教育对人生意义的关怀，决定了教育必须超越当下的现实的生活，引导学生去反思当下生活、改善当下生活，使其追求美好的、可能的生活，这才是教育的真正目的。

（五）个性化原则

生命是具体的人，是鲜活、丰满而独特的人。生命作为无可替代的个体而存在着。教育不是"普洛克路斯忒斯之床"，专门对人进行"裁剪"。教育应该是"量体裁衣"，为生命独特性的实现创造条件。为个人而存在，创设适合每个生命个体的个性化教育，是教育对待生命的最基本的态度。

所以，生命化的教育，是个性化的教育。个性化的教育，不是培养心理学意义上的个性的教育，而是适应生命个体的独特性的教育。个性化的教育不等于个别化的教育，个别化的教育形式也不一定适合个体生命发展的需要。相反，集体的教育形式也不一定都扼杀个性。个性化教育的关键是尊重个体的独特性，为个体的独特性发展创造空间。

首先，教育要尊重并适应个体的差异。"在过去的世纪中，教育的最大错误是，假定全体儿童是没有差异的同一体，而以教授同一学科般的同一方式对待全体儿童"[1]，这是传统教育"目中无人"的表现。生命化的教育，关注每个独特的生命体，提供适合他们的教育。在这个意义上，"个性化教育"和"适应性教育"是可以互换使用的术语。适应性原则作为一种工作要求，体现在一切教育实践中，就是要求教育教学安排适应个别差异的环境条件，创设相应的情境，构建相应的课程内容以及建立相应的评价尺度。

其次，在教育过程中要体现学生的自主选择性，增强教育的差异性。个体生命的独特性要求生命化的教育要适合每个学生，但"适合"并不是主张回到古代的个别教学，不是主张废除班级授课制这种集体教育形式。我们需要的是在集体教育中发挥学生的自主选择性，满足他们发展的不同需要，使教育体现出差异和分化。教育的差异性和分化性，就是在集体教育的框架中，根据一类学生或个别学生之间的差异性，进行分层教学、分类指导，使教育尽可能适合每个学生，促进他们充分、自由、独特地发展。例如，走班制，分组教学、分

---

① 邓志伟. 个性化教学论. 上海：上海教育出版社，2002：55.

层教育、个别辅导等，都是体现个别差异的教学。

最后，要根据生命个体的独特性，实施特色化的教育。生命的潜能是全面的，但并不意味着潜能发展就是平均发展，因为每个人的潜能在全面的基础上，都有其独特的优势，这种独特的优势使个体的生命显示出差异性。在智能发展中，加德纳就指出，每个人都是多种智能的独特组合，在这些组合中，每个个体都有其优势领域。生命化教育就是要"扬长避短"，在每个学生身上发现最强的一面，找出作为生命发展源泉的"制高点"，在对丰富的教育资源实施自主选择的基础上，通过有目的、有针对性、特色化的教育，努力挖掘每个学生的优势潜能，使其得到最大化、最优化的发展。

第五章
公民与教育

促使人的转型是教育转型的核心。近年来，在教育培养什么人的问题上，学者们相继提出了"自然人""主体人""具体个人""世界历史性个人""类主体"等观点，这些观点对纠正传统教育的无"人"，克服现代教育中人的异化，回归人性本身，具有重要的意义。但人作为社会的产物，在不断接近终极人性的基础上，具有时代的印迹。因此，我们不能只在终极意义上空谈人性，而应该立足于当代社会发展的需要，从目的层面认识到：公民是当代中国社会人之转型的目标，公民教育也是当代教育转型的必然方向。

一、公民身份与公民教育

（一）成为公民：当代社会发展的要求

第一，从人类社会发展的一般趋势看。

马克思把人类社会发展分为三个阶段：最初原始社会，生产力发展水平极低，人结合成以血缘、地缘为纽带的群体，这种群体关系是自然发生的，人们对这种共同体的依赖也就是对自然的依赖。随着古代社会取代了原始社会，人对自然以及人与人之间的自然依附关系转变为人与人之间的等级依附关系。无论是自然的依附，还是等级的依附，人都是群体的附属物，以群体的方式存在，独立的个人是不存在的。即便是雅典的城邦生活也表现出鲜明的整体主义，公民没有个人价值，公民属于城邦。亚里士多德就明确宣称："不能认为每一个公民属于他自己，而要认为每一个公民都属于城邦。"① 此为第一阶段。随着生产力的发展，产业革命和市场经济催生了个人独立的人格。市场经济是个人自主活动的经济形式，它通过商品和货币这种物的交换方式，一方面摧毁了原来的自然共同体和人身依附的等级从属关系，使个人获得了独立人格；另一方面也让每个独立个体融入市场的交换活动之中。但必须认识到市场经济催生的"以物的依赖性为基础"的独立人格的不完善性，这种人格把对物的占有转换为对他人的占有，个人是孤立的单子式存在，如同霍布斯所说，人与人之间是"豺狼关系"，只能以契约维系共同的存在，缺少真正的公共生活。此为第二阶段。随着当代世界经济、文化的加速发展，"单子式个人正逐步丧失其存在的历史根据，作为个体的人正走向世界历史的存在，也即走向类的存在、类主体发展的阶段"②。此为第三个阶段，也是可以预见的最高阶段。类主体建立在类社会的

---

① 亚里士多德. 政治学. 北京：中国人民大学出版社，1999：276.
② 鲁洁. 超越与创新. 北京：人民教育出版社，2001：412.

基础上。人类社会真正成为一个类虽微露曙光,却尚未成为现实。当代人类的发展,正处于个人主体向类主体的过渡阶段,它使单子式的主体性转向互主体的主体间性。这既是人类社会发展的必然逻辑,也是当代社会发展的要求。

第二,从中国社会发展的现实和要求看。

古代农业社会的自然经济形态、封建宗法制的等级关系以及儒家的人伦道德,使中国古代社会缺乏个人主体成长的土壤。"专制体制只能孵化匍匐于王权之下的臣民而不能提供现代公民发育的土壤,封建的教育思想和实践在根本上是以培养与教化臣民、顺民为指向的。"① 中国的封建社会从未出现过"公民",有的只是"臣民""草民""子民"。新中国成立后,社会主义制度赋予了人民权利和地位,确立了人人平等的公民理念,改革开放后,社会主义市场经济体制的建立和完善,改变了人的生存方式。人不再是僵硬的计划的客体,而是灵活的市场的主体。社会主义市场经济不仅关注个体的利益,而且孕育了理性的交换规则、平等的竞争规则,使人与人之间的关系趋于平等。对应于马克思人类发展的三个阶段,改革开放使人的发展从"依附性"阶段转向"个人独立性"阶段。所以,"我们的迫切任务理所当然地是首先去解放个人,培植具有充分活力的个人主体。这应当是毫无疑问的"②。但改革开放以来,我们又看到了市场经济催生的个人主体带来的新问题,如出现了功利主义、拜金主义倾向,以及公共道德、公民责任感的缺失等问题,我们要以公共性矫正个人主体性的偏差,使之走出单子式的孤立状态,成为共同体中的互主体。

第三,从西方公民观念的发展看。

公民在西方有两个传统:一是共和主义的公民观念,二是自由主义的公民观念。共和主义的公民观念强调公民必须将公共领域置于私人领域之上,将公共善置于私利之上,强调公民的整体性,主张"你是因为整体而被创造,而整体的被创造并非是为了你"③。自由主义观念是现代公民发展的根基。自由主义认为,虽然公共生活很重要,但不应该放弃个人的利益和私人的生活,私人的生活以及按照个人的意志选择生活方式的权利,是首要的。只要不干预他人的生活,每个人都应该平等追求他所认为的美好生活。共和主义强调公共善,自由主义强调个人权利,它们在公共性和个体性上代表了公民观念的两极。

现代公民以自由主义的观念为主导,但自由主义不断受到社群主义、多元文化主义的批判和挑战。社群主义批判自由主义的政治设计完全忽视了群体的

① 朱小蔓,冯秀军.中国公民教育观发展脉络探析.教育研究,2006(12):3-11.
② 高清海.主体呼唤的历史根据和时代内涵.中国社会科学,1994(4):90-98.
③ 柏拉图.法律篇//波普尔.开放社会及其敌人.北京:中国社会科学出版社,1999:200.

概念，认为人是群体的存在物，个人不可能离开社群而存在，个人与社群血脉相连，"社会整体具有一个共同的善，是社会成员共同的事业，因此成员之间具有一种相互的承诺"[①]。在强调群体的整体性和公共善的优先性上，社群主义和共和主义具有相同之处，但要看到，社群主义是在自由主义的基础上建立起来的，它以尊重公民的个人权利和私人生活为前提，是通过协商、对话、承诺来寻求共同生活和公共善的。

多元文化主义认为，自由主义以完全无差异的普遍原则对待每一个公民，看似平等，实际上并不平等，会导致多数族群或优势阶层成为主导公民，少数阶层和团体受到排斥或挤压，"可是，那些先前受到排挤的群体却不愿意再被迫沉默或被边缘化，或者不愿意因为他们与所谓的'正常'公民在种族、文化、性别、能力或倾向上的差异就被当作'非正常的'。他们要求有一种更具容纳力的、能够承认（而不是侮辱）他们身份的公民资格，而它又要能包容（而不是排斥）他们之间的差异"[②]。所以，多元文化主义提出了"差异公民"的概念。只有承认差异，才能真正平等地面向每一个公民，使共同体成为每个人的共同体，而不是"正常"公民的共同体。

总之，从共和主义、自由主义到社群主义、多元文化主义，可以看到，公民个体性和共同性的不断融合，公民从共和主义的整体性、自由主义的个人主体性走向了社群主义和多元文化主义的主体间性。

（二）身份认同：公民身份的重要组成

公民身份是一个存在歧义和纷争的概念。之所以存在歧义，是因为公民身份没有一个抽象的规定，公民身份是具体的、情境性的，在不同时期、不同政体以及不同的公民理念中具有不同的内涵。

现代公民不同于古代公民。古代公民诞生于古希腊雅典城邦。城邦是小规模的、有机的政治共同体。公民是热衷于城邦政治生活，在政治生活中施行管理与享有管理权利的人，"好公民应当知道也有能力统治与被统治，而这是一个公民的德性"[③]。所以，古代城邦公民身份的标志是在参与政治生活的过程中展现出来的卓越而优秀的德性。亚里士多德把人看作自然趋向于城邦生活的政治动物。正因为城邦生活是人的一种自然倾向，城邦的存在先于个人的存在，城邦的公共利益高于个人的私利，所以，城邦的公民，最重要的品质是服从，是

① 林火旺. 正义与公民. 长春：吉林出版集团有限责任公司，2008：155.
② 金里卡. 当代政治哲学. 上海：上海三联书店，2004：586.
③ 雷森伯格. 西方公民身份传统：从柏拉图至卢梭. 长春：吉林出版集团有限责任公司，2009：5.

效忠共同体的美德，"公民以美德和责任积极参与公共事务，以行动的能力、智慧和技术对共同体表现出至上的忠诚"①。因此，具有效忠城邦共同体的美德成为古代公民的身份标志。

古代社会，由于公民对城邦的高度服从与忠诚，因此，城邦生活只有公民集体，没有公民个人。公民不属于自己，属于城邦。每个公民的权利只有在整个公民集体中才能实现，独立个体的公民在城邦生活中并不存在，这与马克思所说的"人的依赖关系"的人类社会发展第一阶段是对应的。随着生产力的发展、工业革命的出现、市场经济的形成，个人的独立意识得以萌生，"19世纪，'人就是个人'这一原则获得了普遍胜利"②。独立个人的发现，使公民身份进入了现代阶段。

与古代公民相比，现代公民的出发点不再是城邦，而是个人；现代公民的身份标志也不再是具有忠诚于城邦的美德，而是拥有个人的权利。马歇尔的公民身份理论是现代公民身份的典型代表。马歇尔认为，公民身份包括三个组成部分，即拥有公民权利、政治权利、社会权利（也可以说是公民的要素、政治的要素、社会的要素）。公民权利"由个人自由所必需的权利组成：包括人身自由，言论、思想和信仰自由，拥有财产和订立有效契约的权利和司法权利"，政治权利"是公民作为政治权力实体的成员或这个实体的选举者，参与行使政治权力的权利"，社会权利"是从享有某种程度的经济福利与安全权利到充分享有社会遗产并依据社会通行标准享受文明生活的权利等一系列权利"。马歇尔认为，公民身份的真正建立必须是公民真正享有三种权利，而这三种权利的发展存在着明显的顺序性：公民权利在先，政治权利随后，最后才是社会权利。就时间而言，公民权利的实现归于18世纪，政治权利归于19世纪，社会权利归于20世纪③。

公民身份的标志从具有对共同体的义务和忠诚转向拥有个人的自由和权利，其支配性理念也由共和主义传统转向自由主义。共和主义和自由主义对公民身份的认识不同：共和主义强调共同体利益高于个人私利，公共生活高于私人生活，个人是共同体的附属物。因此，公民最重要的是保持对城邦的忠诚，维护公共利益和公共善，参与公共事务与公共生活，这是一种积极公民的形象。自由主义重视私人利益，主张个人利益第一，国家保护个人的利益不受侵犯。公民与公民之间、公民与国家之间，其行动的依据，不是道德、责任和忠诚，而

① 雷森伯格.西方公民身份传统：从柏拉图至卢梭.长春：吉林出版集团有限责任公司，2009：5.
② 萨托利.民主新论.北京：东方出版社，1998：321.
③ 郭忠华，刘训练.公民身份与社会阶级.南京：江苏人民出版社，2007：7-9.

是公民所制定的公共规则和人与人之间的契约，是国家正义的社会制度。只要公民不违反公共规则和契约，个人的权利就可以得到绝对的保障。所以，公民不一定都参与政治生活，美德也不是公民必要的身份特征，保护个人的权利不受侵犯，才是最主要的。这是一种消极公民的形象。无论是古代公民身份，还是现代公民身份，都把自由作为普遍追求。但古代公民的自由在于他们对政治权利的积极参与，而不在于对个人独立性的拥有；现代公民的自由在于他们不受约束地自由生活，免受政治权力的干预。古代公民为城邦生活牺牲个人自由，现代公民视国家为保护个人自由的工具。

自由主义的现代公民身份，凸显个人权利，忽视个人的义务和人在公共生活中的责任。20世纪中后期，这种公民身份开始不断受到批判，"社会保守主义者和社群主义者尤其认为，过于重视公民权利必将给公民身份的品质造成危害。个人权利只会形成浅薄的、防卫型的公民身份，这种公民身份对于赋予他们权利的政治共同体的维持不会有多大的帮助"①。丹尼尔·贝尔认为，这种公民身份破坏了公共社会所必需的社会责任和牺牲精神。

因此，当代公民身份开始吸收公民共和主义传统，纠正现代公民权利身份的偏差，强调公民的义务、责任和德性。托马斯·雅诺斯基指出，"公民身份是个人在一民族国家中，在特定的水平上、具有一定普遍权利和义务的被动和主动的成员身份"②。公民身份包含主动的和被动的权利和义务，是权利和义务在一定限度内的平衡。也有学者侧重于从道德的角度认识公民，主张公民身份不在于权利和义务，而在于公民的德性。马基雅维利指出，德性是一种包括"勇气、坚毅、胆识、技能"等品质的公民精神，公民的"德性"对于共和国的维系具有重要的意义③。在理念上，当代公民身份也试图超越传统共和主义和自由主义的对立，实现二者的有效整合。美国学者理查德·达格认为，只要公民身份的自由主义权利观不被解释为自私自利的个人主义，它就可以和共和主义传统做某种嫁接。他提出"共和主义的自由主义"（republican liberalism）理念，主张公民身份包括自主、美德和权利三大相互补充的要素④。社群主义也批评自由主义对共同体的忽视，重提共同体的价值，主张把社会的共同利益（the common good）置于与个人自由同等重要的位置，把共同体的利益与个人权利看作同等重要的、相互补充的组成部分。

公民共和主义传统的复兴和对自由主义的批判，不仅实现了公民权利与义

---

① 福克斯. 公民身份. 长春：吉林出版集团有限责任公司，2009：57.
② 雅诺斯基. 公民与文明社会. 沈阳：辽宁教育出版社，2000：11.
③ 希特. 何谓公民身份. 长春：吉林出版集团有限责任公司，2007：48.
④ 同③181－182.

务的统一，而且提出了公民对共同体的认同和责任。这是继公民身份由权利到权利和义务的第一次转型后的第二次转型，即由公民权利和义务转向公民对共同体的认同和责任。威尔·吉姆利卡总结公民身份研究的最新成果后指出："由一系列权利和责任规定出来的公民资格，不仅仅是一种地位，它也是一种身份认同，表明了一个人是一定共同体的成员。"① 公民身份一方面与个体的权利相关，是公民所拥有的权利和担负的义务；另一方面又与群体的归属密切相关，是公民对共同体的归属感。公民不是孤立的"我"，而是共同体中的"我们"，必须有对共同体的认同。对共同体的认同，既是对自由主义公民观的反思，也是对共和主义公民观的回归。桑德尔在中国的一次学术演讲中指出："一个公民身份，或者说有意义的公民身份包含了两个方面。第一方面是一种共同的认同，是公民之间的共同性，是一种共同体感，是一种归属感，是对'共同善'的一种承诺。爱国主义和自豪感就表明了公民身份中的这样一个方面，即认同共同体的感觉这一方面。"桑德尔提到的公民身份的另一个方面是"表达"，"声音是一种表达，是对意愿的有效表达，或者说对公共问题的讨论做有效参与，是对自我的治理及参与的自觉"②。表达既彰显了个人的权利，也彰显了对公共生活的参与。公民对共同体的认同，使当代公民有了参与公共生活的积极形象，而不再是只维护个人权利的消极的现代公民。

公民身份中的认同，不只涉及公民对共同体的认同，还涉及公民的权利和义务中的认同问题。因为公民通过地域关系或者血缘关系获得身份，国家以法律的形式赋予公民权利和义务，而公民对这些权利和义务的知晓、认可、赞同和支持，同样有一个认同过程。公民的这种认同，是国家政治制度形成的基础，是国家政权统治合法性实现的源泉。

经过两次转型，公民身份已不再局限于马歇尔所说的拥有权利，也不再局限于拥有权利和义务的集合，而是把存在认同与参与列为公民身份的必要组成部分，使公民身份由形式深入实质。对共同体的认同，意味着归属感，意味着责任，意味着对公共生活的参与。认同作为公民身份的重要组成部分，得到越来越多公民理论家的认可，并在实践中成为公民教育的重要内容。

（三）公民教育：公民身份的"再造"与"创造"

公民是如何出现的，是怎样形成的？只有弄清这个问题，才能弄清教育在

---

① 吉姆利卡，诺曼．公民的回归：公民理论近作综述//许纪霖．共和、社群与公民．南京：江苏人民出版社，2004：262.
② 桑德尔．公民身份：面向世界的认同与表达．社会科学报，2009 - 06 - 04.

公民身份的形成过程中是否有作用，有什么作用。

公民是一个社会、政治词语，表征的是公民在政治共同体中完全的成员资格和享有的权利、义务。所以，"公民"的出现，首先是社会、政治发展的产物。古代公民是自然经济和城邦制度的产物，现代公民则是工业革命和资产阶级革命的产物。公民的内涵及身份之所以不断变化，则是因为社会的发展变化和政体的不同。可见，公民的出现，公民身份的变化，只能首先从宏观社会结构的变化中寻找原因，这是公民身份形成和变化的客观基础。没有相应的社会条件，公民身份的形成是不可能的。因此我们必须看到公民教育的有限性。20世纪初，严复、梁启超的"新民"思想开启了中国公民教育的新篇章，但最终没有成功，其中的原因就是封建制度与公民思想格格不入。实践证明，不改变封建社会的专制制度，只靠公民教育的思想启蒙，无法完成培养"新民"的任务。

有学者探讨了现代公民身份产生的条件，指出绝对主义国家的统一与集权，推动了主权观念的形成，这是公民身份产生的政治条件；经济与社会结构的变迁，打破了公民身份的地域和等级限制，使公民身份走向普遍化的平等，这是公民身份产生的社会条件[①]。但仅有政治条件和社会条件还不够，政治条件和社会条件提供了变革的外因，变革的内因则取决于变革主体的思想观念。这就是说，公民身份"既与社会结构的制度特性联系在一起，也与行动者的观念联系在一起。前者表现为宪法、法律等客观制度形式，后者则表现为公民的权利意识、义务意识、参与意识等观念形态"[②]。公民的权利和义务，是法律规定的，但公民对权利和义务的意识，对共同体的认同和责任，以及参与公共生活的精神和美德，则是公民认同和意识的结果。而正是公民对制度及其规定的认同和意识，才引导着公民将制度规定转化为自觉行为。没有公民的行动，不仅制度的规定停留在文本上，而且思想观念也只会停留在意识之中。行动将观念付诸实施，使制度规定转变为行动，同时，还可以改变现实，催生新的公民身份。所以，"公民身份行动是一种能够催生新的公民主体的行为"，其把一种非公民身份变成公民身份，又创造新的公民身份。由此可见，完整的公民身份生成机制实际上是社会制度、公民观念和公民行动相互作用的产物[③]。

因为公民的出现及内涵的变化首先取决于社会结构的变革，公民是社会条

---

① 褚松燕. 个体与共同体：公民资格的演变及其意义. 北京：中国社会出版社，2003：121 - 136.

② 郭忠华. 变动社会中的公民身份：概念内涵与变迁机制的解析. 武汉大学学报（哲学社会科学版），2012（1）：59 - 65.

③ 同②.

件催生的结果，所以，公民首先不是教育的产物。但这并不意味着教育在公民身份的形成中没有作用。社会结构要求的公民身份以及制度和法律规定的公民身份必须内化为公民的一系列观念，只有这样，才能将公民的制度规定转化为公民的自觉意识，进而产生公民的自觉行为。正因为观念在公民身份从制度规定到自觉行为的转化中起着重要作用，所以，教育才能够成为促进公民身份形成的重要力量。

我们通常说，教育可以发展人，培养人。因为人是未定型的、可塑的，教育可以引导人的成长方向，甚至可以改变人的发展类型。但对于公民教育而言，公民是社会政治的产物，公民身份是特定社会政治和法律的制度规定，教育不能规定公民的身份。公民及其身份是由制度规定的，是预成的、先在的。面对预成的、既定的公民身份，公民可能有两种态度：一种是积极的，另一种是消极的。积极的态度表现为公民对自己身份的高度认可和肯定，他为具有这样的身份而倍感优越和自豪。消极的态度则表现为公民以一种悲观甚至自卑的心态看待自己的身份，公民为具有这样的身份感到自卑和羞耻。正因为公民面对自己的身份有着不同的态度，所以教育的作用就在于促进公民身份认同，促进公民形成对其身份的积极态度。

认同是个复杂的心理过程，是"自我在情感上或者信念上与他人或其他对象联结为一体的心理过程，是在人与人、群体与群体的交往中所发现的差异、特征及其归属感"[1]。身份认同是"个体对自我身份的确认和对所归属群体的认知以及所伴随的情感体验和对行为模式进行整合的心理历程"[2]。认同在性质上有积极认同与消极认同之分。消极认同是一种自发的被动认同，是一种不分对错、盲目的认同。积极认同是一种自觉的、主动建构的认同，它是根据事物发展的规律和要求，对符合发展要求的事物理性选择的认同。公民教育作为一种有目的的活动，不应该是一种消极认同，而应该是一种积极的认同。教育的责任在于引导公民形成积极的身份认同，促进公民对其身份形成积极的态度。

无论是消极认同，还是积极认同，都是对公民既定身份的认同。消极认同是被动的、完全适应既定身份的认同；积极认同是主动的、有选择的认同。即便是主动地选择，也要囿于既定的公民身份。所以，公民身份认同的教育，实质是公民身份的"再造"，它以社会结构规定的公民身份为前提，通过教育引导形成公民身份认同，最终实现公民身份的"再造"。区别于被动的公民身份认同，教育的责任是引导公民进行积极的身份认同，是一种主动的公民"再造"。

---

① 袁娥. 民族认同与国家认同研究述评. 民族研究，2011（5）：91-103.
② 张淑华，李海莹，刘芳. 身份认同研究综述. 心理研究，2012，5（1）：21-27.

公民身份认同教育，再造符合社会规定的公民身份，使公民身份与社会相一致。公民身份认同教育，作为一种社会适应论的公民教育，无疑是必要的。因为没有脱离现实的抽象公民，公民都是特定社会、特定国家、特定情境的公民。公民教育首先需要公民对既有身份的认同，成为特定社会的现实公民。

但公民教育不等于公民身份认同教育。公民教育的目的首先是实现公民身份的再造，但不只是公民身份的再造。再造的公民只是被动地适应社会。公民作为主体人，不仅要适应社会，更要改造现实，超越现实，引导社会发展。"创造"新的公民，是公民教育的更高要求。再造公民身份的教育是适应社会的教育，创造新公民的教育是超越既定社会，创造新社会的教育。适应性教育只教人顺应社会，缺少对现实社会的反思和批判。超越性教育在适应的基础上，启蒙和唤醒人的反思和批判意识，赋予人反思和批判的能力，激发人变革社会的激情和动力。适应性教育复制公民的既有身份，超越性教育"为一个尚未存在的社会培养新人"①，创造新的公民身份。

公民教育负有促进实现公民身份积极认同的责任，但身份认同的教育不是公民教育的全部，公民教育除了负有引导公民认同既定身份的责任，还负有创造新身份的责任。新的公民身份的产生是对不合理社会的抗争和新社会的向往，教育通过培养公民的批判和反思意识，唤醒公民对自由、民主、平等、公平、正义等美好人性和良善社会的追求，孕育新的公民身份，推动社会的发展。所以，完整的公民教育是促进公民身份的再造和创造的统一，是实现公民身份认同与新公民特质培养的统一。

二、多元公民身份

公民身份是个体与共同体之间制度化关系的反映。因此，个体性和公共性成为公民身份必不可少的两大要素。公民既是独立的个体，具有个人主体性，又是共同体的成员，具有共同体的公共性。公民身份具有情境性，会随着社会发展和国家政体、制度的变化而不同，但无论公民身份怎么变化，其作为个人主体的身份都不会变化，公民身份的最终承担者是个体，而且是具有主体性的个体。不具有主体性的个体，是臣民，不是公民。个体在共同体中生活，公共性随共同体的变化而不同。所以，公民身份的外延变化主要取决于公民生活于其中的共同体的变化。

---

① 联合国教科文组织国际教育发展委员会．学会生存：教育世界的今天和明天．北京：教育科学出版社，1996：36．

古代公民是城邦公民，城邦是其生活的共同体；现代公民是民族国家的成员，民族国家是其生活的共同体。一方面，随着当代社会的发展，公民共同生活的范围，受全球化的影响而不断扩大，出现了超国家的区域组织（如欧盟）和"地球村"，也因此形成了超国家层次的公民身份，包括区域公民（如欧盟公民身份）和世界公民。另一方面，全球化扩张的压力也提升了地方自治的诉求，从而形成了亚国家层级公民身份，包括城市公民、州公民身份和联邦公民身份等。上述的发展，如果从逻辑分类看，以国家公民身份为核心，围绕国家公民身份，向上延伸为超国家的公民身份，向下延伸为亚国家的公民身份，亚国家、国家和超国家三个层级共同构成了公民身份的体系，这是一个完整的逻辑框架。英国学者德里克·希特和我国学者郭忠华都持这样的观点。希特提出了"个体-州-国家-欧盟-世界"的公民身份层级划分[1]，郭忠华借鉴希特的分类提出了亚国家层级公民身份（包括城市公民、联邦单位公民身份）、国家层级公民身份和超国家层级公民身份（包括地区公民、世界公民身份)[2]，如图 5-1 所示。

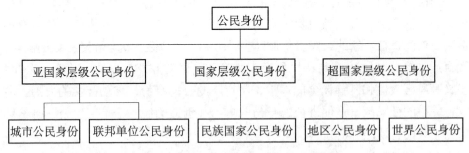

图 5-1 郭忠华提出的公民身份层次架构

上述公民身份的逻辑体系有一些局限性：其一，只是公民身份公共性的延伸，而没有反映出公民身份的个体性；其二，这一体系以国家公民身份为参照，所反映的都是政体的公共生活，缺少社会的公共生活；其三，对我国而言，我国没有联邦体制和区域联盟，城市公民身份也不是很突出。所以，将上述体系作为我国公民身份的体系，不是很适合我国的情况。

公民身份是公民个体性的体现，我认为：首先，公民身份是个体公民；其次，现代公民必须是国家公民，国家是现代公民生活的主要政治载体；再次，在个人与国家之间，还有着社会，社会是国家之外公民公共生活的场域；最后，在国家之上，还有超国家的世界公民的萌芽，也包括延伸至自然界的生态公民。

---

① 希特. 何谓公民身份. 长春：吉林出版集团有限责任公司，2007.
② 郭忠华. 全球化背景下多元公民身份体系的建构. 武汉大学学报（哲学社会科学版），2010（1）：84-89.

所以，笔者提出了多元公民身份的体系，如图 5-2 所示。

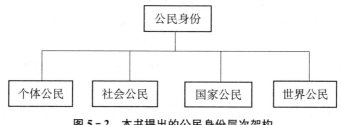

图 5-2 本书提出的公民身份层次架构

多元公民身份，一方面表明当代公民超越了单一的国家公民，具有多种身份；另一方面还意味着各种公民身份不是分离的，而是一个公民所具有的各种角色、各类特征。各种公民身份之间不是并列的关系，如同一棵树，个体公民是根，国家公民是树干，社会公民和世界公民是枝叶。由于政治体制的不同，西方国家还出现了城市公民身份、州公民身份、联邦公民身份、欧盟公民身份以及平行公民身份，以后甚至还有更多，但这些都属于枝叶部分。

1. 个体公民身份

现代公民身份以个体意识的觉醒和个体权利的获得为起点。1789 年在法国大革命过程中颁布的《人权宣言》标志着现代公民身份的出现。虽然古希腊城邦存在公民的生活，但城邦公民缺少对个体利益的关注，公民不过是城邦在个体身上的"翻版"，公民即城邦。经历了中世纪末期的宗教改革、文艺复兴的思想启蒙，个人的主体意识萌发，个体也得到了前所未有的解放，最鲜明的表现是公民作为个体人、作为权利主体得到了前所未有的重视。这为现代公民的出现奠定了人格基础。近代西方资产阶级革命又直接推动了个体解放，使个体获得了平等的权利。拥有权利成为现代公民身份的标志。公民斗争的历史，就是不断争取权利、提高公民地位的历史。正是现代公民对个人主体地位的弘扬和对平等权利的争取，使自由主义成为现代公民身份的主导理念。

个体公民反映的是公民个体性的一面，公民还具有公共性，因此，个体公民不能作为完整的公民，只能作为公民身份中的"一种"，它不能单独存在，因为公民之所以为"公"民，必须具有公共性。但不管公民的公共性如何，个体公民都是公民身份的根基。换言之，没有个人的主体性，没有个体公民的出现，人永远只能是臣民，而不可能是公民。

个体公民身份具有如下特征：

第一，在价值观上，坚守"人是目的"。"人是目的"是康德提出的。在康德看来，"你的行动，要把你自己人身中的人性，和其他人身中的人性，在任何时候都同样看作目的，永远不能只看作手段"①。人是目的，意味着"我是我的目的"，而不是别人的手段和工具。我不把别人当手段，不把别人当作我利用的工具；我也不能成为别人的手段，不会成为别人的工具。人是目的，意味着个体要坚守自己的价值，确立自己的人格和尊严，每一个人都应该得到平等对待。只有在价值观上坚守"人是目的"，才能够确立独立的人格和个体平等的地位。

第二，在公民性上，具有独立人格。个体公民是相对于臣民而言的，臣民无"我"，公民是自己的主人，所以，具有独立人格是个体公民最核心的品质。"正是公民的独立人格，确证了公民作为具有内在价值与尊严的权利主体的存在，确保了公民可以按照独立自主的方式追求和创造属于自己的可能生活。"②独立人格，使"我"是我。我不属于"城邦"，不属于"上帝"，也不属于"他人"，我有我的意志，我有我的自由，我有我的权利，我有我的生活……我拥有我的一切。我不是别人的"奴隶"，不为别人所支配，也不为别人所奴役。

第三，在外在特征上，具有平等的权利。具有独立人格是公民性的内在基础，只有具有独立人格的人，才能争取公民的权利。但公民作为共同体中具体的人，拥有权利是其人格独立的标志。所以，要实现独立的人格，必须要赋予每个公民平等的权利。没有权利，独立的人格也就无从体现，只能沦为一句高尚的神话。公民的平等权利，被写进了《世界人权宣言》（简称《宣言》）。《宣言》指出，"人人生而自由，在尊严和权利上一律平等"，"人人有权享有生命、自由和人身安全"等基本权利，而且"人人有资格享有本宣言所载的一切权利和自由，不分种族、肤色、性别、语言、宗教、政治或其他见解、国籍或社会出身、财产、出生或其他身份等任何区别"。

2. 国家公民身份

现代公民，在个体性上源于个体独立人格意识的觉醒，个体成为独立的主体；在公共性上首先指向国家，"现代公民身份观念与自由主义国家的发展密切相关"③。现代公民把公民身份与民族国家联系在一起。因此，"国家公民"成为"现代公民"的代名词。无论公民身份的外延如何拓展，在国家消亡之前，公民都属于某一国家，是该国家的成员，具有国家赋予的权利和义务，也要履行对国家的忠诚和责任。

国家公民身份具有如下特征：

第一，国籍是取得国家公民身份的前提条件。国家公民身份表明了个体是

---

① 康德. 道德形而上学原理. 上海：上海人民出版社，2002：47.
② 檀传宝，等. 公民教育引论. 北京：人民出版社，2011：213.
③ 福克斯. 公民身份. 长春：吉林出版集团有限责任公司，2009：18.

某一国家的成员。要成为某一国家的成员，关键在于获得某一国家的国籍。国籍是指一个人隶属某个国家的法律上的身份，一个人一旦具有某个国家的国籍，通常就会被认为是该国的公民，公民就是具有一国国籍的自然人。例如，《中华人民共和国宪法》规定："凡具有中华人民共和国国籍的人都是中华人民共和国公民。"由此可见，公民和国籍密不可分。国际法不承认国籍与公民身份之间的任何区别，国籍决定了公民身份。国籍的获得通常有两种方式：属地主义和血统主义。当然随着移民问题的出现，实际情况要复杂得多。但无论如何，不获得一个国家的国籍，就难以成为该国的公民。因为国家公民身份归根结底是该国家成员身份的体现。世界公民的概念虽已被提出，但在现阶段甚至以后相当长的时间里，都不会有无国籍的世界公民的出现，即便是联合国秘书长也不例外。

第二，与作为国家成员的资格相联系，公民具有国家赋予的权利和义务。个体公民需要权利，但权利反映的是公共利益的平等分配，只能在共同体内发生。所以，个体的平等权利，必须由共同体赋予。公民是国家的成员，国家必须依据法律赋予公民相应的权利。生活在共同体中的公民，不只有权利，还负有对共同体和对他人的义务。正如马克思指出的：**"没有无义务的权利，也没有无权利的义务。"**[①] 没有义务的权利只能是特权，没有权利的义务只能是奴役。国家给公民以权利，公民也必须承担相应的义务。所以，托马斯·雅诺斯基把公民身份定义为"个人在一民族国家中，在特定平等水平上，具有一定普遍性权利与义务的被动及主动的成员身份"[②]。《中华人民共和国宪法》也规定："中华人民共和国公民在法律面前一律平等。国家尊重和保障人权。任何公民享有宪法和法律规定的权利，同时必须履行宪法和法律规定的义务。"尽管各国对公民权利和义务的规定不同，但所有国家都把二者作为公民的外在规定。

第三，公民必须保持对国家的忠诚和高度认同。诚如哈贝马斯所指出的，公民身份具有双重特征，"一种是由公民权利确立的身份，另一种是文化民族的归属感"[③]。公民身份作为国家和个人之间的利益互惠关系，它意味着，公民不只是享有国家为其提供的"优惠"——权利，还必须有对国家的"回报"——对国家的忠诚和认同。国家既为公民提供权利，也为公民提供一种"家"的归属感和安全感。国籍只是公民的"户口"证明，对公民来说，其是该国的一员，更多的是一种对国家的心理认同和忠诚。在这个意义上，《不列颠百科全书》对

---

① 马克思，恩格斯. 马克思恩格斯选集：第3卷. 3版. 北京：人民出版社，2012：172.
② 雅诺斯基. 公民与文明社会. 沈阳：辽宁教育出版社，2000：11.
③ 哈贝马斯. 包容他者. 上海：上海人民出版社，2002：133.

公民的定义更为完整：公民"指个人同国家之间的关系，这种关系是，个人应对国家保持忠诚，并因而享有受国家保护的权利"①。

3. 社会公民身份

从生活的范围来看，人有两个场域：一是国家，二是社会。社会不同于国家，国家是一种利益集团，国家对属于自己集团的公民平等分配利益，给予特殊的保护，公民也有效忠国家的责任。社会是人与人之间交往的产物，是人们通过各种交往关系组成的共同生活体。共同生活是社会的核心，公共交往是社会形成的手段。社会生活不同于国家的政治生活，而且社会生活的范围也大于国家的政治生活。

这里所说的社会，在范围上，与西方的公民社会相近。当然，公民社会的范围也在认识中不断变化。有学者把"公民社会"与"市民社会"（二者都是对"civil society"的翻译）等同。但从实质上看，市民社会更多指向经济领域的商品交换关系，而且这种商品交换的目的在于私人利益的获得。"市民"注重的是私利，市民社会是私人利益的体系，"公民"注重公利和公益，但也并不排斥私利、私益的正当获得。公民之间是平等的交易关系。公民社会体现的是公民的社会公共生活。西方对公民社会也有个认识变化的过程。在二分法的结构中，公民社会与政治国家相对，公民社会包括经济领域和公共领域。20世纪以后，"市民社会-经济-国家"三分法取代了之前的"政治国家-公民社会"两分法，把经济领域从公民社会中分离出来，公民社会是一个既独立于政治领域又有别于经济领域的公共生活领域。有学者只把公民社会理解为公民社团或者通过公民社团维系的社会文化领域，这是一种狭义的理解。在宽泛意义上，"一个公民社会就是社会成员相互之间的行为能体现公民精神（civility）的社会"②。公民社会的范围排除了政治生活和经济生活，它涵盖了人与人、人与社会、人与自然的交往生活，不管是哪类交往生活，公民都应该以公民精神善待他人、社会、自然。这就决定了社会公民必须参与公共生活，必须以人与人之间的信任为基础，具有社会责任和社会公德。

第一，参与公共生活是社会公民的首要任务。不同于自由主义的消极公民身份，社会公民是一种共和主义的公民身份，强调公民对公共生活的参与。公共生活是人与人之间交往的生活，参与是公共生活实现的前提条件，但交往生活能否真正成为公共生活，则与参与者的立场有关。如果参与者基于个人的利

---

① 不列颠百科全书：第4卷．北京：中国大百科全书出版社，1999：236.

② EDWARD S. The Virtue of Civility：Selected Essays on Liberalism, Tradition and Civil Society. Carmel：Liberty Fund, Inc.，1997：322.

益，参与就成为私人利益之间的博弈，这种生活是市场领域的经济生活，不是公共生活。公共生活必须基于公民的公共性立场和公共利益，通过公民的共同参与而实现。所以，公民社会是公民自治的社会，社会公民是作为社会参与者的积极公民。

第二，社会信任是社会公民参与的基础，也"是公民责任广泛形成的必不可少的基石"①。公民社会是公共生活的社会，公民的公共生活是以公共利益、公共价值为追求的，而不是个人之间的松散联合。松散联合的公民是单子式的，人与人之间是相互防范的关系，罗尔斯设计"无知之幕"就是为了防止个体利益的相互侵犯和对公共利益的侵犯。所谓公正的分配制度，其实就是对个人行为的一种规范，目的是防"小人"。公民社会中人不是单子式的，而是社会的一员，人与人之间的交往不是基于制度，而是基于人与人之间的信任。所以，公民社会类似一个熟人社会，而公正的社会是一个冷冰冰的陌生人社会。

第三，社会公民强调社会责任和社会公德。不同于自由主义公民强调的"从国家获取什么"或者"国家为公民做什么"，社会公民把社会看作公民共同参与的公共生活，更强调"我为社会做什么"，重视公民的参与性支持行为和公民的社会责任感，重视公民的社会公德。社会公德是公民在社会交往和公共生活中应该遵循的行为准则，诸如文明礼貌、助人为乐、爱护公物、保护环境等。社会公德是公民道德的一部分，它是以维护社会公共性为基点的。公民道德还包括对公民个人利益的保护，这也是个体公民身份所强调的。

4. 世界公民身份

"世界公民"与公民的概念一样古老，它可以追溯到古希腊的犬儒学派（cynicism）。犬儒学派哲学家第欧根尼自称是一个"世界公民"。第欧根尼讲的"世界公民"，一是对自己生活状态的"戏说"，二是对城邦的批判，并不是用来表示某种普遍的人类共同体的理想。犬儒学派促进了斯多葛学派"世界公民"思想的发展。斯多葛学派相信每一个人都是宇宙的一小部分，每一个人都像一个"小宇宙"（microcosmos），是"大宇宙"（macrocosmos）的缩影，每个人都是宇宙公民。斯多葛学派受世界主义的影响，美国学者卡特这样评价："斯多葛学派信奉人类的兄弟情谊、消除残忍和侵略、提倡宽容与慈善，为文艺复兴时期对古典的世界主义思想的重新发现提供了基础。"② 在文艺复兴和启蒙运动的复古浪潮中，这种世界主义的思想再度复兴。18 世纪，伏尔泰、富兰克林和潘恩等人以拥有"世界公民"的称号而感到自豪，席勒也通过文学塑造了"世界

---

① 特纳. 公民身份与社会理论. 长春：吉林出版集团有限责任公司，2007：116.
② CARTER A. The Political Theory of Global Citizenship. London：Routledge，2001：13.

公民"的人物形象，与席勒同时代的康德则明确提出"世界公民"思想。随后，费希特、黑格尔也都有关于"世界公民"的论述。

早期的"世界公民"思想，表达了思想家对人类社会"大同"的向往，但公民身份的形成是需要外部社会条件的。马克思在19世纪中叶敏锐地意识到"民族历史向世界历史"转变的趋势，认为公民应该超出狭隘的民族主义，走向"世界历史性的人"。当代社会，世界公民再次成为人们关注的焦点，这一方面源于人们对民族主义、霸权主义的反思，以及对诸如全球贫困和不平等、环境危机、核武器威胁、恐怖主义等世界性灾难的谴责和忧虑，人们放弃"私利"，树立一种世界主义精神。另一方面，源于全球化的推动。从民族国家的视角看，全球化就是人类活动超越民族国家的界限，由民族性、国家性的活动转化为全球性活动的过程。这就使国家与国家之间从传统的竞争走向合作，人类利益的共同性日益增加，"全球公民社会"已初露端倪。因此关于公民的认识，也必须超越传统的民族国家界限，确立世界公民的身份。

"世界公民"自提出后就不断有反对之声，争论的重点在于应如何理解这一概念。现代公民，是一个国家之中，遵守国家的政治和法律制度，享有国家赋予的权利和义务的人。以国家公民的思维来看，社群主义者沃尔泽就指出："我不是一个世界公民……我甚至不知道存在着这样一个我们可以是其公民的世界。从来没有人授予我世界公民权，或向我描述过归化入籍的手续，从来没有人让我招募登记进世界的制度机构，或给我描述过决定的程序……也从来没有人给我一瞥世界公民身份之权利和义务的清单，或告诉我世界的历法、公共的庆典以及各种公民纪念仪式。"① 就现阶段乃至以后一个相当长的时期，主权的民族国家依然是最强大的政治共同体，国家消亡后的世界政府或人类大同尚没有出现，因此，沃尔泽在批评中描述的"世界公民"不存在。但这是否意味着"世界公民"就不存在，也没有意义呢？我们不能从世界政府或人类共同体的视角看待世界公民，因为世界是每个人的世界，我们无法剥夺每个人在世界上生存的权利，无法像国籍一样限制公民在地球上的"球籍"。世界公民身份的意义在于从反面遏制民族国家主义。因此，其作用主要是说服民族国家的公民，使他们相信他们对于外人应该有基本的道德责任，决不能为了民族的利益而牺牲外人的利益。我们需要用世界公民的理念协调现有的国家之间的纷争和全球秩序，以使他们符合普遍主义的道德信念②。所以，世界公民不是一种单独的公民形式，而是国家公民身份的补充，它使我们成为"世界中"的国家公民，而不

---

① 伊辛，特纳. 公民权研究手册. 杭州：浙江人民出版社，2007：434.
② 同①450.

是"某一国"的国家公民。世界公民是指作为一个国家公民应该具有全球视野、人类情怀、国际意识，负有世界责任和义务，并积极参加全球的公共治理。

希特列出了世界公民从模糊到精确之间的内涵光谱[1]，如表5-1所示：

表5-1　　　　　　　　　　世界公民内涵光谱

模糊◄─────────────────────────────►精确			
认同	道德	法律	政治
作为人类成员的情感	对地球及其居民的责任	承认自然法、国际法和可能的世界法	相信、参与跨国、超国家形式的政治活动和机构

准确地说，这一光谱地带表示的是世界公民范围由大到小的不同层次。我将其分为三个层次：第一个层次是作为地球人，具有地球人的意识，其中不仅包括对人类的情感和责任，也包括对大自然、对动物的情感和意识。第二个层次是作为人类的一员，具有人类的情怀。每个人不管属于哪个国家，都是人类的一员，具有作为一个类成员的本质，也应该享有一个类成员的权利、义务和责任。公民不仅具有国家成员的特殊身份，而且还有人类成员的普遍身份。前者以国家为限，后者以人类为限。前者具有的是一个国家公民的权利和义务，后者是具有人类普遍的人权、人道精神、人类情怀，包括承认人权、人类自然法、国际法等。第三个层次是作为一个国际人，具有国际视野和国际交流的能力。在现实层面上，国家是唯一合理的政治共同体。公民从事国家范围之外的活动，都必须受制于国家对其的要求。所以，世界公民在现实中表现为一个国际人，他能够跨国，从事国际活动，掌握多个国家的语言，具有跨国交往的能力，能够保持开放的心态，对异国、异文化有一定的了解和尊重。

这里提到的四种公民身份，只是结合了我们国家的现实，其中个体公民身份和国家公民身份是公民身份的基本形态，社会公民身份和世界公民身份属于公民身份外延的扩展形态。西方国家还出现了联邦公民、欧盟公民等新的外延扩张形态。公民身份的外延还会出现哪些，还有多少，这些都不是我们所能够预测的。唯一可预测的是公民身份外延的扩展趋向，这就是公民的公共生活空间要打破单一的民族国家的限制，公民身份的外延要从单一的国家公民发展为多元的公民身份体系，不断增加公民身份的包容度和普遍性。

---

① 希特.何谓公民身份.长春：吉林出版集团责任有限公司，2007：140.

三、个体公民身份认同教育

公民是主体，这是公民身份的第一要义。没有个人主体意识的觉醒和个人主体性，就不可能有公民。但公民不是单子式的个人主体，公民必须有公共生活和公共性，这就使单子式的个人主体必须走向交互主体，个人主体性必须转化为主体间性，如此才能够使个人主体走向公民。因此，公民是一个交互主体，主体间性是公民身份的基本特征。主体间性在公民身份中有三层内涵：第一是个人主体性，主要表现为独立人格和自由、权利；第二是个人主体之间的共生关系，主要表现为平等、尊重、协商、对话与责任；第三是个体与共同体的一体关系，表现为公民的公共性和公共精神。公民自我认同的教育就是在公民个人主体性的基础上，促成主体与主体之间的共生关系，以使他们呈现"共生共荣"的发展态势和形成良好的共同体。

1. 主体教育：培植公民的主体性

第一，培育公民的主体人格：公民教育的前提。

人格独立是公民性的第一要素。判断一个人是不是公民，首先要看他有没有从臣民的意识中走出来，确立个人的主体意识，成为一个独立的主体。独立是相对于依附而言的。公民首先要摆脱对他人的依附，成为独立的个体。中国几千年的封建宗法社会，鲜有个人的独立人格，有的只是臣民的意识和奴性。培养公民的主体人格，既是公民教育的前提，更是我国实现现代化的需要。

主体人格是指公民作为主体的意识和倾向以及作为主体所具有的各种功能属性和能力，主要表现为主体的自主性、能动性、创造性和自我选择、自我判断、自我约束的能力以及批判和反思的精神。康德对启蒙精神做过这样的概括：大胆运用自己的理智，敢于批评，善于怀疑，不崇拜权威，不轻信教条，独立自主地做出抉择并对自己的行为负责①。这就是公民主体人格的表现。

公民教育应该首先培养公民的主体人格。公民的主体人格是作为教育目的出现的，它不是人的发展的某个方面，而是人的发展的全部。因此，培养公民主体人格的教育，也不是通过单一的课程或单一的教育活动就能实现的。公民主体人格的培养应该贯穿于整个教育过程，包括教育内容的选择、教育活动的组织、学习方式与评价、学生管理等各个方面。换言之，培养公民主体人格的教育，是一种主体教育。主体教育就是以一种主体教育的方式，培养具有主体人格的人的教育。所谓主体教育的方式，就是在教育过程中谋求主体地位的确

---

① 康德. 历史理性批判文集. 北京：商务印书馆，1991：22.

立,把教育过程中的人当作一个独立存在的主体,赋予其自主选择的机会,激发其自主性、能动性、创造性。这种教育方式不仅包括课堂教学中学生的自主参与和质疑问难,而且包括学校管理中学生的自主参与,其通过学校的兴趣小组、社团、学生会和各种志愿团体举办的种种活动,培养学生民主参与和管理的能力。在评价体系方面,其可以培养学生外在评价和自主评价两方面的能力,主要是重视学生的自主评价,同时,引导学生从多角度分析自己的态度、反省自己的行为,并积极为自己的行为承担责任。所以,公民主体人格的培养,需要根据主体思想对教育进行整体设计,设计的核心是把人作为主体,通过主体活动,培养主体人格。当然,公民教育不局限于学校,也不局限于学生。公民教育是面向全体公民的终身教育,其对象从学生扩大到全体公民,教育的场域从学校扩展到社会,既关注学生参与课堂和学校的活动,也关注公民参与政治和社会的活动。

第二,权利教育:公民主体性的外在彰显。

主体人格和权利分别是主体性的内、外维度。主体人格是权利的内在根基,没有主体人格,就不会有权利意识;权利是主体人格的外在彰显,没有权利,主体人格就不可能得到保障。公民具有主体人格,意味着必须具有权利。具有权利是现代公民身份的核心。

权利是由法律和制度赋予的,公民的权利是通过制度变革,甚至是通过斗争获得的。教育虽然不能赋予公民权利,但可以唤醒公民的权利意识,使公民积极地争取权利,认识权利的内容和性质,正确地使用权利。

中国长期的封建宗法社会,形成的是臣民文化。臣民文化的重要特征是公民只尽义务,不讲权利。义务固然是必要的,但只有享有权利的人,才须尽义务。义务是以权利为前提的,没有权利的义务,必然导致人被奴役。

当今我国的公民教育,需要剔除封建社会遗留的臣民文化、臣民思想,积极培育公民的权利意识。在一个民主社会中,"公民权利意识的觉醒是不可逆转的,提倡权利话语比义务话语更有益"。"唯有一个敢于迎应、观照、接受公民对自己应享有权利的主张和新的权利主张,并创造条件予以满足的社会才是开放的、进步的、发展的、富有希望的社会,才会更民主、更宽容、更富有人性。"①

权利教育就是使公民正确地认识权利,合理地使用权利,保护自己的合法权利,培养公民成为权利主体的教育。权利是由法律规定并予以保障的公民的合理利益和行为。权利教育首先要使公民明确和掌握法律赋予他们的各项权利,

---

① 王颖. 当代中国公民教育历史性复兴的现实反思. 教育理论与实践,2003(2):7-11.

了解保护权利的相关法律的基本知识。知晓权利，是使用权利的依据，公民要依法合理使用自己的权利，不可违反法律的规定，一旦违反就必须承担相应的责任。公民在自己的合法权利受到侵害或践踏时，要能够进行批判性的思考，能够提出伸张权利的要求，并能够根据社会的发展变化向社会和政府提出新的权利要求。权利的使用，不仅关乎自己，还关乎他人，要关心和同情那些权利遭到侵犯的人，并为其争取合法权利提供一定的帮助。由此，公民教育应该唤醒公民的权利意识，普及公民权利的知识，创设公民文化，使公民能够正确地践行自己的权利。公民的权利很多，最基本的是人权。人权是人的尊严的体现，必须得到保障。人权教育居于公民权利教育的首位。

2. 共生式教育：培养公民的主体间性

公民的主体性不是单子式的个人主体性，而是主体间性。主体间性是主体与主体间的共在性。个人主体性是主体间性存在的前提，但主体间性的核心在于主体间的共生。"共生"是主体间性的核心，也是主体间性不同于个人主体性的所在。共生（commensalism）最初是一个生物学概念，指两种不同生物之间所形成的紧密互利关系。现在这个概念已从自然扩展到人类，强调人与人之间和谐共存的关系。共生不是共同。共同是一致性，共生包含着差异，正因为有差异，才需要个体相互尊重，相互依存，和谐共在。但共生也不是对立，它具有共同的基础和内在的联系。因此，共生是开放的多元一体①。公民教育是建立在个人主体性基础上主体间的共生式教育，旨在培养公民的共生性人格。

鲁洁论述了共生性人格的特征：其一，个体是独立的存在，而不是一种依附性存在。其二，这种独立性是以承认他人的独立性，以人与人之间的平等、公正为规定性的。也正是在这种普遍独立性的基础上，才能发展出人与人之间的"共生"关系。其三，共生性是一种新的人的结合关系，这种结合关系不是依附性的回归，而是否定之否定，既包含着独特性、多样性的个体价值，也显示出当代人在价值上的普遍相关性和共同性。其四，这种共生性也不是追求完全的同质性，它更多的是一种异质主体间的"和而不同"②。共生性人格，是异质主体的共生，它既要保持个人主体的独立性和异质性，又要形成个体间的和谐共在与整体性，所以，共生性人格必须诉诸主体间的平等、尊重、协商、对话、义务与责任。

公民教育要使公民形成一种平等的意识。"平等是公民身份的本质。"③ 恩

---

① 冯建军. 差异与共生：多元文化下学生生活方式与价值观教育. 成都：四川教育出版社，2010：268.

② 鲁洁. 道德教育的当代论域. 北京：人民出版社，2005：196.

③ 希特. 何谓公民身份. 长春：吉林出版集团有限责任公司，2007：84.

格斯指出："一个国家的一切公民，或一个社会的一切成员，都应当有平等的政治地位和社会地位。"① 古希腊城邦中的公民在政治生活中轮流做统治者和被统治者，以体现公民的平等，只不过这种平等仅存在于具有公民身份的少数人之间，大多数不具有公民身份的人，则只能被支配和奴役。现代国家以契约论为基础，卢梭的契约论是以公民平等为原则的。他指出，"社会契约在公民中间确立了一种公平的制度，在其中，公民都必须遵循相同的条件，并享有同样的权利。这样，根据社会契约的性质，每个主权行为……确立了每位公民平等的地位和利益"②。现代公民身份把平等作为不言而喻的"自明性"真理。《独立宣言》指出，"我们认为下面这些真理是不言而喻的：人人生而平等，造物主赋予他们若干不可剥夺的权利"。《人权宣言》也指出，"在权利方面，人们生来是而且始终是自由平等的"。公民教育就是要去除专制的不平等意识，确立公民的平等意识。

确立公民的平等意识，还必须确立公民的尊重意识。因为公民并非同质性主体，而是异质性主体。异质性主体间的平等，不是资质的完全相同，而是人格上的平等。人格上的平等，需要公民相互尊重，包括对他人人格的尊重和观点的尊重。面对公民间的差异性，只有尊重，才能求同存异，和谐共生。

公民主体的异质性，决定了社会中各个利益主体之间必然存在着矛盾与冲突。专制社会使用奴役的方式解决，民主社会通过协商对话的方式解决。所以，公民教育是一种协商、对话教育，拒绝"一言堂"，主张公民在地位和人格平等的基础上，遇到问题和不同的意见时，采用"对话"的方式予以解决。协商教育着重培养公民的两种能力，一是"倾听"的能力，二是"表达"的能力。"倾听"不是"听话"，而是要尊重别人，听取他人的意见。只有认真听取他人的意见，才能求同存异。"表达"是主动说话，为的是自己利益诉求的实现。公民教育要使公民维护自己的正当权利，但民主社会的权利维护，不再通过暴力的维权抗争，而表现为公民间理性的协商对话。协商对话不仅体现着公民的平等与尊重，而且体现着公民的公共理性。只有在协商对话中，才能实现罗尔斯所说的"重叠共识"。

公民的主体间性意味着公民教育必须是一种责任、义务教育。责任，即应尽的义务。公民要有权利，权利是公民的第一要素。但在以利益为核心的市场经济社会，个人权利的获得只能通过他人的回赠、奉献来换取，而且换取的比例要相等。所以，责任或义务是权利的伴生物，是权利基础上的责任。权利与

---

① 恩格斯 . 反杜林论 . 北京：人民出版社，1999：106.
② 卢梭 . 社会契约论 . 北京：光明日报出版社，2009：39.

义务、责任不能分离，正如马克思所说的，"没有无义务的权利，也没有无权利的义务"①，公民享有权利，就必须对他人、对社会承担责任，而且要权责一致。所以，公民教育不只是权利教育，还是责任教育，是权利优先基础上的权责统一教育。

权利优先基础上的责任教育，不同于古典共和主义的责任本位教育。古典共和主义的责任教育没有私人的领域和生活，没有个人的权利。当代责任教育是在权利优先下的责任教育，是要教育人们在享有权利的同时，必须以一种负责任的态度对待他人与社会。"公民责任教育的最终目的，不是止步于知识传授，而是使公民明晰自己的公民角色，进而以一种负责任的态度和方式来行动。"②公民的责任不仅包括对他人的责任，对社会的责任，还包括公民作为一个政治参与者的责任，即监督政府的责任。责任教育不是"强制"别人尽义务，而是个人为了自己的权利主动地负责任、尽义务。事实上，我们只有尽到公民应尽的义务，才可以理直气壮地维护自身的权利，监督"权力机关"的所作所为。所以，责任教育的关键在于确立公民的"责任主体"意识，改变奴役式的"义务本位"观念。

3. 公共性教育：矫正"公民唯私综合征"，培育公民的公共精神

主体教育和共生式教育的着眼点都是公民个体，前者旨在高扬公民个人的主体性，后者旨在保持公民个体之间的共生关系。个人主体性和公共性是公民的两大特性，尽管它们之间是矛盾的，但公民教育必须寻求并保持二者的平衡与统一，即以公共性规范个人主体性，在个人主体性中寻找公共性。公民的主体间性，既意味着公民个体的独立与平等，又意味着公民个体之间的共同与统一。这种统一不是古希腊城邦中的那种无个人的整体性，而是公民个体间的共同联合，是在多样性、差异性中的统一。

第一，以公共性教育引领公民个人主体性的发展，避免"公民唯私综合征"。

近代公民教育以自由主义为主导，弘扬公民的个人主体性成为公民教育的核心。社会的发展也使我们看到自由主义所导致的公共生活的隐退、公共精神的式微、公民道德的缺失等"公民唯私综合征"，正如有学者所总结的："20世纪70年代以来，西方国家已经警觉到了这样的趋势：公民意识和奉献精神衰退、公民参与和社会合作减少、社会信任和社会资本日渐丧失、公民社会作用削弱。与之相伴的则是政治冷漠、消费主义和享乐主义的滋生、蔓延以及精神

---

① 马克思，恩格斯. 马克思恩格斯全集：第16卷. 北京：人民出版社，1964：16.
② 檀传宝，等. 公民教育引论. 北京：人民出版社，2011：255.

空虚和宗教影响力的下降。"① 自由主义以个人为核心，割断了个人与共同体的关系，尤其是在利益驱动的市场经济社会，个人物质利益的膨胀，塑造了不关心公共事务的个体人：他们没有公共意愿，没有公共参与，没有社会同情，没有社会责任感，更没有无私的奉献，最终成为"占有性个人主体"，出现了公民身份与公民行为的背离。公民的公共性教育，在消极层面上，就是以公共性去引导公民个人的主体性，防止个人主体性的过分张扬和物欲、权力欲的无限膨胀所导致的占有式个人主义，保持公民适度的、健康的、理性的个人主体性。公民是自我，但不完全是自我，而是与他人共生的我、作为社会成员的我。形成主体间的共生共在、共同体的整体性也是公民身份的重要一维，是矫正公民膨胀的个人主体性的有力武器。

第二，以公共性教育培育公民的公共精神。

在公共领域疏离、公共生活缺失、公共精神丧失的背景下，公民教育必须摒弃极端的个人主义和物质主义，重新激活公共领域，重塑公民公共精神和公民德性，这就促使共和主义在当代复兴。新共和主义接受了自由主义关于普适平等的信念与承诺，肯定了公民权利的重要性，还强调公民应该有对共同体公共善的信奉，有公共精神以及对公共事务的积极参与。正是共和主义的复兴，才使当代公民教育出现了积极公民（主动公民）的新走向②，重提公民的公共性、公共责任和对公共生活的参与。

公共性是以对共同体的认可为前提的。共同体不同于个人利益的联合体，它有着公共的利益、公共的愿景和公共的善。公共性是公民面向共同体的能力，"这些能力能够使我们自觉地服务于公共利益，从而自觉地捍卫我们共同体的自由，并最终确保共同体的强大和我们自己的个人自由"③。公共性是共同体的特性，共同体随着公民交往范围的扩大，以不同的形式出现，从城邦、国家，向上扩大为区域（如欧盟）、全球，向下缩小为社区、公民社会、族群。无论哪一个共同体，都有自身的核心价值和利益。公共性教育，就是要使公民意识到我们生活中正在出现并逐渐扩大的这些人与人之间的共同利益、共同价值，以及正在形成过程中的共同规则、共同伦理。公共性教育不仅要使公民知晓这些公共价值、共同的伦理规则，更重要的是要使公民践行这些规则。公民教育不只是"关于公民身份"的知识教育，更是"通过公民身份"的行动教育。只有在积极参与公共生活中，公民履行其应尽的责任、"为了公民身份"的教育才能实现。

---

① 万健琳. 共和主义的公民身份理论：一种观念史的考察. 北京：中国社会科学出版社，2011：155.

② 饶从满. 主动公民教育：国际公民教育发展的新走向. 比较教育研究，2006（7）：1-5.

③ 斯金纳. 政治自由的悖论//许纪霖. 公民、共和与社群. 南京：江苏人民出版社，2004：74.

四、国家公民身份认同教育

（一）国家认同的内涵与构成

国家认同是一种基于国家公民身份的心理认同。对于国家认同，美国政治学家白鲁恂的经典定义是：处于国家决策范围内的人们的态度取向。我国台湾学者江宜桦等指出，国家认同指公民在心理上认为自己归属于国家这一政治共同体，在心理上承认自己具有该国成员的身份资格，由此产生的凝聚情感使公民愿意积极为共同生活效力，而且在共同体有危难时，愿意牺牲自我①。国家认同是公民国家身份的"内功"，是公民对自己所属国家的一种认知、肯定、接纳，使公民形成国家公民间的"我们感"和对国家的"归属感"。

国家认同有个人和国家两个层面。在个人层面上，主要是公民在认识和了解国家历史、文化、政治的基础上，从心理上接受自己的国家，意识到自己的国家成员身份资格，认同和遵守国家的政治法律制度，捍卫国家的利益，形成高度的爱国主义情怀。在国家层面上，是指国际组织和其他国家对该国主权、政治、文化、民族、历史等的承认与尊重，在由国家或民族共同体组成的世界中确立该国的归属，并保持该国与其他国家平等的地位，即"只有同时得到本国国民和国际社会的认同，国家才能得以存续"②。公民身份的国家认同指的是个人意义上的国家认同。

在公民个人对所属国家的认知、接纳、支持、归属和热爱的意义上，国家认同只是认同的心理形式。国家不是空洞的概念，在内容上，国家认同还必须指向认同"什么"。肖滨通过区分"国家"一词的两种所指——集领土、主权、人口于一体的国家共同体（nation）和集组织、权力、制度于一体的国家政权系统（state）——把国家认同归纳为两个方面：一方面是指公民对集领土、主权、人口于一体的国家共同体的认同，另一方面是指公民对国家政权系统的认同。前者是公民文化-心理归属的国家认同，我们称之为归属性国家认同；后者是公民对国家政权系统的同意、赞同、支持，称之为赞同性国家认同③。江国华认为公民国家认同包括公民民族认同、国家文化认同、国家制度认同三个层

① 江宜桦，李强. 华人世界的现代国家结构. 台北：商周出版社，2003：132.
② 郭艳. 全球化时代的后发展国家：国家认同遭遇"去中心化". 世界经济与政治，2004（9）：38-41.
③ 肖滨. 两种公民身份与国家认同的双元结构. 武汉大学学报（哲学社会科学版），2010（1）：76-83.

面①。江宜桦在《自由主义、民族主义与国家认同》中将国家认同分为"族群认同"、"文化认同"与"制度认同"。也有学者将"族群认同""文化认同"和国家认同并列。

国家认同的关键在于对国家性质的判断。国家不仅意味着特定的疆域，它更是一个"想象的共同体"："想象的"政治共同体、民族共同体和历史文化共同体。"现代的民族国家本身就是一个文化与政治的结合，是在民族的基础上形成的国家共同体"②，国家的疆域与领土是客观的存在物，无法改变，不存在公民的认同问题。国家认同主要包括国家的政治认同、文化认同和民族认同。公民身份中的国家认同，表面上是身份认同、角色认同，但根本上是价值认同。只有从根本上认同价值，才会有对国家公民身份的认同。

1. 政治认同

国家是政治利益的集团，是具有政治架构的组织。政治认同是国家认同的关键。国家政权系统统治的合法性依赖于公民基于内心自愿的认同、支持与服从。国家的稳定有赖于公民的政治认同，政治认同也因此构成国家政权系统合法性的源泉。

《中国大百科全书·政治学》指出：政治认同是"人们在社会政治生活中产生的一种情感和意识上的归属感，它与人们的心理活动有着密切的联系。在政治社会化过程中，人们依据一定的政治态度、政治目标确定自己的身份，把自己看作某一政党的成员、某一政治过程的参与者或某一政治信念的追求者等等，并自觉以组织及过程的要求来规范自己的政治行为，与这个政治组织保持一致，支持这个组织的路线、方针、政策，这就是政治认同"③。根据认同对象的不同，政治认同又具体包括主权、政权认同，政党、政府认同，政治体制、国家制度认同，宪法、法律认同，政治理想、政治信仰认同等。其中，政治理想、政治信仰认同是根本，政治体制、国家制度认同是关键。无论是哪种，政治认同都不是天生的，都需要公民对认同对象有充分的认知，在认知的基础上，进行理性选择，进而在情感上产生对政治的肯定与赞同。只有在情感上接受了这种政治，个人才有可能支持它，并按照其要求自觉行动。公民对国家的忠诚和热爱必须立足于理性和反省，以政治认同为前提和基础。没有政治认同，一个人必然为政治所奴役，必然走向政治暴力；没有对政治的充分认知，而只有盲目的政治参与。

---

① 江国华．宪法与公民教育．武汉：武汉大学出版社，2010：372.
② 许纪霖．现代中国的民族国家认同．世界经济与政治论坛，2005（6）：92-94.
③ 中国大百科全书·政治学．北京：中国大百科全书出版社，1992：501.

西方有学者（如哈贝马斯）认为，政治认同是一种普遍主义的制度认同，与民族文化认同是完全分离的。换言之，政治认同不能植根于民族文化认同之中。我认为，这种观点是不对的，不存在完全普遍意义上的制度，任何国家的制度选择都是基于该国民族文化的积淀，具有该国的特色。所以，政治认同不能脱离民族文化，相反，它是基于民族文化的，是民族认同和文化认同的升华，三者是三位一体的关系。

2. 文化认同

人生活在文化中，文化是人的命脉，它以"集体无意识"的形式先天为个体精神结构塑造了某种"原型"。现代社会，文化是国家核心竞争力的重要因素，是国家"软实力"的体现。

历史孕育了一个国家的文化传统，建构了国家特有的精神符号和意义象征。不同的民族和国家常常以自己的祖先、宗教、语言、历史、价值、习俗来界定自己，并以某种象征物表示自己的文化认同。对于一个国家来说，自己的文化传统，代表国家文化的主流，这是国家绵延发展的基础，是联结国家历史、现实和未来的精神灵魂。文化认同，满足了公民在国家/民族历史中的寻根意识，实现了公民历史-文化的归属感。

国家公民的文化认同，不只表现在文化传统的寻根问祖上，更表现在对现代主流文化，尤其是对核心价值观的认同上。即便是在多元社会，任何一个国家都不会放弃对核心价值观的追求和坚守。核心价值观是一国之魂，是国家公民凝聚有力的黏合剂。对核心价值观的认同，是国家对公民文化认同最重要的要求。没有共同的核心价值观，就不能构成真正统一的国家。建设社会主义核心价值体系，开展社会主义核心价值观教育，就是为了促进国家的文化认同，构建中华民族共同的精神家园。

文化不仅有同质性，还具有多样性。因此，文化认同不仅要保持文化的一致性，还要保持文化的多元性；不仅要发扬光大中国的传统文化，还要在多元文化中增强文化自觉，吸收外来文化。因此，有学者提出了"多重文化认同"的思想。文化认同的目的，不仅是保持和坚守民族文化，而且是使本民族文化立于世界的多元之林。为此，要"吸收世界各民族的优秀文化成果，丰富、优化自己的多重文化构成，同时坚持自己的核心文化特性，保持自己文化生成的自主能力和创造活力"①。

3. 民族认同

毫无疑问，现代国家的性质是民族国家。对于"民族国家"，一些人将其理

---

① 韩震，李雅儒. 多重文化认同. http://www.china.com.cn/chinese/zhuanti/xxsb/1017573.htm.

解为由不同的民族所构成的国家，其中的民族是指具有前现代性质的种族，它们具有相同的体质、体貌、记忆、血缘纽带和历史文化传统等。如此理解，民族国家就存在着两种不同的认同，一种是对种族的、前现代政治的民族认同，另一种是具有普遍性的国家认同。"民族国家代表了公民的要素与民族要素之间时而紧张时而必需的关系"①，民族国家依赖各族人民，但又要防止因民族独立导致的国家分裂，要试图消解民族认同与国家认同间的矛盾。对"民族国家"的另一种理解，是将民族上升到国家的层面，建构具有"国族"性质的民族。在法国大革命中，"'民族'被看作'祖国'和'人民'的同义词。它代表法国人民和领土的统一，排除了阶级与地域的观念"。卢梭也在国族的意义上使用民族这一概念，如他指出的，"在现代世界，民族是团结一国人民的根本力量"②。

上述两种对"民族"的理解：前一种属于人类学意义上的自然种族，是在历史发展过程中自然形成的；后一种是在国家意义上使用的民族，是包含国内所有族类的更高层次的国家民族，是一个政体概念。民族的公民身份——"一群以拥有共同的公民权利为特征的人"——使用的就是国家民族的概念。哈贝马斯指出，民族可以有两副面孔：由民众组成的天生的"民族"和由公民组成的"民族"。前者是作为历史命运共同体的同胞——民族，后者是作为政治-法律共同体的公民——民族③。国内也有学者用"族群"的概念特指国家内部的各民族，在民族国家意义上使用"民族"的概念④。根据费孝通先生"中华民族多元一体格局"的理论，中华民族既是中国各民族的总称，又是中国各民族整体认同的概括。在这个意义上，公民民族认同不同于民族成员对民族的认同，诚如哈贝马斯所说，"公民民族的认同并不在于种族或文化的共同性，而是在于公民积极地运用其民主的参与权利和交往权利的实践"⑤。

其实，即便使用"族群"概念指称人类学意义上的原生民族，也不能否定他们在国家内部的存在，不能否定还存在着他们对自己族群的认同。族群认同分为族群的自我认同和族群的国家认同。族群的自我认同是族群对本民族的体貌、服饰、仪式、习俗、文化、宗教等的归属性认知和感情依附，通过这种认同感，将自己归属于特定的民族，形成民族的自豪感。族群的国家认同，是将各族群的利益统一到国家的利益上，将各族群的文化统一到国家的主流文化上。民族的自我认同反映的是民族的自我意识，尤其是自我保护意识；民族的国家

① 福克斯. 公民身份. 长春：吉林出版集团有限责任公司，2009：30.
② 希特. 何谓公民身份. 长春：吉林出版集团有限责任公司，2007：99.
③ 肖滨. 两种公民身份与国家认同的双元结构. 武汉大学学报（哲学社会科学版），2010（1）：76-83.
④ 韩震. 全球化时代的公民教育与国家认同及文化认同. 社会科学战线，2010，（5）：221-228.
⑤ 斯廷博根. 公民身份的条件. 长春：吉林出版集团有限责任公司，2007：30.

认同反映的是民族的国家意识，是民族融合的意识。为了维护国家的统一，反对民族独立，防止国家分裂，必须把国家认同放在高于民族（族群）认同的地位，强化各民族成员的中华民族共同体意识①。

（二）国家公民身份认同的挑战

伴随着多元公民身份的形成，公民身份也具有多重认同，国家认同受到其他认同因素的挑战是必然的。关键是面对这些挑战，我们应该如何重新调整、设计和定位国家公民的身份，如何恰当地处理多元公民身份之间的关系，是有待回答的问题。当代国家公民身份受到诸多因素的制约，其中最主要的制约因素就是多样化的族群认同、全球化和后现代的影响。

1. 族群认同对国家公民身份认同的挑战

民族，在原始的意义上，指具有相同血缘的族群共同体，在地域上通过栖居和相邻而居而整合，在文化上通过语言、习俗的共同性而整合，但还没有组织为政治结合体的族群和部落。但从 18 世纪中期以来，民族与政治组织之间的差异逐渐消失。法国大革命使民族成为国家主权的来源②，这就形成了民族国家。在原初的意义上，民族只是一个由血缘、地缘结合而成的共同体，民族的认同是民族情感的自发流露，通常以民族的图腾、歌舞和宗教等方式来表现。不同民族的特色，使每个民族都表现出高度的自我认同。民族国家的出现，把自然的民族纳入国家，国家是由多个民族构成的政治统一体。"民族国家的本质要求，就是民族对国家的认同。没有一定程度的国家认同，一个国家就不可能取得民族国家的形式。"③ 如果民族认同不能统一到国家认同上，就会出现民族认同与国家认同的冲突，严重的甚至危害国家的安全。

民族认同与国家认同的关系，一直是民族国家面临的矛盾，这个矛盾在当代不仅没有消除，反而表现得更为突出。约瑟夫·奈指出："散布全球并经常发生在国家内部的对立种族间的冲突有可能成为冲突的主导形式。冷战结束以来发生的近 30 次较大规模的冲突几乎都爆发在国家内部。"④ 不同文明间的冲突转化为国内的民族冲突。英国学者安东尼·史密斯也指出，冷战结束之后，"种族民族主义取代了西方自由资本主义和苏联马克思主义的意识形态的统治地位，

---

① 韩震. 论国家认同、民族认同及文化认同：一种基于历史哲学的分析与思考. 北京师范大学学报（社会科学版），2010（1）：106-113.
② 斯廷博根. 公民身份的条件. 长春：吉林出版集团有限责任公司，2007：28-29.
③ 周平. 论中国的国家认同建设. 学术探索，2009（6）：35-40.
④ 奈. 硬权力与软权力. 北京：北京大学出版社，2005：77.

成为全世界社会运动和政治理想的基础和语言"①。

其实，民族认同与国家认同之间，并不必然导致冲突。我们反对把二者看作对立的"此消彼长"的关系②，反对为了实现国家认同而压制、减弱，甚至消除民族认同。民族认同与国家认同具有不同的逻辑，民族认同遵循的是情感逻辑，是遗传的。一个人可以改变自己的国籍，但不可以改变自己的民族。国家认同遵循的是政治逻辑，是获得性的。民族认同是为了寻求文化的认同和心灵的归宿，政治认同是为了寻求政治的统一和国家的稳定。二者的逻辑和目的不同，没有必然的冲突。现实中的冲突，多是某些别有用心之人假借"民族认同""种族主义"的名义，筹划民族独立和分裂国家的阴谋。这种鼓吹种族主义的狭隘民族认同，是我们坚决反对的，也是要予以严厉打击的。

包含着不同民族的国家，是一个政治共同体，有着共同的政治追求和目标。各民族尽管有着自己的历史传统与文化特色，但在政治上，都应该服从于国家认同。只有这样，才能保持政治利益的一致。在国家公民的民族认同和文化认同方面，既要尊重不同民族的历史和文化传统，更要强调树立"多民族一体"的"民族"的观念。这种"民族"，是超越族裔界限的国家民族，是民族国家赖以建立的基础。在这里，"祖国""民族"两个概念实现了互通，"公民身份、爱国主义和民族情感融合为一股强大而充满情感的政治力量。公民整体被看作民族，并从内在和外在形态上被赋予了主权。民族定义下的公民形成了一个整体的、不可分割的和一体化的国家"③。因此，坚持国家认同不需要压制民族认同，而是要提炼不同民族的共同性。所有不同民族间的文化共同性都应该大于差异性，统一于国家的民族，有共同的利益和共同的政治制度。因此，可以将不同的民族置于国家意义上的民族概念之下，通过对国家民族的认同，实现民族认同与国家认同的统一。

2. 全球化对国家公民身份认同的挑战

毫无疑问，全球化已经成为今天的事实，而且未来还会不断地加强。马丁·

---

① 史密斯．全球化时代的民族与民族主义．北京：中央编译出版社，2002：中文版序1.

② 如有学者指出，"巩固和不断强化的国家认同，会对民族认同的发展形成一定程度的抑制作用；而多样性的民族认同及其增强，会对国家认同产生某种消解性的影响，导致对国家认同的侵蚀。因此，国家认同状况，取决于国家认同与民族认同之间的平衡"。参见：周平．论中国的国家认同建设．学术探索，2009（6）：35-40. 还有学者指出："如果过于突出民族认同会被民族主义者所利用，从而导致社会动荡，国家分裂。反之，如果忽视民族认同存在或压制民族认同也会引起民族不满，破坏民族团结，导致社会失序。在多民族国家里，民族认同与国家认同的博弈甚或决定国家的命运。"参见：袁娥．民族认同与国家认同研究述评．民族研究，2011（5）：91-103.

③ 希特．何谓公民身份．长春：吉林出版集团有限责任公司，2007：100.

阿尔布劳指出，"全球化的变迁必然导致国家理论的重建"①。但国家变化有多大，去向何方，学者们对此有着不同看法。哈贝马斯认为，全球化正在"去中心化"，国家变得"非国家化"，民族国家机构正逐渐空洞化，其权力不断地被超国家制度所剥夺，最终走向"主权的终结"。"在哈贝马斯看来，一种将所有人结合起来、所有民族和种族平等和谐地生活于其中、所有人都享有民主自由权利的世界公民社会必将取代民族国家"②。吉登斯反对这种全球化的激进观点，他认为，把全球化"称作民族国家终结的时代""不如说这是全球化体系下民族国家的重构。民族国家在当今时代实际上变得更加重要。因为没有其他什么体系能够像民族国家那样具有赋权的权威……民族国家在当今世界仍然掌握着大部分合法性的权力。即使是欧盟——这是当代民族国家所表现出来的最新变化趋势，民族国家和国家认同在那里仍然至关重要。在发展中国家也如此"③。这就是说，全球化不意味着民族国家的终结，也不意味着民族国家的衰落，全球化只有通过民族国家才得以实现。

按照马克思主义的理论，国家是阶级社会的特定产物，随着社会生产力的发展，国家必然走向消亡。"世界大同"是人类的终极理想，全球化会对此起到有力的推动作用。"全球公民社会""世界大同"能否因全球化而实现，还需要实践的验证。哈贝马斯所言的"世界公民社会取代民族国家"，就现实来看，并没有实现，但其可以作为全球化进程中必将实现的理想。现实更多如吉登斯所言，即民族国家依然会在国际和国内政治中扮演核心的角色，发挥强大的作用。全球的合作，依然是通过主权国家的协议合作而完成的。但我们必须认识到，全球化影响着对公民国家身份的认同，一种超国家的全球公民和次国家公民正在成为现实。据美国联合通讯社报道，一些奥地利社会学家对 1996 年至 2004年的多项民意调查结果进行了分析研究，结果表明：欧盟成员国中多数年轻人已经自认为是"欧洲公民"，而不仅仅是某一欧洲国家的国民了。这些学者预测说，到 2030 年，大多数欧洲人会认为自己具有多重身份，而不仅是某一个国家的国民④。

全球化打破了国家的地域限制，密切了国与国、人与人之间的普遍交往，大量超国家的组织或机构出现，在国际舞台上扮演着重要的角色；环境污染、

---

① 阿尔布劳. 全球时代：超越现代性之外的国家与社会. 北京：商务印书馆，2001：272.
② 周俊. 全球公民社会引论. 杭州：浙江大学出版社，2010：92-93.
③ 郭忠华. 民族国家理论的悖论性发展：安东尼·吉登斯访谈. 中国社会科学报，2010-01-21.
④ 越来越多欧洲人认同是"欧洲发展". (2006-10-22). http://news.sina.cn/0/2006-10-22/122610296605s/shtml；欧盟年轻人大多认为自己是欧洲人. (2006-10-23). http://www.china.com.cn/2006-10-23/Content_7267646.htm.

生态失衡、气候变暖以及恐怖袭击等愈演愈烈，越来越需要各国突破国家边界而进行合作；信息技术和互联网也实现了各种思想、观念和文化在世界范围内的快速传播，使整个世界瞬间变成了一个"地球村"。全球公民是全球化时代对公民身份的新要求。全球公民不同于国家公民。国家公民是国家利益的产物，全球公民要超越国家利益，捍卫人类普遍的利益。全球公民"对民族国家的主权构成了挑战，并且这种挑战是根本性的，它直指民族国家的合法性基础——民族国家认同"①。所以，全球化会给国家的认同带来离心力，危及公民的国家认同。

全球化带来的国家认同危机，不完全是消极的，从一定意义上说，它是人类向"全球公民社会"和"大同世界"迈出的可喜一步，我们不能因为国家的合法性遭遇危机而逃避全球化，为强化国家认同而锁国自闭，这是不明智的。但我们要警惕发达国家以全球化之名，推行大国沙文主义和霸权主义，使全球化演变为西方化。当代的全球化是国家间的利益联合，每个国家在全球化中都是具有主权的平等国家，所以，全球化意味着多元、尊重、平等和沟通，而不是同质、同构和划一。全球认同的哲学基础是"和而不同"。

在以当代民族国家为主要政治形式的状态下，作为"类存在"的全球公民还没有出现。全球公民首先表现为国家公民，不存在脱离国家的全球公民。如此，全球认同（不是全球霸权）必须以国家认同为前提，只有与国家认同相一致，全球认同才能得以实现。诚如福克斯所说，"迈向全球公民身份的重要一步必须是，国家愿意承担更大的全球性责任，愿意与其他国家建立更加牢固的联系"②。所以，全球认同与国家认同并不必然发生冲突，全球认同也不必然削弱国家认同。恰恰相反，"全球认同所体现的是各个平等的民族、国家的共同愿望和利益而不具有任何褊狭自私的霸权性质，因此它实质上成为民族国家文化的合理延伸"③，是民族国家利益在全球领域的合理体现。而需要注意的是，全球霸权与国家认同存在着反向关系，全球霸权必然意味着国家认同的弱化。

在当代全球化的趋势下，发展中国家既要积极迎接全球化的到来，又要警惕恶意的全球霸权；既要以世界的眼光、全球的意识重建公民的国家意识，又要防止国家公民身份的丧失，加强国家公民身份的自觉意识。在一个以民族国家为载体的全球化过程中，公民要做的不是放弃国家身份，而是将全球意识和人类的利益融入国家身份，做一个"具有世界历史性的国家公民"，完成民族国

---

① 周俊. 全球公民社会引论. 杭州：浙江大学出版社，2010：103.

② 福克斯. 公民身份. 长春：吉林出版集团有限责任公司，2009：126.

③ 傅华. 全球认同与民族国家文化认同. 光明日报，2006 - 04 - 18.

家建构与融入全球社会的双重任务。

3. 后现代对国家公民身份认同的挑战

现代公民身份只指国家公民，国家的建立与国家公民身份都是现代性的产物，或者说是现代性的外部体现。英格尔斯指出，现代性用于描述现代社会，它是指具有复合元素的民族国家①。吉登斯也认为，"民族国家是现代性的核心部分"②。不仅民族国家集中的权利、科层制的结构、严密的组织和健全的法制体系等体现着现代性特征，而且现代公民对国家身份的唯一认同、国家认同的同质性，也是现代性在公民身份认同中的表征。现代性把民族国家与公民个体相联系，公民身份的认同表现为对国家的忠诚和公民之间的共识，因此，现代公民身份的认同是单一的，本质上具有平等和同质的性质。

现代性联结着单一的国家公民身份，而后现代则与多元公民身份相联系。当代公民身份打破了单一的国家公民身份限制，开始走向多元公民。从地域上看，公民身份突破了国家的局限，从比国家小的范围到比国家大的范围，都成了公民公共生活的空间，出现了地方公民（州、联邦）、次国家公民、国家公民、全球公民、环境公民等。公民认同的对象，不再只是国家，而是从地方到世界的所有组织。如此，公民身份认同的单一性就被打破了，形成了多重认同。国家认同对于公民来说尽管重要，但并不是唯一的认同形式。除此之外，民族认同、性别认同、环境认同、全球认同等也很重要。"多元公民身份代表了多元理解、多元认同、多元忠诚、多元权利和多元责任的要求。"③ 公民身份的多重认同挑战着现代性中公民身份认同的单一性，使国家公民不再是公民身份中的"家长"，而是众多公民身份中的"兄长"。

后现代对国家公民身份认同的挑战，不仅表现在使公民身份具有多重的认同，而且表现在多元化带来的对公民身份认同差异性和平等性的新认知。当现代性把公民身份与民族国家紧密联系在一起时，公民身份就具有了排斥性，最典型的是对外国人的排斥。不仅如此，民族国家内部也存在着另一种排斥：尽管民族国家采用自由主义的普遍公民观，以"无差异"的普遍原则对待每一位公民，宣扬合法的公民个体都享有平等的权利和相应的义务，但在某些批评者看来，"国家并不像自由主义者所认为的那样，本质上是一套中立的制度。相反，国家与文化上的民族观念结合在一起，民族的界定不但涉及种族，而且涉及性别"。因此，"国家内在地具有种族和性别歧视的倾向"④。所以，多元文化

---

① 英格尔斯．人的现代化素质．天津：天津社会科学院出版社，1995：90.
② 郭忠华．民族国家理论的悖论性发展：安东尼·吉登斯访谈．中国社会科学报，2010-01-21.
③ 希特．何谓公民身份．长春：吉林出版集团有限责任公司，2007：152.
④ 福克斯．公民身份．长春：吉林出版集团有限责任公司，2009：24.

主义反对自由主义的"无差异政治",倡导"差异政治"和"差异公民观"。在民族国家内部,为了维护国家的统一,确立国家公民身份,强调不同民族、性别、阶级和生活方式的所有人,拥有一致的国家认同和政治信念,承担平等的政治责任和社会义务,这在一定程度上消解了民族之间的差别。多元文化主义认为,民族的需求是不同且多元的,应该充分尊重差异,平等是差异中的平等,不是绝对的平等,所以,应更强调"承认",承认他们的文化差异,承认他们基于差异的平等性。国家公民对主流文化的单一认同,不能满足民族的多元需要,因此,他们强调民族身份和差异性认同。为此,公民身份认同在满足国家共性的统一要求的同时,也赋予了特定民族和文化"特殊权利",使公民认同并融入"差异公民"的思想。

全球公民身份的整体性,似乎与后现代的多元化背道而驰,其实这是一种误解。正确理解的全球化,不是同质化或西方中心,而是"去中心"的,是多元主体的平等交流与开放共生。所以,全球公民身份具有后现代主义的性质[①],它打破了公民身份的国家壁垒,跳出了狭隘的国家主义,促进了超国家认同和亚国家认同的发展,使公民的认同更趋复杂化。

(三) 应对挑战的国家公民身份认同教育

如前所述,在多元公民身份时代,公民的国家认同面临诸多挑战,变得日益复杂。它不只单一地培养公民的国家认同,还在各种关系中培养公民的国家认同,其中要处理的最主要的关系是国家与世界的关系、国家与民族的关系、统一要求与差异存在的关系。在内外诸种关系中,我们首先要确立当代公民的形象,明确身份特征,然后再选取合适的公民教育内容,培养公民的国家认同。

对国家公民来说,全球化是最大的挑战。为应对全球化的挑战,国家公民放弃了传统的封闭与排斥,逐步走向开放与包容,重塑当代国家公民的形象:具有世界历史性的国家公民。所谓"世界历史性"是指当前世界一体化、全球化的特征,但这种公民与民族国家相联系,必然受到民族国家利益的制约。它强调全球的利益,全人类的观念,有别于狭隘的民族主义、国家至上,但又不抹杀民族国家的存在,它试图超越狭隘的民族国家中心主义在心理上、社会上、文化上的偏见[②]。具有世界历史性的国家公民,以全球利益、人类观念为视野,立足于国家利益和文化传统,是具有国际视野和国际竞争能力的国家公民。例

---

① 希特. 何谓公民身份. 长春:吉林出版集团有限责任公司,2007:131.

② 冯建军. 当代主体教育论:走向类主体的教育. 南京:江苏教育出版社,2004:143.

如，20 世纪 80 年代中期，日本的国家教改报告明确把培养"世界之中的日本人"作为 21 世纪教育的目标；同样，美国全美教育协会也提出了培养"具有世界意识的美国人"的目标。这都是它们对公民教育目标的当代定位。

基于"具有世界历史性的国家公民"的定位，我们看到，民族国家认同感的培养具有双重性：既需要培养个人对民族国家的归属感以及培养公民之间的相互理解和沟通，同时为防止整个民族国家共同体走向狭隘自私、封闭自负，也需要促进民族国家与其他民族国家相互交流和沟通，走向全球化①。基于国家公民身份的双重性和对国家公民身份认同构成的分析，我们提出当代国家公民认同教育"一体两翼"的结构：以"政治认同教育"为主体，以"文化认同教育"和"全球认同教育"为两翼。

1. 政治认同教育

政治认同教育是国家公民身份认同教育的核心，具体包括政府认同教育、主权认同教育、政治制度认同教育和政治信仰认同教育，其中政治制度认同教育是关键。政治制度认同教育，不仅在于使公民了解政治制度本身，按照政治制度的要求去行动，而且在于政治制度本身的公平正义，以及政治制度对公民权利义务的基本保障。只有正义的制度，能够保障公民平等权利的制度，才能得到公民的认同。所以，政治制度认同，基础在教育，关键在政治制度。不公正的政治制度，不仅得不到认同，而且也不值得认同。

政治认同的教育内容，在我国中小学的道德与法制课、思想政治课、历史课，以及大学的"马克思主义基本原理概论""思想道德修养与法律基础""中国近代史纲要""毛泽东思想和中国特色社会主义理论体系概论"等课程中都有专门体现，这里不再赘述。政治认同教育，不仅传授政治知识，而且更重要的是培养公民的政治情感。因此，政治认同教育，不能仅仅是课堂中政治知识的传授，也不能成为意识形态的政治灌输、政治教化的工具，而应该通过公民的政治体验活动，培养他们的政治敏锐性和政治热情，提高他们的政治理性判断力和政治的自觉程度。政治理性是公民理性在政治生活中的体现，属于公民的公共理性。公民政治理性形成于各个个体、各个集团的民主协商过程，因此，培养公民的政治理性，必须采用民主协商的方法。公民的政治自觉源于公民的政治信仰。国家的主权、政治制度等都建立在一定的政治信仰之上。政治信仰教育，不仅为政治认同提供了根基，也为公民提供了政治认同的动力。所以，要从根本上培养公民的国家认同，就必须展开政治信仰教育。

德里克·希特指出，"对政治认同感的意识通常通过信仰的体系、仪式和象

---

① 郑富兴，高潇怡. 经济全球化与国家认同感的培养. 教育研究与实验，2005（3）：31-36.

征得到实现"①。他还引用马肯齐教授的话——"神话、象征和意识形态……对于给出一个通行的意义来谈论社会和政治的'认同'的努力来说是极端重要的"②——来肯定这一认识。对于青少年学生来说，政治认同教育，包括政治信仰的教育，不一定要通过空洞的政治说教，使他们掌握大量的政治信息；也不一定要通过严密的政治推理，使他们对政治问题做出合理的判断。对青少年学生来讲，尤其是对低年级的学生而言，"象征"和"仪式"是符合他们认知特征的教育方式。

"在政治社会化领域的研究表明，儿童大约在4～7岁的年龄就发展出了清晰的国家认同感，这一认同化的过程看起来主要是通过象征而获得的，特别是通过旗帜——经常与其他国家的旗帜对照"③。象征可以是一种符号，如国旗、国徽；也可以是一个实物，如天安门、长江、黄河等，象征物把能指与所指自然联结起来，能使人们明了象征的意义，能把人们对象征物的认同迁移到对背后政治信仰的认同上。

在政治认同教育中，还需要发挥仪式的作用，如升国旗、奏国歌、举办活动庆祝一些纪念日等。在仪式中，抽象的国家认同体现在仪式的每一个环节中，且伴随着仪式的进行而升华。仪式越庄重，人们对国家认同的神圣感就越强烈。在仪式中，人们能够深刻地体验到一种对国家的热爱之情。政治认同伴随着这种深沉的爱国之情而扎根。

爱国主义是国家认同的集中体现。反思我们的爱国主义，以前更多的是民族主义的爱国主义，把国家与民族相联结，利用自然的民族情感，增强想象的国家共同体的力量。民族主义的爱国主义，是一种以本民族为对象的特殊的国家认同，对本民族的认同，容易导致一种对其他民族的排斥，走向一种狭隘自私的爱国主义。这种爱国主义中对本民族和国家的爱，建立在排斥其他民族和仇恨其他国家的基础上。显然，狭隘的民族主义的爱国主义无法适应全球化的要求。全球化视野中的爱国主义，是指一种建立在理性和反省基础上的爱国主义。国家是公民共同体，公民的爱国不是基于其民族身份、民族情感，而是以个体的公民身份为基点，国家尊重个人的自由和多元文化，保障公民的平等权利和义务。公民对国家的认同，基于对制度的认同，这是一种普遍主义的认同。

---

① 希特.公民身份：世界史、政治学与教育学中的公民理想.长春：吉林出版集团有限责任公司，2010：258.

② 同①.

③ 同①269.

2. 文化认同教育

民族国家具有双重性：一方面，现代民族国家是建立在民族地域、民族经济、民族文化基础上的民族共同体；另一方面，它又是建立在共同价值观和民主制度基础上的公民共同体。这就决定了民族国家的文化必须包括两个方面：一是民族文化，二是公民文化，这两种文化相互交错。公民视野中的民族国家认同，需要强化民族文化和公民文化的双重认同。

民族文化，区别于狭隘的民族文化，是国族意义上的文化，因此是一种国家文化。民族国家认同，不是基于狭隘的民族认同，而是基于作为国族的民族认同。中国有56个民族，聚集于"中华民族"的旗帜下，呈现为"多元一体的局面"。民族文化教育，是中华民族的文化教育；民族文化认同，是中华民族的文化认同。民族认同教育，关注的是民族身份和民族的归属感。由于中华民族是一个"想象的共同体"，而不是族群意义上的原生共同体，所以，要实现中华民族文化的认同，需要了解民族精神、民族历史、传统与时代价值观。我们常说的"中华民族是一个勤劳勇敢、自强不息的民族"，就是对民族精神的概括。民族精神是民族文化的精髓，对民族精神的认同，是对民族身份的认同。民族历史，是一种社会记忆，与民族认同密切相关。"历史是集体记忆的一种形式，没有这种形式，一种集体的认同感是不可能的"①，所以，民族文化的认同，需要依赖以中华文化与历史知识为主的教育，使人们了解民族灿烂的历史和文化，激发其民族自尊心和自豪感。文化的核心是价值观，民族的传统美德教育，如儒家的"仁、义、礼、智、信"等，都是民族文化认同教育的核心。

公民国家是在共同价值观基础上建构起来的"想象共同体"，它需要一种公民文化。公民文化体现着公民的自由、民主和平等精神，表现为主体自主自律和民主开放的价值追求；公民文化是一种积极参与的文化，一种多元统一的理性文化。公民文化认同教育，要引导人们认同公民文化的自由、民主、平等、参与、理性等文化精神。例如，美国品格教育联盟提出的"理解、互助、公平、诚实、同情心、责任感、尊重自己和他人"等；由联合国儿童基金会、西班牙国民素质委员会主持的全球生活价值教育项目提出的十二种核心价值观：合作、自由、幸福、诚实、谦逊、爱心、和平、尊重、责任、朴素、宽容、团结。这些在一定意义上都可以代表公民社会的公共价值观。公民国家的核心价值观，除了公民社会的公共价值，还包括国家层面的核心价值观，如我国提出的社会主义核心价值观。国家的核心价值观，应成为国家意识融入国家认同教育，成

---

① 希特. 公民身份：世界史、政治学与教育学中的公民理想. 长春：吉林出版集团有限责任公司，2010：271.

为国家认同教育的灵魂。

3. 全球认同教育

全球化时代国家公民身份的认同，不是封闭的，而是开放的。开放本身不是削弱国家认同，而是把国家认同与全球认同联系在一起，塑造"具有世界历史性的国家公民"，使国家公民兼有世界公民的身份。只要国家没有消亡，公民就不可能真正是世界的，即便自称为世界公民的人，由于其国籍、民族和文化的特性，其也会成为特定民族国家的公民。公民的全球认同，只能作为国家公民身份的补充和完善。

全球公民身份认同的根源，就在于我们共有一个地球，在"地球村"里，所有人都是"邻居"。全球认同，是公民对"地球村"的认同，对"邻居"的认同，它"依赖于一种团结一致的观念，一种为了平等和自然的感知，一种获得地方根基和全球意识的强烈冲动，以及一种根本信念即人类共同体的保障和崇高最终取决于非暴力的社会精神特质"①。全球的观念，不只是一种全球整体观、类观念，更是一种国家之间团结一致、和平相处的观念，一种天人合一、民胞物与的观念，一种健康的地球观念、人类共存的观念。

全球认同教育，已经得到越来越多的国家和国际组织的重视。联合国教科文组织于1974年颁布了《关于教育促进国际理解、合作与和平及教育与人权和基本自由相联系的建议》。从联合国的决议中，可以看出要实现全球认同需要开展全球教育、世界研究、国际理解教育、和平教育、人权教育、自由教育等，进行这些方面的教育主要是为了解决国家之间的暴力和矛盾冲突，除此之外，还要避免不同文明间、民族间的文化冲突，开展全球多元文化教育②。面对生态环境危机，还需要开展环境教育、生态教育、可持续教育等。只有世界和平、人与自然和谐相处，才可能有民族国家的繁荣。所以，全球认同教育，不是消灭民族国家，而是在全球化时代更好地完成民族国家的建设任务，同时使其融入世界。

五、社会公民身份认同教育

（一）社会公民身份认同的对象：公民"社会共同体"

公民社会共同体与公民社会（civil society）有联系，但不等同。公民社会

---

① 斯廷博根. 公民身份的条件. 长春：吉林出版集团有限责任公司，2007：159.
② 传统的多元文化教育，主要面对的是一国之内不同民族或种族之间的文化冲突，试图通过融合保持国家的稳定与统一。20世纪80年代末兴起的全球多元文化教育，面对的是国家间、民族间文化的冲突，教育的目的不是融合，而是促进对文化多样性的尊重、理解和欣赏。

的定义有二分法和三分法之别。在"政治国家-公民社会"二分法中，公民社会是指独立于政治国家但同时受到法律保护的社会生活领域。在"政治国家-市场经济-公民社会"三分法中，公民社会是指独立于政治国家和经济系统，由公民自愿结合并自主从事活动的社会生活领域。我国学者多采用三分法，如俞可平就认为，公民社会是指在国家和个人、国家和市场的架构之外，由非政府组织联合构成的民间公共领域，是所有社会组织或社会关系的总和，其组成要素是各种非国家或非政府所属的公民组织，包括非政府组织，非营利性组织，公民的志愿性社团、协会、社区组织、利益团体和公民自发组织起来的运动等①。正是在这个意义上，有人也把公民社会与社会组织相等同，称其为"社会组织""第三部门"。

国内对公民社会的研究，主要集中于各种社会组织的数量、规模。有研究者指出：我们对公民社会主要从组织的角度来研究，对公民精神的关注较少②。从公民精神的角度看待公民社会，美国学者希尔斯指出，"公民社会就是社会成员相互之间的行为体现出公民精神（civility）的社会"。希尔斯认为，不是由于有了结社自由的法律就有了公民社会，也不是由于有了多少社团就有了公民社会，决定社会性质的是个人、社团、国家相互之间处理另一方关系的特定价值，也就是公民精神。公民精神是社会的集体自我意识，是公民社会运转的主宰③。公民精神不同于公民个人的修养，也不是公民作为国家成员的政治要求，而是公民在社会公共生活领域应该具有的公共精神、公共美德。罗伯特·帕特南在《使民主运转起来》中总结了公民共同体精神的四个特征：第一，公民的参与；第二，政治平等；第三，团结、信任与宽容；第四，社团（合作的社会结构)④。不管这样的表述是否恰当，有一点是肯定的："公"者，非"私"也。公民精神必须摆脱私人利益的考虑，走出狭隘的一己之限。公民精神是公共的精神，着眼于公共利益、共同的目标和价值、公共的社会参与。

如果仅仅把社会组织等同于公民社会，就会大大缩小公民社会的外延和公民生活的空间。毋庸置疑，社会组织是公民社会的组织形态，但公民社会不只是社会组织中的生活。如同希尔斯所说："19世纪以来，'市民社会'的术语既被用来指谓社会的一部分，也被用来指谓拥有如此部分的整个社会。"⑤ 我们可

---

① 俞可平. 治理和善治引论. 马克思主义与现实，1999（5）：37 - 41.
② 段红云. 中国公民社会研究综述. 中共云南省委党校学报，2012（4）：133 - 135，154.
③ 高丙中. 中国的公民社会发展状态：基于"公民性"的评价. 探索与争鸣，2008（2）：8 - 14.
④ 帕特南. 使民主运转起来. 南昌：江西人民出版社，2001：99 - 104.
⑤ 希尔斯. 市民社会的美德//刘军宁. 直接民主与间接民主. 北京：生活·读书·新知三联书店，1998：291.

以将社会组织称为狭义的公民社会，把独立于政治和市场之外的社会公共领域称为广义的公民社会。这里使用的是广义的公民社会，指独立于政府和市场之外，以公共精神为内在本质、以社会组织为外在形态的公民所组成的公共领域。

（二）社会公民身份认同的核心：公共精神

公共精神孕育于公民社会之中，以公共性为价值依归，它是社会公民的核心品质。公民只有具备公共精神，才能够实现对公民社会的认同。现代社会公共生活的衰落和个人归属感的匮乏，需要我们回归共同体，培育公民的公共精神，实现社会的和谐，也为公民的心灵寻找寄托。这正是社会认同教育的核心和意义所在。

公共精神主要包括如下几个方面：

1. 共同价值观和集体性的自我意识

相对于国家政治而言，公民社会不受政治权力的宰制，属于自主的私人领域。但公民社会中公民从事的活动不是私人生活，而是私人生活的公众化。正如哈贝马斯所说的，"它们是对私人生活领域中形成共鸣的那些问题加以感受、选择、浓缩，并经过放大以后引入公共领域"[1]，旨在讨论并解决公众普遍关切的问题。所以，公民社会是一个公众聚会讨论的公共领域。

公民社会是一个共同体，但这个共同体不同于前现代的共同体。前现代的共同体基于血缘、地缘关系，是国家与社会的同构。公民社会是基于国家与社会的分离，不受政治系统的宰制而形成的公民自主领域。公民社团作为公民社会的主体组织，虽然不再是血缘、地缘的共同体，但它是一个精神共同体，是由具有共同利益追求的公民自愿组成的非政治共同体。它不同于传统共同体，也不同于现代社会。"在自由主义的社会，共同利益就是把每一种偏好当作平等的偏好进行整合的结果"[2]，也就是说，社会或国家根本不存在一个公共的或共同的价值立场，所谓的社会"公共性"，其实是各种利益相互协商、妥协的结果，这就是罗尔斯所说的"重叠共识"。然而，"在社群主义的社会里，共同利益被想象成一种关于优良生活的实质性观念，并由它来界定共同体的'生活方式'。这种共同体利益不再取决于人们的偏好模式，相反，它为评价那些偏好提供了一个标准"[3]。传统的共同体是公私不分，以公代私的共同体；公民社会共同体建立在公私领域分离的基础上，它作为不受政治宰制的个人自主领域，引

---

① 哈贝马斯. 在事实与规范之间. 北京：生活·读书·新知三联书店，2003：453-454.

② 金里卡. 当代政治哲学：下. 上海：上海三联书店，2004：401.

③ 同②402.

导公民个人参与公共生活。古代共同体的人是以血缘、地缘为基础进行直接交往的人，公民社会共同体的人可以是相互认识的，也可以是不认识的，可以是身边的人，也可以是相距千里的人，但他们都是志同道合的人。联系公民的纽带是共同的目标、价值和理念。"共同体是具有共同的活动或信念，由情感、忠诚、共同价值和个人情感关系而联系起来的一群人。"① 国内学者俞可平也认为，共同体有着某种共同的价值、规范与目标，而且每个成员都将共同的目标当作自己的目标②。

作为共同体的一员，公民必须具有集体性的自我意识。希尔斯指出，公民精神是关怀整个社会福祉的态度，它兼具个人主义、地区或集团性、"整体性"三种特质，它以实现整体的福祉和较大的利益为旨归。对于社会公民而言，最重要的是要以集体性的自我意识取代个人的自我意识。共同利益是集体性自我意识所固有的本质。集体性自我意识是将自我视为集体之一部分的认知状态，认同集体的目标与价值，它内含着一种将集体利益置于个人或地区与集团利益之上的规范。没有集体性的自我意识，社会便不可能存在③。当然，集体性自我意识并不抹杀个人的自我意识，它将共同体的价值个体化，使共同体的价值观影响个人的行为。所以，无论是局部的社团组织，还是整个的公民社会，都应该具有共同的价值观。公民社会的公民，必须首先认同共同价值观，具有集体性的自我意识。

2. 朋友与友谊

现代公民以单子式的状态存在，虽然结合成社会，但没有改变人与人之间的孤立状态。现代社会人与人之间似乎只有物质利益的交换，没有了信任，没有了奉献，没有了友爱，没有了朋友。在鲍曼看来，今天，共同体是一个"失去了的天堂"。因为共同体意味着"一个'温馨'的地方，一个温暖而又舒适的场所。它就像一个家，它的下面，可以遮风避雨；它又像一个壁炉，在严寒的日子里，靠近它，可以温暖我们的手"④。共同体充满着友爱，共同体里人们相互不是敌人，而是朋友，不是你死我活的对手，而是你我共生的同伴。"在所有

---

① BRINT S. Gemeinschaft Revisited：A Critique and Reconstruction of the Community Concept. Sociological Theory，2001（1）；郑琦. 论公民共同体：共同体生成与政府培育作用研究. 北京：中国社会出版社，2011：21.

② 俞可平. 从权利政治学到公益政治学//刘军宁. 自由与社群. 北京：生活·读书·新知三联书店，1998：75.

③ 由李强翻译的爱德华·希尔斯的《市民社会的美德》中，将"civil society"译为"市民社会"，将"civility"译为"市民风范"。这里根据本书的概念系统，将"civil society"译为"公民社会"，将"civility"译为"公民精神"，其概念的内涵未变。

④ 鲍曼. 共同体. 南京：江苏人民出版社，2003：2.

的共同体中，我们都可以发现友谊和公正。同一船上的旅伴、同一队伍中的士兵，都以朋友相称。由于他们有共同的事业，朋友不分彼此，友谊就在共同之中。"① 公民社会是志愿者的共同体，参与社团组织的人可谓志同道合，具有共同的目标、追求和心理上的一致。无论认识与否，都是朋友。真正的朋友不应该以契约规则行事，而应该基于友谊，真诚相待，无私奉献。在公民共同体中，公民即朋友，友爱是基础。

亚里士多德在《尼各马科伦理学》中对友爱进行了区分：善的友爱、快乐的友爱和有用的友爱。有用的友爱是因对方能给自己带来好处而友爱，这种友爱不是自身的友爱，而是偶然的，不能持久。快乐的友爱仅凭一时的快乐来维持，同样也很容易产生变化。只有"善的爱是完美的，友爱者在德性方面相类似。作为善良的人，他们都是为了自身，为了朋友自身而善的，因而不是在偶然性上的。这种友谊就得以永远维持，只有德性才能永恒如一"②。友谊需要爱，但爱只是友谊的外表，友谊的核心是共同的理想、共同的价值、共同的追求，没有这些内在善的支撑，爱不会长久。所以，真正的友谊的基础是志同道合。

3. 公民的社会美德

公民的社会美德特指公民社会中处理公民之间公共交往关系、共同生活的美德。公民社会表现为在陌生人之间建构的公共生活，因此，在公共生活中，公民以友善的态度对待他人以及妥善处理陌生人之间的关系成为公民社会美德的重要内容。这些美德包括志愿精神、公共参与、承认与合作、信任、诚实、责任、奉献、大爱等。

（1）志愿精神。公民社会不是政府组织，也不是经济组织，是公民自治的社会组织。公民参加这一组织不是因为权力的驱使、金钱的算计，而是因为价值观的相同。所以，"志愿精神在一个社会的存量是社会在多大程度上是一个公民社会的关键指标"③。

（2）公共参与。公民社会作为一个共同体，它不仅以共同的价值观凝聚人心，还要求公民必须积极参与公民社会。正如沃尔泽所说："加入你所选择的团体，这并不是一句振奋政治好斗分子的口号，而是公民社会的要求。"④ 公共参与行动不是强制的或被胁迫的，而是基于公民的自由意志和理性判断而进行的

---

① 亚里士多德. 尼各马科伦理学. 北京：中国社会科学出版社，1990：176.
② 同①165.
③ 高丙中. 中国的公民社会发展状态：基于"公民性"的评价. 探索与争鸣，2008（2）：8-14.
④ 吉姆利卡，诺曼. 公民的回归//许纪霖. 共和、社群与公民. 南京：江苏人民出版社，2004：253.

实践活动，是公民出于自愿加入一定的社会团体，并愿谋取公共福祉的实践活动。

（3）承认与合作。公民社会中的成员不是单子式的个人，他们之间表现为主体间的相互承认，人们既要承认他人与自己平等的地位，又要在平等的基础上为共同的目标合作。这与自由主义公民不同，虽然自由主义的人与人之间是平等的，虽然也合作，但合作是为了自己的利益，因此，它强调"社会为公民个人做什么"，而公民社会强调"公民为社会做什么"，社会对公民具有内在的要求。

（4）信任。自由主义之所以强调契约和制度的重要性，其背后的人性假设是恶，即他人是地狱，人与人之间是豺狼关系。公民社会要在陌生人之间建立共同体，必须基于人与人之间的信任。人们之所以选择合作而不是对抗，首先是因为彼此之间相互信任，正是稳定的信任关系使自发的合作成为可能。

（5）诚实。信任不是凭空产生的，我们之所以信任某个人，是因为对方是可信的。在自由主义视野中，一个人之所以可信，是因为他被置于有效的外部制约下。如果违背相应的制度，变得不可信，他必然受到制度的惩罚。但公民社会的信任，不是凭借外在的约束，而是基于内在的约束，这就是诚实、守信。

（6）责任。自由主义不仅以权利标志公民身份，而且坚守权利至上，主张不能为了国家或社会的利益而牺牲公民的权利和利益。公民自愿加入某一共同体，共同体保护公民的权利，但公民必须对共同体尽一份责任。公民社会不是靠国家政治强权维护的，也不是靠市场的经济利益调节的，公民社会靠的是公民对社会的情感，对社会的责任。

（7）奉献。自由主义公民的词典中只有权利，没有"奉献"一词。公民社会需要权利，但不是权利至上，而是在权责一致的总体要求下，公民可以为了他人利益和集体利益，牺牲个人的利益，做出无私的奉献。因为公民具有一种公益心、公益精神。

（8）大爱。家庭以及扩大化的家族有爱，但那种爱是一种小爱，是基于血缘、亲情关系的爱。对自己亲人、朋友有爱，但对陌生人不一定有爱。费孝通所揭示的中国文化背景下的"差序格局"就是如此。公民社会是陌生人的公共生活，把对于熟人的"自然"态度投射到素昧平生的陌生人身上，就是一种超越熟人关系的"大爱"。大爱无疆是公民社会美德的终极内涵。

（三）培育公民公共精神之路径

虽然社会性是人的本性，但这并不意味着人天然就具有公共精神。公共精神需要培育。培育公共精神的基本路径有二：一是参与公共生活，二是接受社会公德教育。

1. 参与公共生活

公民社会以公共精神为内在魂灵。公民社会既是公共精神的体现地，也是公共精神的养成所。公共精神既在公民社会中得以表现，也在公民社会中得以形成。"我们是在公民社会的自愿组织（如教会、家庭、联合会、种族团体、合作组织、环境群体、邻居社团、妇女扶持团体、慈善机构等）中习得共同义务感这种德性的。如沃尔泽所指出的：'使民主政治成为可能的文明品质只有在公民社会的团体（association）网络中才能习得'。"[①] 公民的公共精神与公民社会不仅相辅相成，而且是合一的，只有在公民社会中，通过参与公民生活，公民才能养成公共精神。公共精神比较发达的国家的建设经验证明：公民公共精神孕育于民主体制和公民社会之中[②]。所以，公民社会是公民公共精神的养成场所，公民参与是公民公共精神养成的重要实践形式。

公民社会以公民社团为存在形式。"社团是人们以平等的身份自愿结合在一起而形成的团体。"[③] 参与公民社会，首先要参与公民社团组织。就公民社团对公民精神养成的作用，金里卡进行了论述，他指出："因为这些团体都是自愿性的，所以如果不能担负这些群体所要求的责任，个人通常只是受到谴责，而不会受到法律的制裁。但是，正因为这些谴责是来自家庭、朋友、同事或同志，所以与非人格国家的法律惩罚相比，它在很多方面反而更能够促进人们的责任心。正是在这些场所，'公民资格所需的人的特征和能力得以形成'——因为，正是在这些场所，我们使个人的责任和相互义务的观念得以内化，并且学会了对于真正负责的公民资格而言至关重要的、基于自愿的自制。"[④]

社团是一个公共领域，自愿加入社团，成为社团的一员，意味着必须参与公共生活。反过来说，公民加入一定的社团，参与公共社会，就有助于提高公民对公共事务的关注和参与度。美国著名学者罗伯特·帕特南用 20 年的时间对意大利公民社会做了实证研究，得出了一个基本结论：公民参与是公民社会的第一特征，所有民主的价值和意义，只有通过公民参与才能真正实现。他援引社会理论家托克维尔对美国公民社会的研究，指出"各个年龄、各个阶层、各种个性的美国人都在永不休止地进行着结社活动。所有的人不仅都参加了商业和工业的社团，还参加了其他的上千种社团——宗教的、道德的、严肃的、无

---

① 吉姆利卡，诺曼. 公民的回归//许纪霖. 共和、社群与公民. 南京：江苏人民出版社，2004：253.

② 龙兴海. 大力培育公民的公共精神. 光明日报，2007 - 08 - 28.

③ 贾新奇，等. 公民伦理教育的基础与方法. 北京：北京师范大学出版社，2007：185.

④ 金里卡. 当代政治哲学：下. 上海：上海三联书店，2004：551 - 552.

果的、很普遍的、很狭隘的、庞大的、渺小的……"① 公民参与社团组织，有助于培养公民间的互助、信任、合作的习惯，培养他们的公共精神。帕特南对意大利公民社会的实证研究还发现，邻里组织、合唱队等社会组织资源丰富的地区，其公民互助、信任、合作的程度高②。

对于参与社团对公民精神养成的作用，无论是思想家的理论论证，还是公民社会的实证研究，都做了充足的证明。但这并不意味所有的社团都能够起到培育公共精神的作用。金里卡指出，如果使"自发的社团成为教导民主公民资格的主要学校或者在小规模意义上成为民主公民资格的摹本——公民社会理论家的这种期望本身就过高了"，因此，"有必要依靠公民资格的原则来对公民社会的社团进行改革"③，使之符合公民自由、平等、自愿、共同目标的要求。换言之，并非所有的社团都能够培养公民的公共精神，公民参与社团生活也并非都是为了养成公民的公共精神。要发挥社团对公共精神的培育价值，还必须以公共精神引领公民社团的建设与发育。

培育公民的公共精神，除了参与各种社团组织外，还可以利用公民自治的社区和乡镇。社区和乡镇是公民直接生活的地方，社区和乡镇的状况直接影响公民生活的质量，可以说，公民与社区、乡镇休戚与共。因此，公民会更加关注社区和乡镇的公共事务，积极参与社区和乡镇的生活。密尔把新英格兰乡镇自治视为"当代养成公民精神的典范"。他指出，"唯有借由自由积极地参与地方事务，人们的智慧和心智能力才能得到锻炼，而这同时也是培养爱国心和公共精神的最佳方式"④。社区和乡村自治不仅锻炼了公民参与的能力，而且形成了一种习惯，一种积极的、民主参与的习惯。我国学者对社会主义新农村建设中出现的"村民自治"实践的研究也证明，村民自治是培育公民精神、自治精神和公共精神的重要方式⑤。因此，培育公民的公共精神，必须鼓励公民参与公共生活，为他们参与公共生活、公共事务提供条件、机会、平台和社会支持系统。

2. 接受社会公德教育

公民对社会的认同，不只依靠制度的约束，还要依靠社会道德。培养公民

---

① 帕特南. 使民主运转起来. 南昌：江西人民出版社，2001：102.

② 同①133.

③ 金里卡. 当代政治哲学：下. 上海：上海三联书店，2004：553.

④ 张福建. 参与和公民精神的养成//许纪霖. 公共性与公民观. 南京：江苏人民出版社，2006：249.

⑤ 李文钊，张黎黎. 村民自治：集体行动、制度变迁与公共精神的培育：贵州省习水县赶场坡村组自治的实践研究. 管理世界，2008（10）：64-74.

的社会认同感，社会道德教育必不可少。公民的社会道德，不是公民的政治伦理，也不是公民的私德，而是一种公共伦理、公共道德，是公民在公共生活中，参与公共事务所表现出来的态度和行为方式。社会公德以社会的公共性为旨归，以社会的公共善为公民共同的价值追求，但不否认公民个人的权利和义务，以尊重公民个人的独立人格为前提。

以现代性为主导的社会，对物质利益的追求远远大于对道德的诉求。即便现代社会需要道德，这种道德也是基于个人利益的私德，甚至出现了私德对公德的"殖民化"，使公德退出了公民的精神系统，导致公民的社会认同出现危机、公共精神丧失。培育公民的公共精神，重建公民精神共同体，必须高度重视公民社会美德的建设，将其纳入公民道德教育体系。尤其是在社会主义市场经济制度下，不能使公民成为唯利是图的市场消费者，而是要矫正这个过程中暴露出来的自私自利，真正地建设一个充满人与人的关心、爱护、尊重的和谐社会。

实施社会公德教育需要大力宣传，营造一种公民互相关心的氛围，也需要在学校的课程中对有关社会公德的内容加以设置，在教学中加以体现。这些显性的教育资源都是必要的，但公民社会公德教育不能只停留在宣传和知识的讲授上，更要体现在公共生活的"隐性课程"中，包括提供公共生活的空间、公共交往的平台，营造良好的公共氛围，提供公共参与的机会。密尔认为，公民参与社会任务，即便只是偶然的参与，也会对其道德教育大有帮助。"因为在从事这类社会任务时，他要衡量的不是他自己的利益；在遇到几种对立的主张时，他要根据个人偏好以外的准则去做决定；在每一种场合都要运用那些以共同利益为基础的准则……他会从心理上感受到他是社会的一分子，凡有益大家的事就对自己有益。"[①] 学校作为公民道德教育的主阵地，既需要从课程内容上强化社会公德教育，也需要利用学校的社团组织进行自治管理；要引导学生参与学校公共生活和公共事务管理；还要引导学生参与社区生活，在社区服务中进行服务性学习。

六、全球公民身份认同教育

全球公民亦有人称为"世界公民"，是当代全球化的普遍要求，是世界各国公民所共有的身份，也是必须具有的身份。

---

① 张福建．参与和公民精神的养成//许纪霖．公共性与公民观．南京：江苏人民出版社，2006：253.

前全球化时代，生活在主权国家中的人，没有普遍有效的交往，国与国之间相互封闭，缺少有效的合作与共享，有的只是对立和冲突。所以，康德为"世界和平"呼唤"世界公民"。全球化时代，虽然主权国家依然占据主导地位，但政治、经济、文化、信息的充分交流，突破了民族国家的界限，打破了国家之间的空间障碍，国家间、地区间、不同种族的社会个体间同质性增强。全球性联系的增强，促使全球公民社会的逐渐形成。

全球公民社会是全球化发展的结果，是公民社会全球化的体现，它超越了主权国家，是跨国性的或全球性的公民社会。英国学者赫尔穆特·安海尔指出，全球公民社会以全球化为动力，是对全球化特别是对全球资本主义扩散和相互联系加强的后果的一种反应。① 全球公民社会是全球化的必然结果。全球公民社会的出现，必然要求公民超越国家身份，形成一种新的身份——全球公民。全球公民是世界公民身份在全球化时代的现实形态。

全球公民必须学会共同生活。"教育人们共同生活在一个相互依存的世界里，这不是个选答题，而是个必答题。"② 因此，国际21世纪教育委员会在向联合国教科文组织提交的报告《教育：财富蕴藏其中》中，把"学会共同生活，学会与他人一起"作为21世纪教育的四大支柱之一，并把它视为人类减少冲突和暴力，走向和平与合作的必要手段。这是公民教育的重要使命，也"可能是今日教育中的重大问题之一"③。

全球公民教育家玛莎·纳斯鲍姆指出，我们必须将国家、民族的标签视为次要的，那只是人"意外地在某地出生"的结果，我们必须从全世界的高度和全人类的高度，对国家身份、民族身份所导致的狭隘心态和排他行为进行检讨。所以，全球公民身份不只是应对全球一体化的需要，更是矫正狭隘民族主义、国家主义的有力武器。全球公民应逾越地域和特定社群的局限性，站在全球的角度、全人类的角度看问题。他们不应该只有对国家的忠诚，更应该有对全球的忠诚；不应该只关注自己国家内部的正义，更要关心国际之间的正义。全球公民应该具有展开批判思维的能力、相互认可和关心的能力、叙事的想象能力④，从而能够打破传统、惯例、信仰等对公民的思想束缚以及对公民"全球性思维"形成的不利影响。

① ANHEIER H. eds. Global Civil Society. Oxford：Oxford University press，2001：7.
② OSLER A. Learning to Live Together：Citizenship Education in an Interdependent World// Centre for Citizenship Studies in Education，University of Leicester. Global Citizenship Supplement. Leicester，UK：University of Leicester Press，2002：2-6.
③ 联合国教科文组织总部中文科. 教育：财富蕴藏其中. 北京：教育科学出版社，1996：82.
④ 纳斯鲍姆. 培养人性：从古典学角度为通识教育改革辩护. 上海：上海三联书店，2013：10.

英国非政府组织乐施会（Oxfam）提出全球公民的核心要素和基本特征：第一，意识到更广阔的世界和自己作为全球公民的角色；第二，尊重和价值多元；第三，对世界的经济、政治、社会、文化、技术和环境的运作机制有一个了解；第四，对社会的不公平感到愤怒，具有社会公平正义感；第五，在从地方到全球的范围内，积极参与和贡献社区；第六，为世界更可持续发展做出努力；第七，对自己的行为负责任。[①]

全球公民不是建立在"国家联盟"之上，而是建立在广义的全球公民社会之上，他不是"国家联盟"的公民，而是全球公民社会的公民。全球公民要求公民以全球的视野处理人与人、人与世界、人与自然、国家与国家、民族与民族的关系。从全球公民需要处理的关系看，全球公民主要涉及这样几个维度和关键要素（见表5-2）。

表5-2　　　　　　　　　全球公民的维度

维度	关键要素
人与人	人权、人道主义
人与世界	全球意识、全球责任
人与自然	关注生态环境、可持续发展
国家与国家	和平思想、国际理解
民族与民族	文化多样性、尊重多元

成为一个负责任的全球公民，是全球化时代对公民的新要求。培养负责任的全球公民，也是全球化时代赋予公民教育的新使命。全球公民教育，简单地说，就是培养具有全球意识并为全球和人类的发展而积极行动的负责任的公民的教育。不同时期，公民所面临的问题不同，公民教育的侧重点也不同。20世纪90年代之前，着眼于不同国家、民族间的关系，公民教育需要培养理解、同情和帮助他人的"世界公民"，创造和谐的国际关系，强调国际理解教育、多元文化教育。20世纪90年代以后，公民教育需要立足于全球和人类发展的共同利益，超越国家利益，把重点放在国家以外的人类共同因素上，培养具备共同价值、全球视野和类观念，能创造公平正义的全球社会的"全球公民"，因此强调人权和人道主义教育、全球意识与责任教育、环境与可持续发展教育等。

今天的全球化具有多元性和统一性，公民既需要学会处理不同国家、不同民族间的关系，又需要观照全球和人类发展的整体利益。因此，培养全球公民的教育，就是培养公民的人类情怀和全球视野，使其具备正确处理全球化过程

① http://www.oxfam.org.uk/education/global-citizenship/what-is-global-citizenship.

中人与人、人与世界、人与自然以及国家与国家、民族与民族之间的矛盾和冲突所需要的态度、价值观和相应的行为能力，形成全球公民身份的认同，更好地履行全球公民的职责，实现人类的和平与可持续发展，塑造人类的美好未来。

根据对全球公民素质维度的分析，培育负责任的全球公民需要进行如下几方面的教育。

1. 人权与人道主义教育

权利是公民身份的象征。国家公民的身份在于特定国家的法律赋予的权利。全球公民也具有权利，这是一种普遍的人权。人权是人之为人的权利，它不分公民的国籍、种族、文化、宗教、政治或其他见解、社会身份和地位等，是所有人都应该享有的权利。正如《世界人权宣言》的"序言"所指出的，"对人类家庭所有成员的固有尊严及其平等的和不移的权利的承认，乃是世界自由、正义与和平的基础"，"对人权的无视和侮蔑已发展为野蛮暴行，这些暴行玷污了人类的良心，而一个人人享有言论和信仰自由并免予恐惧和匮乏的世界的来临，已被宣布为普通人民的最高愿望"。所以，公民作为人首先享有人权。只有保证公民享有人权，才能保证公民有尊严地生活；只有保证公民享有人权，才能避免人类野蛮暴行的出现，使世界走向自由、正义与和平。

人权作为"人之为人的基本权利"，还有另外一层意思，即每个人都应该得到人性化的对待，谓为"人道"。人权不仅与人道相连，而且人道是人权的应有之义。每个人应当享有的权利和维护每个社会成员的尊严与价值的道义性，构成了人权的双重特征①。人权既意味着人的基本权利，也意味着得到人道主义的对待，二者相辅相成。

人权和人道都是基于对人的尊严、价值和幸福的向往，其基本的理念就是康德的"人是目的"。在康德看来，"人是目的"，人具有自身的内在价值，而不是达成其他目的的手段，这样的一种思想体系就叫作人道主义。康德的"人是目的"是人道主义的基本价值，米尔恩甚至把"人是目的"直接称为"人道原则"。人道主义是普遍的价值，不管一个人是哪国的公民，不管他的身份如何，他首先是作为人而存在的，应受到人道主义的对待。人道主义是基于人的原则和人的价值，而不是基于国家公民的价值，人的普遍价值高于国家公民的价值。一个国家的公民可能与另一个国家的公民存在价值观和文明的冲突，两国甚至会发生战争，但在一个国家发生灾难时，另一个国家还要对其进行援助。这种援助不是基于国家利益，而是基于普遍的人道主义。人道主义看到的是人，是作为人类的一员的人，而不是某一国家的公民。它超越了国家、种族、宗教等

---

① 张凤阳，等. 政治哲学关键词. 南京：江苏人民出版社，2006：4.

所有的差别，是一种普遍的人性观，是一个让人类共同崇拜和信仰的价值观。人道主义教育就是要教育公民超越其身份的特殊性，以人的方式对待人类社会的所有成员，承认人人平等，互相尊重，互相扶助，以谋人类全体之安宁与幸福。全球公民教育就是要使公民超越国家利益，具有普遍的人道主义情怀和人道主义精神，并在公民生活中践行人道主义精神，给每个人以人道主义的关怀。

人权不仅是一种普遍权利，更是一种社会文化。"人权是社会文化，而不是为民主和社会和平创造条件的法律本身，但法律反过来有助于创造这种文化。"① 权利需要法律的保证，但人权文化需要依赖教育。人权教育首先要使公民知晓人权，了解国际公约中关于人权的内容，其次要使公民有人权的意识，保护自己的人权，不践踏他人的人权。最后要使公民能够有效地维护人权，行使自己的权利，尊重他人的权利，并关心和帮助那些人权遭到侵犯的人。人权教育不仅要使公民了解人权，更要捍卫人权。捍卫人权需要法律武器，但长久来说，更需要一种人权文化。正如《世界人权宣言》的起草者之一勒内·卡森所指出的："法律效力本身只是一个次要的安全保障。只有对年轻人也是对成年人的教育，才是少数族裔首要和真正的保障，这些少数族裔常常面对极易导致暴力和谋杀的种族仇恨。"② 所以，人权教育最重要的是形成一种人权文化。尊重人权，捍卫人权的文化，必然是一种人道主义。

2. 全球意识和全球责任教育

全球化不仅意味着物理空间的压缩、地理距离的缩短，而且更根本的是国家之间的联系日益增强，形成了一个全球性架构。因此，在全球化进程中，人们需要用国际视野和全球意识思考问题，以全球化的眼光去看待世界。全球意识是全球化对全球公民的第一要求。

全球意识是全球整体意识。在全球化时代，世界已经成为"地球村"，国与国之间、人与人之间的活动有着不可剥离的联系，世界各国面临着一荣俱荣、一损俱损的局面，因此，全球意识需要我们确立整体的人类意识，树立全球关怀的意识，不能只考虑国家和个人的私利，损害全球的利益。但全球作为一个整体，并非意味着世界大同。世界依然是由利益不同的主权国家组成，因此，全球意识要求我们不仅要从整体上看到国家之间的密切联系，还要看到国家之间可能存在的资源纷争。"全球化加剧了全球不平等的发展，使资源分配不平等

---

①② 奥斯勒，斯塔基. 变革中的公民身份：教育中的民主与宽容. 北京：教育科学出版社，2012：36.

变得越来越明显"①，因此，全球化时代更需要树立国际公平正义的观念。如罗尔斯的"正义"是"国家-社会"的首要价值一样，国际正义也是全球社会的首要价值，它对于维护全球和平秩序，公平分配全球资源，建立国家与国家之间平等的关系，捍卫公民的人权，具有重要的作用。公民不仅要维护一个国家或政治组织内部的正义，保护自己的平等权利和利益，而且要维护世界范围内每一个国家的利益，维护世界范围内国家的正当权利。只有建立公正的世界秩序，人类才能真正实现和平与发展。全球公民的培养应该首推全球意识的培养，把全球意识渗透到教育目标之中，使公民能够超越"国家-社会"的限制，立足于全球，以全球的视野去考察每个国家和公民个人的行为方式，改变全球社会的不公正、不平等，使每个公民树立为了世界的公正而尊重所有人的权利，公平地使用地球资源的意识。

除了指世界各国的整体发展，全球化还面临着一些共同的问题。全球问题的解决必须扩展到超国家的层次，开展全球治理。全球化时代的国家，必须遵守国际法和国际公认的公约，积极承担和履行全球的责任和义务，愿意对全球的发展负责，并与其他国家建立起更加紧密的关系。全球公民也必须具有全球责任意识和义务意识，并在全球治理中承担自己的一份责任。"积极参与全球治理和分担国际责任是培养全球公民意识的重要途径"②，在全球问题日益严重的今天，全球公民教育必须强化公民的全球责任意识。只有对全球发展负责的公民，才是真正的全球公民。

3. 环境和可持续发展教育

全球公民不仅要面对人与人、人与世界的关系，而且要面对人与自然的关系。近年来，日益严重的环境问题、生态危机成为全球面临的极为严峻的问题，把世界各国紧紧联系在了一起。

1962年，美国海洋生物学家蕾切尔·卡逊出版了《寂静的春天》，描述了人类将可能面临一个没有鸟、蜜蜂和蝴蝶的世界，这引发了全世界对环境保护事业的关注。1972年，罗马俱乐部发表了《增长的极限》，把人类面临的生存危机作为全球性问题尖锐地提了出来。同年，在瑞典斯德哥尔摩召开的联合国人类环境会议提出了"人类只有一个地球"（only one earth）的口号，并发表了《联合国人类环境会议宣言》。以此次会议为契机，世界各国政府开始重视环境问题，并把环境教育作为应对环境危机的重要对策。1975年，联合国教科文组织在贝尔格莱德召开"国际环境教育研讨会"，通过了《贝尔格莱德宪章：环境

---

① 福克斯. 公民身份. 长春：吉林出版集团有限责任公司，2009：122.
② 奥尔蒂奈. 全球公民：相互依赖世界中的责任与权利. 上海：上海人民出版社，2012：150.

教育的全球框架》，阐明了环境教育的目的、目标、对象和指导原理。1977 年，在第比利斯召开了"政府间环境教育会议"，这是历史上一个有重要影响的国际环境教育大会。联合国教科文组织将会议成果汇总为《最终报告》。大会呼吁加盟国"要有意识地将对环境的关心、活动及内容引入教育体系之中，并将此措施纳入教育政策之中"。《第比利斯宣言》确立了国际环境教育的基本理念，并成为许多国家推行环境教育的基本指针。自此，环境教育问题得到世界各国的重视，各国通过国际组织开展了一系列教育和培训项目。

面对环境污染、生态危机，环境教育只能起到环境保护的作用，生态危机背后还有着更深刻的发展方式的问题。1987 年，由挪威首相布伦特兰任主席的"世界环境与发展委员会"（WCED）向联合国提交了《我们共同的未来》的报告，报告明确提出了"可持续发展"的概念——"既不损害满足后代人要求的可能性和能力，又满足当代人需要的发展"，并提出了"今天的人类不应以牺牲今后几代人的幸福而满足其需要"的总原则。1992 年，在巴西的里约热内卢召开了由 183 个国家、70 个国际组织的代表参加的联合国环境与发展大会，会议通过了《里约环境与发展宣言》和《21 世纪议程》。两份文件分析了人类赖以生存的环境的恶化，号召人们坚决摒弃以消耗大量能源和破坏环境为代价的传统发展观，实施人口、环境、经济和社会的可持续发展。《21 世纪议程》指出，"教育对于促进可持续发展和提高人们解决环境和发展问题的能力，具有至关重要的作用"。为了切实加强可持续发展教育，《21 世纪议程》要求各国把环境教育当作公民的必备知识和世界各国的共同责任，"使不同年龄的人都能接受环境与发展教育；深化环境与发展概念，将人口问题纳入所有的教育项目中"。1993年，为了普及、推进和落实可持续发展理念，联合国设置了可持续发展委员会（UNCSE）。1994 年，在可持续发展委员会的倡导和努力下，联合国教科文组织提出了"为了可持续性教育"（education for sustainability）计划。这一计划把环境教育与发展教育、人口教育相结合，建立了环境、人口和发展项目（EPD 项目）。1997 年 11 月，联合国教科文组织总结和发表了《教育为可持续未来服务：一种促进协同行动的跨学科思想》，同年 12 月，联合国教科文组织和希腊政府在希腊塞萨洛尼基举行"环境与社会国际会议——教育和公众意识为可持续未来服务"，会议通过的《塞萨洛尼基宣言》正式确立了可持续发展教育在世界上的地位。2002 年 12 月，联合国第 57 届大会通过了第 254 号决议，将 2005—2014 年确定为"可持续发展教育十年"（DESD），联合国教科文组织制定了"联合国教育促进可持续发展十年（2005—2014）国际实施计划"。

在《21 世纪议程》颁布后，中国政府做出了履行《21 世纪议程》等文件的庄严承诺，于 1994 年 3 月通过了《中国 21 世纪议程》。《中国 21 世纪议程》要求，"加强对受教育者的可持续发展思想的灌输"，"将可持续发展思想贯穿于从初等教育到高等教育的整个过程之中"。《中国 21 世纪议程》布置了从初等教育到高等教育进行可持续发展教育的具体内容。

从环境教育到可持续发展教育，反映了世界各国对全球发展认识的深入。环境教育只是为了保护环境，强调对环境问题的治理，在实践中偏重于传授环境保护的知识、技能，走的是技术主义的解决路径，没有关注和反思引发环境问题的根本原因——社会发展方式。20 世纪末期，人们认识到，环境问题不单是环境自身的问题，而且是社会、经济发展与环境间的关系问题，环境问题的解决是个复杂的系统工程，涉及社会、经济、文化和环境各个方面，仅仅依赖技术的手段治理，仅靠支离破碎的环境教育无法实现可持续发展的目标[①]。从源头解决环境问题，需要确立可持续的发展方式。因此，国际社会逐渐把单一的环境教育转变为统合"环境、社会（包括文化）和经济"的可持续发展教育，从技术路线的环境教育转向可持续发展的价值观教育。从环境教育到可持续发展教育，将环境教育纳入可持续发展的视野，教育肩负起对可持续发展的更大责任，因此，我们需要以可持续发展的理念引导环境教育，更需要通过环境教育、发展教育、人口教育等使可持续发展理念得到落实。

4. 国际理解教育

全球化并不是一体化，而是多元化。全球化的时代图景是国家与国家之间的相互依赖，而不是一个"世界国家"。国家作为一个主权的存在，国与国之间有着政治、经济、文化方面的种种差异，国家之间的差异容易引起矛盾和冲突。亨廷顿预言：未来世界的冲突主要不是武力的冲突，而是文明的冲突。全球化不仅要避免文明间的冲突，而且要使它们和平共处。这就需要一种国际理解教育（education for international understanding）。国际理解教育的目的就是"增加不同文化背景的、不同种族的、不同宗教信仰的和不同区域、国家、地区的人们之间的相互了解和相互宽容；加强他们之间的相互合作，以便共同认识和处理全球社会存在的重大共同问题；促使'每个人都能够通过对世界的进一步认识来了解自己和了解他人'。将事实上的相互依赖变成有意识的团结互助"[②]。

国际理解教育由联合国教科文组织倡导。1968 年，联合国教科文组织和国际教育局共同制定了《关于将国际理解纳入教育课程与学校生活之一部分的建议》。1974 年，第 18 届联合国教科文组织大会通过了《关于促进国际理解、合作与和平的教育以及关于人权与基本自由的教育的建议》。1981 年，联合国教

---

① 钱丽霞. 可持续发展教育的历史演进与价值分析. 上海教育科研，2006（2）：27-29.
② 徐辉，王静. 国际理解教育研究. 西南师范大学学报（人文社会科学版），2003（6）：85-89.

科文组织委员会编写了《国际理解教育指南》。1994 年，第 44 届国际教育大会以"国际理解之教育的总结与展望"为主题进行了充分的辩论，通过了《第 44 届国际教育大会宣言》和《为和平、人权和民主的教育综合行动纲领》，提出了"通过全民教育促进和平、人权和民主的文化""为理解和宽容而教育"的理念。

国际理解教育的内容，随着不同时期国际社会的问题不同而变化。前期的国际理解教育偏重于文化间的相互理解与和平教育，目的是使公民形成文化间尊重、宽容的意识，消除暴力、冲突和种族歧视，形成和平文化，养成和平意识。后期的国际理解教育主要针对全球化中日益密切的相互依赖关系和全球共同存在的问题，强调公民要树立一种全球意识和一种共同的价值观。前者是世界公民视野中的国际理解教育，后者则是全球公民视野中的国际理解教育。当前的全球化还处于全球化的初级阶段，主权国家既需要保持独立，又需要保持合作。因此，国际理解教育就应该包括两个层面：既需要着眼于与其他国家关系的处理，了解别国历史、文化、社会习俗的产生、发展和现状，学习与其他国家人们交往的技能、行为规范，学习正确分析和预见别国政治、经济发展状况及其对本国发展的影响；也需要着眼于全球问题，正确认识和处理经济竞争与合作、生态环境、多元文化共存、和平与发展等方面的国际问题，培养善良、无私、公正、民主、聪颖、热爱和平、关心人类共同发展的品质，建立人类共同的基本价值观，担负起"全球公民"的责任。

国际理解不仅指在消极意义上消除暴力和冲突，实现一种消极和平，更重要的是指形成国与国文化、意识形态、价值观之间的相互尊重，相互接受，实现一种积极和平。原联合国教科文组织总干事马约尔指出，我们必须发展一种以所有文化共同认同的价值观为基础的"和平文化"，以便"成功地实现从战争文化向和平文化的过渡"[1]。在第 44 届国际教育大会上，马约尔进一步指出，这种文化不仅要摒弃暴力，而且要"热爱民主、自由、正义、团结、宽容，接受民族间和国家间、种族、宗教、文化、社会群体之间以及个人之间的差异和遵守谅解的原则"。马约尔还指出，国际理解，即国家间、民族间的理解，这种理解是基于差异的相互尊重、相互承认，因此，需要理解的双方都具有宽容精神和开放的胸怀[2]。没有宽容和开放，故步自封，自以为是，就不可能有相互的理解。因此，国际理解教育要"为理解而教育""为宽容而教育"。在全球化的社会中，使不同国家、不同民族的公民学会相互理解、相互尊重、相互宽容、相互协商。只有这样，才能形成一个和而不同的"和谐世界"。

---

① 赵中建. 全球教育发展的研究热点. 北京：教育科学出版社，1999：332.

② 赵中建. 教育的使命. 北京：教育科学出版社，1996：184 - 186.

5. 多元文化教育

多元文化教育对于培养全球公民具有重要的作用，以至于纳斯鲍姆把全球公民教育与多元文化教育相等同。最初的多元文化以一国之内的民族或种族为主题，多元文化教育也是以一国之内多民族的文化认同为目标，通过认识自己民族的文化和其他民族的文化，发展学生的跨文化交往能力，解决民族之间可能发生的冲突，达成民族的团结。这是一种民族文化教育。民族多元文化教育局限于一个国家或地区，过于强调差异性，缺乏对普遍人类的思考。在全球化背景下，民族多元文化教育显得狭隘、小气、内向性，甚至排他[1]，不能适应全球化的需要。因此，全球化时代的多元文化教育，必须从"民族多元文化教育"转变为"全球多元文化教育"。

最早提出全球多元文化教育的是英国多元文化教育代表人物詹姆斯·林奇，他倡导全球主义的多元文化课程，以纠正当时造成文化和地理无知以及不关心世界上其他人命运的课程中的地方主义。随着全球化的日益发展，全球的多元文化交流和冲突日益频繁，全球多元文化教育被提上日程。班克斯的著作中也描述了多元文化教育的这种转向：过去 10 年中多元文化教育研究出现了新方向，研究主题关注世界上的其他国家，寻求全球多元文化教育的理解并开展相应的学术研究[2]。

对于全球化背景下的多元文化将如何发展，学者们也有不同的认识。第一种意见认为，全球化就是西方化，主张全球文化的同质化，以西方主流文化侵蚀弱势民族的文化，最终只保留一种文化。第二种意见主张实现文化一体化，其路径是在建立全球一体的基础上，通过民族文化的交融、趋同，实现文化的一体化。第三种意见主张文化的多元化，在这种主张看来，全球化不是消灭差异，而是承认差异的存在。我们主张，全球化是在尊重多国主权和多种文化基础上的相互联系和共同性。因此，全球化下的多元文化具有共同性和多元化的双重属性。全球化并不代表各民族文化的同质化，全球文化的共同性建立在多元文化的相互对话和重叠共识的基础上。因此，既要认识到民族文化的独特性和多元性，也要认识到全球文化的共同性和统一性。民族主义文化强调各民族文化的独特性是必要的，但全球多元文化只强调民族文化的独特性是不够的，还必须强调全球文化的共同性，如同《学会生存》所指出的："全部学生都应该有机会通过他们的学习计划了解自己文化以外的文化，从而能够意识到人类的

① 姚冬琳，李国. 民族多元至全球多元：美国多元文化教育的转向. 教育学术月刊，2011（11）：17-19，32.

② 同①19.

统一性，即意识到适用于所有人的那种基本相同的生活条件和愿望。"①

　　全球多元文化发展对于每种文化来说，都是一个知彼知己和达成共识的过程。因此，全球多元文化教育包括相互联系的三个方面：第一，全球多元文化教育是本国、本民族的文化教育，培养公民对本民族文化的自信和自觉的品格。全球多元文化是多种民族文化的并存，每种文化都应该是"文化百花园"中的平等一员，都有着独特的价值和对世界文明的独特贡献。全球多元文化教育不是弱化自己的民族文化，而是要求公民首先认同和热爱本民族的文化，在全球化过程中不崇洋媚外，具有文化的自信和文化的自觉，维护本民族文化的独特性。但也不能夜郎自大，沉溺于本民族文化而盲目排外，而是要在与其他文化的交流和沟通中开放自我、丰富自我。第二，全球多元文化教育也是他国、他族文化的教育，培养公民对他国、他族文化的尊重、包容和欣赏。国家不分强弱，民族不分大小，都是平等的。因此，全球多元文化教育就是要培养公民开阔的文化视野和开放的文化观。强调不同国家、不同民族文化间的多元平等，尊重和欣赏不同的文化，识别并批判地分析狭隘的民族主义和种族主义，接纳文化和生活方式的差异性，促进不同文化的相互了解和相互交流，消除本民族文化对其他民族文化的刻板印象和偏见，使公民从认同本国、本民族人民的文化发展到尊重和欣赏他国、他族文化，学会发现并力求避免文化偏见，学会包容异己的文化。第三，全球多元文化教育又是跨文化的共生教育，旨在提升公民跨文化交往能力，实现文化的共生与繁荣。文化反映着人性中的美好，也镌刻着时代的足迹，因此，不同民族的文化不是不可通约的，而是具有共通性的。全球多元文化教育认识到文化的多元性，主张培养公民跨文化的意识、态度，提升公民的跨文化能力；也主张认识文化的统一性，使公民形成全球共同的价值观。"任何人类社会的团结，都源于一整套共同的活动和计划，也源于共同的价值观"，但这种统一性不是某种一元的同质性文化，而是在多元文化的基础上通过平等对话所形成的一种文化共识（类似于罗尔斯所说的"重叠共识"和伽达默尔所说的"视域融合"），并在此基础上凝聚人类文明，形成人类文化的精华。总之，全球化多元文化教育，既要促进不同国家、不同文化的和平共在，又要促进全球文化的共生、共荣，从而形成"和而不同"的多元文化共生体系。

---

　　① 联合国教科文组织国际教育发展委员会．学会生存：教育世界的今天和明天．北京：教育科学出版社，1996：285．

第六章
教育承认正义与美好教育生活

一、教育正义： 从关注 "分配" 到关注 "承认"

2010 年，《国家中长期教育改革和发展规划纲要（2010—2020 年)》把促进公平作为国家基本的教育政策，自此，教育公平进入了快车道。2012 年，国务院印发了《关于深入推进义务教育均衡发展的意见》，提出了义务教育均衡发展的任务和目标。截止到 2017 年，全国通过义务教育发展基本均衡督导评估认定的县（市、区）已达 2 379 个，占总量的 81%，有 11 个省（区、市）整体通过督导评估认定。[①] 这意味着这些地区的义务教育已经跨入了"后均衡化时代"，而且不久将会有越来越多的地区进入这一时代。"后均衡化时代"的教育公平如何发展，这是亟待讨论和需要未雨绸缪的问题。有地方提出了"优质均衡"或"高位均衡"，其均衡依然指向优质教育资源，这种思路需要改变。本书提出的"后均衡化时代"的教育公平，是从关注"物"转向关注"人"，从"分配正义"转向"承认正义"。

（一）两种不同的正义及其关系

1. 分配正义

公正的含义，在西方源于雅典梭伦的政治改革。雅典在梭伦所处的时代，贫富差距极大，平民与富人之间矛盾突出。梭伦执政后，他认为只有在富人与平民之间做到"不偏不倚"，才能解决他们之间的矛盾。他要求富人压制欲望，同时对平民的自由予以扶持。他的改革不是平均分配财产，而是在人人平等自由的前提下，根据劳动情况，让人们得其应得的财产。"得其应得"是梭伦赋予正义的最初含义，它奠定了西方对正义的基本认识：分配正义。

古希腊的思想家把正义视为美德，尤其是政治生活中的美德。政治生活中的美德需要处理人与人之间的社会关系，因此，正义在亚里士多德那里又被视为分配正义提了出来。亚里士多德把"守法"视为普遍的正义，把"各得其所应得"视为具体的正义。具体的正义又可细分为分配正义与矫正正义。分配正义是对社会公共财富和公共权力的分配平等，它遵循的原则是比例平等，"分配的公正在于成比例，不公正在于违反比例"[②]。比例平等不是平均，它把相等的东西给予相等的人，把不相等的东西给予不相等的人。若把相等的东西分给了不相等的人，或者是把不相等的东西分配给了相等的人，都是不正义的表现。

① 都文. 督导均衡发展 办好义务教育. 人民日报，2018 - 03 - 02.
② 亚里士多德. 政治学. 北京：商务印书馆，1965：139.

为此，需要对这种分配不正义进行矫正。矫正正义是对分配中的不公正问题进行实质化的调整，最终实现分配正义。在这里，分配正义是核心，矫正正义是为了实现分配正义的调节和补充。

当代，自由主义成为西方正义理论的主导，更强调基于个人权利对社会财富和权力的分配，这以罗尔斯为代表。罗尔斯分配正义的两个前提是：资源的中度匮乏和人性的私己性。正因为物质资源存在着中等程度的匮乏，而人又有着自私的欲望，所以才有对资源公正分配的渴求。所以，分配正义指向对社会匮乏资源的不公正分配，它致力于对匮乏资源的公正分配，因此，分配正义又是作为公正的正义。分配正义的实现诉诸社会的基本结构即社会制度的安排。社会可通过恰当的制度安排来确保社会资源在成员之间的公正分配。对于资源来说，可以再分配，社会资源的再分配必须使社会弱势群体的利益最大化。

罗尔斯把正义界定为通过社会制度的安排实现资源公正分配的过程。在这之后，有很多思想家对罗尔斯提出批评，但批评的只是罗尔斯的分配标准，如诺齐克提出了"基于正当持有的资格平等"，德沃金提出了"基于起点一致的资源平等"，阿玛蒂亚·森提出了"基于自由发展的能力平等"。尽管这些理论在分配的标准方面有所不同，但它们都没有改变正义的"分配主题"，即通过资源分配实现正义的思路没有变，它们只是通过完善分配方案，实现更加公正的资源分配。

2. 承认正义

分配正义着眼于社会资源的分配，目的是使社会成员平等地享有社会资源，它诉诸的是社会制度的安排，关心的是资源的分配方式。与分配正义不同，承认正义指向人与人之间的社会-心理关系，目的是使人与人在社会-心理关系中得到平等尊重。在宽泛意义上，承认正义属于关系正义，是关系正义的一种类型。关系正义是指向人与人之间社会关系的正义。人在社会关系中有没有受到平等对待，不是物质资源的分配问题，而是"有关社会关系的本质和排序的问题，包括在宏观和微观上的主导社会成员互相对待方式的正式的和非正式的规则"[①]。关系正义同样诉诸社会规则或制度的安排，但其制度不是用来分配资源，而是用来调节群体或阶层之间的社会关系，它关注的是群体或阶层间的社会互动关系，而不是个体间的伦理关系。持关系正义观点的代表人物杨指出社会不正义就是社会强势群体对弱势群体的支配和压迫，包括剥削、边缘化、剥

---

① GEWIRTZ S. Rethinking Social Justice：A Conceptual Analysis//DEMAINE J. Sociology of Education Today. New York：Palgrave，2001：49-64；钟景迅，曾荣光. 从分配正义到关系正义：西方教育公平探讨的新视角. 清华教育研究，2009（5）：14-21.

夺权利、文化帝国主义和暴力。

在关系正义解决了群体间不正义问题后，群体内部个体间正义的解决，就是承认正义需要关注的问题了。关系正义和承认正义都着眼于人与人之间的关系，前者关注的是社会群体和阶层，分析的是他们之间的社会关系，后者关注的是群体内部的个体，分析的是人与人之间的伦理关系，指向人与人之间人格上的平等与尊重，主张人人都应该作为平等的主体而存在，因此，人与人之间是平等主体间的关系。承认正义是基于主体间性而提出的正义，通过承认所有人个体尊严的目标来定义。承认的不正义是由人与人在社会地位系统上的不平等引起的主体间关系的非正义。承认的不正义是由文化秩序和价值关系上的不平等导致的。因此，矫正承认的不正义需要借助于文化、价值和伦理关系的重构，而非社会制度的安排。

（二）教育分配正义及其局限性

教育分配正义就是分配正义在教育领域的运用和体现。它试图通过一种合理的社会制度，公平地分配教育资源（包括机会和物质资源），使所有人平等享有教育资源。在当代分配正义理论中，影响最大的当属罗尔斯。罗尔斯指出："正义的主要问题是社会的基本结构，或更准确地说，是社会主要制度分配基本权利和义务，决定由社会合作产生的利益之划分的方式。"[①] 他把正义指向一种社会制度，试图通过恰当的制度安排，实现社会分配的正义。罗尔斯对正义制度设计的一般观念是："所有社会价值（也译为"社会益品"。——引者注）——自由和机会、收入和财富、自尊的基础——都要平等地分配，除非对其中的一种价值或所有价值的一种不平等分配合乎每一个人的利益。"[②] 依据正义的一般观念，罗尔斯提出了正义的原则——一是自由平等原则，自由是每个人不可剥夺的权利，每个人都有与他人平等的自由；二是机会均等原则，所有的公职和职位应该在机会均等的条件下向所有人开放；三是差别原则，对社会弱势群体实施补偿，使社会最弱势者利益最大化。罗尔斯认为，这些原则有着词典式的顺序：自由原则具有绝对优先性，自由只有为了自由才能被限制，机会均等原则先于差别原则[③]。在罗尔斯看来，自由平等和机会均等只是形式上的，由于人与人之间是有差异的，而且这种差异是由社会不平等所造成的，所以，实现社会益品的平等分配，必须诉诸差别原则，对社会最弱势的成员进行

---

① 罗尔斯 . 正义论 . 北京：中国社会科学出版社，1988：7.

② 同①62.

③ 罗尔斯 . 作为公平的正义：正义新论 . 上海：上海三联书店，2002：70.

补偿。只有按照平等的方向补偿由不平等造成的不利影响，才能实现真正的平等。因此，罗尔斯的正义是基于平等的分配正义。

教育正义关注教育权利、机会和教育资源的分配无疑是重要的，因为教育权利是前提，没有相应的教育权利，人们连接受教育都没有可能，又何谈拥有平等的教育机会。教育资源是教育的物质基础，没有相应的教育资源，所谓的教育平等只能是一句美妙的口号。因此，指向权利、机会和资源的教育分配正义具有合理性、正当性和优先性。对于教育来说，教育权利和机会是首要的，在社会政治制度提供平等的教育权利和机会后，教育资源便成为必要的外在保障。但我们必须意识到，教育资源不等于教育的全部，甚至不是根本。因此，我们必须认识到指向教育资源的分配正义的局限性。

第一，教育分配正义只限于可分配的物质资源，对其他资源则无能为力。罗尔斯提到的社会益品包括权利和自由、机会、收入和财富、自尊，但他的正义原则只涉及权利和自由、机会、收入和财富，没有能够对自尊进行分配。实际上，即便是权利、自由、机会也难以实行分配，只能是说一个人有无权利、自由和机会，不能说在人与人之间分配权利、自由和机会。所以，分配正义只适用于对物质形态的教育资源进行分配，无法对权利、自由和机会进行分配，更不能对人的自尊进行分配。但对于教育来说，物质资源只是外部的教育凭借，真正的教育是人与人心灵的沟通与交流，关怀、自尊、心理影响是教育最重要的资源，而分配正义恰恰对这些资源无能为力。

第二，教育分配正义只关注有形的物质资源，忽视了精神资源。正因为教育分配正义只能分配物质资源，不能分配精神资源，所以，导致教育公平的政策和实践只关注物质资源，把物质资源的分配视为教育公正的唯一抓手。从我国近年来推进义务教育公平发展的措施看，各项措施都集中在公平合理地配置有形的物质资源方面，包括教育投入、校舍、图书、设备等，而对那些影响儿童发展的精神性资源，却没有给予足够的重视。

第三，分配正义只关注宏观社会制度，无法关注微观活动中的社会-心理影响。罗尔斯采取的是一种宏观视角，把正义定位为一种社会的基本制度，通过这种制度安排确保社会益品的合理分配。因此，分配正义诉诸社会制度的安排，包括社会政治制度、教育法律和政策的安排。因此，政府必须通过某种制度安排，确保每个人都能够获得与其相适应的教育资源。但社会制度面向宏观的教育系统，无法关注微观领域的课堂生活、班级活动和师生交往。关系正义的出现致力于调整教育中的社会关系，但关系正义关注的是群体和阶层，关注的是人的社会身份，而不是教育中的具体的人。其实，关系正义也可以诉诸制度的安排，来解决一个人因社会身份不同而遇到的不平等问题，但同样无法真正深入微观教育活动，无法关注教育对每个学生的社会-心理与道德产生的影响。

第四，作为解决社会分配问题的正义原则，分配正义的教育适切性也受到质疑。罗尔斯指出，正义的机会平等和差异原则，大致适用于收入和财富的分配，是有特定范围的。超过这一范围，其适用性本身也值得怀疑。如把差异原则运用到教育上，他指出，"遵循这一原则，较大的资源可能要花费在智力较差而非较高的人身上"①。按照这一思想，"在天赋上占优势者不能仅仅因为他们的天分较高而得益，而只能通过抵消训练和教育费用，用他们的天赋帮助较不利者得益"②。若遵照罗尔斯的说法，最好的教育资源应该运用在智力较差者身上，而不是智力较高者身上，这显然不合理。

分配正义解决的是资源分配问题，没有关注人的心理伤害问题，但20世纪90年代后，"越来越多的社会批评者认识到，社会弱者所受到的心理感情伤害并不是一种从属性伤害，心理伤害应当独自成为社会批评关注的问题"③。1996年，马加利特出版了《正派社会》一书，这本被誉为"自罗尔斯的《正义论》问世25年以来最重要的一部社会正义著作"，改变了人们思考社会正义的角度。在马加利特看来，"贫困并不是以收入分配来定义的，贫困是一个社会关于人最低生存条件的概念。最低生存条件指的是起码要满足哪些需要才能过上一种算是人的生活"。马加利特把"尊严"视为做人的一个基本条件，他认为，羞辱就是把人不当人，就是"把一个人从人类共同体中革除，使一个人失去了（对自己生存的）基本把持"④。马加利特提出的"正派社会"就是制度不羞辱人的社会。

近年来，我国各级政府在推进教育公平进程中也在关注弱势群体，尤其关注进城务工人员子女的教育问题，出台政策使这些孩子可以进入公办学校，和城市学生一起接受相同的教育。从资源分配上看，这似乎实现了分配正义，但有的孩子却并不快乐，因为他们感受到了来自一些教师和同学的歧视和羞辱，心理和自尊受到了伤害。在这种情况下，物质资源的作用可能是次要的，他们感受到的不公正更多地来自所体验到的蔑视或羞辱。"社会不公的体验总是与公认的合法的承认没有得到认可有关。"⑤ 因此，霍耐特说，承认正义的目标"不是消除不平等，而是避免羞辱或蔑视代表着规范目标；不是分配平等或物品平等，而是尊严或尊敬构成了核心范畴"⑥。承认应该成为社会正义的核心原则。

所以，我们有理由相信，在解决了资源分配问题之后，承认就成了教育正

---

① 罗尔斯. 正义论. 北京：中国社会科学出版社，1988：62.

② 同①102.

③④ 徐贲. 正派社会和不羞辱. 读书，2005（1）：150-156.

⑤⑥ 霍耐特. 承认与正义：多元正义理论纲要. 学海，2009（3）：79-87.

义的深层问题，必须引起高度重视。解决教育中的承认不正义问题，是后均衡化时代推进教育公平的主要任务。为此，人们对教育正义的关注从物质资源的分配转向对人的尊严的承认。我们对优质均衡阶段"上好学"的理解，不只集中在质的教育资源上，还要更多地集中在使学生在学校过一种有尊严的教育生活上。

（三）教育承认正义及其实现

我们提出承认正义，并不是说要取代分配正义，而是说在物质资源满足或者基本满足之后，教育正义必须转向承认正义。这是因为分配正义无法解决生命关怀、人格尊严、心理影响等问题，更重要的是，承认正义本身是教育活动内在的必然要求。

1. 承认正义是教育活动内在的必然要求

教育是面向人的活动，承认是人的基本需求。正如黑格尔所言，"在承认中，自我已不复称其为个体，它在承认中合法地存在，即他不再直接地存在。被承认的人，通过他的存在得到直接考虑因而得到承认……人必然地被承认，也必须地给他人以承认。这种必然性是他本身所固有的"①。因为人生活在社会关系中，人的社会本质决定了人有被承认的内在要求。人只有在承认中，才能合法地存在。承认是个体平等基础上的相互认可、认同与确认。承认指明了主体间一种理想的相互关系，在承认中一个主体视另一个主体为他的平等者。这种平等不是物质占有的平等，而是人格的平等。物质占有的平等，并不必然带来人格的平等。人对人格和尊严平等的渴望，在一定程度上会超过对物质平等的渴望。

教育是人与人之间的互动，是人与人之间灵肉交流的活动。雅斯贝尔斯在《什么是教育》中区别了教育与训练：训练是一种心灵隔离的活动，人是纯粹的客体，但教育是人与人精神的契合，是人与人之间心灵的沟通与敞亮②。教育的双方是鲜活的生命，教育应该充满爱，爱是师生生命价值升华的重要因素。教育是心灵与心灵的沟通，灵魂与灵魂的交融，人格与人格的碰撞。教育的定位决定了它必须坚守承认正义。只有坚守承认正义的教育，才能使教育实现人与人之间心灵的沟通、交融。正如日本伦理学家高田纯所说："人格的真正自由而平等的关系是相互承认的关系……人格间的相互承认，就是在相互尊重他人

---

① 霍耐特. 为承认而斗争. 上海：上海人民出版社，2005：49.
② 雅斯贝尔斯. 什么是教育. 北京：生活·读书·新知三联书店，1991：1-2.

的人格及价值（尊严）的基础上，相互保证、促进他人的人格实现。"①

教育的本质是促进人的自我实现，而人的自我实现也只有在承认中才能完成。按照霍耐特的观点，承认有三个领域，分别是爱、法权和成就。与之对应，承认有三种不同的形式，分别是爱的承认（情感关怀）、法权的承认和尊重的承认；人在三种承认形式中能够分别获得自信、自尊和自豪，即在爱的承认中获得自信，在法权的承认中获得自尊，在社会的尊重中获得自豪②。人的自信、自尊和自豪，实现了人的完整统一。一个在教育中被歧视、羞辱从而丧失人格尊严的人，很难有机会实现自我价值。对教育来说，我们需要教给学生知识，发展学生能力，但更需要培育学生健全的人格、健全的自我，而健全的人格和自我来自教育主体间的承认。近年来教育中出现的诸多暴力事件，都是因为承认的缺失。因此，要培养具有健全自我意识的人，教育承认是必要条件。

2. 消除羞辱和蔑视：教育承认正义的底线要求

对弱势群体的关注是正义理论的重要维度，分配正义关注的是利益和资源，提出对弱势群体进行补偿，罗尔斯的正义原则就是如此。分配正义关注弱势群体的利益，但不关注他们的心理伤害。马加利特的《正派社会》开始关注社会正义中的心理伤害问题。马加利特提出的正派社会是指制度不羞辱人的社会，他把不羞辱人作为正派社会制度的首要原则③。马加利特的"羞辱"特指伤害人的尊严。尊严是人性的核心，人失去了尊严，也就失去了人的基本把持。霍耐特的"为承认而斗争"，不是为财富而斗争，而是为了"人的尊严"而斗争。尊严是自我实现的保证，也是人与人之间平等交往的基础。一个人保持尊严的起码条件，就是制度对人的尊重。

与马加利特一样，霍耐特使用"蔑视"来概括社会中存在的种种否定性承认形式，与承认的三种形式相对应，霍耐特提出了蔑视的三种形式，分别是强暴、剥夺权利和侮辱。强暴是在违背他人意志的情况下对他人身体的控制与折磨，它不仅给被强暴者带来了身体的痛苦，更使人感到孤独无助，摧毁了个体基本的自信。权利是一个人主体人格的外在表现，被剥夺权利意味着一个人失去了与其他人平等交往的资格，因此必然受到排斥和蔑视，从而削弱了自尊。侮辱（包括诽谤和伤害）使个体的独特性和荣誉被否定对待，个体在社会文化中的价值被贬低，它剥夺了社会对个体自我实现方式的认同，因此，侮辱剥夺

---

① 岩崎允胤. 人的尊严、价值及自我实现. 北京：当代中国出版社，1993：66.
② 王凤才. 论霍耐特的承认关系结构说. 哲学研究，2008（3）：41-50.
③ 徐贲. 马加利特《正派社会》// 应奇. 当代政治哲学名著导读. 南京：江苏人民出版社，2010：401-422.

了个体的自豪感①。三种蔑视形式，构成了对人自我完整性的破坏，使人完全失去了自我统一性。也正是因为这些否定性承认，弱势群体和个人经历了种种消极性情感体验，他们捍卫作为人的尊严，为得到承认而斗争。有时候，人反抗的动机并非源于利益诉求，而是源于内心被承认的渴望，这种斗争的动力比他们为生存而斗争的动力，更加强大。

教育的对象是人，这意味着我们必须把人当人对待，而不是把人当物品、当机器、当动物，当次等人对待。每个人不论身份、地位、财富如何，都应该具有同等的人格和尊严。教育要因材施教，更要"有教无类"。教育承认的不正义，是由自我作为独立主体的人格未获得他者的承认，作为权利主体的地位未得到他者的尊重，作为独特性的存在未得到他者的重视所造成的，是一种蔑视和羞辱所造成的对他人心理和人格的伤害。因此，消除教育中的羞辱和蔑视是承认正义的底线要求。

教育中的不羞辱，就是要在人格上"一视同仁"，在学校的政策决策上要允许弱势群体发出自己的声音，并在教育政策中体现他们的要求和立场。但仅有普遍的平等还不够，杨还提出，"一个民主化的公共领域应该给身处其中的受压迫或处境不利的群体提供有效的代表权以及承认这些群体特殊声音和观点的机制"②。这意味着，政府在基于普遍的立场保证每一个公民平等权利的同时，还要承认少数群体的身份和权益，赋予其特殊的"少数权利"（minority rights），还需要为其提供某种特殊对待，实现文化上的"弱势补偿"③。

羞辱和蔑视不仅来自制度本身，还来自教师。否定性承认的方式大量地存在于教师的语言和教育行为中。美国学者卡罗琳·奥林奇在《塑造教师》一书中列举了教师常犯的错误，其中就包括体罚、有意疏远、公开讽刺、偏袒、生理歧视、人身攻击、不当的师生关系、故意虐待、种族歧视、侮辱、错误的指责、性骚扰等④。我国有一些教师也存在着歧视、辱骂、训斥、讽刺学生等问题，还有的教师根据学生的成绩、阶层、身份、经济状况等对他们做出区别对待，如偏爱尖子生，疏远学困生，偏爱家境好的学生，疏远甚至歧视家境困难学生等。教师错误的承认方式对学生的心灵所造成的伤害，会伴随学生一生，成为他们心理的阴影。因此，我们必须把"不歧视""不侮辱"上升到承认的高度，将其作为教师教育行为的伦理规范，隐含在对教师教育行为的

---

① 霍耐特. 为承认而斗争. 上海：上海人民出版社，2005：140-143.

② 杨. 政治与群体差异：对普适性公民观的批评//许纪霖. 共和、社群与公民. 南京：江苏人民出版社，2004：291.

③ 冯建军. 多元文化主义公民身份与公民教育. 比较教育研究，2014（1）：43-49.

④ 奥林奇. 塑造教师：教师如何避免易犯的25个错误. 北京：中国轻工业出版社，2002.

要求之中。

3. 尊严的承认：教育承认正义的终极追求

羞辱和蔑视之所以成为否定性的教育承认，是因为它伤害了人的自尊。尊严是人之为人所必需的价值要求。没有了尊严，人就失去了做人的资格。尊严是霍耐特承认正义的核心范畴，也构成了以人为对象的承认正义教育的核心范畴和终极价值。

霍耐特以尊严为核心，论述了承认的三种形式：爱的承认、法权的承认和成就的承认。这三种承认形式在教育中的否定性表现即强暴、剥夺权利和侮辱，上面已对此进行了论述，这里再正面论述其积极的表现形式，即爱的关怀、平等尊重、成就赞许。在对人的教育中，要使人体会到尊严感，需要消除消极的承认形式，同时建立积极的承认形式。这需要：第一，爱的关怀。爱是最基础的一种承认形式，也是人的一种基本需要。不同于罗尔斯分配正义中冷冰冰的单子式理性人，承认正义的对象是作为共同体成员的人，而共同体要为爱的力量所凝聚，所以，人与人之间必须充满爱的关怀。在教育中，这种爱表现为师生间的关爱，也表现为同学间的友爱。一个在充满爱与关怀的共同体中生活的人，能够找到一种自我归属感和对他人的信赖感。第二，平等尊重。人作为人，在人格上是平等的，人格的平等是赢得尊重的前提。没有人格上的平等，就谈不上尊重。霍耐特在法权的承认中强调的是权利的平等。在教育中，权利平等由社会制度所决定，社会制度保证人们受教育权的平等，但无法保证人们拥有平等参与教育生活的权利，无法保证人们在教育生活中受到同等的尊重。人生活在社会中，即生活在他人的世界中，因此，他人对待自己的态度是人的社会性形成的重要条件。尊重不仅使人体验到自尊，而且能使共同体成员找到基本的相处方式，找到凝聚共同体的策略。第三，成就赞许。平等尊重源于人格的平等，其对共同体成员的要求具有普遍性。但共同体中的人不可能是完全相同的，每个人都是个性化的存在。简单的平等主义思想无视人的个性，所以，还必须考虑到个人在共同体中的成就与贡献，根据个人的特殊成就与贡献给予其相应的承认。这就是一种成就赞许。成就赞许具有个体化的特征，也就是说，人因不同的成就获得赞许的程度会有差异，但成就赞许不应该成为少数人的荣誉，而应该面向每一个人。因为人是多样的，也是独特的，具有不可比性。"三好学生"评比之所以受到批评，是因为它采取的是单一的标准，面向的只是少数人。真正的成就赞许是面向每个人的，每个人都因为他的独特性，而有值得赞许的方面。所以，我们对人的评价标准要多元化，要善于发现每个人的优势和特长，教育要"扬长避短""长善救失"。只有这样的成就赞许，才能使每个人获得自豪感，不能以少数人的自豪，甚至是自傲，伤害另一部分人的自尊和自信。

与三种承认形式相对应，霍耐特提出了承认正义的三个原则：需要原则、平等原则和成就原则。这三个原则在教育承认正义中的表现为：（1）需要原则。人是一种关系性的存在，因此需要爱的滋润和维护。承认正义满足的是人的情感需要，因此，需要原则必须以爱的承认形式来呈现，包括来自教师的关爱与来自同伴的友爱。（2）平等原则。平等原则来自人格的普遍性要求。平等原则所要求的是对平等的资格和权利的承认，共同体中所有成员都有平等资格，拥有平等参与教育生活的权利。平等原则反对教育活动中的身份拒绝和社会排斥，主张每个人在教育活动中都有同等的机会，享有同等的礼遇。（3）成就原则。平等原则关注普遍性，成就原则关注特殊性。成就原则是对人的独特个性和成就的承认。每个人都是一个独特的生命体，都有属于他自己的独特的个性和特有的成就。成就原则就在于找到属于每个人的优势和成就，给予其鼓励和赞许，使每个人获得自豪感。

总之，承认正义教育，通过对羞辱和蔑视的消除和解构，通过爱的关怀、平等尊重和成就赞许三种承认正义形式，体现需要原则、平等原则和成就原则，建构一种有尊严的教育生活，使学生在有尊严的教育生活中获得自信、自尊和自豪，实现个体的完整性统一。

二、不羞辱：教育承认正义的底线①

在当下的社会生活中羞辱现象广泛存在，以至于人们慨叹尊严的匮乏。学校生活是社会生活的"缩影"，由于教育观念的变化和法治的健全，教师对学生的体罚或身体伤害现在已不多见，但这种可见的进步并不能掩盖教育生活中的精神羞辱。社会生活中的羞辱既与制度密切相关，又与教育中缺乏对尊严德性的培育相关。问题在于，有尊严的德性是在有尊严的生活中养成的，如果学校生活中羞辱现象普遍存在，学校教育又何以培养人的尊严德性？因此，我们有必要理性认识和认真对待学校教育中的羞辱问题，为创造有尊严的生活厚植根基。

（一）教育羞辱及其危害

阿维沙伊·马加利特将"羞辱"界定为"任何一种使人有充足理由感到自

---

① 本节与胡友志合作，胡友志为第一作者。

己的自尊受到伤害的行为或条件"①。教育生活中的羞辱，可以分为教育中成员之间的个体羞辱行为与教育制度造成的羞辱。这里重点讨论后者，并把教育制度性的羞辱概称为"教育羞辱"，即某种或某些教育制度所导致的行为或处境，该行为或处境使受教育者有充足的理由感到自尊受到伤害。这里的"教育羞辱"是实然、经验意义上的而非应然、规范意义上的，属于教育制度的一种"负功能"。

1. 教育羞辱的基本形态

在现行学校生活中，制度性的教育羞辱普遍存在。约翰·霍尔特甚至激进地宣称，"学校是在恐惧和羞辱基础上进行运作的一种机构"②。学校生活中的教育羞辱存在着以下几种基本类型。

排斥性羞辱。把人排除出共同体或特定的群体，是羞辱的核心理念③。从羞辱者的角度来看，排斥意味着使别的人或事物远离自己。在教育当中，不断地营造一种"自己人"集团，把其他人排除出去，就是一种羞辱④。排斥性羞辱常常表现为设置一定的制度标准从而将一部分人排除在外，其隐含的依据是个体之间存在某种价值级差，其作用机制有分流、区隔、排除等。制度性的排斥构成了制度性羞辱的理由。这种排斥有时是显性的，如在农民工随迁子女接受义务教育政策上实际存在的户籍歧视，有时则是隐蔽的，如隐藏在"按照能力分班"这一貌似公平的原则之下的分流过程，其实质是将一部分学习风格不适应某种单一教学方式的学生排除了出去，把"正常的差异"通过制度方式转化为"不正常的差距"。排斥性羞辱不仅严重伤害了被排斥学生的尊严，而且使教育制度缺乏全纳、承认、包容等价值，潜在地影响了社会团结。

贬低式羞辱。贬低式羞辱意味着降低人的位置，以低于某人自我预期的方式对待他。学校教育常常伴随着人为的等级划分，在体制上把学生按照智力高低、分数高低分成三六九等，将一部分学生当作次等人、"二等公民"对待。教育中的蔑视、漠视、忽视或者无视都属于贬低式羞辱，表现为以低于学生自我期望的方式来对待他，或者对某些学生的冷漠、不投入与视而不见。学生都有被认可、被赞赏、赢得荣誉的需求，然而在现实的教育中，所谓的"后进生"

① 马加利特. 体面社会. 北京：中国社会科学出版社，2015：7；"The Decent Society"的中文译者将书名译为"体面社会"，本书中采用教育学界常用的徐贲的译法——"正派社会"。但为保持出处的准确性，在引用译作内容的注释中，仍采用"体面社会"的译法。参见：徐贲. 正派社会和不羞辱. 读书，2005（1）：150-156.
② 奥尔森. 学校会伤人. 上海：华东师范大学出版社，2014：194.
③ 马加利特. 体面社会. 北京：中国社会科学出版社，2015：80.
④ 金生鈜. 什么是正义而又正派的教育：我国教育改革的症结. 教育研究与实验，2006（3）：1-7.

经常成为被整体性漠视的存在。那些在学校里成绩处于中等的"普通的"孩子——这个处于中间的庞大群体"生活在钟形曲线的中间部位"，既不会表现出色，也不带来什么麻烦，但是他们也被忽视、不被关注①。实际上，一种不合理的教育制度，不仅以某种标准贬低部分学生，也会在有意和无意之中贬低全体学生，使学生将贬低内化为对自己潜能的低估，导致学生对自己缺乏自信。很多个体发现，学校这个地方教给他们的是在较低水平上评价他们自己，然后他们就认为自己就应该是那样的②。

支配性羞辱。故意使人对其根本利益完全丧失自由和控制，也是一种羞辱概念。这种羞辱是对人的积极自由——要求做自己的主人、自我做决定的意愿和能力——的极端外部干预和限制，从而使人失去基本自决能力③。笔者称之为支配性羞辱。支配是指对人或事物起引导和控制的作用，对于被支配者来说则是自主性或者基本自决能力的丧失。教育中的支配性羞辱典型地表现为学生被动的学习状态。在当下的教育中，"受逼"几乎是学生的一种普遍的生存状态或者学生生存状态的一种普遍特征④。学生被当作社会、家庭甚至个人的工具，他们付出的努力是被动的，他们学习常常是被迫的。学生的学习体验被剥夺了精神层面的意义和选择，他们体验不到学习的内在乐趣，沦为"学习机器""考试机器"。大部分学生遭受的支配性羞辱，也表现在其基本上没有表达和被倾听的机会。在学校生活中，学生除了上课之外，都被排除在学校的活动之外，学校只是他们学习的地点而不是生活的中心，他们与学校的关系是表面的而非内在的，他们在学校中处于边缘化的地位，而教师、领导处于中心地位。

污名化羞辱。污名的英文"stigma"本身就有羞辱、耻辱的含义，但污名化羞辱并非同义反复，它提示了一类特殊的针对个体身份认同和"异常特点"的羞辱行为。欧文·戈夫曼将"污名"定义为个体的一种不被信任、不受欢迎或不名誉的特征，这种特征降低了个体在社会中的地位，使他从一个完美的、有用的个体变成了一个有污点和丧失了部分价值的人⑤。污名化羞辱通过给人强加上贬低性、侮辱性的"不名誉标签"而导致他人对其负面特征形成刻板印象，把完整意义上的人降低为不完整意义上的人。教育生活中的污名化羞辱存在两个维度：一个维度是人际关系和个体体验层面，另一个维度是社会结构、制度与权力再生产的层面。在戈夫曼看来，污名是社会建构的越轨标签。不名

---

① 奥尔森. 学校会伤人. 上海：华东师范大学出版社，2014：16.
② 同①159.
③ 马加利特. 体面社会. 北京：中国社会科学出版社，2015：111.
④ 吴康宁. 谁是"迫害者"：儿童"受逼"学习的成因追询. 教育研究与实验，2002（4）：1-5.
⑤ 戈夫曼. 污名：受损身份管理札记. 北京：商务印书馆，2009：1-10.

誉的特征是由社会规则和公共秩序生产出来的，把人转变为非人的并不是不名誉的特征，而是社会规则和公共秩序①。社会结构导致的污名具有难以消除的强制性。一个人因其父母或出身而感到耻辱并且这种耻辱由社会政策和组织行为所造成，那么这个社会就不是一个正派社会②。教育制度使一个人因为其合法的身份认同特质或者个性特征而蒙受耻辱是一种典型的污名化羞辱。这种羞辱往往伴随着对某种身份特质、某个特殊群体或个体的污名化。

2. 教育羞辱的危害

教育制度面向全体成员，涉及教育生活的各个环节。现行的教育话语使受教育者没有一个能够深入理解自己经验的框架，导致受教育者对自己在学校生活中受到的制度性精神伤害形成错误的自我否定归因。鉴于教育制度性羞辱的系统性与无意识性，我们必须对其危害进行客观分析和全面审视。

第一，自我厌憎与"习得性无助"。教育制度通过无可比拟的方式，决定着我们如何看待自己。一位受访者在多年以后回忆学校教育时仍然感到痛苦和愤懑："教育体系专注于根据所谓'先天能力'组织和区分学生。如果你得到高等级，测验成绩好，在学校里表现全面，你就是聪明的，但是如果你表现不好，你就不聪明。这极大地伤害了我的自尊与自我概念。这种社会构造分类一次又一次地刺穿我的自尊盔甲，最后达到了自尊的冰点，甚至导致自我厌憎。"③ 教育中的排斥性羞辱通过分流、淘汰等方式，让"出局者"或者"边缘人"在较低的水平上评价自己，对自己的能力和价值丧失信心；贬低式羞辱通过矮化、蔑视、漠视、冷落等方式，伤害学生的自信心，使学生形成自卑人格。正因为学校教育的强大作用，被排斥和贬低的学生的自我认同里被深深地刻下了低水平表现的印记，并且牢牢地附在身上。学生没有一个能够深入理解自己经验的框架，最终就会为自己在学校里的低水平表现而责怪自己：这是自己的错，个人的失败是自己的不足造成的。

长期生活在教育羞辱环境中的个体，将形成一种"习得性无助"。"习得性无助"产生于一个人错误的归因方式，然而"习得性无助"却是由教育羞辱所引发和强化的。一些学生在学习上无论怎么努力，仍然常常失败，教育羞辱促使他们对此做出了不正确的归因，使他们认为自己天生愚笨，不是学习的材料，因而主动地放弃了努力。还有一些学生同样努力过，也曾经取得过自认为可以的成绩，但是往往不如他人，因而很少得到老师的表扬，长期被冷落和忽视，

---

① 郭金华. 污名研究：概念、理论和模型的演进. 学海，2015（2）：99-109.

② 马加利特. 体面社会. 北京：中国社会科学出版社，2015：102-103.

③ 奥尔森. 学校会伤人. 上海：华东师范大学出版社，2014：15.

便逐渐丧失了自尊心。由此形成了"习得性无助"的学生群体。无助感与失尊感均是习得的，不是天生的，是经过无数次的重复、打击以后逐渐形成的一种消极心理现象。"习得性无助"由教师的忽视及不恰当的评价方式所引发，并经被加上贬低的标签而得到强化。"习得性无助"产生的绝望、抑郁、意志消沉等心理偏差，正是许多心理和行为问题产生的根源。

第二，个性泯灭与"标签内化"。教育羞辱的后果还表现为个性的泯灭。人性不是抽象的概念，对于每一个个体而言，都包含人的自然性、社会性和精神性，这些人性的不同层面又在不同个体身上呈现为个性化。因而，尊重个性差异是人性化的体现，抹杀个性差异的教育就是非人性化的教育。教育中的污名化羞辱通过持有偏见、歧视、贴标签等方式，让学生不敢与众不同；排斥性羞辱对所有学生采用单一的标准，因而不欢迎多样性和差异的存在。在这样的环境里一个特别的人就会受到羞辱，个性只有与普遍性一致时才能得到容忍，学生会由于自身与别人或群体的差异而被激发和产生不被承认的羞辱感。通过教育羞辱的一次次"打磨"，受教育者的个性逐渐被抹平，成为没有差异的标准化"产品"。

教育羞辱导致个体疏离了自己，而教育制度赋予个体的标签、评价，最终会内化为个体自我认知和评价的重要内容，伴随个体的漫长人生。"学生相信自己'不聪明'，不具备某些特质从而不能在学校里取得成功，而且在生活中也不具备。认为自己的想法是没有价值的或者无效的，自己无论如何努力，最后的结果都是低于标准的，自己是'有缺陷'的人。为自己和自己的成果感到羞耻，学习上不快乐、缺乏勇气，学生降低了对自己的期待，于是更少约束自我，并且在面对障碍的时候也难以坚持。"① 这些后果是根据学生成年之后的回忆录整理得到的，由此看来，教育羞辱给学生带来的伤害是终身的。要治愈这些伤害，需要受教育者个体首先认识到这些创伤的来源以及前因后果。对标签个体化过程的外部觉知——为什么这个标签最初是负面的——是有关一个人思维过程的深刻反省②。然而这些创伤中的大多数需要花费终生的时间去修复。

第三，丧失自主与过度服从。人的发展中，最重要的发展表现为一种自我发展内在动因的"发展"③。自主性、自决能力、自我发展，构成了人之为人的本质，也是人性中与自由相连的最根本的价值。好的教育应该使个体形成自我发展的自主性和进取心。教育培养人的自主性，也就是发展促进人之自我发展

---

① 奥尔森. 学校会伤人. 上海：华东师范大学出版社，2014：36.
② 同①203.
③ 鲁洁. 实然与应然两重性：教育学的一种人性假设. 华东师范大学学报（教育科学版），1998（4）.

的动力。如果减少或限制某人自我发展的机会，例如，等级化的精英主义教育体制阻碍与限制着处于发展劣势和处于劣势社会地位的人的自我发展，这就构成了对人的尊严的否定①。教育中的支配性羞辱通过控制、压迫、规训、惩罚等方式，训练学生不加理解地无条件服从，学生对自己生活于其中的教育制度和规则没有决定权和参与权，其内在呼声和精神需求也没有表达的机会和渠道，无论学生在学校教育生活中是否感到成功或者愉快，他都只能适应和顺从这样的环境，而没有反对或者改变的能力。教育中的支配性羞辱使学生生活在一种压迫性的结构和支配性的关系之中，压迫导致恐惧、麻木，支配导致顺从、驯服，其后果是学生自我发展的动力受到了制度性约束和压制。

支配性关系的形成源于一种假设，即学生心智还不成熟，无力承担自我发展的能力和责任，所以应该由学校为学生安排好一切，学生只需要服从和执行。教育承担着促进个体社会化的责任，因而教育对个体的制度化期待是个体服从规则，然而这种服从绝不应该是无条件的盲从，尤其不应该是通过一系列规训、惩罚手段所实现的服从。过度服从不仅是创造力和高水平思维的敌人，而且使我们在政治上变得软弱，在人际关系上变得令人厌烦②。支配性羞辱造就的是依赖性强、盲目服从、无法独立思考的病态人格。这一方面使个体容易受到客观环境的支配，盲目顺从他人的意志，在不知不觉中丧失自决能力，正如斯科特所言：服从在很多情况下是因为没有觉察到还有其他的行为形式，遵从常规做法是因为它们被理所当然地当作"我们做事情的方式"③。另一方面，丧失自我发展的内在动力，缺乏自我立法、自我控制的自律能力，个体将成为情绪的奴隶。

第四，权威人格与逆反心理。羞辱的一个常见用法是使一个人的社会精神气馁④。这意味个体感觉到被社会排斥、抛弃、歧视，或者个体因其道德上合法的身份认同被扭曲而蒙受耻辱。制造羞辱的教育制度不能生产出社会真正需要的心灵与思想，与此相反，这个体系会降低学习者的能力并使他们对自己感到厌烦。教育羞辱使个体将等级观念与对自我的低水平评估内化为自身思维，降低了个体的自我期待，同时也使个体形成了强依赖性与过度顺从的人格，在无形中造就了"权威人格"。"权威人格"在对待比自己优越和比自己低下的人时表现最为突出——面对地位较高、有权威的人时阿谀奉承、贬低自己；而面

---

① 金生鈜. 教育与人的尊严. 西北师大学报（社会科学版），2000（1）：1-8.
② 奥尔森. 学校会伤人. 上海：华东师范大学出版社，2014：50-51.
③ SCOTT W R. Institutions and Organizations. 2nd Ed. London：Sage Publications，2001.
④ 马加利特. 体面社会. 北京：中国社会科学出版社，2015.

对弱势群体则提升自己的地位，表现得趾高气扬①。

　　教育羞辱并不总是导致无条件顺从，有时也会导致一种逆反心理，表现在个体对制度失去信任感。在学校生活中，既存在着师生之间、同学之间的人际信任，也存在着学生对学校制度、规则的"制度信任"。教育羞辱强行将学生划分等级，贬低、排斥、歧视后进生，并导致学生之间的过度竞争；教育制度通过大规模的规训、惩罚、监视、检查来实现对学生的压迫和支配；教育制度对一部分学生进行污名化羞辱，导致其身份认同出现扭曲……所有这些，将导致学校中人际信任和制度信任的破坏，造就越来越多"反学校文化"的习得者，使教育中的"制度信任"变得尤为脆弱。学校教育制度只是社会制度的一部分，对教育制度缺乏信任的学生，又怎么能建立对社会的"制度信任"？教育羞辱还会酝酿愤怒和戾气。"在学校里经历了羞辱，这种痛苦和焦灼的记忆产生了广泛的焦虑感，受教育者会把自己封闭起来；由于过去在学校受到不公平待遇、不被'注意'的经验，受教育者会对老师和权威人物有一种长期的、习惯性的愤怒。"② 如果人长期处于一种不被尊重的境遇，心理就容易发生异化。轻者会对自身造成伤害，重者就极可能出现仇视社会的心理，其个体心理问题会演变为暴戾人格，给公共生活造成更大的伤害。

　　羞辱是与人之为人联系在一起的。羞辱不断从反面提醒我们，人不是动物，人与动物的不同在于人即使在最极端的处境下也有无法完全泯灭的人性③。教育羞辱通过排斥、贬低、支配、污名等方式伤害学生的自尊，造成学生出现心理创伤和情感伤害，是对学生精神健全发展的损害，也是对完整人性的伤害，因此，一定要对其予以治理，使其被消除。

（二）不羞辱：正派教育的首要原则

　　马加利特认为，在一个社会中，如果其组织的运作方式不会使其公民有充分理由认为他们被羞辱，这个社会就是正派社会。在马加利特看来，正派社会的第一原则不是"做什么"，而是"不做什么"，不是不做"哪一些事"，而是不做"哪一种事"。不让制度羞辱社会中的任何一个人，这是正派社会的第一原则④。教育机构是一种独特的社会组织，教育制度是社会制度的重要组成部分，因而正派的教育制度也必然是不羞辱教育生活中所有成员的制度。正派教育的内涵可以立足"不做什么"进行界定，正派教育的首要原则是"不羞辱"受教

---

① 阿道诺，等．权力主义人格．杭州：浙江教育出版社，2002.
② 奥尔森．学校会伤人．上海：华东师范大学出版社，2014：29.
③ 徐贲．通往尊严的公共生活：全球正义和公民认同．北京：新星出版社，2009：281.
④ 同③277.

育者。

1. 不羞辱的优先性

制度是人的现实存在方式，制度的善恶直接影响着人的生活。从人的生活出发来衡量制度，制度不仅应关注物质、资源、权利、义务的分配，还应关注人的精神和情感。教育制度的实践运作必然体现在日常教育生活中，因而关注日常教育生活中的羞辱问题，对于改造教育生活、改进教育制度具有极为重要的"社会规范"意义。一方面，教育羞辱是一种对个体的精神伤害。"人类所有其他福祉都依赖于其精神福祉。"[①] 不同于教育中的分配不公造成的物质匮乏与权利剥夺，教育羞辱带来的心理创伤与精神伤害，尤其是对处于人格和自尊发展中的学生来说，造成的后果是深刻且持久的。另一方面，教育羞辱作为一种制度性羞辱，从制度伦理的角度来评判，显然属于一种制度的"恶"。与个体行为的恶相比起来，制度的"恶"具有让人们不易识别甚至能让人们心甘情愿地为其辩护的力量，因而也具有更大的伤害性。对于教育的制度性羞辱，教育中的成员只能被动接受和"习惯性"地服从，且常常意识不到其存在。因此，真正消除这种"制度性伤害"，不能仅仅强调提高教师个体的教育方式、师德水准，还必须着眼于制度本身的改善，尤其是制度价值层面的改善，即制度伦理的改善和变革。

荣誉和羞辱都是在日常教育生活中占据着核心位置的道德体验或生活经验，而学生都希望得到赏识、尊重，而不愿被羞辱、排斥。相较而言，基于以下三个方面的理由，笔者认为，要实现教育制度的伦理变革，消灭羞辱应该优先于表示尊敬（给予荣誉）。

其一，道德的理由。马加利特秉持一种处在抑恶与扬善之间的极不对称的道德信念，认为消除令人痛苦的恶远比创造令人愉快的善更为紧迫[②]。羞辱是令人痛苦的邪恶，而尊重则当属善。因此，不羞辱作为对恶的制止，应该优先于表示尊敬。然而，该理由的基础信念——抑恶与扬善究竟何者优先——并非是一个不辩自明的问题。在教育伦理与道德教育的研究中，这一问题恰恰充满了争论。

有关"抑恶"与"扬善"何者优先或何者更重要的讨论，在道德教育研究中存在多种观点。有学者把"抑恶"与"扬善"当作德育方式，针对现实德育过程中教师"抑恶"方式用得太多而"扬善"方式用得太少的问题，提出"首先要扬善，其次还是要扬善，只有当学生严重违纪而又屡教不改时，才能配合

---

① 密尔. 论自由. 南京：译林出版社，2010：56.

② 马加利特. 体面社会. 北京：中国社会科学出版社，2015.

扬善适当地采用抑恶的方式"①。也有学者在批判传统性善论的主导地位造成的消极影响的基础上，基于人性善恶之双重性的考虑，提出道德教育需要扬善，更需要抑恶，要通过纪律和规范，给学生的成长以引导②。还有学者根据积极心理学对积极和消极关系的看法，提出道德教育首先和主要是一个发扬积极品质的"扬善"过程，而不是消除消极品质的"抑恶"过程的积极道德教育③。综观之，道德教育中还是多强调"扬善"优先于"抑恶"的，或者至少两者相当。

但是，对道德教育的分析并不完全适用于对制度伦理的分析。现代性伦理是在对传统伦理世界中"善的缺失"的感受中逐步确立的，预设的至善理想——"伦理世界"，被扭变为"恶的世界"或"坏世界"，这种伦理"世界观"的转变，标志着"求善"伦理学向"抑恶"伦理学的转变——"抑恶"优先于"扬善"，或者说"抑恶"即"扬善"。"抑恶"成为现代伦理学的首要目标④。在现代社会"有恶"世界预设的基础上，道德治理的内在价值逻辑也从"扬善"优先论转向"抑恶"优先论，也就是说道德治理的价值取向是"抑恶"优先于"扬善"⑤。我们目前的社会道德建设对如何"抑恶"似乎不甚关注，办法也不多。"扬善"的重要性固然不容低估，但"抑恶"却是奠定社会正常运作与和谐稳定的基础⑥。总体而言，制度伦理视角普遍强调抑恶的优先性，随着现代性的深入，"抑恶"的重要性更加凸显。现代制度应当把"抑恶"作为首要目标，使"抑恶"优先于"扬善"。

可见，从制度伦理的视角来看，道德教育强调培育人性善的自决，以"应该如何"引导人的好行为，而底线伦理教育则以"不得如何"禁止人的坏行为⑦。显然，底线伦理教育侧重于对"抑恶"的强调，体现了道德教育的人性观点的转变。但仅仅提升个体的道德修养，难以抵御或者消除现实的教育制度之"恶"。教育的制度性羞辱是一种制度之恶，通过排斥、贬低、支配、污名等方式伤害学生的自尊，造成学生的心理创伤和情感伤害，是对学生精神健全发

---

① 行高民. 德育方式的选择：抑恶抑或扬善. 教育理论与实践，1996（6）：46-47.

② 宋晔，郭强. 性善论的局限及其对道德教育的启示：对中国传统性善论的反思. 中小学德育，2015（2）：40-43.

③ 周围. 扬善与抑恶：积极心理学对当今中国道德教育的启示. 江西教育科研，2007（12）：73-75.

④ 王强. "抑恶"的伦理：现代伦理学的挑战与逻辑转变. 南昌大学学报（人文社会科学版），2015（6）.

⑤ 赵波. 道德治理何以可能：从一种学术理念到现实政策的选择. 云南行政学院学报，2015（5）：102-105.

⑥ 吴新文. 拓宽道德建设的内涵. 学习月刊，2007（11）：41.

⑦ 冯建军. 承认正义：正派社会教育制度的价值基础. 南京社会科学，2015（11）：132-138.

展的损害，也是对完整人性的伤害。在现代背景下，消除羞辱优先于表示尊重，就是在强调消解制度之恶的优先性。

其二，认识论的理由。消除羞辱优先于表示尊重的认识论理由建立在一种观念上，即"侵害"状态比"防卫"状态更易于识别，因为前者可以根据侵害者和被侵害者之间的鲜明对立来识别，而后者即使在没有可识别的侵害者的情况下仍然存在。荣誉和健康都属于与防卫有关的概念，我们捍卫荣誉，保护健康。疾病和羞辱则属于受侵害的概念[①]。我们在受侵害时往往产生有别于常态的敏感意识，因此识别羞辱行为比识别尊重行为容易得多，这好比生病总比健康容易识别，而且人往往在生病时才意识到健康的宝贵。此外，人们对什么是健康、什么是尊重、什么是荣誉，有时候并没有共识，但是人们对羞辱、疾病却容易形成一致意见。正如阿马蒂亚·森所说："我们无法就何为完美正义社会的本质达成一致意见，但是很可能我们将会对许多不正义的和应当被消除的制度安排、结果以及社会状态达成一致意见，乃至合理的一致意见。"[②] 同理，教育生活中的恶虽然不一定容易对付，却通常很容易识别。

其三，实践规范的理由。羞辱是一种负面道德体验或者负面社会经验，而"制度不羞辱人"，这是一种从反面来表述的社会道德义务。美国普林斯顿大学哲学教授艾伦指出，这种反面表述的好处是"把规范的理论建立在日常生活概念之上"。这是一种非常务实的社会批判，"它既描绘出了一个规范框架，又为社会和政治批判性提供了概念工具"[③]。日常生活中的不正义状况和负面道德体验，尤其是那些由制度导致的不正义和负面经验，表明了我们的社会还存在着有待改善的制度之"恶"。基于日常生活中的羞辱和精神伤害体验，人们会对社会规范和现实制度提出批判和改进的要求。关注人的"负面道德体验"和负面社会经验（受伤害、遭羞辱和被排斥等），对于改变现实具有极为重要的"社会规范"意义。因此，比起尊重人，不羞辱人更易于被当作实践规范，并由此向教育制度提出变革要求。要求制度不羞辱某人显然比要求制度尊重某人更容易做到，因为前者是要求教育制度不伤害人的自尊，是一种消极的要求，而后者则更进一步，要求教育制度做出积极的变革。

羞辱对人性发展和社会道德秩序具有严重的破坏作用，如果一个社会长期运行着羞辱人的制度，就会失去对人性价值的把持，导致社会整体羞辱感出现

---

① 马加利特. 体面社会. 北京：中国社会科学出版社，2015：4.

② MAHAJAN-BANSAL N, MISRA U. There is No Such Thing as Perfect Justice. Forbes India Magazine，2009-08-28.

③ ALLEN J. Decency and the Struggle for Recognition. Social Theory and Practice，1998，24（3）：449.

麻木，其结果只会是世界的恶化，无法实现进步，进而会有更多的不尊重人的行为出现，尊重就更无从谈起了。对于教育制度来说，由于学校生活在个体的生活中是一个长期的、很有影响力的存在，且它的中心作用在于发展学生的能力，所以在决定个体认为自己是谁的问题上，它具有非同寻常的作用。然而学校教育的方式往往是贬低的、不尊重的，这种方式低估了学生作为学习者的基本人性，导致学生降低了自我期待。可以说，教育的制度性羞辱如果不能消除，就不可能培育学生真正的自尊和正确的自我期待。

2. 不羞辱：教育制度的伦理底线

基于上述优先性，正派教育就是一种不羞辱学生的教育，它表现为一系列否定性的规范。正派教育不排斥学生。它不会在学生之间设定种种价值级差，架构一种学习的层次结构，只偏袒、偏爱一部分学生而冷落、排斥另一部分学生。正派教育也不应该频繁、过密地对学生进行分层、分等、分流，让学生过早卷入过度的竞争。正派教育不被允许贬低学生。它不会把学生分成三六九等，把一部分学生当成次等人、"二等公民"。正派教育不应该轻视学生的潜力，贬低学生的自我预期和对未来的期待。正派教育不会蔑视、漠视、忽视或者无视任何一个学生，不会压制孩子的上进心。正派教育不会支配学生，不会去剥夺学生选择的自主和行动的自由，使学生失去基本的自决能力。正派教育不会压迫学生，使学生失去自主性和自我发展的内在动力。正派教育不会任意使用所谓的"权力"或"权利"，堵塞学生表达心声和精神需求的渠道。正派教育不是"训练""灌输""规训"，不会"逼迫"学生从事消极、被动的学习，剥夺其精神层面的意义、愉悦、兴趣和选择。正派教育不会对学生进行污名化羞辱，它不会随意给学生贴上标签，尤其是不允许出现带有负面特征的"不名誉标签"。正派教育不允许歧视学生。正派教育不会使学生为其合法的社会身份或从属蒙受耻辱，导致学生建立错误的、扭曲的自我认同。正派教育不会把差异当成另类，让学生不敢与众不同，成为没有个性的"标准件"。

以"不羞辱"来界定的正派教育制度，是划出了一种底线伦理。底线伦理是与终极价值（或高蹈道德）相对应的概念。人们不会因履行底线伦理而受到赞扬，但如果违反它却会受到谴责和惩罚；人们会因高尚德行而受到尊敬，但不履行它则至多使人感到惋惜，而不会受到谴责。用"不羞辱"这个反面表述的道德义务来规范正派教育，不是说教育不能或不应当通过制度给人以尊严，而是由于羞辱是一种严重的心理伤害，有尊严的首要条件就是不遭受这种伤害。底线伦理并不意味着一个低要求，正派教育制度的理想虽然低调，但要求并不低，因为在我们的教育生活中羞辱广泛存在。既然制度性羞辱渗透在教育生活的各个方面，要做到"不羞辱"，它本身就已经是一个很高的要求了。

如前所述，"不羞辱"作为底线伦理，虽然只是一种基础性的伦理，却具有逻辑上的优先性和要求上的普遍性。从制度伦理的角度来讲，底线伦理体现为最基本的行为规范和道德义务要求。但这些要求无论是肯定性要求，还是否定性要求，都意味着"必须"如此，都不允许违背，以示约束功能及其对恶行的抵制。教育制度的底线伦理，常常通过否定式语言或者反面表述，具有规范"不做什么"的消极道德的特征，明确了在教育活动中哪些行为是教育者不允许采用或禁止呈现的。"不羞辱"并非正派教育制度底线要求的全部，而是其中的底线之一，它通过划出禁止的行为范围，对教育制度提出普遍的义务要求。作为一种普遍主义的义务论，制度的底线伦理具有强制性和基础性。它明确了某些基本的不应逾越的界限或约束。由于具有这种基本性，它的确还有一种"最后的""不可再退"的临界点的含义，因此它在道德要求的次序上反而应该是"最先的""第一位的"。这也说明，不羞辱作为正派教育制度的底线伦理，优先于表示尊敬的正面要求。

（三）不羞辱的局限及其超越

以不羞辱为教育制度的底线伦理，有其积极的价值和实践意义上的必要性，但如果仅仅停留于此，则会走向唯底线伦理的立场而忽视更高的价值追求。尽管从多重意义上来说，不羞辱优先于表示尊重，但这并不意味着我们能够或者应该放弃对有尊严的教育制度的正面追求。

其一，底线伦理是针对现代社会道德秩序的失范和失效而提出的，但现代社会的道德失范，仅仅是规范、规则的失范，难道不存在精神的内在危机和灵魂无处安顿的情形吗？秩序、规则失范仅是结果，其内在原因则在于人们失去了对精神世界、价值信仰、内在美德的观照与追求，以及由此产生的一系列的精神危机、认同困惑、生活理想贫乏、心理紧张、价值迷失等问题[1]。这些问题的消解，仅凭底线伦理显然是不够的，人生理想和价值信念的重建不可或缺。只有这样，当代道德文明和当代人的道德生活才是合理的、完善的。我国当代的道德状况也表明，仅有社会道德规范的创设、社会秩序的整合，而没有人的道德素质和美德境界的提高也是无济于事的。一个社会的制度应该惩罚、管束那些违背底线伦理的人，也应当褒奖趋向德性、追求高尚的人。"正确的制度"是"有力量"的，能引导人们学习过好的生活的制度。

其二，个体如何行动，关键要看社会的现实逻辑在鼓励什么样的行动，而

---

[1] 肖群忠. 规范与美德的结合：现代伦理的合理选择. 西北师大学报（社会科学版），1999（5）：39-44.

社会的现实逻辑到底是什么，归根结底要回到社会的价值追求和理想制度上来。我们必须了解制度"反对"什么（负激励）和"支持"什么（积极的动机）之间的关键区别，对于一个国家和社会而言，长远来看后者显得更重要①。如果仅仅停留于底线伦理而止步不前，将会阻碍我们提高谋划生活和长期思考的能力。很多人因为正义、尊严等价值本身没有得到充分实现，或因为实践中的诸多难题而拒斥价值理想的追求并"退守"底线伦理。问题在于，如果没有内含正义、尊严的价值构想，很多具体的羞辱行为，甚至都无法受到道义上的谴责。只有确立了"正义"理念及其背景性的制度安排后，底线伦理与克服不正义才有了自己的价值方向。因此，底线伦理并不能代替与遮蔽价值构想。"有尊严的教育制度"的设计与价值构想，是指引和评判教育行动的价值方向和尺度。如果"正义""尊严"本身失却规定，"不羞辱"这一相对正义的进路，就可能失却灵魂与方向。

其三，教育跟其他社会实践的重要差别就在于教育是一种价值引导活动，一种引导人向"善"的活动。教育制度伦理的意义不仅仅在于对恶的抵制，更在于对善的引领。它通过自身的规范功能将代表教育制度价值的善的观念渗入每个人的意识，并使之成为一种习惯性的行为②。教育制度伦理如果仅停留在底线伦理水平，而放弃其扶持生活理想、塑造美德、引领价值的功能，那么它仅能保证人性不受伤害却无法提升人性，它就是在放弃教育引导完整人性发展的使命。因此，为了使教育能够真正引导完整人性的发展，教育必须超越底线伦理，走向对"有尊严的教育"的价值理想和制度德性的积极追求。

三、人的尊严：教育承认正义的追求③

尊严是教育研究中常见的概念。在许多教育研究论著中，我们可以看到"捍卫尊严""追求尊严""承认尊严"的主张，或者将尊严作为论证权利、自由、启蒙、承认、幸福、包容、正义等概念的基础性概念，但对"尊严"本身教育意义的论证则较为少见。在现有的教育哲学和教育基本理论研究的著作中，"教育与尊严"作为专题一直是"尚付阙如"的。正如玛莎·纳斯鲍姆所说，"如果尊严被处理为一种直觉式的不证自明的坚实基础，而理论就建立在这一基

---

① 周濂.正义的可能.北京：中国文史出版社，2015：141.

② 吕寿伟.伦理学与教育//冯建军.中国教育哲学研究：回顾与展望.北京：北京师范大学出版社，2015：303.

③ 本节与胡友志合作，胡友志为第一作者.

础之上，这将是理论家的错误"①。从世界教育的潮流来看，尊严也正在成为新时期教育的核心价值。2015 年的"世界教育论坛"提出，2030 年的教育愿景是"实现人人享有尊严生活"②。2015 年，联合国教科文组织发布了《反思教育：向"全球共同利益"的理念转变？》的报告，重申人文主义教育观，强调教育在培养人们过上有意义和有尊严的生活的能力方面，具有不可替代的作用③。因此，"教育何以能够关涉人的尊严"，就成为一个时代需要回答的基础性理论问题。

（一）尊严何以成为教育的价值规定

何谓人的尊严？这是我们讨论"教育与人的尊严"的前提性问题。按照通常的理解，尊严是一种主观意识，属于精神范畴。查尔斯·泰勒把尊严界定为"依据它，我们认为自己应要求得到我们周围那些人的尊重"④。我们的"尊严"就是我们要求（基于个人的态度和情感）自己得到尊重的感觉。这是一种突出权利导向和主观导向的定义。这个定义存在两个问题：其一，尊严不仅是一种要求别人尊重"我"的权利，"我"也有义务通过努力获得别人的尊重。一个人如果不尊重自己，或者做出不值得尊重的行为，也会失去别人的尊重。其二，尊严不仅是一种主观意识和精神需要，也是一种作为人存在的客观状态，包括实存的人格状态和生活状态。尊严，即人有尊严地存在，有尊严地生活。简而言之，尊严即"成为一个人，过人的生活并被尊重"⑤。因此，尊严既包含要求社会制度和他人尊重的基本权利，也包含通过努力获得别人尊重的义务。尊严是人的存在和人格的标识，而教育使人成"人"，这就为教育关涉人的尊严提供了基本的依据。

1. 尊严是个体成长的奠基性价值

人的尊严意味着一种对尊重的寻求，既包括寻求他人的尊重，也包括寻求自我的尊重，它激发了个体自我完善的动力。马克斯·舍勒将尊严理解为"对尊重的本能要求"，且这种要求无须通过所作所为形成特定的理由，因为尊严是人作为人而具有的一种独立且自足的价值，"人们追求尊敬，而不是自己的尊

① 纳斯鲍姆.寻求有尊严的生活：正义的能力理论.北京：中国人民大学出版社，2016：21.
② 俞可.2030 教育愿景：实现人人享有尊严生活.世界教育信息，2015（20）：21－26.
③ 联合国教科文组织.反思教育：向"全球共同利益"的理念转变？.北京：教育科学出版社，2017：37.
④ 泰勒.自我的根源：现代认同的形成.南京：译林出版社，2008：18.
⑤ 高兆明.论尊严：基于权利维度.桂海论丛，2016（3）：32－40.

严，人们只是保护自己的尊严"①。尊严不同于尊严感，尊严是人的一种客观的自然价值，而尊严感是人对自身尊严和价值受到他人认可的体验和感受。一个对自我价值获得他人承认有着清晰体验的人，首先会将自己看作一个道德层面上的人，也就是在自己的心目中确立起道德自我的概念，道德自我使个体产生一种自尊感、价值感、意义感、自信感以及同他人在人格尊严上的平等感。这种尊严感会不断敦促和激励个人追求德性、个性和理性的发展和完善。因此，尊严对于个人的人格发展和精神成长的作用是基础性的。

教育的本质属性在于引导完备人性的建构与发展②。人性中的精神因素可概括为"人的主体性"。人性发展的精神维度是主体性发展的根本目标③。只有当一个人不断地实现精神发展和提升时，他才有可能更像一个人，才有可能在自主活动中更全面地占有自己的本质。在此意义上，教育最重要的价值就在于引导个体精神的健全发展。对于受教育者而言，尊严是其人格发展和精神成长的基础，对于他们实现自己的人格理想和社会价值，获得自信与精神力量，具有重要的教育意义。对儿童而言，人格尊严能够通过一种自我价值感和尊严感，通过一种自尊和自信，为儿童从事各种学习、交往和活动提供良好的动力，促进儿童的自我教化，促使儿童追求卓越④。儿童的人格尊严感在其早期就已经获得明显的发展，他们有一种强烈的获得他人承认和尊重的需求，这在儿童的日常生活中通常表现为好胜、进取、不甘落后、希望获得成人的认可和赞扬等。这种对于尊重的期望成为儿童自我教育的动力之源。儿童的尊严因其基础性价值和动力性作用，在儿童精神健全发展的进程中具有一种奠基性的价值。尊严受到伤害，儿童便可能无法获得自信和自我认同，从而对精神的健全发展造成不良影响。

尊严在个体精神健全发展中的奠基性价值表明，我们应当把尊重尊严确立为教育的价值理想和规范要求。不仅如此，对儿童尊严的尊重还应成为教育的目的性价值。一种旨在努力帮助儿童实现自我的教育，就会自觉地将儿童当作教育的主体，自觉地尊重儿童的尊严，自觉地平等对待和关怀每一名儿童。儿童的平等尊严，不同于教育制度根据某种外在标准分配给儿童的"尊重"。现实的教育生活，常常将学业成绩与对儿童的"尊重"联系在一起，那些学业成绩较好的儿童往往更容易得到学校和教师的尊重和关爱，而学业水平较逊色的儿

---

① 舍勒. 舍勒选集：上. 上海：上海三联书店，1999：626 - 627.
② 鲁洁. 实然与应然两重性：教育学的一种人性假设. 华东师范大学学报（教育科学版），1998 (4)：1 - 8.
③ 王坤庆. 人性、主体性与主体教育. 华中师范大学学报（哲学社会科学版），1997 (4)：114 - 118.
④ 王本余. 教育哲学视野中的儿童尊严. 全球教育展望，2007 (2)：9 - 13.

童常常被冷漠对待甚至遭到嘲讽。以某种外在价值为目的性价值，必然会导致人们根据手段对于目的的"有用性"和"贡献"来"安排"儿童的人格尊严，使儿童在尊严上产生分殊和级差，从而使教育在尊重和关怀一部分儿童的同时，歧视和侮辱另一部分儿童①。这种做法是将儿童的人格尊严当作工具和手段，视为条件性的价值。

尊严与许多只有被赋予价值后才有价值的事物不同。若要赋予事物价值，价值的赋予者本身须具有某种价值。人的尊严赋予人价值，因而它是人的各种价值追求的根基。康德认为："目的王国的一切，或者有价值，或者有尊严。一切有价值的东西能被其他东西所代替，这是等价。与此相反，超越于一切价值之上，没有等价物可代替，才是尊严。"②教育是成"人"的活动，要使人成"人"，首先要把人当作人来对待，要尊重人的尊严。教育的价值取向应当指向人的健全成长。如果把人的尊严当作可以随意替换的价值，也就从根本上否定了受教育者价值追求的根基。教育必须把实现学生的尊严确立为教育的目的性价值追求，而非条件性价值。

人的尊严源于人能够从道德和智慧层面选择自己的生活方式和生活行动，并承受选择的后果与责任。也许有人担心，对儿童而言，现实教育生活中幼小的儿童有道德自律的能力和选择发展的自由吗？然而，尽管儿童在年龄、知识、能力和心智上还不成熟，他们的选择可能是有局限的，甚至有时是错的，但是他们的尊严来自其作为人的权利。尊严是所有人平等享有、与生俱来的基本权利。而且，儿童的尊严恰恰来自其丰富的发展可能性，这些可能性只能在自我创造和建构中实现。尊重这种自我创造与建构所包含的丰富的可能性，就是维护儿童的尊严，从而保障其发展可能性的实现③。教育尊重儿童的尊严和权利，就能够发挥儿童丰富的潜能，促进儿童人格、智慧和德性发展，把发展的可能性转化为个性化的现实。

2. 尊严是社会公共生活的首要价值

尊严不仅是主体的感受，也是生活主体的实存状态，人们总是在生活中感受到做人的尊严。尊严也是在社会生活中事实上居于支配地位的价值精神④。好的社会需要社会正义和人的尊严，不仅需要个人的尊严，也需要每个公民在公共生活中的尊严⑤。每个人都希望得到别人的尊重，但如果人人只尊重自己

---

① 王本余. 教育哲学视野中的儿童尊严. 全球教育展望，2007（2）：9-13.

② 康德. 道德形而上学原理. 上海：上海人民出版社，2005：5.

③ 金生鈜. 教育与人的尊严. 西北师大学报（社会科学版），2000（1）：64-67.

④ 高兆明. 有尊严地生活：美德与生活世界. 道德与文明，2013（6）：112-117.

⑤ 徐贲. 通往尊严的公共生活. 北京：中央编译出版社，2016：前言1.

而不尊重别人，就会出现没有人被人尊重的"全输"格局。不尊重人不仅会伤害个体本身，伤害个体的人际关系和道德基础，也会伤及社会的团结和稳定。只有每个人都尊重其他人，才能保证任何一个人都能得到尊重。"在公共讲坛上，每个人都由于一种至上的平等而受到尊重：每个人也都拥有在一种被认为公平的最初状态中会被承认的同等基本权利。共同体的成员们有一种共同的正义感，他们被公民的友谊的纽带联系在一起。"① 因此，相互尊重在保障公民的自我价值和维护社会团结方面起着根本的作用。团结是主体相互对等尊重而又相互参与不同生活方式的互动关系。在现代社会条件下，社会团结以个人主体之间对等尊重的社会关系为前提。对等尊重意味着，在价值之光普照下，个体把他人的能力和品性视为对共同实践有意义的东西②。在此意义上，尊重也是道德共同体成员达成的某种共识，是凝聚和维系共同体不可缺少的价值理念和道德规范。尊重与自尊构成了社会合作的基础，因而也成为实现公共生活尊严的基础。

公民在公共生活中尊严的获得，依赖于社会制度给予社会成员的尊重，也离不开社会成员的相互尊重。当下公共生活中的种种乱象属于尊重价值缺失的表现，其中重要的原因就在于人们缺乏对基本尊重关系和基本尊重要求的理性认识、正确理解和真心服膺，从而无法自觉地转化为相应的行为方式。因此，让全体公民学会互相尊重，形成普遍尊重的道德氛围，毫无疑问是改善公共生活质量的必修课。教育承载着促进个体社会化和社会团结的使命，对于促进实现公共生活的尊严具有不可替代的作用。教育生活是社会生活的"缩影"和"演练"，由此，尊严理应成为教育的价值追求。社会需要加强对公民的尊重教育，通过公民教育对人的尊严意识和尊重品质的培养，增强公民内在的道德基础，促进公共生活良好道德氛围的形成。

（二）人的"未完成性"是尊严和教育的共同源泉

尊严源于人的内在的道德潜能，而教育唤醒和帮助人实现潜能，这是教育关涉人的尊严的基本切入点。

1. 人的未特定性和超越性是人的本性，也是人的尊严的潜在来源

哲学人类学提出，人是未完成的动物。人虽然是一种自然的生物体，具有生物的一般特征，但人作为生物体与动物的最大差别，在于动物的生理构造和机体组织是特定化的，而人是未特定化的。动物的特定化是指动物的活动器官

---

① 罗尔斯. 正义论. 北京：中国社会科学出版社，2009：424.
② 王凤才. 论霍耐特的承认关系结构说. 哲学研究，2008（3）：41-50.

的构造和机能是先定的、专门化的,而且"一出自然之手就达到了完善"。这种"完善"使动物不需要学习和探索就能完美地适应环境,但这种环境是一种固定的、特殊的环境,因而动物的特定化,也表现为其行为的定向化和生命活动空间的固定化。人的器官并非为专门适应某一固定的、特殊的环境而服务的,也没有片面地为了某种行为而被定向,在远古就未被特定化。所以,人在本能上与动物相比是匮乏的:自然没有对人规定他应该做什么或不应该做什么①。

人的未特定化使得人能够决定自己的行为方式,表现出创造性。蓝德曼指出,"人必须靠自己完成自己,必须决定自己要成为某种特定的东西,必须力求解决他要靠自己的努力去解决的问题。他不仅可能,而且必须是创造性的。创造性完全不限于少数人的少数活动;它作为一种必然性,根植于人本身存在的结构中"②。这种存在结构意义上的创造性,表明人是一种超越性的存在。人总是在超越现存的生活中、超越现实的规定性中存在着的,超越是人的存在方式,也唯有人是以这样的方式存在的③。人是不确定的,是可能性的存在,人生活在希望之中。超越性是人的生命的本质,生命就是对已有存在状态的不断否定和对新的生存状态的不断创造,是现实与理想的统一。

人的超越性是人的尊严的来源。因为人并没有先天规定的"本性",人无法依靠特定化的图式生存,因而其活动的空间和内容也未被特定化,这使人的生命充满丰富的可能性。人的生活总是以内在发展可能性的状态存在着,生活是向着未来开放的、具有多种可能的、未完成的过程,它不是固定不变的实体性存在。所以,人有重新评价、重新选择和改变生活的能力,即超越过去生活的能力,这在存在论意义上构成了人的尊严。皮科认为,人的尊严来自人的形象并未被先天地规定下来,而是可以通过道德自律、不断进取实现自己的完善④。人的"未特定化"和"未完成性",给予人自我完善的原动力,并从存在的意义上赋予人尊严,即人的尊严是人的超越性存在的标识。

2. 人的未特定化和超越性,也决定了人的可教育性

人的"未特定化"为人的不断完善提供了一种开放的"缺口"和可能性,使教育成为人的生命存在的基本形式。教育人类学认为,正是人的"未特定化"赋予人的开放性和可塑性,使人获得教育既成为可能又显得必要。"人是教育的、受教育的和需要教育的生物,这一点本身就是人的形象的最基本标志"⑤,

① 蓝德曼.哲学人类学.贵阳:贵州人民出版社,1988:195.

② 同①228-229.

③ 鲁洁.超越性的存在:兼析病态适应的教育.华东师范大学学报(教育科学版),2007(4):6-11.

④ 米兰多拉.论人的尊严.北京:北京大学出版社,2010.

⑤ 博尔诺夫.教育人类学.上海:华东师范大学出版社,1999:36.

即人既具有可教育性，又具有教育需要性：一方面，人的"未完成性"，决定了人具有巨大的自我塑造的潜力。人是可以教育的，是因为人具有可塑性。教育的目的就是实现人的生长和发展，实现人对自我的超越。如果人也像动物那样是一种特定化的存在，就失去了开放性和可塑性，只能受本能的支配，那么教育就失去了存在的意义。因此，人的可教育性是教育存在的合法性依据。另一方面，人不仅是可教育的，而且还是需要教育的，人具有教育需要性。人相较于动物，存在"自然缺陷"及在"本能"上的匮乏，因此需要借助教育的力量来补偿这些"先天不足"，从而在物种竞争中生存下来。正如埃德加·莫兰所指出的，"如果智人不能用积累起来的文化经验和通过个人学习获得的知识至少部分地填补这个缺口，他将成为最贫穷的动物"[①]。可见，教育是人类存在和再生产不可或缺的基本环节。

总而言之，人的生命存在的"未特定化"特质即人的内在的待发挥的潜能，既是人的尊严的来源，也是教育的原点。教育是人的生命存在的基本方式，而尊严则是人存在的客观状态的标识，因而赋予人尊严并维护、实现人的尊严，应该成为教育的价值追求。人的"未完成性"和"生成性"是类特性，即人作为人所普遍拥有的，没有例外，这意味着尊严是每个人平等拥有的。但同时，人的这种潜力并不等同于实际发挥出来的现实，人的自我塑造的潜力的实现，离不开后天的教育。人通过教育成"人"，因此教育是人实现自我完善，从而获得尊严的一种方式。从尊严作为实存人格状态的角度来看，受教育程度的不同，在相当程度上影响着人的潜能的发挥。

（三）教育提升人的尊严

人的尊严与教育不仅共同源于"未特定化"的人类学特质，而且人的尊严与教育之间也有着内在的联系。人通过教育获得尊严，教育是人实现和提升尊严的主要方式之一。

人的尊严兼具权利和义务的特性，表明人的尊严既是与生俱来的，又是要通过努力获得的。人的尊严与生俱来，表明尊严是每一个人作为人应享有的。人作为人，就有要求得到社会和他人尊重的平等权利，人的尊严具有平等性和客观性。但与生俱来的东西并非不会失去，人享有尊严的前提是人必须成为一个"人"。只有成为"人"，才能拥有属于"人"的尊严。在人们的日常生活中，在一般人的心目中，也常把成"人"视为最高的价值追求。人们常说，"人要活得像个人的样子"。一个人如果不按人性的标准行事，"活得不像人样"，就会失

---

① 莫兰.迷失的范式：人性研究.北京：北京大学出版社，1999：108.

去别人的尊重，即失去"与生俱来"的尊严。尊严是人的本体性存在的标识，对尊严的否定就是对人性的否定，是对人作为人的内在规定性的否定。失去尊严，"人"就不是真正意义上的人。一个真正的"人"，一定是有尊严的人。因此，人有通过努力保持和维护自己尊严的义务。

人成为"人"并进而享有人的尊严，离不开教育。从人类历史的角度来看，教育作为一种人类独有的自觉文化活动，是人类超越愚昧、幼稚，摆脱人的"神化"或者"物化"，走向理性、自主的基本方式，也是人类摆脱对神权和皇权的依赖，形成和传播人的尊严和权利思想，形成自尊和自由的个体，追求自我提升的重要方式。从个人的角度来看，教育在人获取尊严的过程中也起着不可替代的作用。康德说："人只有通过教育才能成'人'。除了教育从他身上所造就出的东西外，他什么也不是。"① 这里的前一个"人"是指具有生命潜能的生物，而后一个"人"才是精神的、文化的人。人的精神性的本质在于对存在意义和生活理想的追求。人只有享有尊严以及人性的尊重，他的生命存在才有价值和意义。实际上人从出生开始，便离不开父母的养育和后续的教育，通过教育，人成为一种精神的、文化的存在，没有教育就没有真正意义上的人。

尊严作为人的一种精神需要，能通过教育来获得。教育之所以关涉人的尊严，就在于教育是实现人的尊严的主要方式之一。首先，人通过教育实现自身的可能并唤醒自身的内在价值感。雅斯贝尔斯指出："教育活动关注的是，人的潜力如何最大限度地调动起来并加以实现，以及人的内部灵性与可能性如何充分生成……通过教育使具有天资的人，自己选择决定成为什么样的人以及把握安身立命之根。"② 一方面，教育要实现人的内在的潜能，把各种可能性充分地转化为现实，使人成为能够摆脱对他人的依赖进而自立的个体。另一方面，教育要唤醒人的灵魂，让人认识到并获得自身的内在的价值感。人在本身具有内在价值的意义上享有尊严，教育的过程就是唤醒人对自身尊严的意识并帮助人确立安身立命的根基从而实现尊严的过程。其次，教育呵护和培育人的理性和道德，进而实现精神的自由与人性的尊严。人的尊严源于人的内在价值，这种内在价值表现为一种能力，人可以通过道德自律、不断进取来实现自我的完善，即人具有过有道德的生活的能力。但人的这种能力并非固定不变的"本性"，一个人有能力过有道德的生活，并不意味着他实际上一定选择过有道德的生活。既然人能够重新评价、设计或者改变自己的生活，那么，他既有可能弃恶从善，也有可能弃善从恶。因此，人的尊严的实现，离不开理性和道德的引导和帮助。

---

① 康德. 论教育学. 上海：上海人民出版社，2005：5.
② 雅斯贝尔斯. 什么是教育. 北京：生活·读书·新知三联书店，1991：46.

教育的作用就在于唤醒人的道德意识，呵护人性中善的倾向，引导人运用理性和道德控制人性的多样欲求，帮助人过在道德上值得尊重的生活，进而实现人的尊严。"尊严是道德所固有的，就其内容而言，尊严一定要以人对自己的本能的支配为前提。"① 人要成为"人"，获得人的尊严，必须学习"做人"，必须讲究"做人之道"。走上道德所铺设的成人之道，"偶然的人"才可能转化为"必然的人"。教育作为道德事业，其根本的指向就在于引导和帮助人"做成一个人"②。教育引导和帮助人成"人"，就是要引导人做有尊严的人。

（四）教育培养人有尊严生活的能力

教育关涉人的尊严，不仅在于教育唤醒、赋予和实现个体尊严，还在于教育可通过培养个体有尊严生活的能力，培育个体有尊严的德性，进而改善个体生活质量，增进公共生活的尊严。

1. 教育培养个体有尊严生活的能力

教育有助于改善个体生存和发展的外在条件，扩大个人机会和自我发展，更有助于提升个人追求精神世界的能力，从而培养个体有尊严生活的能力。有尊严的生活，与物质生活条件存在着基础性的关联，这是无可否认的。人追求的有尊严的体面生活，离不开基本物质需求的满足。倘若人的生存因贫穷而受到威胁，便无尊严和体面可言。大量实证研究已经表明：总体上受教育程度较高者的主观幸福感相对较强，这在很大程度上是基于受教育程度较高者具有较高的收入水平③。

教育有助于改善人们未来生存和发展的物质生活条件。人们需要更多机会以过上有意义的生活，享有平等的尊严，而教育对于扩大这种机会的能力建设至关重要④。受教育程度与人们在社会经济政治生活中所得到的各种待遇和发展机会密切相关，受教育程度越高，意味着生活条件越好、发展机遇越多，因而也就越可能较多地体验到幸福⑤。对于个人机会和自我发展来说，教育是非常关键的，很多经验研究表明，文盲在参与公共事务和获得尊重的过程中步履维艰。"文盲是一种持久的无能力。一个人如果从未有机会接受基础教育，没有读与写的能力，那么其生命中的每一天都如同残疾。因为教育的贫乏会对个人

---

① 席勒. 审美教育书简. 南京：译林出版社，2009：275.
② 鲁洁. 做成一个人：道德教育的根本指向. 教育研究，2007（11）：11-15.
③ 雅斯贝尔斯. 什么是教育. 北京：生活·读书·新知三联书店，1991：54.
④ 联合国教科文组织. 反思教育：向"全球共同利益"的理念转变？. 北京：教育科学出版社，2017：37.
⑤ 邢占军. 城市居民的主观幸福感影响因素. 新东方，2004（11）：19-24.

的社会、经济、智识和心理福利造成难以估量的损害，并且会造成对个人成就的障碍。"因此，在一些国家的基本法律体系中，"人的尊严是不可侵犯的……而生成人的尊严的主要是教育"，教育权被认定为"有尊严地享受生活"所必需的①。正因为教育在保障人的发展和机会中扮演核心角色，从尊严作为人的基本权利的角度来看，人性平等的尊严中内在地包括了平等的教育权利。

教育能够使生活、生命和自我具有价值和意义。虽然教育必须承认和尊重人的物质欲求，拓展个人的机会和能力，但又绝不能局限于此。对精神生活的渴求和对精神世界的向往，不仅是人之为人的根本属性，也是人为何人的根本属性②。尊严在本质上是人的一种精神需要和主观状态，是一种客观性的主观存在，而教育的本质是改造和建构人的主观世界，直接指向人的精神的活动。教育培养个体有尊严生活的能力，不仅在于对个体物质生活条件改善的助力，更在于教育能够引导人在追求精神世界的过程中不断地使生活、生命和自我具有价值和意义，使人能够去追求精神上的崇高和超越，这正是人区别于动物而具有人性尊严的内在根源。

教育有可能促进其他相关能力的发展。美国哲学家玛莎·纳斯鲍姆从人性尊严所要求的生活的视角建构了一种正义的能力理论。其理论视域中的"能力"概念，就是对"这个人可以做些什么？又能够成为什么？"这两个问题的回答。为了实现人性尊严所要求的生活，一种体面的政治秩序和基本的社会正义必须在最低限度上保证公民的十种核心能力：生命，身体健康，身体健全，感觉、想象和思考，情感，实践理性，归属，其他物种（与其他物种和谐共处的能力），娱乐，对外在环境的控制③。教育对于实现这些能力清单中的核心能力，具有"孵化性"的功能，即教育有可能促进其他相关能力的发展。教育不仅发展人的感觉、想象和思考能力，而且增进人的实践理性和公共归属感，增强人对外在环境的控制能力。教育将人们的内在潜能培育成多种类型的后天能力，虽然人们最终能够实现的生活还与社会的制度等外在条件有关，但这一培育本身就是有价值的，这些能力是实现终身满足的根源。

2. 教育培育个体有尊严的德性

作为一项道德事业，教育所唤醒与培育的道德品性当然包括尊重，教育既教会受教育者如何尊重自己，也培养他们如何尊重别人。前者是培育自尊，帮助受教育者自己维护自己的尊严，后者是培育尊重，引导受教育者维护别人的

① 纳斯鲍姆. 寻求有尊严的生活：正义的能力理论. 北京：中国人民大学出版社，2016：107.
② 扈中平. 教育何以能关涉人的幸福. 教育研究，2008（11）：30-37.
③ 同①15-25.

尊严①。教育对自尊的培育，其实就是帮助成长中的个体确立自己的"安身立命"之根基。教育赋予个体应有的权利与追求，使受教育者获得个人感受世界和认识世界的方式，进而具备个人自由选择的理性能力，自己能选择成为什么样的人，并勇于为个人的选择以及周遭的一切承担必要的责任。教育培育的自尊，当然还包括引导和帮助个体努力成为德行上值得别人尊重的人。

教育对尊重他人的品质的培育，实际上也是对自身尊严的维护。因为承认和尊重他人的尊严，意味着对人之为人即人性意义上的平等尊严的承认和维护。对每一个人尊严的维护，实际上也就是对自身尊严的维护。当我们对一种在别人身上所体现的人性的内在价值进行真诚维护的时候，已经证明了我们对这种价值的看重和珍视。同时，"敬人者，人恒敬之"（《孟子·离娄下》），尊重更容易得到被尊重者的回应，教育对人的尊重品质的培育其实也是帮助个体得到尊重和尊严，从而为他们去过有尊严的生活奠定基础。

教育培养尊重的德性，在多元文化时代还体现为对其他文化的理解和尊重。人有归属的需要，每个人都归属于某种文化群体，有其独特的生活方式。任何人都不应因其种族、性别、民族、宗教和国籍身份等合法的身份认同而遭受歧视。按照玛莎·纳斯鲍姆的理解，有尊严的生活应当在最低限度上确保十种最核心的能力，但是在多样化的世界里，不同社区对这些能力的具体内涵、优先性、最低限度的水平也会有着不同的把握，因而存在着不同的学习需要。因此，教育必须体现出各种文化、各个群体如何定义有尊严的生活所需的要素。对于生活质量，有多种不同的衡量方法，因此对于必要的学习内容也会有各种不同的定义方法②。教育对于文化同情和理解能力的培育，对于不同社会和文化群体的有尊严的共存，具有不可替代的价值。

3. 教育是增进公共生活尊严的重要途径

教育有助于培养个体的自尊、尊重等有尊严的德性，也有助于增进公共生活的尊严。前文已述，尊严是社会公共生活的首要价值。教育的制度结构以及实践满足每一个人对于自尊的需要，不仅是基于人性价值也是基于良好社会的建构所必需的善③。教育培育个体的有尊严的德性，是增进公共生活尊严的重要途径。

个体在有尊严的生活中养成有尊严的德性，这并非对上述论断的循环论证，

---

① 高德胜. 人的尊严与教育的尊严. 高等教育研究，2012（2）：1-12.

② 联合国教科文组织. 反思教育：向"全球共同利益"的理念转变？. 北京：教育科学出版社，2017：33.

③ 金生鈜. 教育基本善事物及其意义：基于教育正义的思考. 陕西师范大学学报（哲学社会科学版），2015（1）：150-159.

而是指教育对公民尊严德性的培养。尊严不仅是一种社会价值理想，更是一种尊重个体的现实生活方式。规范意义上的公民，不仅关心个体利益和个体的尊严，也关心公共利益和公共生活的尊严，是公共生活的主体。公民是"做"成的，对公民身份而言最重要的是实践维度，人们在与他人的公共生活中学会与他人合作，实践公民身份包括了与他人的团结一致[①]。学校要实现公民培养的目的，不仅需要依靠公民教育课程的知识传授，更需要依靠公民生活的滋养。只有过一种公共生活，才能够真正地成为公民。学生公共性的培育不是在学校公共生活之外，而是在学校公共生活的建构之中。[②] 学校的公共生活应该体现出对每个学生的平等尊重，教育唯有通过平等尊重和关怀，才能让每一个学生在学习和生活中都能够发现和体悟自身的价值，并培育学生将他人视作与自己一样有着平等人格尊严的人的能力。当下我国公共生活尊严的低落，与公民教育的缺失有着内在的关联。这恰恰从反面证明了教育在增进公共生活尊严方面不可或缺的作用。事实上，众多国家的发展经验已经证明，教育在培育公民有尊严的德性，形成互尊共契的公共生活方面，具有基础性的价值。

（五）教育过程必须是有尊严的

作为一种价值规范，尊严对于教育实践的意义，在于其从价值层面对教育实践活动进行了规范和要求，它划定了教育权力的合法性边界，也界定了一种正派教育制度的必要品性。所以尊严不仅是教育的价值理想，教育的过程也必须是有尊严的。所谓为了学生未来的尊严生活而牺牲现在的"尊严"，隐含着"未来的尊严"和"现在的尊严"的区别。然而，尊严是人格状态而非一种结果，是时刻标志着人存在的一种状态，如果受教育的过程意味着羞辱乃至苦难，那么教育对人的尊严的关涉就不是内在的、本真的。尊严对教育的价值规范意义，不仅在于教育的最终目的是培养有尊严的人，也在于培养的过程是有尊严的。

1. 教育过程中尊严价值的实现受社会历史条件的制约

现实的教育之所以会产生各类教育羞辱，伤害儿童的尊严，既是因为教育自身的价值异化，也是因为社会和文化的因素对教育的冲击。首先，现代学校教育中的羞辱，从根本上说是现代性困境在教育制度中的体现。制度化的学校教育是工业社会造就的一部精巧独到的"机器"，其蕴含的工具理性、精致设计

---

① 奥斯勒，斯塔基. 变革中的公民身份：教育中的民主与包容. 北京：教育科学出版社，2012：13 - 15.

② 冯建军. 论学校教育作为公共生活. 华东师范大学学报（教育科学版），2014，32（3）：38 - 48.

与控制、客观知识、世俗化、功利化、效率至上、现代主体性等观念，正是现代性在教育中的体现，也是教育中羞辱充斥、尊严缺失的内部根源。其次，我们的文化传统和教育观念中对待羞辱的观念和态度，是教育羞辱得以"久存"而难被消除的文化根源。在我们的文化中，人们常常把羞辱当作一种挑战和锻炼，认为羞辱感可以转化为奋发自强的动力和勇气。有人认为，教育中的羞辱现象有时候体现为对人的考验，对人格的必要锻炼。家长、学校、老师更关注学生的学业成绩，而忽视学生尊严的精神需要。最后，当下社会阶层的分化和社会心态的复杂化，也对教育过程中尊严的提升产生了影响。

尊严价值在教育过程中的实现水平受到一定的社会历史条件的制约。尊严价值在教育中的确立，必须诉诸一种人文主义价值的矫正和纠偏，促使为功利所困的"失真"教育回归"本真"的教育①，将培养健全完整的人格放在重要位置，强调人的自由、尊严和个性，关注人的精神世界和精神生活。放眼全球，对于教育制度的人文主义价值的重建，正成为世界教育变革的潮流。"人文主义方法让教育辩论超越了经济发展的功利主义作用，着重关注包容性和不会产生排斥及边缘化的教育。"② 当下由于社会阶层分化和社会心态复杂化的影响，尤其呼唤社会对改善教育生活的完整支持。在许多情况下，由于教育对于社会（政治、经济、文化）的依附性关系依然存在，因而教育中的一些重要方面并不具有教育自身的特征，而只是外部社会在教育中的特定延伸（如教育管理体制、教育意识形态等）③。因而实现教育过程中伤害尊严的行为的消除，有赖于社会结构和政策背景的变革，有赖于正义、尊严以及人文价值在社会基本结构和制度中的普遍确立。毫无疑问，社会发展水平的提升是一个历史的过程，就当下而言，最重要的是寻求社会对变革教育制度、改善教育生活的支持。必须凝聚广泛的社会共识，支持以尊严价值来引领教育制度伦理的变革，使教育能够如我们所期盼的那样真正促进学生的健康成长。对于这样一种社会支持系统的形成，整个社会都负有责任。

2. 提升教育过程中的尊严具有现实的可能性

从本质上来说，教育是人实现尊严的主要方式之一，尊严是教育的目的性价值，本真的教育过程应该是有尊严的。现实的教育过程之所以可能是有尊严的，一方面是因为教育的过程本身包含着尊严的元素，不同教育制度的差别并

---

① 鲁洁 . 教育的返本归真：德育之根基所在 . 华东师范大学学报（教育科学版），2001，19（4）：1-6，65.

② 联合国教科文组织 . 反思教育：向"全球共同利益"的理念转变？. 北京：教育科学出版社，2017：37.

③ 吴康宁 . 教育改革的"中国问题". 南京：南京师范大学出版社，2015：146.

非在于有无关涉尊严，而在于对尊严关涉的程度。一般情况下，人们对教育的价值多少是认可和重视的，人们至少不会反对教育"造就好人"的本己价值；大多数教师多少会关注学生某些方面的成长和发展，大多数教师并不会故意去羞辱学生；教育多少是要培养学生学会自尊和尊重他人的。事实上，在我们的现实教育生活中，也有不少尊重教育的成功案例。另一方面，是因为教育在很大程度上是一种人为营造的特殊环境，这就使教育中的人有可能在教育过程中被赋予更多的尊严。因此，教师的尊重德行是至关重要的。

尊严作为教育过程的价值基础，对教育过程提出了两个层次的要求：保护尊严和实现尊严。一方面，保护尊严就是让受教育者的尊严不受伤害，尊严不被伤害即免于羞辱，这是有尊严最起码的条件。"免于羞辱"是比"不羞辱"更宽泛的要求，"不羞辱"是指教育制度、教育组织、教育者"不羞辱"学生，不给学生造成制度性或"师源性"的精神伤害，而"免于羞辱"则意味着教育组织、教育者还应更加积极地阻止和免除学生之间或者其他外在因素对学生的羞辱。另一方面，教育是一种价值引导活动，教育不仅要保护且不伤害学生的尊严，还应该主动提升和促进学生的尊严，这是教育区别于其他社会实践的根本所在。教育过程的价值导向是与教育的本己价值精神一致的，因而教育过程也应当实现而不是遮蔽、压制人的尊严。

3. 实现有尊严的教育的路径

（1）以制度伦理变革为保障。

教育过程中尊严的实现，需要基于尊重尊严的价值规范，建构一种教育制度作为保障。它表现为一系列的肯定性义务：一是教育制度应当"无条件"地尊重每一个学生。教育组织、教育者应当把关爱、承认、重视带给每一个学生，促进和帮助每一个学生追求自己的价值和提升品质。二是教育制度应当保障学生平等地享有基本权利。教育权利是平等地赋予所有接受教育的学生，而不是依照某种标准分别地赋予不同学生不同的权利，是平等保障而不是区分性对待学生。三是教育制度应当致力于保护和促进学生的自主性。自觉地将学生当作教育的主体，保障学生的自主发展空间，最大限度地促进学生的自我教育。给予学生应有的自我选择和决定的自由，并教会其为自己的决定和选择承担后果和责任。四是教育制度应当尊重每一个学生的个性差异。承认学生的普遍性特征，更承认学生的"特殊性"。不仅尊重所有学生，而且尊重具体的每一个学生，充分了解每一个学生，尊重和保护个体的个性差异和独立人格。五是教育制度应当合理分配"评价性尊重"。设立适当的荣誉和奖励并且进行公正的分配。教育中的奖励、荣誉对所有学生开放，每个学生通过努力都有机会获取。六是教育制度应当保障师生之间的"合作型信任"的关系。帮助学生学会自我管理，鼓励学生自由地进行探索和学习。在学生犯了错误的时候，能够宽容地对待学生，给予其改过自新的机会。七是教育制度应当公开地引导人们互相尊重。支持和鼓励对人的合法身份的认同与接纳。教育本身也应自尊自重，教育制度必须坚守和捍卫教育的本已价值，为教育中的人做出制度示范。健全相应的法规，禁止校园欺凌、羞辱、歧视等破坏尊重的行为。八是教育制度应当努力创造一种优良的公共生活。增进学校制度生活的公共性和民主性，以师生之间的协商对话、民主参与、共同治理为主要途径，为学生建构和发展自己的完备人性而创造正义的制度环境，不断推动青少年公民人格的全面发展。

（2）以教育尊严赢得社会支持。

"教育与人的尊严"的命题，还涉及教育自身的尊严问题。有尊严的教育不仅需要教育机构或者教育者坚守和维护教育的价值，还有赖于社会对教育的支持和尊重。教育促进尊严的价值实现，虽然受到社会条件的制约，但这不应该成为教育界安于现状、消极适应的借口。教育承担着个体社会化的功能期待，在引领社会观念方面应该成为中流砥柱，而不是成为社会消极心态的复制者和推波助澜者。教育应当努力坚守教育的本已价值，通过帮助学生健康成长和向社会提供所需人才的"实际贡献"，以及教育坚守自身尊严和价值的"精神样态"，来获取社会的"业绩敬重"和"品质敬重"[①]，从而获得教育应有的社会地位和更完整的社会支持，推动整个社会教育力的凝聚和提升[②]。人的尊严呼唤教育尊严的挺立，只有自身具有尊严的教育才能最大限度地帮助教育主体提升尊严。

四、创造新时代美好教育生活

（一）美好教育生活：新时代教育发展的要求

从古希腊苏格拉底追求有意义的生活开始，美好生活就成为人的一种向往和追求，每个人都向往有一种美好生活和幸福人生。但个人不是孤立的，美好生活也不只是个人的幸福体验，而是一种社会生活。美好生活的幸福体验，依赖于社会生活条件，依赖于社会共同的美好生活。马克思主义的生活观是实践的，也是现实的。因此，美好生活不是幻想，不只是期待，"美好生活的本质只有在现实中展现出来的生活，我们才能在观念上正确地把握它"[③]。生活美好不

---

① 吴康宁. 教育究竟是什么：教育与社会的关系再审思. 教育研究，2016（8）.
② 叶澜. 社会教育力：概念、现状与未来指向. 课程·教材·教法，2016（10）：3-10.
③ 王世鹏，高新民. 新时代人民美好生活的内涵与实现. 光明日报，2018-05-07.

美好，只有过了、体验了才知道。美好生活既是一种客观状态，也是一种主观建构，是基于现实生活体验基础上的积极期待。

党的十九大做出了"中国特色社会主义进入新时代"的重大政治判断。伴随着新时代的到来，社会的主要矛盾已经转化为人民日益增长的美好生活需要和不平衡不充分的发展之间的矛盾。美好生活是建设社会主义现代化强国的需要，也是社会主义现代化强国的体现。人民对美好生活的需要也包括教育生活，因为"教育是人类传承文明和知识、培养年轻一代、创造美好生活的根本途径"①。美好的教育生活不仅是美好生活的体现，而且是创造美好生活的根本。

回顾改革开放之后我国教育现代化的历程，为解决"有学上"的问题，我们不断扩充教育外延，重视扩大教育数量、教育规模，注重教育投资，改善办学条件和教育设施。外延型发展是教育现代化的第一阶段，也是必经的阶段。在经历教育现代化第一阶段之后，我国基本解决了"有学上"的问题。新时代人民群众对优质教育的需求更加强烈，这对教育发展提出了"上好学"的更高目标。新时代的我们不能再盲目地以学校办学条件的更新与提升为优质教育的主要指标，而是要以提升质量为指标；质量也不能以简单的升学率为唯一依据，而是要以每个学生的健康成长和全面发展为评价指标，以每个学生的美好教育生活为依据。所以，从改革开放新时期到中国特色社会主义新时代，教育发展的主要矛盾已经转化为人民日益增长的更公平更高质量的优质教育需求和不平衡不充分的发展之间的矛盾，教育发展从"有学上"的要求转向"上好学"的目标，从追求"大起来"转向追求"强起来"。努力让每个孩子都能享受公平而有质量的教育，不断满足人民日益增长的美好教育生活需要。美好教育生活，是新时代教育现代化的新要求和新目标。作为新时代教育改革"四梁八柱"的制度已经基本建立，教育改革进入"全面施工"和"内部装修"阶段。新时代教育关注的重心需由教育的外延增长转向教育内涵的提升，由外部条件保障转入教育内部，更多关注学校内部活动，关注学生生活，关注学生健康成长。这不仅是回归教育初心的要求，也是新时代教育现代化内涵发展的必然。

认识新时代的美好教育生活，需要全面把握美好教育生活的基本特征。

第一，个体性与公共性的统一。生活是每个人的生活，美好生活是每个人的生活体验。在这个意义上，美好生活具有个体性。西方思想家对美好生活的论述多立足于个体，看不到实现个人美好生活的社会条件，这样的美好生活充其量是一个人、一部分人的美好生活，不是人民的美好生活，不是社会的美好

---

① 习近平. 在联合国"教育第一"全球倡议行动一周年纪念活动上发表的视频贺词. 人民日报，2013 - 09 - 27.

生活。正如马克思在《共产党宣言》中指出的，"每个人的自由发展是一切人的
自由发展的条件"①。同样，每个人的美好生活是社会美好生活的条件，社会的
美好生活就是每个人的美好生活。因此，理解新时代美好教育生活，不是某个
人的美好生活，而是由每个人构成的人民的美好生活。中国特色社会主义新时
代是满足人民日益增长的美好生活需要的新时代。从个人美好生活与社会美好
生活的统一来看，美好生活是个体性与公共性的统一。个体性是前提，公共性
是追求。因此，新时代美好教育生活应坚持以人民为中心，满足人民对优质教
育的需要。

第二，人本性与社会性统一。教育生活的本质是教育性，旨在使学生基于
生活的需要，在生活中发展，以获得更好的生活。教育生活以人为本，以人的
生活为根基。教育是发展人的手段，也是生活的手段。人之所以受教育，就是
为了更好地发展，更好地生活。个人的教育生活不是在真空中进行的，它既与
他人的生活相联系，也与其他社会生活相联系。前者是个人融入人民生活之中，
后者是教育生活融入政治、经济、文化等社会生活的有机整体中。美好生活直
接表现为个人生活的建构，但这种建构必然受社会历史条件制约。社会是个人
发展的条件，也是每个人美好教育生活的条件。美好教育生活是个体性与社会
性的统一。

第三，多样性与一致性的统一。美好生活要基于个人的体验，个人不仅具
有个体的差异，而且还有阶层、群体身份的差异。每个人对美好生活的认识、
每个阶层对美好生活的认识都不尽相同，具有多样性和差异性。但处于同一个
时代，每个人又面临着共同的社会和生活条件，这些条件构成了所有人生活的
基础。每个时代、每个国家的人民对美好都有某种共同的价值追求，对于"何
为美好"有着共同的认识，这些共同性构成了美好生活的一致性。我们要正确
认识美好生活的多样性和一致性的统一，不能以一致性压制差异性，这样的生
活是专制的，对个人来说不是美好的；也不能以差异性否定一致性，这样的生
活是相对主义的，没有良好的社会秩序，也不是社会的美好生活。

第四，现实性与未来性的统一。美好生活不是一种幻想，而是一种现实的
感受。人们只能在美好生活中体验生活的美好。在这个意义上，美好生活是基
于现实生活的主观感受，具有现实性。新时代我国之所以做出社会发展矛盾转
化的判断，是因为我国稳定解决了十几亿人的温饱问题，总体上实现了小康社
会目标。但人作为意义的存在物，作为美好生活的创造者，不会停留在某个阶
段的美好生活，而是要不断地创造更加美好的生活。美好生活没有完成时，只

---

① 马克思，恩格斯. 马克思恩格斯文集：第10卷. 北京：人民出版社，2009：666.

有进行时；没有最好，只有更好。美好生活永远面向未来，对美好生活的追寻永无止境。

第五，客观性与主观性的统一。产生于现实的美好生活，是客观的，表现为客观的生活条件，如收入、教育、健康、居住、工作等。教育的美好生活也有一定的客观要求，如对教育年限、教育水平、办学条件、教育规模等客观条件有要求。缺少客观条件的美好生活，只能是阿 Q 式的自欺欺人。但美好生活是个人或群体对生活状况的积极体验，体验既与客观生活条件有关，也与个人对美好生活的期待有关，是个人对美好生活的主观建构，具有主观性。美好生活的客观性源于其现实性，正因为美好生活具有客观性，所以，美好生活才可能具有统一性和公共性。美好生活的主观性源于美好生活的个体性，正因为美好生活是个体的主观体验，所以，美好生活具有多样性和差异性。

(二) 美好教育生活的价值规定

美好的生活不仅是个人的生活，具有个体的主观性，而且是社会的共同生活，具有总体性。美好生活不仅有物质生活，而且有精神生活，具有整体性；美好生活不仅满足人的生理需要，而且满足人的价值追求，具有价值规定性。换言之，美好生活不只是个体纯粹自然生命与心理学意义上的需要满足，而是社会成员对生活的一种整体价值判断。所以，美好生活的价值规定具有共同性。美好教育生活是美好生活在教育中的体现，既有与美好生活同样的价值规定，也反映着教育本质的独特要求。

生活是个体的一种生命活动，而且是一种社会活动。生活包括三个基本要素：生命、活动（行动）和社会性。依照这三个要素，美好教育生活具有如下价值规定。

1. 美好的教育生活是以学生为重心的生活

教育生活是谁的生活？无疑是参与教育过程中的当事人的生活。教育生活既包括教师的教育生活，也包括儿童的教育生活。美好的教育生活是教育过程中师生共同的美好生活，没有教师的美好生活，难有学生的美好生活。但教师的教育生活除了对教师自身的内在价值外，更多是为学生发展服务的。所以，师生的教育生活是以学生为重心的生活，是教师为学生发展服务的生活。

美好的教育生活是以学生为重心的生活，有三层递进的含义：首先，美好教育生活是以学生为本位的生活，是基于学生、发展学生的生活。学生本位的教育生活，必须把学生立在正中央，一切为了学生，为了一切学生，为了学生的一切。学生本位的生活反对教师对学生生活的主宰，但不反对教师对学生生活的引导。教师要把学生当学生，尊重学生，引导学生创造自己的生活。其次，美好教育生活是尊崇生命规律、顺应学生本性的生活。以儿童为例，儿童有其独特的本性，卢梭指出："大自然认为，孩子在成人之前毕竟还是孩子。如果我们想把这个顺序颠倒过来，我们便会生产出一种不成熟而且毫无味道的勉强长成的果子，这些果子在变得成熟之前便会烂掉。……童年有它自己观察、思考和感觉事物的方法，若试图用我们的方法去取代他们，那是再愚蠢不过的事情了。"① 美好的教育生活应该敬畏儿童本性，尊崇生命发展的节奏，顺应生命发展的自然之道。"天命之为性，率性之为道，修道之为教"（《中庸》），顺应人的本性也是教育本真的要求。最后，美好的教育生活是不断满足学生生长需要的生活。生命在生活中成长，教育即生活，教育即生长。杜威的这些理念说明了，教育、生活与成长具有一体性，教育就是不断地满足学生生长的需要，让学生过一种美好的教育生活。

2. 美好的教育生活是良善的生活

"美好"是对生活的修饰词。《说文解字》对"美"的解释为："美与善同意"。如此看来，"美好"是一个价值词，指向善的事物。美好的生活，绝不是世俗欲望的满足，而是良善的生活。良善是美好生活的自然正当性。"美好生活就是'自然正当'的生活，那是一种完满、恬美、健康、正义的生活，它是按照灵魂的自然而体现的完美和谐的生活。"② 美好的生活不是无条件地顺应身心的自然要求，满足身心发展的本能欲望，而是必须以良善生活为指引。

良善的生活是有自尊的生活，是有尊严的生活。被人羞辱、歧视的生活，不是美好的生活。学校教育要避免制度性羞辱，这是美好教育生活的底线。有人格尊严的生活，是美好生活的标配。良善的生活是爱的生活。同学之间、师生之间的爱是美好教育生活的润滑剂。良善的生活是公平、正义的生活，在教育资源的分配中则表现为不偏不倚，各得其所。良善的生活是民主的、共享共治的生活。每个人都是公共生活的参与者，公共生活也为每个人所共享。良善的生活是道德的生活。遵守社会生活的公共规则是良善生活的底线要求，激发德性自觉是良善生活的追求，道德发展只有从外在的规则约束中才能走向内在的自律。所以，美好的生活既是遵守规则的，又是合乎内心的，是合规则和合目的的统一。

3. 美好的教育生活是人之自由自觉的生活

人的生活可以分为自在的状态、自为的状态和自由自觉的状态。自在的状态是不加思考的日常生活状态，自为的状态是个体意识所为的积极状态，自由

---

① 卢梭. 爱弥儿：上卷. 北京：商务印书馆，1996：91.
② 金生鈜. 规训与教化. 北京：教育科学出版社，2004：261.

自觉的状态是人的生活最完美的状态。马克思在《1844 年经济学哲学手稿》中指出："一个种的整体特性、种的类特性就在于生命活动的性质，而自由的有意识的活动恰恰就是人的类特性。"① 自由自觉的活动是人的类本质，人在自由自觉活动中生成的生活，是舒展人的本性的生活，它克服了人性的异化，因此是最美好的生活。

自由自觉的生活，第一层含义是自主的生活。对于儿童教育而言，儿童是教育生活的主体，不是被支配的客体和被驯服的对象。教育必须赋予儿童精神生命发展的主动权，把课堂还给儿童，把精神发展的主动权交给儿童。第二层含义是自由的生活。自由既有摆脱他人限制和束缚的消极自由，也有自己主动所为的积极自由。心理学家罗杰斯认为，一个人在完全自由、随心所欲的状态下，能够听任自己的整个身心选择一个方向、一条生命走向完善的道路，并且他得以自由地循此方向前进，走在他所选择的道路上，当人处在这样的过程之中时，这就是美好的人生了。② 在心理学意义上，美好是人身心的完全放松和随心所欲。但在社会学意义上，人作为社会的存在，虽生而自由，却无往不在枷锁中。人的自由受到外部的限制，有的限制是合理的，有的限制是不合理的。人虽然在枷锁中受到限制，但要打破枷锁，解除限制。消极自由就是打破不合理限制，争取解放的自由。教育既有自由发展人性善的功能，也有约束人性恶的功能。教育尊崇学生天性，但不是放纵学生。自由也意味着约束和责任，约束不仅来自外界的限制，更来自内心的自觉。这就是自由自觉生活的第三层含义：自觉的生活。自主、自由是自觉的前提，自觉是自由的升华。外部的约束创造了美好生活的条件，但美好生活更多源于内心的自律和生命的坚定。教育不在于外在的规训与灌输，而在于它能培育生命自觉，唤醒生命自觉发展的动力，不断创造更加美好的生活。

4. 美好的教育生活是和谐的生活

人的本质是社会关系的总和，所以，社会性是生活的本质特征。人自由自觉的活动，不是实体化的、单子化的活动，而是相互联系的人与人之间的活动。美好生活来自人与人的交往及其形成的和谐关系。和谐的关系既是美好生活的关系价值之一，也是建构美好生活的重要条件。

人与人之间的关系是教育的基本关系。但人与人之间是什么样的关系，认识不一。近代以来不断张扬的个人主体性，把个人当作主体，把他人、他物当作客体，导致了人与人、人与社会、人与自然的对立，出现了社会危机、交往

---

① 马克思，恩格斯 . 马克思恩格斯文集：第 1 卷 . 北京：人民出版社，2009：162.
② 江光荣 . 人性的迷失与复归：罗杰斯的人本心理学 . 武汉：湖北教育出版社，2000：60.

危机、信任危机、生态危机。要走出对立和危机关系，我们就必须消除这种占有性的单子式个人主体性，以主体间的平等关系弥合上述对立，回归人与人、人与自然之间交往的本真状态，促进人与人、人与社会、人与自然关系的和谐。

教育中的交往关系首先是人与人之间的交往，包括师生之间的交往、学生之间的交往。美好生活需要平等的师生关系，师生作为平等的人格主体，存在着人格之间的相互影响，心灵之间的相互沟通。教师作为学生成长的引导者和精神的关怀者，要对学生富有爱心、关怀和责任。美好的教育生活更多源自朝夕相处的同学之间的友谊。占有性的个人主体性延伸到应试教育中，强化了竞争，淡化了合作，过度的不合理竞争消解了人类最珍贵的友情。友情是美好教育生活不可缺少的内容，更是美好教育生活的重要支撑。其次，教育中的交往关系还表现为个人与集体之间的关系，集体既有班级、社团等小集体，也有学校这样的大集体。集体无论大小，本质上都应该是"自由人的联合体"，都应该以自由人之间的团结为标志，遏制群体中可能出现的"小圈子"、"小山头"和"小帮派"。在集体中人们应该"各美其美，美人之美，美美与共"，在个人的自由生活中共同构建集体的美好生活。

5. 美好的教育生活是促进人全面而自由发展的生活

人的发展与生活是一体的，生活决定着人的发展状态，个人的发展也决定着生活的状态。从人类社会的发展看，原始生活的丰富性孕育了古代人的"原始丰富"。近代以来，个人主体性受到重视，但个人主体性"以物的依赖性为基础"，导致原始社会丰富的社会生活被单一的物化生活所取代，造成个人整体生命的原子化、碎片化，人被焦虑、痛苦、虚无、失落、孤独等不良感受所淹没，被"意义危机"所困扰。[①] 人类社会发展的第三个阶段，是"建立在全面发展基础上的自由个性"，人的生活也是全面的、多姿多彩的。毋庸讳言，我们正处于第二阶段向第三阶段的过渡之中。新时代"人民美好生活需要日益广泛，不仅对物质文化生活提出了更高要求，而且在民主、法治、公平、正义、安全、环境等方面的要求日益增长"[②]。人民对美好生活的全面的、多样的需求，正在使"单面人"走向"全面而自由发展的人"。

马克思在《1844年经济学哲学手稿》中指出，"人以一种全面的方式，就是说，作为一个完整的人，占有自己的全面的本质"[③]。人的本质与人的需要直接相关。单面人的需要是单一的，生活是片面的；全面而自由发展的人则有全

---

① 张懿. 马克思生命观视域中理解"美好生活"的三个维度. 思想教育研究, 2018 (1): 42-46.
② 习近平. 决胜全面建成小康社会 夺取新时代中国特色社会主义伟大胜利: 在中国共产党第十九次全国代表大会上的报告//党的十九大文件汇编. 北京: 党建读物出版社, 2017: 8.
③ 马克思, 恩格斯. 马克思恩格斯文集: 第1卷. 北京: 人民出版社, 2009: 189.

面的生活、多方面的需要。因此，要促进人的全面而自由发展，必须以全面的生活满足人的多方面需要。人只有在全面而丰富的需要得到满足时，才能真正体会到生活的美好，才能实现全面而自由的发展。

美好的教育生活是满足所有学生发展需要的生活，为此，学校必须为学生提供充分的、尽可能多的优质教育资源：一方面，这些资源应是全面的、完整的；另一方面，这些资源应是多样化的、可供选择的。只有丰富多样的、完整的教育资源，才能使每个人的需要尽可能得到满足，每个人的才能尽可能得到发挥，每个人的人格尽可能得到完善，每个人才可能实现全面而自由的发展。真正的教育是适合每个人的教育，要使每一个学生都能够根据自己特长和意愿，选择自己中意的、能够满足自己需要的资源，寻找适合自己的教育方式。适合的教育，是最好的教育。每个人所需要、所中意的教育生活，才是最美好的教育生活。

（三）创造美好的教育生活

生活不是静态的、既定的，供人享用的；生活是生命的动态运动，是生命的创造。正如习近平总书记所说"幸福都是奋斗出来的"，美好的生活不是坐享其成，是创造出来的。创造美好生活才是实现美好生活的正道。

如前所述，美好生活是客观性与主观性的统一。客观性要求美好生活必须以一定的外在客观条件为支持，主观性要求美好生活必须有精神和价值的追求。所以，美好生活的创造，既包括外部条件，也包括内部条件。外部条件是指创造美好生活所必需的物质条件和其他外部资源，内部条件是指人生活的内在需求和生命自觉。外部条件是前提，内部条件是根本。创造美好生活的这些道理，同样适于创造美好的教育生活。

1. 创造良好的外部条件

教育是社会发展的一部分。改革开放以来，教育在社会发展中的地位逐步提高，从教育为社会主义现代化建设服务到科教兴国、教育强国，再到国之大计、党之大计。新时代，党的十八大指出，"教育是民族振兴和社会进步的基石。要坚持教育优先发展"。党的十九大指出，"建设教育强国是中华民族伟大复兴的基础工程，必须把教育事业放在优先位置，加快教育现代化，办好人民满意的教育"。新时代的社会政治、经济、文化发展为教育提供了良好的外部支持。

改革开放以来，我国教育取得了巨大的发展。从 1978 年到 2017 年，小学的净入学率由 94％增长到 99.91％，初中的毛入学率由 66.4％增长到 103.5％，高中的毛入学率由 33.6％增长到 88.3％，高等教育毛入学率由 2.7％到

45.7%。我们已经实现了从"有学上"向"上好学"、从"大起来"向"强起来"的转变。面向 2035 年，我们需要在解决优质教育"不平衡"上做文章，在解决优质教育"不充分"上下功夫。为此，一方面要坚持公平优先的教育发展理念，推进各级各类教育全面协调发展，推动城乡义务教育一体化发展，高度重视农村义务教育，办好学前教育、特殊教育，普及高中阶段教育，努力让每个孩子都能够享受公平而有质量的教育。完善职业教育和培训体系，加快一流大学和一流学科建设，实现高等教育内涵式发展。扩大教育资源总量，使绝大多数城乡新增劳动力接受高中阶段教育、更多接受高等教育。提高教育质量，灵活运用各种机制，扩大优质教育资源。另一方面要坚持改革创新，推动教育从规模增长向质量提升转变，从总量增长向优化结构布局转变，调整优质教育资源的供给结构，坚持教育公平，建立以权利公平、机会公平和规则公平为核心，以基本公共资源兜底的教育公平保障体系，促进区域、城乡和各级各类教育均衡发展。在实现标准化办学的基础上，教育公平要实现从外部公平向内部公平的转变，从资源配置向承认正义的转变，关注生活中的生命体验，不断提高教育生活的满意度和幸福感。

2. 创造生命自觉的内在条件

2018 年初，人民日报微信公众号推送了题为《物质幸福时代已经结束，新时代来临》的文章。文章写道："在一个万物俱备、什么都不缺的年代，占有物质很难再刺激我们的感官，让我们获得长久的满足。在新的时代，比起金钱和物质，更重要的是精神层面的充实感。"新时代人民群众追求美好生活，除追求富裕的物质生活外，更加注重精神层面的诉求。人民群众对美好教育生活的追求同样如此。新时代的美好教育生活，不在于更多的投入，更豪华的校舍、更一流的设备，而在于更多的人文主义关怀。联合国教科文组织在 2015 年发布的报告《反思教育：向"全球共同利益"的理念转变?》中，重申人文主义的价值观——"尊重生命和人格尊严，权利平等和社会正义，文化和社会多样性，以及为建设我们共同的未来而实现团结和共担责任的意识"[①]——并将其作为教育的基础和宗旨。这也是美好教育生活的内在条件。

美好的教育生活是人自觉的生活。要创造美好教育生活，首先应确立"人是教育的原点"这一观念，把教育的对象视为"人"，视为具体的、有生命的、活生生的人。要坚持育人为本，以每个鲜活个体的生命发展为本。在教育过程中尊重生命和人类尊严、尊重个体的权利和文化的多样性，呵护个人的自由。

---

① 联合国教科文组织. 反思教育：向"全球共同利益"的理念转变?. 北京：教育科学出版社，2017：30.

其次，应唤醒生命发展的自觉。教育最核心的任务就是要解决人的发展的动力，而根本方式在于唤醒生命发展的自觉。正如德国教育家斯普朗格所说，教育之为教育，就在于心灵的唤醒，这是教育的核心。再一次，应让每个生命在教育中诗意地生存。诗意地生存，是让每个人都能够自由地舒展身心，自由地呼吸。人在教育关系中的诗意生存，指向自由、民主、团结和责任，远离规训、等级和羞辱。最后，应以促进人的全面发展、造福人民为目标。习近平总书记在全国教育大会上强调，"坚持改革创新，以凝聚人心、完善人格、开发人力、培育人才、造福人民为工作目标，培养德智体美劳全面发展的社会主义建设者和接班人"①。

3. 培养创造美好生活的时代新人

创造美好教育生活需要国家、社会提供良好的教育发展条件，也需要师生在教育过程中遵循美好生活的内生逻辑，但更需要教育培养创造美好生活的人。

教育培养创造美好生活的人，首先要唤醒人向往和追求美好生活的意识。美好源于人对美好生活的需要，体现为对现实生活的反思、超越和对更加美好的追求。没有对现实生活的反思，而是沉浸于已有的"幸福"之中，没有"危机感"，人就不会有发展的动力，也难有对更加美好的追求。为此，要唤醒人的反思意识和对美好生活的期盼，并激励其在任何人生境遇下都不放弃追求美好的希望。同时，要培养人对生活的自主抉择意识和承担自主抉择后果的意识，使他们在生活中学会负责与担当。其次，要引导人形成积极的心态，进而营造诚信和谐的社会关系。诚信和谐的社会关系是美好生活的土壤。为此，要加强对人积极心理的引导与教育，培育其自尊自信、理性和平、欣赏他人、乐观向上的生活态度。要重视人际关系疏导，优化社会关系，增进社会互信、合作与友爱，增强人的心理安全感，为人的幸福感创造良好的心理条件。最后，要培育人为美好生活奋斗的精神和创造美好生活的能力。"幸福都是奋斗出来的"，习近平总书记2018年新年贺词中的这句话，揭示了新时代创造美好生活的基本路径。美好生活是靠奋斗创造的，坐享其成不能等来美好生活，也不能享受到生活的美好，因为奋斗本身才是美好生活的精神体验。人在奋斗中，获得感、成就感和幸福感都会得到实现。因此，"要在培养奋斗精神上下功夫，教育引导学生树立高远志向，历练敢于担当、不懈奋斗的精神，具有勇于奋斗的精神状态、乐观向上的人生态度，做到刚健有为、自强不息"②。此处，人的素质和能力是奋斗的前提。新时代的教育，要引导学生增长见识，丰富学识，在增强综

①② 习近平：培养德智体美劳全面发展的社会主义建设者和接班人．（2018-09-10）．http：//www.xinhuanet.com/2018-09/10/c_1123408513.htm.

合素质上下功夫，提高他们创造美好生活的综合能力。

　　新时代美好生活的缔造者，是担当民族复兴大任的时代新人。党的十九大特别号召"广大青年要坚定理想信念，志存高远，脚踏实地，勇做时代的弄潮儿"。只有培育这样的时代新人，才能把个人的美好生活与国家、民族的未来联系起来，中华民族伟大复兴的中国梦才能在一代一代青少年的接力奋斗中实现。